I0644403

Kohlhammer

Ulrich Nembach

Predigen heute

Verlag W. Kohlhammer

Gertrudis

So kommt der Glaube aus der Predigt, das Predigen aber durch das Wort Christi.
(schreibt Paulus den Römern 10,17)

2. erweiterte und überarbeitete Auflage 2020

Gesamtherstellung: W. Kohlhammer GmbH, Stuttgart

Print:
ISBN 978-3-17-035486-9

E-Book-Format:
pdf: ISBN 978-3-17-035487-6

Inhaltsverzeichnis

Vorwort

Eine Reform braucht die Kirche, zugespitzt gesagt eine neue Reformation. Dabei kann die Predigt helfen. Das Format ist dafür bestens geeignet. Das gilt seit 2.000 Jahren. Wer hat schon so eine lange Erfahrung, einschließlich der Innovationsschübe der Reformation und des Internets?

Die Kirchen verlieren seit Jahren Mitglieder. Überlegungen für die Zukunft rechnen die Verlustzahlen aus. Wer verweist auf eine positive Zukunft? Niemand. Dabei ist der Kirche zugesagt, dass sie leben wird! Jesus würde heute sagen zu den Kirchen: „Oh, ihr Kleingläubigen!“ Darum geht es hier um die aktuelle Predigt unter Einbeziehen des Internets. Praktische Bemühungen laufen seit Jahren mit weltweitem Erfolg. Nicht nur Jugendliche haben zahlreiche Follower auf ihren Spezialseiten bei Facebook, Instagram & Co.

Der hier vorgelegte Text will dabei helfen. Er kommt her von gemachten Erfahrungen im Gestern und führt übers Heute in die Zukunft, soweit sie überschaubar ist. Die Sprache nimmt eine zentrale Stellung bei den gemachten Erfahrungen ein als Medium der Kommunikation. Luther wusste das und erfand die deutsche Sprache, um die Bibel übersetzen zu können. Eine für jede und jeden verständliche Sprache wurde in der nunmehr globalisierten Welt fürs Internet geschaffen. Wird sie für die Predigt genutzt, können die Konfirmanden und die Alten das Gesagte verstehen. Das Alles will der hier vorliegende Band lehren.

Zu danken habe ich den Gemeinden und Studierenden, wo ich arbeiten und lehren durfte, sowie für Ihre Mitarbeit meiner Frau, Frau Dr. Pahlke, Herrn stud. theol. Witho Kreibohm.

I. Grundfragen der Predigt

1 Gemeinschaft – die Basis der Predigt

1.1 Die Gemeinschaft von Gott und Mensch

Die Bibel beginnt mit der Schöpfung der Welt und des Menschen. Dieser wird von Gott zu seinem Ebenbild erschaffen. Gott schafft ferner eine schöne Umgebung für den Menschen, ein Paradies und gibt ihm dazu eine Gefährtin. Diese Gemeinschaft verletzen aber die Menschen. Es kommt zum Bruch, aber dieser ist kein endgültiger, vielmehr beginnt nun ein Ringen von Gott und den Menschen. Am Ende schafft Gott eine neue Welt und wohnt mit den Menschen zusammen.

Die Zeit dazwischen nutzt Gott immer wieder, um sich den Menschen zu nähern; er sucht ihre Gemeinschaft. Er fördert Menschen und fordert sie, schließt mit ihnen einen Bund, sendet seinen Sohn und seinen Geist.

Jesus, sein Sohn, baut eine kleine Gemeinschaft auf, lebt und predigt zu ihr. Am Ende, vor der Trennung weist Jesus die kleine Gemeinschaft an die ganze Welt.

Die Gemeinschaft ihrerseits baut darum nach Jesu Weggang zahlreiche Gemeinschaften auf. Diese gründen neue, tradieren die Erlebnisse und Lehren der Gemeinschaft Gottes und Jesu mit den Menschen. Das wesentliche Moment der Weitergabe und Verbindung erfolgt durch Reden, Predigten. Zu diesem Zweck werden Gebäude, Kirchen errichtet und Kanzeln. Sie ermöglichen eine Optimierung der äußeren Umstände des Redens.

Das ist kurz abgesteckt der Rahmen und ebenfalls kurz skizziert der Inhalt dessen, was die inzwischen zum weiten Feld gewordene christliche Predigt ausmacht. Den Rahmen und den Inhalt der Predigt in seiner grundlegenden Bedeutung für das Verhältnis Gott – Mensch gleich zu Beginn einer Untersuchung zur Predigt heute deutlich zu machen, gleicht den Vorgaben für die Baupläne eines Gebäudes. Diese sind notgedrungen allgemein gehalten, denn die Umsetzung ist die Aufgabe der Architekten und Bauleute.

Der Mensch weiß von Gott nur so viel, wie dieser den Menschen an ihm teilhaben lässt. Viel ist dem Menschen von Gott verborgen. Der Mensch weiß nicht, wie und warum Gott die Welt schuf. Er weiß nicht, wo und wie Gott lebt usw. Luther spricht deshalb von Gott als dem *verborgenen, dem deus absconditus*[1]. Gott offenbart sich den Menschen in der Schrift. Gott tut das, soweit er will. Luther spricht von der Klarheit der Schrift und von ihrer Dunkelheit.[2] Luther redet deshalb auch von der *äußeren* und *inneren* Klarheit der Schrift. Die Auslegung der

---

1 W.A.18,683,11 – 691,39.

2 W.A. 18, 606,1-609,14 und 18, 652,23-661,28.

Schrift als die Basis der Predigt hat diese Tatsache zu beachten.[3] Was für die Dunkelheit und Klarheit der Erkenntnis Gottes durch die Menschen gilt, trifft auch auf seinen Sohn Jesus und den Heiligen Geist zu.[4]

Diese Tatsachen müssen jeder und jedem Predigenden bewusst sein, vor Augen stehen, wenn er an einer Predigt arbeitet und eine hält. Paulus legt den Sachverhalt dar, indem er schreibt: „Wir sehen jetzt durch einen Spiegel ein dunkles Bild."[5] Diese Beschränkung menschlichen Wissens führt nicht zu einem Relativismus oder einer Beliebigkeit des Glaubens. Gott hat sich offenbart. Jesus hat mit seinen Jüngern gelebt und gepredigt. Der Heilige Geist lehrt. Petrus bekannte darum: „Wir haben geglaubt und erkannt: Du bist der Heilige Gottes."[6] Die beiden Jünger, die nach Ostern auf dem Weg nach Emmaus waren, erkennen und sagen den Jüngern in Jerusalem: „Der Herr ist wahrhaftig auferstanden".[7] Die Schrift hier zu zitieren, geschieht, weil sie die Basis allen Predigens ist. Die Schrift hält auch die Zusage Jesu fest, bei seinen „Followern" dabei zu sein. Er sagte: „Wo zwei oder drei versammelt sind in meinem Namen, da bin ich mitten unter ihnen."[8]

1.2 Die Gemeinschaft von Mensch und Mensch

Die Aufgabe der Predigt ist das Berichten und Erzählen von der Gemeinschaft von Gott und Mensch. Es geschieht, indem von dieser Gemeinschaft in einer Gemeinschaft von Menschen berichtet und erzählt wird. Dabei wird nicht über andere gesprochen, sondern über sich selbst. Die Gemeinschaft von Redenden und Hörenden ist nämlich zugleich Teil der Gemeinschaft von Gott und Mensch. Nur so ist es auch möglich, im gemeinsamen Gebet ein von Jesus gelehrtes Gebet gemeinsam zu sprechen und sich an Gott als Vater zu wenden, ihn so anzureden.

Predigt und Gebet sind zu selbstverständlichen Teilen des Gottesdienstes als gemeinsames Geschehen geworden. Über Selbstverständliches wird nicht gesprochen, weil es selbstverständlich ist. So wird übersehen, was die Basis des ganzen Geschehens ist. Der Alltag beherrscht das Leben und Denken der Menschen. Selbst über ihre Gesundheit denken Menschen nicht nach. Erst im Fall

---

3 Vgl. dazu Ulrich Nembach, Predigt des Evangeliums, Neukirchen-Vluyn 1972, S. 45 – 50; jetzt auch unter: webdoc.sub.gwdg.de/pub/mon/2010/nembach.pdf (21.3.2014).

4 Deshalb bleiben die Bemühungen von Joachim Ringleben, Jesum verstehen zu wollen, letztlich weitgehend Spekulationen (Joachim Ringleben, Jesus, ein Versuch zu begreifen, Tübingen 2008).

5 1. Kor. 13,12a.

6 Joh. 6,69.

7 Lk. 24,34.

8 Mt. 18,20.

einer Erkrankung erkennen sie die Bedeutung und das komplexe Zusammenspiel hochkomplizierter Organe. Trotz erfolgreicher Forschung und vergebener medizinischer Nobelpreise steht die Forschung noch immer im Anfangsstadium bei der Erforschung der Vorgänge in einer menschlichen Zelle. Dabei sind die Vorgänge so zahlreich, dass die Medizin sich Hilfe bei der Mathematik holen muss, um hoffentlich demnächst die Vorgänge überhaupt darstellen zu können. Sie zu verstehen, ist dann ein weiterer komplexer Prozess.

Die Predigt und die Homiletik als Lehre der Predigt werden seit Jahrhunderten analysiert, beurteilt, und es werden Verbesserungsvorschläge gemacht. Trotzdem sind die Erfolge heute in Europa nicht sehr groß, wie die sonntäglichen leeren Bänke in den Kirchen belegen. In anderen Teilen der Erde ist es ähnlich. In Brasilien, einem Land, auf dem als katholischstem Erdteil gelobten Kontinent Südamerika gelegen, sind über 3.500 Priester im Einsatz aus verschiedenen Teilen der Erde. Es gibt einen Priester, der 22 Gemeinden betreut und jüngst einen Kaplan zu Unterstützung erhielt. Dieser kam aus Polen und ist 30 Jahre alt. Der Priester ist 82 Jahre alt.[9] In Deutschland ist die Situation nicht ganz so dramatisch, obwohl auch hier ein Seelsorger in der evangelischen und der katholischen Kirche oft für mehrere Gemeinden zuständig ist.[10]

Heute zu predigen, bedeutet darum, den Blick von der Basis her auf die Gegenwart und hier die aktuelle Gemeinschaft zu richten. Die Basis ist das Wort, die Rede Gottes an die Menschen, und der Rahmen, den Gott dafür wählte, ist die Gemeinschaft. Er wendet sich an Einzelne, an Adam, an Abraham, an David, an die Propheten, aber sie alle führen zu einer Gemeinschaft in ihrer Umgebung, ihrer Zeit. Jesus tut das Gleiche, indem er Einzelne zu Jüngern beruft und diese dann aussendet. Später wendet sich Luther an seine Wittenberger in deren Stadtkirche und mit der Übersetzung der Bibel ins Deutsche an alle des Deutschen kundige Leser und Bibelvorleser.

1.3 Das Ringen um Gemeinschaft

Das Ringen um die Predigt als Rede von der Gemeinschaft von Gott und Mensch in der Gemeinschaft von Menschen ist ein Geschehen. Faktisch wurde es oft und wird auch heute nicht selten aufgespalten in zwei Bereiche. Einer ist das Reden von der Gemeinschaft Gott – Mensch. Es wird systematisch-theologisch und exegetisch erforscht. Der zweite ist das Reden in einer Gemeinde, und zwar in der Regel am Sonntag in Form der Predigt. Dieser Bereich wird ebenfalls von der Homiletik erforscht, aber diese Forschung ist auf die Praxis gerichtet. Der Schwerpunkt der beiden Bereiche wie auch die Wertschätzung liegt oft beim

---

9 So der mündliche Bericht eines Ortszeugen aus Brasilien.

10 Zur aktuellen Situation in Deutschlang vgl. unten Punkt 11.

ersten, und zwar nicht nur bei kontemplativen Ordensgemeinschaften. Dabei sind beide Bereiche letztlich nicht zu trennen. Gott spricht den Menschen an, um mit ihm Gemeinschaft zu haben. Die Rede Gottes führt zur Gemeinschaft von Menschen. Jesus sendet bei seinem Abschied seine Jünger zu allen Völkern, um sie zu taufen und zu lehren. Das sagt Jesus seinen Jüngern, wie Matthäus berichtet.[11]

Dieses doppelte Ringen zeigt sich in der ganzen Kirchengeschichte und nicht nur in der Geschichte der Predigt. Heute sind Schwierigkeiten hinzugekommen, die das Ringen schwerer machen, aber es gibt auch neue Möglichkeiten.

Die hinzu gekommenen Schwierigkeiten resultieren aus dem gesellschaftlichen Wandel, der gegenwärtig stattfindet, und aus Problemen der Landeskirchen. Der gesellschaftliche Wandel besteht in einer Abkehr von der Gruppe hin zu der einzelnen Person. Schon Luther sprach die Einzelnen in der Gemeinde an in seiner berühmten Predigt am Sonntag Invokavit, dem 9.3.1522, als er sagte:

> „Wir seindt allsampt zu dem tod gefodert und wirt keyner für den andern sterben, Sonder ein yglicher in eygner person für sich mit dem todt kempfen. In die oren künden wir woll schreyen, Aber ein yeglicher muß für sich selber geschickt sein in der zeyt des todts: ich würd denn nit bey dir sein noch diu bey mir...."[12]

Luther musste die Einzelnen auf ihr Allein-Sein in der Stunde des Todes hinwiesen. Heute ist jede Person in vielen Phasen des Lebens auf sich allein gestellt. Die Scheidungsrate ist hoch. Gemeindegottesdienste werden nicht mehr von allen Mitgliedern einer Gemeinde besucht. Die einzelnen Altersschichten kommen zu unterschiedlichen Gottesdiensten. Die traditionellen Gottesdienste Sonntag um 10:00 Uhr werden von der älteren Generation besucht. Jüngere kommen zu Familiengottesdiensten. Junge Familien kommen mit ihren Kleinen zu Krabbelgottesdiensten. Die Vereinzelung setzt sich im Berufsleben fort. Die Einzelnen zittern bei Bewerbungen um den Erfolg der Bewerbung. Wenn sie einen Arbeitsplatz erhalten haben, bangen sie um dessen Erhalt. Sichtbar wird die Vereinzelung bei jüngeren Menschen und deren Gebrauch ihrer Smartphones. Es geht eine Gruppe von Studierenden über den Campus; ein Smartphone klingelt, die oder der nimmt ab und telefoniert, während sie oder er mit den anderen weitergeht. Weniger gut sichtbar, aber erfassbar ist die Benutzung der sozialen Netzwerke. Die Jüngeren schauen immer wieder nach, etwa, um zu sehen, wie viele Personen sie auf Facebook jüngst angeklickt haben, wie viele die Seite gut fanden. Beschreiben lässt sich dieses Verhalten in der Gesellschaft wohl am ehesten als *autistisch*. Die so geprägte Gesellschaft wird dadurch zusammengehalten, dass die Einzelnen die Resonanz der Anderen brauchen. Wichtig ist für die Einzelnen, möglichst von vielen nachgefragt zu werden und dabei zahlreiche

---

[11] Mt. 28, 19f.

[12] Martin Luther, Predigten des Jahres 1522, W.A. 100 III, 1,7 – 2,1.

positive Reaktionen zu erhalten.[13] Die Gründe für dieses Verhalten sind einmal das Selbstwertgefühl. Früher genügte es Honoratioren eines Ortes, wenn sie bei besonderen Gelegenheiten, etwa eines Ortsumzuges, vorn gehen durften. Junge Mädchen zeigten stolz ihr neues Kleid beim sonntäglichen Kirchgang. Heute findet eine Bestätigung via soziale Netze mehrmals am Tage statt. Die Basis des starken Wunsches nach Bestätigung sind Emotionen.[14] Es gibt auch eine körperliche Reaktion der Einzelnen auf die Befriedigung der Emotionen. Dopamin wird ausgeschüttet. Es erregt positiv.[15] Emotionen werden genutzt von der Werbung. Die Branche sieht hierin ein starkes Element, um das zu bewerbende Produkt optimal an Käufer heranzubringen und zum Kauf zu reizen. Um das alles zu erreichen, haben sich Firmen die Erforschung der jeweiligen Emotionen von Menschen zur Aufgabe gemacht. Auch staatliche Einrichtungen gehören zu den Kunden der Firmen. Die Firmen sind inzwischen also sehr erfolgreich in ihrer Arbeit.[16]

Daneben spielen auch existenzielle und kognitive Elemente eine Rolle bei der Rezeption von Eindrücken, wie sich noch zeigen wird.[17]

1.4 Die Predigtgemeinschaft der Hörer und Prediger

1.4.1 Einleitung: Predigt als Teilen – eine Definition

Die Frage: „Wie kann ich als Prediger den Menschen heute Gott predigen?", ist eine persönliche. Sie richtet sich nicht an Menschen generell, sondern ist oft eine leidvolle Selbstfrage der Predigenden. In ihrer Direktheit trifft sie sich mit der Frage nach dem Nächsten (Lk. 10,25ff). Sie wird konkret auf eine Person bezogen gestellt und von Luther auf die Predigt im Sinne einer Rede zur Gemeinde bezogen[18]. Der Superlativ „Nächster" meint den Menschen, der im buchstäblichen Sinn dem Leidenden am nächsten steht, der zupacken kann und will.

---

13 Vgl. http://zeitgeist.rp-online.de/vor-ort/instant-gratification-auf-der-sxsw-oder-warum-wir-alle-zu-viel-liken-aber-zu-wenig-lieben_82.html (17.3.2015)

14 Lothar Schmitz-Atzert, Martin Peper, Gerhard Stemmler, Emotionspsychologie, Ein Lehrbuch, Kohlhammer, 2.Aufl., Stuttgart 2014.
Elisa Pustka, Emotionen, Expressivität, Emphase, Schmidt, Berlin 2014.

15 http://zeitgeist.rp-online.de/vor-ort/instant-gratification-auf-der-sxsw-oder-warum-wir-alle-zu-viel-liken-aber-zu-wenig-lieben_82.html (17.3.2015)

16 http://www.faz.net/aktuell/feuilleton/debatten/big-data-und-die-emotionserkennung-in-gesichtern-13439706.html?printPagedArticle=true#pageIndex_2 (10.3.2015).

17 s.u. *Aktion Hören – Stationen des Hörens*

18 Vgl. WA 10 III, 3,5-9; 4,1-11. Dazu Ulrich Nembach, Predigt des Evangeliums, S. 96-113.

Indem die Predigt sich Menschen persönlich zuwendet, will sie heute Menschen Gott predigen. Die angeredeten Personen leben weder in der Vergangenheit noch in der Zukunft, sondern sind die jeweils hic et nunc Versammelten. Wenn auch Kirche und Theologie geschichtliche Größen sind, die sich zudem an geschichtlichen Ereignissen, den im Alten und Neuen Testament festgehaltenen, orientieren, so geschieht Predigt um der heutigen Menschen willen. Sie – wie die ganze Praktische Theologie – unterscheidet sich darin von den theologischen Disziplinen, die Menschen vergangener Zeiten in deren damaligem Denken und Handeln analysieren und heute darstellen. Eine Gemeinde, die sich in einer mittelalterlichen Kirche zu Gottesdienst und Predigt versammelt, kommt heute zusammen, um heute auf ihre Gegenwart angesprochen von Gott zu hören[19].

Die eingangs gestellte Frage nennt *Gott*, ohne ihn näher zu bezeichnen, meint aber ihn in seiner Person, einen persönlichen, nicht irgendjemanden, der in der heutigen religiös-pluralen Gesellschaft Westeuropas als Gott – neben anderen Göttern – betrachtet wird. Darum ist es schwer, Menschen der so eingestellten westeuropäischen Gesellschaft den christlichen Gott zu vermitteln. Das landläufige westeuropäische Gottesverständnis begegnet den daran Interessierten in Stadt und Land in einschlägigen Publikationen, Büchern und Broschüren, Liedern und Filmen. Ferner werden nicht selten die Teilnehmer der Gottesdienste von an anderen Religionen Interessierten und Außenstehenden als Teilnehmer an lokalem Brauchtum oder Folklore verstanden. Gott wird zu einem Gott von lokaler und folkloristischer Bedeutung, die Gottesdienste zu entsprechenden Darbietungen. Da Reisen, einschließlich Fernreisen, immer beliebter werden, gewinnt das Bild des jeweiligen, im Urlaub gesehenen Gottes an Bedeutung; es wird oft als Souvenir auf Video und/oder Bild mit nach Hause gebracht, im buchstäblichen und übertragenen Sinne. Dieses Gottesbild erlangt eine zusätzliche Relevanz dadurch, dass die Ferienzeit inzwischen als die schönste Zeit des Jahres gilt[20].

---

19 Selbst die Geschichte einer Gemeinde ist für die heutigen Teilnehmer an einem Gottesdienst nur relativ bedeutsam; als Beleg sei auf die Geschichte der Gemeinde verwiesen, die das Bauwerk seinerzeit errichten ließ; die des Baumeisters und die der Handwerker sind nur im Ergebnis präsent. Das Bauwerk ist durch die Zeiten hindurch bis heute von Menschen bewahrt worden, die ebenfalls nur im Ergebnis ihres Tuns, dem Bau, präsent sind. Selbst ihre Namen sind in der Regel allenfalls wenigen in der Gemeinde bekannt.

20 Leider liegen keine Untersuchungen vor, die die geschilderten Folgen detailliert analysieren. Die vom Studienkreis für Tourismus in Starnberg durchgeführten Untersuchungen konzentrieren sich im Wesentlichen auf die Ermittlung von alten und neuen Trends aus kommerziellen Interessen.
Kirchliche Aktivitäten der Ferien- und Urlauberseelsorge orientieren sich an praktischen Fragen wie der Organisation und dgl.
Die Theologie, einschließlich der Praktischen, hat dieses Feld noch nicht bearbeitet. Dass in Feriengebieten oft, sehr oft, mehr Feriengäste als Einheimische an den Gemeindegot-

Daraus resultieren zugleich Schwierigkeiten, religiöse Erlebnisse und Erfahrungen in die heimatliche Gemeinde zu übertragen, ja, mit ihr auch nur zu korrelieren. Rom ist für Luther zunächst das Zentrum der christlichen Kirche und später ein Ärgernis. Andere sehen damals in der Peterskirche in Rom den in Stein manifest gewordenen Ausdruck einer sich als triumphalisch verstehenden Kirche oder eine Selbstdarstellung päpstlicher Macht. Damit ist stets eine Relation zur eigenen Gemeinde, wenn auch via negationis, also durch Abgrenzung, gegeben. Welche Bedeutung hat die Peterskirche heute? Ist ein Ausflug zu ihr während eines Aufenthaltes in Rom, erlebnismäßig gesehen, zu parallelisieren mit einem Ausflug an den Drehort einer beliebten Fernsehsendung während des Urlaubs? Das Fernsehen zeigt beides, die Kirche, regelmäßig an kirchlichen Festtagen, zusammen mit dem Papst, und an bekannten Orten gedrehte Fernsehserien.21
Sichtbar werden die Glaubensäußerungen der Menschen selbst gegenwärtig etwa in den Weihnachtsgottesdiensten und der hohen Spendenfreudigkeit der Deutschen. Weihnachtsgottesdienste werden gut besucht. In der Regel finden mehrere Gottesdienste in einer zudem überfüllten Kirche statt, während sie sonst nur halb-, viertel-, ... -gefüllt ist. Sammlungen für die diakonischen Zwecke erbringen hohe Geldbeträge, die noch höher einzuschätzen sind, wenn die Kirchensteuer der nur wegen der Diakonie in der Kirche Verbliebenen hinzugerechnet wird. Die sich in diesen Glaubensäußerungen zeigenden Gottesvorstellungen sind weitgehend geprägt durch die Berichte vom Kind in der Krippe und Jesus als dem Mann, der die Frage nach dem Nächsten stellt und mit der Beispielerzählung vom barmherzigen Samariter beantwortet22. Wo bleiben die

---

tesdiensten teilnehmen, bleibt als Problem den Ortspfarrern überlassen, die an touristischen Brennpunkten durch Freiwillige, „Kurseelsorger", Jugendliche und andere Engagierte direkt oder indirekt unterstützt werden.

Die systematische Theologie, ohnehin stark historisch orientiert, sieht dieses Problem als ein im Wortsinn theologisches ebenfalls nicht.

21 Vgl. beispielsweise: https://www.youtube.com/watch?v=5KHeTXR0MXI

22 Die von der EKD durchgeführten Umfragen erheben darüber hinaus eine Reihe von Antworten, die Verbindungen der Befragten mit der Kirche auf Grund des Konfirmandenunterrichts und anderer Ereignisse zeigen. Nur ist dagegen einzuwenden, ob diese Ereignisse wirklich noch heute tragen, insofern als sie einen echten Erinnerungswert für die Befragten haben. Leere Kirchenbänke, hohe Kirchenaustrittszahlen bei gleichzeitiger Spendenfreudigkeit und gut besuchten Weihnachtsgottesdiensten sprechen dagegen. Sie zeigen ein auf diese beiden Bereiche reduziertes christliches Verständnis.

Die fünf von der EKD bisher durchgeführten Umfragen sind:

- Wie stabil ist die Kirche? Bestand und Erneuerung; Ergebnisse einer Meinungsbefragung, hrsg. v. Helmut Hild, Gelnhausen ... 1974.
- Was wird aus der Kirche? Ergebnisse der II. EKD-Umfrage über Kirchenmitgliedschaft, hrsg. v. Johannes Hanselmann, Gütersloh 1984.
- Fremde Heimat Kirche. Ansichten ihrer Mitglieder; erste Ergebnisse der III. EKD-Umfrage über Kirchenmitgliedschaft, hrsg. v. Studien- und Planungs-gruppe der EKD, Hannover 1993.

Bergpredigt, Kreuz und Auferstehung, die altkirchlichen Bekenntnisse, Luthers kleiner Katechismus, die CA, um nur einige Glaubensaussagen zu nennen? Lukas, der vom Kind in der Krippe und dem barmherzigen Samariter schreibt, stellt beide Ereignisse bereits durch den Rahmen seines Evangeliums, Lk. 1,5f., in einen unvergleichlich größeren Zusammenhang.

Deshalb kann die Antwort auf die Frage: „Wie kann ich als Prediger den Menschen heute Gott predigen?“, nur eine persönliche anhand des Textes sein.

Predigt ist Teilen des biblischen Textes mit den Hörern in deren Leid und Freud durch die Prediger.

Das Wort zu sagen und zu hören, meint, es zu teilen wie die verba visibilia Brot und Wein im Abendmahl.

Teilen kann auf verschiedene Art und Weise geschehen. Eine davon ist das Brechen und Teilen des Brotes und das gemeinsame Trinken. Eine andere das Teilen des Mantels mit einem Frierenden, eine weitere das der Reichen mit den Armen, das der Arbeitsplatzinhaber mit Arbeitslosen usw. Die Basis allen Teilens ist die Gemeinschaft. Sie begründet auch das Teilen der Predigt. Geteilt werden die biblischen Texte und Leid und Freud der Hörer.

Diese Definition mit ihrer Betonung der Gemeinsamkeit von Hörenden und Predigenden in ihrem Bezug zum Text unterscheidet sich von der Tradition Schleiermachers, die Unterschiede zwischen Text – Hörer – Prediger trotz aller Bezüge zwischen ihnen hervorhebt. Die Definition setzt zugleich andere Akzente als die Rhetorik, die im Hinblick auf die Rede Redende und Hörende trennt23. Schließlich – und nicht zuletzt – werden in der Praktischen Theologie die Unterschiede zwischen den Pfarrern und den Gemeindemitgliedern, damit auch zwischen Predigern und Hörern, gezielt herausgearbeitet, so etwa von Josuttis, der darin „Aspekte einer zeitgenössischen Pastoraltheologie“ sieht[24]. Nach ihm unterscheiden sich Pfarrer von anderen durch Probleme der Rollendiffusion, der Beziehungen, der Selbstdefinition. Die Probleme beginnen schon während des

- Kirche in der Vielfalt der Lebensbezüge: die IV. EKD-Erhebung, hrsg. von Wolfgang Huber, Gütersloh 2006.
- Vernetzte Vielfalt: Kirche angesichts von Individualisierung und Säkularisierung: die V. EKD-Erhebung über Kirchenmitgliedschaft, hrsg. von Heinrich Bedford-Strom, Gütersloh 2015.
- Die Liturgische Konferenz in der Evangelischen Kirche in Deutschland hat im März 2018 eine Online-Umfrage gestartet zur Frage, warum Menschen einen Gottesdienst besuchen (www.ekd.de/online-umfrage-gottesdienst-33130.htm (16.03.2018))

23 Dass trotzdem die Rhetorik für die Predigt in erheblichem Umfang zu nutzen ist, liegt daran, dass die Predigt nicht auf der Rhetorik schlechthin, sondern, seit Luther, auf einem ihrer Teilgebiete, der Gattung der Beratungsrede, aufbaut (vgl. dazu das Folgende insgesamt und zu Luther: Ulrich Nembach, Predigt des Evangeliums).

24 Manfred Josuttis, Der Pfarrer ist anders. Aspekte einer zeitgenössischen Pastoraltheologie, 4. Aufl., München 1991.

Studiums.[25] Weitere, von Josuttis nicht erwähnte Schwierigkeiten kommen hinzu, so die der Unterschiede zwischen Predigerinnen und Predigern[26].

Die Gemeinsamkeiten der Hörer und Prediger – und die Unterschiede zwischen ihnen – sind darum im Folgenden zunächst zu klären, bevor der Frage nachgegangen werden kann, wie sich das Teilen in der Gemeinschaft vollzieht. Das kann und soll nicht abstrakt geschehen, sondern konkret in Bezug auf den Predigttext. Drei Arbeitsschritte sind in diesem Zusammenhang notwendig. Zuerst wird nach Unterschieden und Gemeinsamkeiten zwischen Hörern und Predigern gefragt, als nächstes nach dem gemeinsamen in Bezug auf den Text. Schließlich wird drittens das Fazit der Überlegungen gezogen. Alle drei Arbeitsschritte umfassen Aktionen. Das Predigen als Reden ist selbst eine Aktion. Deshalb tragen die drei Arbeitsschritte, notwendigerweise vergröbernd, die Überschriften: sprechen – hören – teilen.

„Sprechen" ist die Artikulation der eigenen Position zu einem Gegenüber in der Predigt, in der Regel anhand des Textes. „Hören" meint die Bereitschaft, sich zu öffnen, für den Text zugänglich zu sein. „Teilen" bedeutet, wechselseitig zu geben und zu nehmen, sich zu artikulieren und sich zu öffnen. Sprechen, Hören, Teilen gleichen in ihrem Zusammenwirken Schlüssel, Schloss und Schließen. Anders ausgedrückt, entsprechen sie dem Zusammenwirken der Zellen in der Biologie, wo nur die passende Zelle, an eine andere andockend, auch von dieser eingelassen wird.

1.4.2 Die Predigtgemeinschaft der Hörer und Prediger

Sprechen – Artikulieren der eigenen Position:

Die eigene Position wird sichtbar im Gegenüber zu anderen, weshalb die Hörer und Prediger in ihren Unterschieden und Gemeinsamkeiten in deren jeweiligem Gegenüber bei der Predigt fassbar sind.

Von den Unterschieden zwischen Hörern und Predigern:

Die an dieser Stelle zu nennenden Unterschiede sind ebenso gravierend wie zahlreich. Ihre Bedeutung für das Leben der Prediger, und damit für die Predigt,

---

25 Manfred Josuttis, a.a.O., S. 11f.

26 Hier seien aus der inzwischen reichlich erscheinenden Literatur nur Hinweise auf einige Arbeiten gegeben: Wahrnehmung, Die, des Pfarramtes durch Frauen, hrsg. von Ingrid Adam ..., München 1990 (=Themaheft, Theologia Practica 25, 1990, Heft 1); Gustav Roth, Die Sprache ist kein Mann, Madame, in: PTh 79, 1990, S. 41-57 und als Antwort darauf: Renate Ganzhorn-Burkhardt, Dann lassen Sie ihr Raum, Monsieur!, in: PTh 79, 1990, S. 57f.; Ulrike Wagner-Rau, Pastorinnen auf der Suche nach Identität, in: PTh 79, 1990, S. 58-73; Susanne Wendorf von Blumröder, Die Pastorin. Chancen und Schwierigkeiten von Frauen in einem traditionellen Männerberuf, in: ThPr 25, 1990, S. 79-89.

wird deshalb bereits durch eine Auflistung der offensichtlichen Gegensätze deutlich, so dass weitergehende Analysen sich erübrigen.

Josuttis behandelt zehn Bereiche[27], um das von ihm zuvor aufgezeigte „Anderssein" des Pfarrers zu explizieren, doch selbst diese große Zahl reicht nicht aus, um alle Aspekte des Unterschiedes zu benennen[28]. Überdies sind die von Josuttis analysierten nur partiell erfasst. So untersucht er zwar generell die Ausbildung zum Pfarrer[29], lässt aber die Vorphase außer Betracht, in der bereits merkliche Unterschiede zutage treten.

Ein beachtlicher Teil heutiger Theologiestudenten ist zu diesem Studium durch ihren Religionslehrer angeregt worden, und zwar indirekt oder direkt. Der größere Teil kommt – wie auch schon früher – aus der kirchlichen Jugendarbeit. Beide Lebenskreise, Religionsunterricht und kirchliche Jugendarbeit, haben mehr oder weniger ausgeprägt marginalen Charakter im Leben heutiger Jugendlicher, so dass Prediger schon im Vorstadium ihres Berufslebens den meisten ihrer Altersgenossen als „andere" gegenüberstehen. Diese Lebensweise setzt sich durch das Studium bedingt fort. Belastungen durch das Erlernen von einer oder zwei, häufig sogar drei Fremdsprachen sind Studenten anderer Fachrichtungen unbekannt.

Die Unterschiede im Leben wirken sich nicht nur auf die direkt Beteiligten aus; sie erfassen auch deren Familien. Die Unterschiede sind geistesgeschichtlich anhand deren Wirkungsgeschichte untersucht.30 In der Gegenwart bestehende Unterschiede, deren familiale Auswirkungen in der Zukunft besonders sichtbar werden, betreffen das Zeitbudget. Das der Prediger unterscheidet sich erheblich von dem der Hörer. Einerseits ist die Arbeitszeit der Prediger in der Regel erheblich länger als die von Arbeitnehmern in vergleichbaren Berufen.

---

27 Manfred Josuttis, a.a.O., S.11f.

28 De facto gibt es wesentlich mehr Unterschiede, und die nicht genannten sind gleichermaßen von kaum zu unterschätzendem Gewicht. Selbst eine im Vergleich zu einer Predigtgemeinde homogene kirchliche Gruppe, die sich schon durch ihr spezielles Ziel selbst von anderen kirchlichen Gruppen unterscheidet, ist in sich durch unterschiedliche Motive ihrer Mitglieder nochmals sehr verschieden (vgl. dazu Ulrich Nembach, Gruppe: Chance der Gemeinde, insbesondere S. 15-27).
Günter Scholz behandelt unter den Thema „Das Evangelium predigten" drei „Gedanken zu Theorie und Praxis einer textorientierten Predigt", nämlich „Predigt als Auftrag", ferner „Predigt als Gespräch" und „Predigt als Rede" (Scholz, Günter, 1. Mose 22,1-13, in: Gottesdienstpraxis, Bd. III/2, Gütersloh 1987, S. 26-32). – Dass alle diese Aspekte auf Personen bezogen sind, übersieht er trotz seiner Ankündigung, Gedanken auch zu Praxis vorzulegen. Personen muss auch die Theorie der Predigt berücksichtigen, um die Predigt zu beschreiben.

29 Manfred Josuttis, a.a.O., S. 211-229. Vgl. auch Dietrich Rössler, Grundriss der praktischen Theologie, Berlin u.a. 1986; 2., erw. Aufl. 1994, S. 103-138.

30 Vgl. Martin Greiffenhagen (Hg.), Das evangelische Pfarrhaus. Eine Kultur- und Sozialgeschichte, Stuttgart 1984; 2. Aufl.1991; Christian Homrichhausen, Evangelischer Pfarrer in Deutschland, in: Werner Conze (Hg.) u.a., Bildungsbürgertum im 19. Jahrhundert, Teil I, Stuttgart 1985, S. 248-278; 2. Aufl. 1992, S. 248-278.

Zum anderen verschiebt sie sich zum Teil in die Stunden hinein, die bei den meisten Arbeitnehmern der Freizeit vorbehalten sind. Prediger gleichen hierin Mitarbeitern in speziellen Dienstleistungsbereichen wie Gaststätten, Ferienbetrieben, Pflegeberufen, Theatern. Die daraus resultierenden Probleme für gemeinsame Aktivitäten mit der Familie und dem Partner sind im kirchlichen Bereich so wenig gelöst wie in den betreffenden Branchen der Wirtschaft.

Ein weiterer Unterschied wird im juristischen Bereich deutlich, der herkömmlich als „Pfarrerdienstrecht" umschrieben wird. Hier werden Fragen geregelt, die die Prediger in ihrem Arbeits- und Lebensbereich betreffen. Die Fragen gelten als so bedeutsam, dass sie einer besonderen, auf die Prediger zugeschnittenen Regelung bedürfen31. Die Existenz besonderer Regelungen dokumentiert, dass die Unterschiede als so gravierend angesehen werden, dass sie solche Regelungen erforderlich machen. Gegen diese Interpretation des Faktums von juristischen Regelungen spricht nicht die Rechtspersönlichkeit der Kirchen in Deutschland als Körperschaften des öffentlichen Rechts. Diese Rechtskonstruktion erlaubt lediglich den Kirchen, Regelungen Gesetzesgestalt zu geben, die sonst ihren rechtsverbindlichen Charakter durch Regelungen in den Arbeitsverträgen, Betriebsvereinbarungen oder dgl. erhielten. Das Faktum der rechtsverbindlichen Festlegung von Unterschieden zwischen Hörergemeinde und Predigern ist vom Charakter der Rechtspersönlichkeit der Kirche unabhängig und bleibt darum ein bedeutender Ausdruck für allgemeine Unterschiede im Arbeits- und Lebensbereich der Prediger. Die Unterschiede sind gewollt, manifest und als solche ausdrücklich bekräftigt. Diese Tatsache unterstreichen ihrerseits die Inhalte der Regelungen, die über das hinausgehen, was in Vereinen, im staatlichen Bereich und in Wirtschaftsbetrieben üblich ist, um die Unterschiede zwischen hauptamtlichen, nebenamtlichen und Mitgliedern ohne Funktionen zu regeln.

Schließlich unterscheiden sich Hörer und Prediger faktisch in einem Bereich, der auf den ersten Blick kaum von homiletischer Relevanz zu sein scheint. Dieser Bereich hat in den juristisch bedingten Unterschieden seine Basis. Er kommt im Umgang der Prediger mit den kirchlichen Behörden zum Ausdruck. Diese verstehen sich als Vorgesetzte und behandeln die Prediger entsprechend. Wenden sich dagegen Hörer an solch kirchlich Obere, werden sie bevorzugt. Sie gelten nämlich als kirchlich engagiert, als ob Prediger es nicht wären, die ihr Engagement sogar diesen Beruf wählen ließ. Für die Prediger ergeben sich aus diesem unterschiedlichen Verhalten der kirchlichen Behörden gleich zwei Konsequenzen. Zum einen, wie treten die von ihrer eigenen Behörde Desavouierten der Gemeinde und damit ihren Hörern gegenüber? Zum anderen stellt

[31] Als Ausnahme sind Besoldungs- und Versorgungsfragen, der Mutterschutz und weitere Bereiche zu nennen, die in Anlehnung an das Beamtenrecht geregelt sind.

sich die Frage, wie die Hörer als Bevorzugte sich den Predigern gegenüber verhalten? 32

Die entscheidenden Unterschiede zwischen Hörenden und Predigenden sind somit erstens, dass die einen Predigen zu ihrem Beruf gemacht haben, die anderen nicht, und zweitens, dass der Beruf des Predigens juristisch institutionalisiert und in Abweichung von der Mehrheit der Gemeindemitglieder geregelt ist. Alle weiteren, nicht gering zu schätzenden Unterschiede resultieren mehr oder weniger aus diesen beiden Gründen. Der eine Grund bezeichnet die Motive der Beteiligten, der andere deren Bewertung. Die Errichtung einer Institution spiegelt die Bewertung der durch die Institution zu lösenden Aufgaben[33].

Von den Gemeinsamkeiten der Hörer und Prediger

Hörer und Prediger wohnen in der Regel in demselben Dorf bzw. derselben Stadt. Sie gehören zu einer Kirchengemeinde mit ihren Gebäuden, Einrichtungen, Gottesdiensten, Gruppen etc.[34]. Ferner teilen sie die Zeit. Beide leben heute und erleben überindividuelles Leid und Freud miteinander. Ebenso sind ihnen überindividuelle Geschichte und Zukunft, die ihres Dorfes, ihrer Stadt, ihres Volkes etc. gemeinsam.

Die Bedeutung dieser Gemeinsamkeiten ist nicht zu hoch zu veranschlagen, sie sind von weitreichender Wirkung auf die Einzelnen. Ob jemand in der dritten oder ersten Welt lebt, entscheidet über Einkommen, Lebensweisen, Reise- und andere Wirkungsmöglichkeiten. Ob jemand während der Aufklärung, der napoleonischen Wirren, der Ära der Diktatoren während oder am Ende des 20. Jahrhunderts, oder zu Beginn des 21. Jahrhunderts lebt, bestimmt sein Denken, seine Freiheit, sein Leben und eventuell seinen Tod.

Das Zusammenspiel von Raum und Zeit in seiner gemeinsamen Wirkung auf Hörer und Prediger einer Gemeinde wird beispielsweise an Schleiermacher sichtbar, seiner Theologie, seinen Predigten oder an den Gemeinden im bis 1989 geteilten Deutschland. Sie sind auch zur Zeit der DDR miteinander verbunden gewesen und entwickelten sich doch sehr unterschiedlich, wie sich nach der

---

32 Leider ist dieser Aspekt bislang nicht literarisch aufgegriffen worden, oft wird er nicht einmal wahrgenommen.

33 Dieser Aspekt wird im kirchlichen Bereich nur für die katholische Kirche und deren Zölibat diskutiert. Schon das Ausscheiden von Ordensangehörigen aus katholischen Orden ist kein Thema.

34 Vgl. hierzu wie generell zur Frage von Gemeinsamkeiten und deren Grenzen: Ulrich Nembach, Gruppe: Chance der Gemeinde, besonders S. 13-32 und S. 127-159; ferner ders., 10m^2 – Student 1982. Arbeiten, wohnen, schlafen im Heim, Frankfurt am Main u.a. 1986; ders. Alltag in Familien; ders., Radio neu gesehen, Hörfunk als modernes Brauchtum. Ein Beitrag zu einer Theorie des Hörens und Sendens und für eine zukünftige Rundfunkhomiletik, Frankfurt am Main u.a. 1989.

Wende beim Prozess des Zusammenwachsens zeigt. Die Überlegungen von Ernst Lange, in den jeweiligen zeitgenössischen lokalen und überlokalen Gemeinsamkeiten Bezüge für die Predigt zu finden[35], haben hier ihren sachlichen Grund. Zugleich wird aber auch die Einseitigkeit der Betonung der Situation durch Lange evident. Es genügt nicht für die Predigt, die Situation, d.h. Raum und Zeit in der Gegenwart, zu berücksichtigen. Die Geschichte kommt hinzu. Das Dorf, die Stadt, die Menschen haben ihre Vergangenheit mit deren positiven und negativen Seiten. Das Erleben und Bewerten der Gegenwart geschieht vor dem Hintergrund der Vergangenheit. Wer Schweres durchgemacht hat, freut sich über eine Kleinigkeit, die jemand, der in Freude lebt, gar nicht wahrnimmt. Deshalb ist es notwendig, über Lange hinauszugehen.

Die Kanzel als Prüfstein der Predigtgemeinschaft:
Schon die Alte Kirche kennt erhöhte Plätze, die zur Verlesung der Schrift, der Predigt des Bischofs und ähnlich konstitutiven Sprech- oder auch Gesangsanteilen im Gottesdienst benutzt werden. Ebenso hat das frühe Mittelalter Kanzeln errichtet. Sie stehen oft an einer Seite des Längsschiffes oder an einem Pfeiler der Kirche. Das späte Mittelalter geht dann zu Kanzeln im heutigen Sinn über. Gegenwärtig ist die Kanzel in die Kritik geraten. „Die Bankreihen für die hörende Gemeinde orientieren sich auf die Kanzel, insbesondere die Kanzelwand hin. Der Abstand zwischen Gemeinde und Prediger wird anschaulich zum Ausdruck gebracht: als Prediger steht der Pfarrer weit über der Gemeinde“[36]. In Wirklichkeit freilich trennt die Kanzel nicht Hörer und Prediger, sondern sie ermöglicht deren Gemeinschaft. Außenstehende einer Gruppe haben Schwierigkeiten, zu hören und möglichst auch zu sehen, was innen in der Gruppe gesagt wird. Sie unterscheiden sich dadurch von den Innenstehenden, sind eventuell von ihnen getrennt, obwohl äußerlich dazugehörend. Der Unterschied, selbst eine Trennung ist aufgehoben, wenn der oder die Sprechende erhöht, etwa auf einer Kanzel steht. Dass dieser Umstand im Laufe der Kirchengeschichte immer wieder Gemeinden beschäftigt, liegt in der Natur der Sache. Deshalb haben sich immer wieder Hörer für den Bau von Kanzeln in ihren Kirchen eingesetzt, wie zahlreiche interessante Beispiele bis in die jüngste Geschichte hinein belegen[37]. Den umgekehrten Weg, sich einen höheren Standpunkt zu verschaffen, um besser zu hören und zu sehen, gehen wegen des ungleich größeren Aufwandes nur

---

[35] Ernst Lange, Predigen als Beruf, S. 30-40; vgl. auch ders., Chancen des Alltags. Überlegungen zur Funktion des christlichen Gottesdienstes in der Gegenwart, München 1984.

[36] Karl-Fritz Daiber, Predigt als religiöse Rede, S. 50.- Dazu vgl. unten 11.1.1. *Ein kurzer Überblick über die Kanzelgeschichte*, und 11.2.5. *Die Pultkanzel als Ausdruck der Nähe des Predigers zur Gemeinde.*

[37] Auf die Einzelheiten kann hier nicht eingegangen werden. Ihre detaillierte Darstellung ist sehr umfangreich und erfolgt deshalb im Anhang.

wenige. Nur für einzelne ist dieser Weg leicht gangbar, wie schon das biblische Beispiel des von Statur kleinen Zachäus zeigt[38]

[38] Lk. 19, 1 – 19.

2 Predigt und Kanzel im gesellschaftlichen Wandel

Predigt und Kanzel waren im Laufe der Geschichte unterschiedlich von den Ereignissen betroffen. Der Inhalt der Predigten änderte sich. Die theologischen Erkenntnisse wirkten auf die Predigt. Orthodoxie, Pietismus, Schleiermachers Antwort, Überlegungen zur Aufklärung führten zu unterschiedlichen Predigtinhalten. Die Form der Predigt blieb relativ stabil durch die Jahrhunderte hindurch. Dasselbe, nur in gesteigertem Maße gilt für die Kanzel als Ort der Predigt. Dagegen führte der gesellschaftliche Wandel zu erheblichen Veränderungen. Die Industrialisierung ließ Menschen in die neuen Ballungszentren strömen. Dabei verloren sie ihre Wurzel, d.h. die Traditionen, in denen sie und ihre Vorfahren oft seit Jahrhunderten gelebt hatten. Die Kirchen leerten sich, obwohl neue gebaut wurden, um den zahlreichen Neuankömmlingen ein Zentrum zu bieten.

Später nahmen weniger Menschen teil an Gottesdiensten der Kirchen in Deutschland in Folge der nationalsozialistischen Kirchenverfolgung und später der stalinistisch-sowjetischen im Osten. Die wenigen Menschen, die dennoch kamen, versammelten sich unter der Kanzel, um das Wort, die Predigt zu hören.

Gegen Ende des 20. Jahrhunderts setzte ein gesellschaftlicher Wandel ein, der zu erheblichen Veränderungen führte. Sie dauern verstärkt an im 21. Jahrhundert, wie sich schon zeigte.[39]

Wissenschaftliche Reaktionen auf diesen Wandel gibt es viele. Sie fanden und finden ihren Niederschlag in zahlreichen Publikationen. Diese widmen sich verschiedenen Aspekten des theologischen Denkens[40] und kirchlichen Handelns[41]. Dabei ist erstaunlich oder vielleicht auch gerade nicht, dass die jüngeren

---

39 Siehe unten 3.2,

40 Vgl. für die vielen Arbeiten zu dem Thema:
Volker Drehsen, Neuzeitliche Konstitutionsbedingungen der Praktischen Theologie. Aspekte der theologischen Wende zur sozialkulturellen Lebenswelt christlicher Religion, Gütersloh 1988
Volker Drehsen, Wilhelm Gräb, Birgit Weyel, Kompendium Religionstheorie, Göttingen 2005
Kristian Fechtner, Jan Hermelink, Martina Kumlehn, Ulricke Wagner-Rau, Hgg., Praktische Theologie, Ein Lehrbuch, Stuttgart 2017
Bernhard Kirchmeier, Glaubensempfehlungen, Eine anthropologische Sichtung zeitgenössischer Predigtkultur, Leipzig, 2017

41 Vgl. für die vielen Arbeiten zu dem Thema:
Ralph Kunz / Thomas Schlag, Hgg., Handbuch für Kirchen- und Gemeindeentwicklung, Neukirchen-Vluyn, 2014.

Überlegungen sich von den älteren nur mehr oder weniger unterscheiden. Die Themen wandelten sich, aber die dahinter stehenden Überlegungen sind dieselben. Wie kann man auf die Zahl der Kirchenaustritte und die vermehrt leeren Kirchenbänke reagieren. Waren es im ausgehenden 20. Jahrhundert Überlegungen und Vorschläge, die primär um die Praxis etwa um die Predigt kreisten, sind es im 21. Jahrhundert theoretische Fragen. Das galt einst nicht für Luther. Er griff bei seiner Predigtarbeit auf die antike Rhetorik zurück. Die hier vorgelegte Arbeit folgt darin Luther und geht einen Schritt weiter, indem sie der Dramaturgie, speziell der Lessings folgt. Die Predigt ereignet sich in der Welt. Warum sollte sie darum nicht die Denk- und Lebensformen aufnehmen, die in der Welt gelebt werden? So kann die Predigt ihre besondere Botschaft ausrichten in einer für die Menschen verstehbaren Sprache. D.h. heute, dass die Predigt auch die digitalisierte und globalisierte Welt aufnimmt, wie seinerzeit Luther den damals neuen Buchdruck rezipierte.

2.1. Reden und Hören als ein Antworten oder von den Unterschieden des Erzählens

Reden und Hören geschehen, temporal gesehen, gleichzeitig. Wechselt die Rollenverteilung, werden aus Redenden Hörende. Darin unterscheiden sich Alltag und Predigt nicht. Die Predigt ist darum Teil in einem fortdauernden Kommunikationsprozess. Sie fällt nur dann aus ihm heraus, wenn die Predigt auf den Sonntag beschränkt wird. In diesem Fall findet oft nur noch ein Reden statt, das zudem von immer weniger Menschen gehört wird. Die Zahl derer, die zum Gottesdienst kommen, schrumpft, und die, die gekommen sind, hören wenig bis kaum zu. Predigt ist auf das Gespräch, das Hören und Reden, angewiesen. Wird die Predigt im Alltag vorbereitet, hören dort Prediger zu, wenn nämlich die Hörer von ihrem Leid und ihrer Freude sprechen, und dann die Prediger darauf antworten am nächsten Sonntag mit dem Predigttext, wenn also Hörer und Prediger wechselseitig reden und hören, dann kann das in der Predigt Gehörte Anlass zu neuem Reden und Hören werden. Ein Kommunikations*prozess* im vollen Sinn des Wortes findet statt.

Reden *und* Hören vollziehen sich, formal gesehen, im Erzählen. Darin unterscheiden sich Alltag und Predigt nicht.

Markus Erscheid-Stams, Regina Laudage-Kleeberg, Thomas Rünker, Hgg., Kirchenaustritt – oder nicht?, Freiburg, Basel, Wie, 2018.- Der Schwerpunkt dieser Arbeit liegt auf dem Bistum Essen, das den Auftrag gab.

Vgl. für die vielen Arbeiten, die Detailfragen behandeln; Ralph Kunz, Auf diesem schmalen Grant kann man nur gehen, in: ThLZ Heft 1 / 2, 2018, Sp. 3 – 22.

Reden und Hören differieren in Alltag und Predigt darin, dass die Predigt dem Erzählen der Hörer folgt und dem nächsten Erzählen vorausgeht; denn erst, wenn die Prediger Leid und Freud der Hörer erfahren haben, können sie predigen. Hören als Exegese des Alltags muss der Predigt genauso vorausgehen wie die Arbeit am Predigttext. Alltag und Predigt sind darin verschieden, dass die Hörer von ihrem ihnen im Alltag widerfahrenden Leid und Freud während der verschiedenen Gespräche in der Woche erzählen und die Prediger mit dem Text in der Predigt am Sonntag – bzw. bei einer Kasualie – antworten. Die Antwort kann Anlass zu neuem Hören werden. Predigtnachgespräche – direkt nach dem Gottesdienst, in der Woche danach und bei späterer Gelegenheit – gewinnen auf diese Weise an Gewicht, beschränken sich nicht auf mehr allgemeine Dinge, wie es sonst oft der Fall ist. Das Nacheinander von Reden und Hören schafft die Voraussetzung, bietet die Möglichkeit für eine Antwort. Anderenfalls bieten Predigten Scheinantworten, indem sie auf vermeintliche, oft aus der Presse[42] oder anderswoher entnommene Fragen oder gar auf nicht gestellte Fragen antworten. Eine Teilnahme an anderen und deren Leben ist in solchen Fällen von vornherein ausgeschlossen.

Reden und Hören wird durch Erzählen erleichtert, oft überhaupt erst möglich. Hörer und Prediger erzählen, um anderen an ihren Erlebnissen teilzugeben, mit ihnen zu teilen. Dagegen erzwingt die Form des Berichts eine Form des Redens, die die persönlichen Aspekte des Geschehens ausschließt, diese allenfalls in distanzierter, abstrakterer Form zum Ausdruck kommen lässt. Die Erzählung ermöglicht ferner eine Kommunikation über Alter, Beruf und weitere Unterschiede hinweg. Schließlich – und nicht zuletzt – ist, theologisch gesehen, die Erzählung oft die Art und Weise des biblischen Redens. Jesus begegnet einem Kranken, sieht, hört sein Leid und antwortet darauf, indem er ihn heilt.. Die Leser der später als Erzählungen aufgeschriebenen Begebenheiten hören in den Texten die Antworten auf ihr Leben. So kann „fides ex auditu", Röm. 10,17, sich ereignen.

Die Voraussetzung dafür ist, dass Prediger zunächst zu Hörern geworden sind, sich Zeit zum Hören nehmen[43]. Die Predigten können dann direkt mit dem

---

42 Die Möglichkeiten der Massenkommunikation können nur erste Hilfen für die Teilnahme an Leid und Freud bieten, aber ein Teilen nicht ersetzen. Spenden als Zeichen einer Teilnahme an einem Notfall sind eine Beteiligung, Teilen geht weiter, erfasst die Person – und nicht nur deren Geldbeutel. Selbst ein geliebter Geldbeutel ist von der Person, der er gehört, verschieden.

43 Der oft von Pfarrern vorgebrachte Einwand gegen Gespräche – und auch gegen Hausbesuche – ist der Hinweis auf die dafür fehlende Zeit und die dafür zu große Zahl von Gemeindemitgliedern. Sind beide Hinweise stichhaltig, oder liegt es an fehlerhaftem Umgang mit dem zur Verfügung stehenden Zeitbudget? Auch sind persönliche Ängste der Pfarrer vor zu viel Nähe nicht auszuschließen, wie sie ebenfalls im Krankenhaus begegnen, wo Ärzte und Pfleger sich lieber in medizinische Routinearbeiten flüchten, lieber einen Tropf aufhängen, als mit Kranken, gar Sterbenskranken zu sprechen.

Text antworten, wie das bei Kasualpredigten üblich ist. Leid und Freud kann kurz oder breiter erzählt werden, und zwar direkt, wenn die Gemeinde das Leid und die Freude kennen, oder in den anderen Fällen indirekt, verschlüsselt, um die Betroffenen zu schützen. Erzählung ist dabei in jedem Fall mehr, oft etwas anderes als eine Einführung in die Predigt durch eine leicht verfremdete Nacherzählung des zuvor verlesenen Predigttextes. Erzählung im vollen Wortsinn ist Frage, Herausforderung oder Klage. Sie muss auch nicht immer am Beginn einer Predigt stehen. Der Text, ebenfalls erzählt, wird zur Antwort. Prediger teilen darin ihren persönlichen Umgang mit dem Text mit den Hörern.

Die Unterschiedlichkeit von Erzählungen wird formal und inhaltlich deutlich im Vergleich der Erzählung in der Predigt mit der in der antiken Rhetorik. Letztere stellt drei Formen des Redens für alle Gelegenheiten des Lebens zur Verfügung, wobei die jeweiligen Anforderungen, die mit der Rede verfolgten Absichten, den Gebrauch der einen oder anderen Form verlangen. In Reden kann es darum gehen: zu raten und abzuraten, zu loben und zu tadeln, anzuklagen, zu verteidigen und zu untersuchen[44]. Den unterschiedlichen Absichten entsprechend, werden Erzählungen innerhalb der konkreten, jeweiligen Rede verwendet oder auch nicht. In einer vor einem kleinen, informierten Kreis gehaltenen Beratungsrede ist es nach Quintilian überflüssig, das anstehende Problem zu erzählen, weil die Anwesenden darüber Bescheid wissen, aber möglich, über weiter entfernt liegende Dinge eventuell sogar breit zu reden[45]. Erzählungen können, wenn sie verwendet werden, so gestaltet sein, dass sie mit anderen Absichten verbunden werden. Erzählungen vor Gericht, die dem Richter den Fall aus der Sicht des Angeklagten darlegen wollen, berücksichtigen, wie der Richter für den Angeklagten gewonnen werden kann. Es geht darum, bereits mit Hilfe der Erzählung als der Darstellung des Sachverhaltes den Richter für den Angeklagten zu gewinnen, *einzunehmen*. Mehr ist nicht möglich. Wenn der Angeklagte sein Schicksal mit dem Richter teilt, gibt der Richter seine Unabhängigkeit auf. Genau das geschieht im Evangelium, den Erzählungen von Jesu Gemeinsamkeit mit Leidenden und Sich-Freuenden. Damit ist die Grenze für die Verwendung der Rhetorik für die Predigt markiert.

Erzählen ist, so gesehen, nicht gleich erzählen. Das gilt für die antike Rhetorik selbst, und es gilt für den Unterschied zwischen ihren Erzählungen und denen der Predigt[46]. Erzählen in der Predigt ist Teil-Geben und Teil-Nehmen durch Reden und Hören.

---

44 Marcus Fabius Quintilianus, Institutio oratoria III 4,9.

45 Ebd. III 8, 10f.

46 Deshalb ist ein undifferenzierter Gebrauch der Schlagworte „narrative Theologie“ bzw. „erzählende Predigten“ wenig hilfreich, oft eher verwirrend.

2.2 Fazit

Das Fazit will die Graphik ziehen, indem sie die Predigt als ein Teilen von Leid und Freud in den Lebensbereichen der Beteiligten, nämlich in der Gemeinde und deren Umgebung, Raum und Zeit, konkret veranschaulicht. Da das Leben keine festen Größen kennt und darum nicht durch mathematische Formeln zu erfassen ist, werden nur allgemeine Formen, Pfeil und Ellipse[47], für die Darstellung gewählt.[48]

47 Ein Kreis mit seinem Mittelpunkt lässt an eine zentrale Stellung der Gemeinde in der Gesellschaft denken, während die Gemeinde heute marginal in der Gesellschaft vorhanden ist.

48 Von den Einzelnen geht auch Krückeberg aus, der von „Subjekten" spricht: „Betrachtet man jedoch die von mir beschriebenen Entwicklungen in der Medienwelt, so liegt es nahe, Kirche nicht mehr nur von der Institution und Organisation her zu denken, sondern eher von den Subjekten (Siefried Krückeberg, Gemeindebildung in der Medienwelt und ihre Auswirkungen auf die Kirchentheorie, in: Pastoraltheologie, 2017, Jg. 106, H. 6, S. 233-241, besonders S. 240f).

2.3 Grafische Darstellung der Predigt

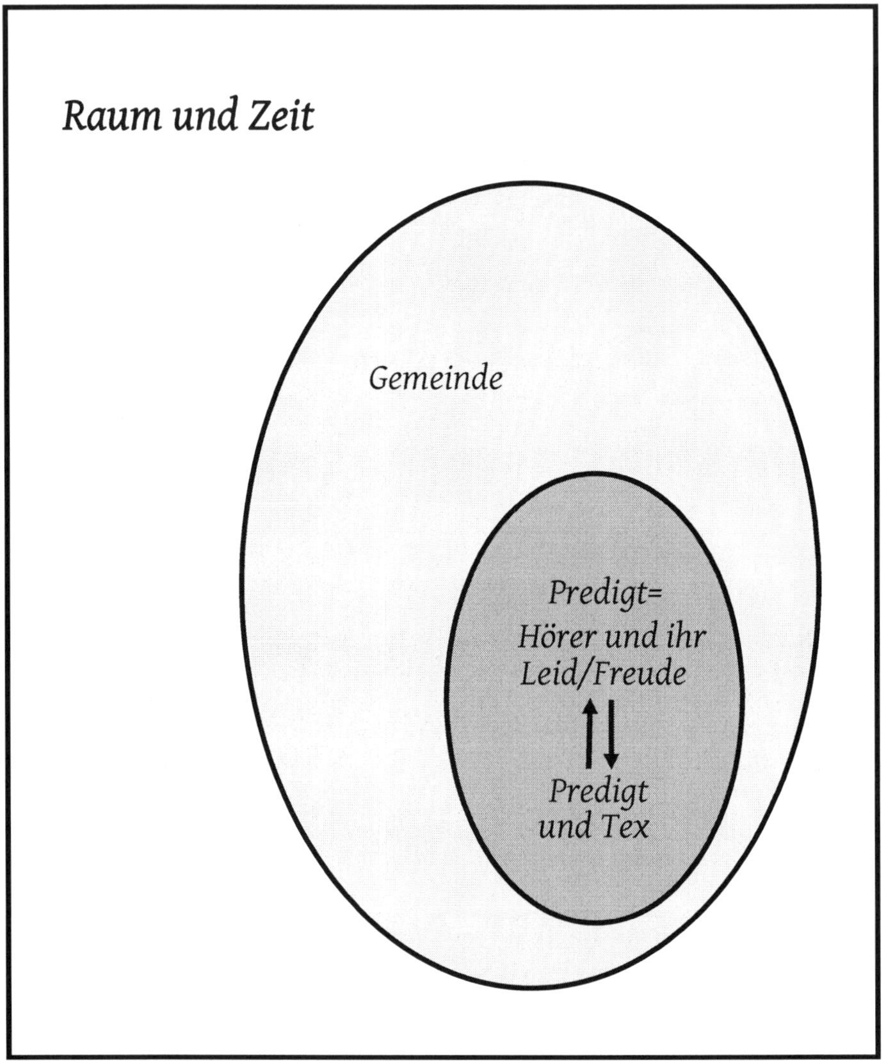

2.4. Ein erster Blick auf die Kirche heute

Der Wandel in Kirche und Gesellschaft wird täglich erlebt, aber es werden kaum Konsequenzen daraus gezogen, und zwar weder in der Gesellschaft noch in der Kirche oder der Theologie. In allen drei Bereichen steht die Kirche als Institution im Mittelpunkt. Ihre Mitgliedzahlen werden benutzt, um die Bedeutung der

Kirche in der Gesellschaft zu charakterisieren. Die Kirchenleitungen, ihre Mittelebenen und die Gemeinden vor Ort sehen sich als Institutionen. Dass außenstehende Einzelne ohne Mitgliedschaft oder gar als Angehörige einer anderen Religionsgemeinschaft auch die Kirche sehen, erleben und auch beurteilen, wird nur bisweilen gesehen. Dabei hat eine neutrale Untersuchung in Hessen ergeben, dass auch Muslime die Kirchen positiv bewerten.[49] Niemand käme auf die Idee, die politischen Parteien anhand der Zahlen ihrer eingetragenen Mitglieder zu bewerten. Die Nichtmitglieder einer Partei sind Wahl entscheidend und werden deshalb umworben.

Ähnlich sind die Kirchen in der Gesellschaft zu sehen. Es wäre falsch, nur die Mitgliederzahlen Überlegungen zu Grunde zu legen. Das gilt für Außenstehende wie die Kirchen selbst. Kirchliche Obere können alle kirchlich Interessierten erreichen nur über die Medien oder via kirchliche Mitglieder. Faktisch verstehen sich kirchliche Obere weitgehend noch immer als Leitende, Direktiven Gebende, Gesetze Erlassende, Vorgesetzte von Untergebenen, die sie juristisch gesehen auch sind.

Hermelink beschreibt dies alles plus die gemeindlichen Aspekte und die persönlichen einer Pfarrerin, eines Pfarrers unter dem Gesichtspunkt „Gegenwärtige Anforderungen an den Pfarrberuf".[50] Er greift dabei auf empirische Untersuchungen von Alexandra Eimterbäumer. Sie stellte fest, dass der Pfarrberuf heute aus rund 40% organisatorischen Tätigkeiten und nur zu 27% aus Gottesdiensten, Kasualien etc. besteht.[51] Anschaulich wird das Ganze wie Details in einem beigefügten Schaubild. Um einen innen Kern legen sich 3 Kreise. Der Kern meint die „Persönlichkeit", der Kreis, der sich direkt um den Kern legt, bezeichnet die „Innere Dimension", die von der „Äußeren Dimension" und diese von der „Organisationalen Dimension" umschlossen ist. Die einzelnen Kreise umfassen die verschiedenen Bedingungen des Lebens einer Pfarrerin, eines Pfarrers.[52]

49 Die repräsentative Umfrage wurde in Auftrag gegeben vom Hessischen Rundfunk (Michael N. Ebertz, Meinhard Schmidt-Degenhard, Hrsg., Was glauben die Hessen? Horizonte religiösen Lebens, Lit-Verlag-Münster, 2014, S.5, 10f). Insgesamt sagten 75% einschließlich von Muslimen und religiös Nicht-Organsierten: Sie „finden es gut, dass es die Kirchen gibt".

50 Jan Hermelink, Gegenwärtige Anforderungen an den Pfarrberuf, in: Jan Hermelink, Kirchliche Organisation und das Jenseits des Glaubens, Gütersloher Verlagshaus, Gütersloh 2011, S. 239 – 263.

51 Alexandra Eimterbäumer, Pfarrer/innen: Außen- und Innenansichten: in Jan Hermelink/Thorsten Latztel HGG., Kirche empirisch. Ein Werkbuch, Gütersloh 2008, S. 385.

52 Jan Hermelink, Anforderungen, a.a.O.,S. 261.

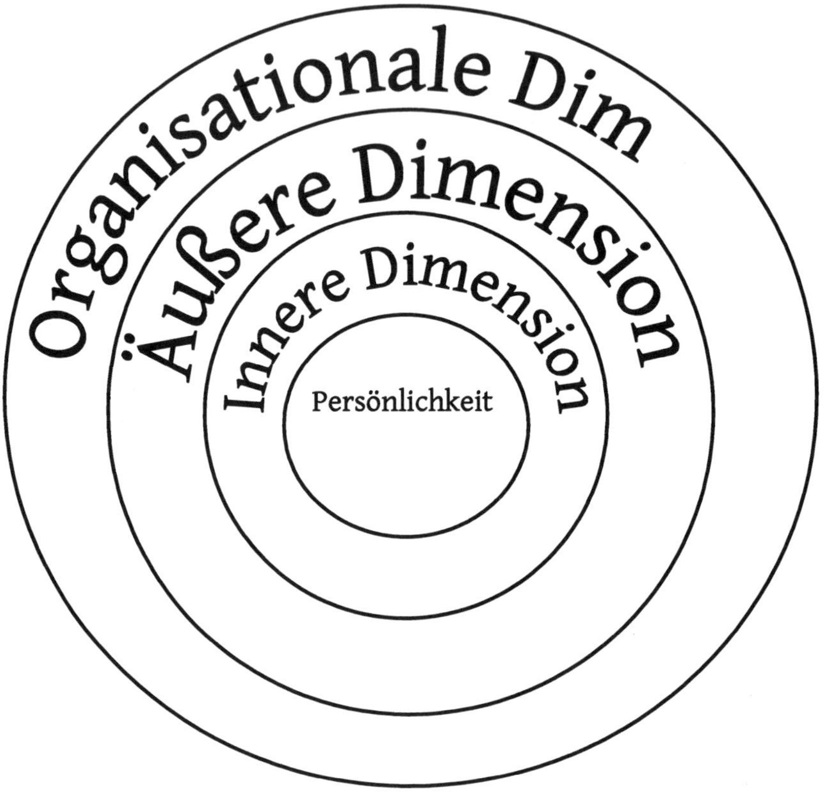

Exkurs

Anders ging Benedikt von Nursia (gest. um 547) vor, als er vor fast 1500 Jahren seiner Gemeinschaft seinem Orden Regeln gab und dadurch weit in die europäische Geistesgeschichte hinein wirkte. Sie sind bemerkenswert. Benedikt regelte in einem besonderen Kapitel die Wahl von Äbten und diese erhielten Ratschläge, Weisungen, wie sie ihr Amt ausüben sollten. Was Benedikt festlegte, ist schwer zu beschreiben. Es ist theologisch begründet und greift Erfahrungen aus dem Leben von Christen auf. Sie stammen aus einer Zeit vor der Spaltung der Kirchen in orthodoxe und römische Katholiken, in evangelische und römische Katholiken sowie in andere Kirchen. Die Regeln Benedikts konnten eine beachtliche geistesgeschichtliche Bedeutung gewinnen. Sie heute im Hinblick auf Christen in leitenden Funktionen zu reflektieren, ist nicht ohne Reiz. Das gilt auch für Predigende, die mit ihrer Rede Vorgaben machen. Darum sind die Regeln Benedikts zur Wahl und Arbeit eines Abtes auch im Kontext der hier vorliegenden Arbeit in einem Exkurs zu reflektieren.

Benedikt regelt den Umgang der Mitglieder eines Klosters.[53] Die Regeln werden getragen von der Liebe und dem Gedanken einer Gemeinschaft. Der Abt solle die Brüder lieben[54]. Dem entsprechend sind die Regeln formuliert. Sie sind keine apodiktischen Rechtssätze. Sie haben eher einen empfehlenden Charakter als Anordnungen.[55] Diese Verbindung von Theologie und Alltag lässt die Klostergemeinschaften der Benediktiner auch heute weltweit ihr Leben gestalten.

Was lässt sich konkret übernehmen für ein Leben außerhalb von Klostermauern? Menschen leben in Familien, Schulen, Arbeitswelten, die heute nicht selten an verschiedenen Orten oder gar Ländern liegen. Orte der Arbeits- und Lebenswelt fallen nicht mehr zusammen, wie es früher Jahrhunderte lang in Stadt und Dorf der Fall war. Alle diese Umgebungen fordern den Einzelnen. Der Einzelne muss diese Forderungen mit der Gemeinschaft der Glaubenden, d.h. mit der Ortsgemeinde und der Kirche beispielsweise in Gestalt der Landeskirche in Relation bringen und, wenn er das geschafft hat, die Verbindung halten. Dabei hilft ihm die Gemeinschaft. Zu ihr gehört die Pfarrerin, der Pfarrer. Das ist möglich, wenn die Lebenslagen der Einzelnen und die Gemeinschaft sich in Liebe begegnen, ihre Regeln offen sind. Ausgangsbasis für die gemeinsame Gemeinschaft kann nicht die aktuelle Situation sein. Diese wechselt heute zu schnell. Benedikts Regeln halfen und helfen Menschen in den Jahrhunderten ihres Bestehens. Die Gemeinschaft der Glaubenden ist eine *eccelsia semper reformanda* in Liebe.

Beschreiben lässt sich das Ganze am ehesten mit 4 Kreisen:

– der Kreis, der eingetragenen Mitglieder der Institution Kirche,

---

53 Dort heißt es u.a. in Kapitel LXIV (http://www.kath-zdw.ch/maria/benedikt.regel.des.hl.html 07.05.2016): „Der erwählte Abt verliere nie aus dem Auge, welche Last er auf sich genommen, und wem er Rechenschaft von seiner Verwaltung zu geben hat. Er wisse, daß seine Aufgabe mehr darin besteht, vorzusehen als vorzustehen[319] . Er muß demnach im göttlichen Gesetze bewandert sein, damit ihm Einsicht und der nötige Vorrat zu Gebote stehe, Neues und Altes[320] daraus zu schöpfen. Er sei keusch, nüchtern, mild; stets triumphiere die Barmherzigkeit über strenges Gericht[321] , damit er ein Gleiches erlange. Er hasse das Böse, liebe die Brüder[322] . Bei Zurechtweisungen gehe er mit Klugheit vor und gehe nie zuweit[323] , sonst könnte das Gefäß zerbrechen, wenn er es allzu sauber vom Roste reinigen will. Er rechne immer mit seiner eigenen Schwäche und erinnere sich, daß man ein geknicktes Rohr[324] nicht vollends brechen darf. Damit wollen wir jedoch nicht sagen, er dürfe Fehler fortwuchern lassen, vielmehr soll er sie, wie schon gesagt[325] wurde, mit Klugheit und Liebe ausrotten in der Weise, die er für jeden einzelnen zuträglich findet. Er strebe, mehr geliebt als gefürchtet zu werden[326] . Er sei nicht ungestüm und ängstlich[327] , nicht übertrieben und eigensinnig, nicht eifersüchtig und zu argwöhnisch, sonst käme er nie zur Ruhe. Seine Anordnungen seien von Umsicht und Besonnenheit begleitet."

54 Ähnlich handelt Luther, wenn er predigt. Seine Predigten sind von der Liebe getragen (vgl. unten „Luther als Prediger".

55 Die aktuelle Rechtslage – auch die in Rechtsstaaten – kennt keine Benedikts Regeln entsprechende Formen. „Gesetz, Vorschrift, Anordnung" sind heutige Formen des Rechts.

- der Kreis, der eine geistlich-geistige Gemeinschaft bildet,
- der Kreis, der nicht religiös Organsierten, Muslime u.a., wobei dieser Kreis
- aus 2 Kreisen besteht, dem, der Kirchen positiv bewertet, und dem, der sie ablehnt.

Die Relationen zwischen diesen Kreisen sind unterschiedlich. Sie werden von gemeinsamen Schnittmengen bestimmt. Die können von Null bis 100% reichen. Die Kreise ihrerseits können Schnittmengen aus 2 oder mehr Kreisen bilden.[56] Kreise wurden auch schon früher gewählt als Modell für die Gemeinde und ihre Umgebung. Allerdings waren das konzentrische Kreise. Davon wird später die Rede sein, wenn es um die Relevanz des Gemeindeaufbaues geht[57].

---

56 Ein Beispiel liefert Hans-Martin Barth, der über „neue Perspektiven für das Verhältnis von Kirche und Gesellschaft" nachdenkt. Er tut das anhand des Vaterunser als Thema öffentlicher christlicher Theologie". (Hans-Martin Barth, Das Vaterunser als Thema öffentlicher Theologie" in: Deutsches Pfarrerblatt, H2/2016, 116.Jg., Verlagshaus Speyer, Speyer 2016, S. 64 - 67).
Ilona Nord, weist auf die Netzwerke hin und fordert entsprechend Forschungen zu einer „Praktisch-theologischen Netzwerktheorie" (Ilona Nord, Gemeinde in Netzwerken, in: Ralph Kunz, Thomas Schlag, Hrsg., Handbuch für Kirchen- und Gemeindeentwicklung, Neukirchener Verlagsgesellschaft, Neukirchen-Vluyn 2014, S. 414f).
Johannes Block sieht Predigten im Internet als Predigtvorbereitungen und spricht deshalb von ihnen „als von den Postillen im Zeitalter des World Wide Web" (Johannes Block, die Rede von der Sünde in der Predigt der Gegenwart, Theologischer Verlag Zürich 2012, S. 205).

57 Siehe unten „Die homiletische Diskussion im 20. Jahrhundert."
Die IV. EKD-Erhebung über Kirchenmitgliedschaft untersucht „Lebensstile und Kirchenmitgliedschaft" und will so einen Beitrag leisten „zur Differenzierung der ´treuen Kirchenfernen` (Weltsichten, Kirchenbindung, Lebensstile, Vierte EKD-Erhebung über Kirchenmitgliedschaft, hrsgb... von Manfred Kock, Johannes Friedrich, Peter Steinacker, Hannover 2003, S. 55-70). Die dahinter stehende Vorstellung ist die der im 20. Jahrhundert üblich der konzentrischen Kreise. Manche stehen zur Kirche, aber in einem größeren von der Studie gar „ferner" genannten Abstand. Dass ihr Lebensstil ein eigener und darum ein besonderer Kreis ist, wird nicht gesehen.

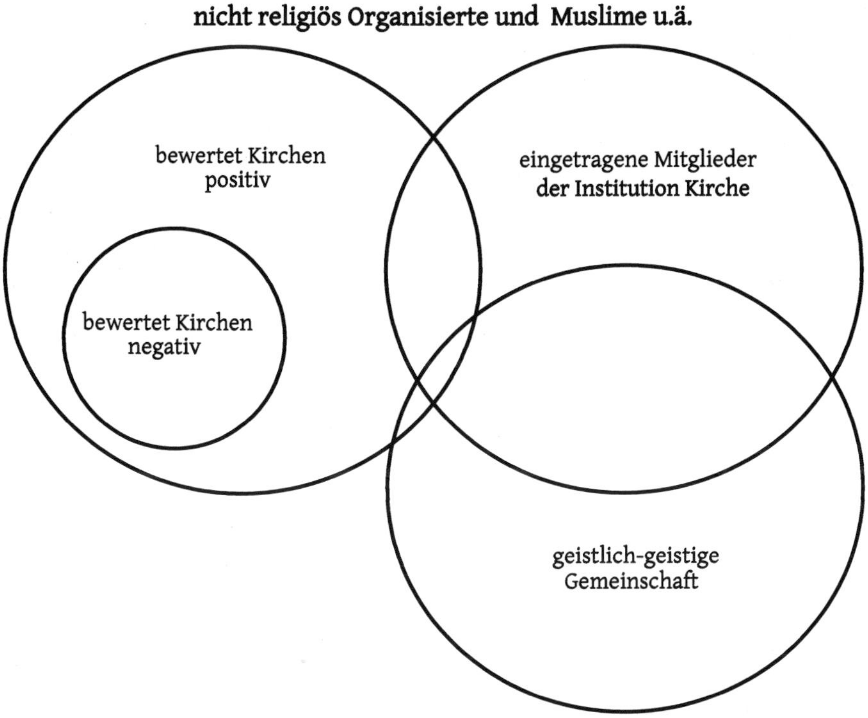

Von der eben theologisch beschriebenen Gemeinde ist zu unterscheiden die institutionalisierte, rechtlich verfasste Gemeinde. Sie kann eine Körperschaft öffentlichen oder privaten Rechts sein. Im Bewusstsein der Menschen ist eine Gemeinde der Ort, an dem sie ihr geistliches und bisweilen auch ihr gesellschaftliches Leben praktizieren. Das kann und ist oft der Ort, an dem sie leben. Hier finden meistens die Kasualien statt. Kinder werden hier getauft, gehen zur Konfirmation; Erwachsene heiraten hier und werden von hier aus beerdigt. Die Ortgemeinde hat dadurch eine besondere Bedeutung für die Landeskirchen. Leider sehen die das oft nicht so. Andere Orte werden herausgestellt, ohne die Bedeutung der Ortsgemeinden zu erlangen. Die notwendige Unterstützung der Ortsgemeinden unterbleibt. Dabei brauchen gerade sie Unterstützung. Es ist zur Gewohnheit geworden, dass Menschen in Internet und Presse nachschauen, wo wer sonn- bzw. feiertags predigt, um anschließend zur Predigerin, zum Prediger ihrer Wahl hin zu fahren. Ob das die Pfarrerin bzw. den Pfarrer der Ortsgemeinde, also ihren rechtlichen Gemeinde angenehm ist, interessiert nicht.[58] Die Landeskirchen als Organisation der rechtlich verfassten Gemeinden fördern faktisch diese Entwicklung, indem sie fordern, dass Gemeinden sich zusammenschließen oder Gemeinden ganz aufgeben.

Menschen entscheiden sich auch, an einer oder gar mehreren kirchlichen Gruppen teilzunehmen. Der Grund dafür ist nicht selten, dass Bekannte oder Freunde in der Gruppe sind. Dieses Verhalten ist oft Alters unabhängig. Es kommen Mädchen und Jungen zum Konfirmandenunterricht, weil ein Freund, eine Freundin dorthin geht. Manche der so Mitgekommenen werden dann vor der Konfirmation getauft. Bisher war Taufe und auch Kirche kein Thema für sie gewesen.

2.5 Von Leid und Freud der Prediger

Prediger erleben wie andere Individuen auch Leid und Freud bei Gelegenheit der Predigt zur Gemeinde. Die Individuation ist seit den Tagen der Reformation in der evangelischen Kirche stark ausgeprägt. Diese Tradition wird verstärkt

---

58 Die V. EKD-Erhebung über Kirchenmitgliedschaft (=V.KMU) fragt „nach der Verbundenheit mit der Institution" (Nikolaus Schneider, Heinrich Bedford-Strohm, Volker Jung, Hrsg., Engagement und Indifferenz, Kirchenmitgliedschaft als soziale Praxis, Hannover, Evangelische Kirche in Deutschland, 2014, S. 4).
Die Untersuchung der Verbundenheit mit der Institution mit dem Ergebnis, dass $5" der Kirchenmitglieder sich mit ihrer Ortsgemeinde und 44% mit der Evangelischen Kirche insgesamt verbunden fühlen, lässt Gerhard Wegner erfreut fragen nach einer „Renaissance der Kirchengemeinde?" (Gerhard Wegner, Renaissance der Kirchengemeinde?, in: Deutsches Pfarrerblatt, Heft 1/2016, S. 20-23). Schon vorher hob Wegner mit anderen die Bedeutung der Kirchengemeinde hervor (Hilke Rebensdorf, Petra-Angela Ahrens, Gerhard Weber, Hrsgb. Potentiale vor Ort, Erstes Kirchengemeindebarometer, Evangelische Verlagsanstalt Leipzig, 2015).
Die Verbundenheit wird „als eine bestimmte soziale Praxis verstanden, die sich in typischen Kommunikations- und Gemeinschaftsformen zwischen Individuen... vollzieht" (a.a.O., S. 4) Die „religiöse Kommunikation" unterscheidet laut V.KMU „eine eher informativ-intellektuelle, eine praktisch-handlungsorientierte und einen existentielle Dimension". Das geschieht laut V.KMU „primär in Mikronetzwerken von Wahlverwandten und engsten Vertrauten" (a.a.O. S. 7. Damit bleiben Predigt und Unterricht außen vor wie auch „digitalen Medien" (a.a.O., S. 9). Wie die große Zahl von Nachfragen nach Predigten im Internet, insbesondere die steigende Zahl von Nachfragen aus Deutschland zu erklären ist (siehe dazu Näheres unten), kommt bei dieser Untersuchung nicht in den Blick.
Auch wird nicht untersucht die Predigt als Erlebnis (vgl. dazu: Alexander Deeg, Hrsg., Erlebnis Kirche, Evangelische Verlagsanstalt Leipzig 2014.).

durch die gesellschaftliche Entwicklung mit deren Auswirkungen auf die Gemeinde. Die Einzelnen kennen sich zum Teil nicht, und diejenigen, die sich kennen, begrüßen sich vielleicht vor dem Gottesdienst mit einem Kopfnicken, um sich nach dem Gottesdienst allenfalls mit einem kurzen small talk voneinander zu verabschieden. Eine Begegnung im eigentlichen Sinn findet nicht statt, gar zu einer Gemeinschaft kommt es nicht.

Ein weiterer Aspekt gewinnt an Bedeutung – die generelle Individualisierung religiösen Lebens in Folge seiner zunehmenden Pluralisierung. Die zunehmenden Wahlmöglichkeiten im religiösen Bereich haben längst die Gemeinden erreicht und wirken sich bis in die Predigt hinein aus. Die bislang herrschende Vorstellung von einer Säkularisierung Europas und der einzelnen Gemeinden wird angesichts der allenthalben zu beobachtenden Religiosität zugunsten eines differenzierteren Bildes aufgegeben[59].

So ist die Predigt durch die Umstände bedingt – ähnlich wie die meisten öffentlichen und auch zahlreichen privaten Reden – individuell geprägt.

Um dieser Konsequenz wenigstens partiell zu begegnen, wird versucht, in der Predigt ein Wir-Gefühl aufkommen zu lassen. Diese Bemühungen sind besonders ausgeprägt in Familiengottesdiensten. Hier wird das erstrebte Wir-Gefühl nicht nur sprachlich artikuliert, sondern anschaulich versucht, es durch eine breit angelegte Partizipation[60] aller beim Gottesdienst Anwesenden in Gestalt verschiedener Aktivitäten zu erreichen. Der Gedanke dabei ist, dass, wenn alle am Gottesdienst partizipieren, alle involviert sind. Die Predigt lässt es sich ebenfalls angelegen sein, ein Wir-Gefühl zu erzeugen, aber auch hier sind die Hörer allem Wir zum Trotz Individuen und bleiben es in der Regel. Die Prediger, selbst Individuen, müssen sich darum – auch- auf Individuen einstellen.

Hörende Individuen anzusprechen, bedarf einer besonderen Vorbereitung. Zwar können Prediger davon ausgehen, dass theologisch interessierte Hörer kommen werden, aber die Gekommenen müssen erst zu Hörern werden. Prediger sind gezwungen, sich um die Hörer zu bemühen, d.h. sich zunächst Informationen über sie zu besorgen. Das ist nicht immer leicht.

Kirchliche und andere Umfragen geben Auskunft über die Hörer. Diese in der Regel repräsentativen Umfragen müssen relativ allgemein gehalten sein.

---

59 Vgl. dazu Niklas Luhmann, Individuum, Individualität, Individualismus, in: ders., Gesellschaftsstruktur und Semantik. Studien zur Wissenssoziologie der modernen Gesellschaft, Bd. 3, Frankfurt am Main 1989, S. 149-258. Im Sinne dieser These wurde eine empirische Untersuchung zur Religiosität in der ganzen Schweiz durchgeführt (Jede(r) ein Sonderfall? Religion in der Schweiz; Ergebnisse einer Repräsentativbefragung, die Autoren: Claude Bovay ... Alfred Dubach und Roland Campiche (Hgb.) 2. Aufl., Zürich u.a. 1993).

60 Zur Partizipation aller vgl. Kurt Rommel (Hob.), Familiengottesdienste im Kirchenjahr, Bd. 5, Stuttgart 1983, S. 5f.

Folglich werden Unterschiede aufseiten der Hörer, gleichgültig, ob sprachlicher, theologischer oder sonstiger Art, nur partiell sichtbar. Aussagekräftiger ist die Analyse eines Gemeindebriefes. Noch deutlicher zeigen Gespräche das jeweilige Gegenüber. Die Gespräche können öffentlich, auch in Form von Leserbriefen, oder privat geführt werden. Je länger und je öfter solche Gespräche stattfinden, desto differenzierter wird das Bild des anderen, des Hörers.

Bei den Gesprächen werden trotz aller Individualität auch Gemeinsamkeiten sichtbar. Dazu gehören Leid und Freud. Sie sind den Predigern gleichermaßen vertraut, so dass sie hier bei aller Individualität eine weitere Gemeinsamkeit mit ihren Hörern haben. Leid in Gestalt von Angst kennen Schüler etwa vor Klassenarbeiten, Studenten vor Examina, Frauen vor einem Mammakarzinom, Alte vor Einsamkeit usw... Allen gemeinsam ist die Angst vor der Zukunft, die von einem Individuum nur bedingt beeinflusst werden kann. Ähnliches ist von der Freude zu sagen. Häufig findet sie sich gerade deshalb, weil sie nicht herbeigeführt werden kann und das freudige Erlebnis dennoch eintrat.

Neben Leid und Freud steht auf der anderen Seite die theologische Aufgabe der Prediger. Dieser verdankt seine Existenz dem Worte Christi. „*So kommt der Glaube aus der Predigt, das Predigen aber durch das Wort Christi*", wie Luther Röm.10,17 übersetzt. CA V unterstützt diese Aussage mit Bezug auf die Rechtfertigung durch Glauben: „Solchen Glauben zu erlangen, hat Gott das Predigtamt eingesetzt".[61]

Der Beginn des Sprechens, d.h. die Übernahme des Predigens, könnte zugleich der Beginn des individuellen Erlebens, Bestimmens und Artikulierens der eigenen Position sein, aber faktisch liegt der Beginn schon viel früher.

Hören – Aktion, um sich anderen und dem Text zu öffnen[62]

Hören – Chance zur Teilnahme

„Happy New Ears" ist der Titel einer Schrift, die „das Abenteuer, Musik zu hören", beschreibt[63]. Das Hören wird beschrieben, als „sich der Zeit aus(zu)liefern. Jeder Augenblick kann einen Wechsel, eine Überraschung bringen – oder auch die kontinuierliche Fortsetzung eines gerade erreichten Zustandes ..."[64]. Überraschend Neues und auch das Fortfahren des gerade Erlebten als Abenteuer zu beschreiben und die Ohren deswegen glücklich zu preisen, bedeutet viel, für manche schon zu viel, weil sie Hören als Schweigen verstehen. Der in diesem Verständnis liegende Irrtum meint nicht nur den Verzicht auf große Abenteuer, z.B. die, Musik zu hören, sondern zusätzlich den Ausschluss von weltweiter Kommunikation und damit Gemeinsamkeit.

---

61 Die Bekenntnisschriften der evangelisch-lutherischen Kirche, 6., durchges. Aufl., Göttingen 1967; 11. Aufl. 1992, S. 58.

62 Was für das Hören gesagt wird gilt auch für das Lesen z.B. für Internetpredigten.

63 Hans Zender, Happy New Ears. Das Abenteuer, Musik zu hören, Freiburg im Breisgau u.a. 1991.

64 Zender, a.a.O., S. 11.

Hören ist heute weitreichend, vielleicht gar die am weitesten verbreitete Nutzung menschlicher Sinne. Räumlich gesehen, begleiten Laute, erwünschte und nicht erwünschte, den Menschen bei seiner Arbeit und seiner Freizeit, im Wachen und im Schlafen. Musiktitel gehen um den Globus. Musicals und Opern sind oft weltweit bekannt. Neue Hits werden durch Radio, Streamingdienste, CDs innerhalb von Tagen weltweit auf den Markt gebracht. Das Alter der Hörer spielt keine Rolle. Alle hören; unterschiedlich sind nur die Titel und die zum Hören verwendeten Geräte. Beliebt ist der Gebrauch des Smartphones und Tablets. Dazu kommt für manche noch immer das Radio zur Begleitung am Morgen, während der Arbeit, der Freizeit, am Abend usw.[65]. In der westlichen Welt ist so gut wie jeder Haushalt mit mindestens einem, oft mehreren Geräten dieser Art ausgestattet. Das Radio erlebt eine Renaissance. In der dritten Welt ist das Radio weiter verbreitet als das Fernsehen. Dieses vermag seinerseits auf das Hören ebenfalls nicht zu verzichten, nämlich zur Begleitung, Kommentierung, Untermalung und dgl. mehr seiner Bilder, und oft sogar, um diese zu ersetzen. Nicht nur Nachrichtensendungen im Fernsehen enthalten zahlreiche verlesene Meldungen. Spiel-, Dokumentar- und andere Filme unterlegen den Bildern Musik und Sprache. Allen verschiedenen Formen des Hörens ist ihre weite funktionale, räumliche und zeitliche Verbreitung gemeinsam.

Hinzu kommt die Beschränkung des Menschen auf das Zuhören oder Nicht-Zuhören. Er hat bei den Medien des Hörens nur die Möglichkeit, ein-, um- bzw. auszuschalten oder seine Zustimmung bzw. Ablehnung den Redaktionen mitzuteilen. Beim Verkehrslärm und anderen Lauten besitzt der Mensch selbst diese Möglichkeit nur eingeschränkt. Der Mensch kann im Unterschied zu seinen Augen seine Ohren nur durch sekundäre Hilfsmittel wie seine Hände, Gehörschoner und dgl. verschließen. Der Mensch ist bereits von seiner Anlage her auf das Hören angewiesen[66].

Das Angewiesensein auf das Hören meint, prinzipiell gesehen, nichts Negatives, sondern nach Zender ein *„Sich-der-Zeit-Ausliefern"*. Das ist – wiederum Zender zufolge – keine Einschränkung menschlicher Möglichkeiten, sondern, für die Musik, recht genutzt. Zender geht als Komponist und Dirigent von der Musik aus, publiziert ihretwegen – die Möglichkeit der Musik. Ihre *„Bewegung in der Zeit ist freier Flug des Geistes"*. Die abendländische Musik, durch die Kultur eines gegenständlichen Denkens geprägt, hat diese Möglichkeiten erst jetzt entdeckt. Damit weiten sich nach Zender Zeit und Horizont. Es kann sich „Musik bilden, die ein ganz neues Verhältnis zur Musik gestaltet ... es ist der Horizont eines

---

65 Vgl. Ulrich Nembach, Radio neu gesehen, S. 30-59, S. 92-111.

66 Weitere Möglichkeiten des Hörens kommen hinzu. Kinder, die Verstecken spielen, fordern ihre Freunde auf zu rufen, um sich an dem Laut beim Suchen orientieren zu können. Das Nebelhorn warnt Besatzungen anderer Schiffe, um trotz des Sichtverlustes nicht zu kollidieren. Computer geben ein Tonsignal, um den Benutzer auf eine fehlerhafte Eingabe aufmerksam zu machen.

neuen Weltbildes, das sich untergründig in all dem Wirrwarr, den wir erleben, vorbereitet“[67].

Über der Musik wird das Auge von Zender nicht vergessen. Seine Ausführungen führen weiter über „Musik heute" und „Geistliche Musik" zum Stichwort „Auge und Ohr“, unter dem Zender sich Gedanken zum Theater macht. Er sieht zwischen beiden einen „Wettkampf“, einen „Konkurrenzkampf“. Das bedeutet:

> „Die Bühnenfiguren (Zender denkt an die Oper) – ähnlicher dem alten liturgischen Welttheater als den Individuen des klassischen Dramas – werden austauschbare Träger antagonistischer Kräfte im Spiel der Balancierung des Ganzen, Traumgestalten, die von Tieferem erzählen als vom privaten Ich“[68].

Ob es nötig ist, so weit wie Zender zu gehen, kann hier dahingestellt bleiben. Die Möglichkeiten des Hörens als Chancen, sich für anderes und andere zu öffnen, werden durch Zender deutlich. Diese Konsequenzen werden im Laufe der Predigtgeschichte ebenfalls wiederholt von Theologen erkannt. Anthropologische Überlegungen neben theologischen spielen dabei eine Rolle.

Aktion Hören - Stationen des Hörens

„... aus allen Völkern *kam man, zu hören die Weisheit Salomos*“[69]. Rockfans füllen Fußballstadien seit Ende der 60er Jahre, wenn beliebte Bands spielen.

Hören ist eine Aktion. Das beginnt bereits damit, dass die Fans sich auf den Weg machen müssen, um später zu hören. Das dann Gehörte ist manchmal leicht und bisweilen nur schwer oder gar nicht zu ertragen bzw. zu begreifen.

Entsprechend dem Geschehen als Vorgang, als Aktion, fordern Altes und Neues Testament immer wieder zum Hören auf. *„Höret des Herrn Wort...“*, sagt

---

67 Zender, a.a.O., S. 21f.

68 Zender, a.a.O., S. 125.
Zu Zenders Hinweis auf das klassische Drama vgl. Manfred Pfister, Das Drama. Theorie und Analyse, 5., durchges. und erg. Aufl., München 1988; 8. Aufl. 1994. Pfister geht auch Fragen der Korrelation von Zuschauern und Bühne im Laufe der Geschichte nach. Zu den antiken Tragödien und Komödien, die den neutestamentlichen Schriftstellern vor Augen standen, sofern sie ihnen geläufig waren, schreibt Pfister u.a.: Sie „wurden zu religiösen Festen unter freiem Himmel für die ganze männliche und freie Bevölkerung eines Stadtstaates aufgeführt. Der religiöse Anlass erweist die Bedeutung dieser Aufführung für die soziale Gemeinschaft und verweist zurück auf die kultisch-rituellen Ursprünge des Dramas ..." (a.a.O., S.42). Auge und Ohr sind die Rezeptoren eines religiösen Geschehens, das nicht einmal durch die Sportstadien Größe der Theater verliert. Epidaurus fasst 14.000 Zuschauer, Ephesus 24.000.

69 1. Kön. 5,14. Hier und im Folgenden sind die Zitate in der Übersetzung Luthers wiedergegeben.

Jesaja[70], und Jeremia fordert: „*O Land, Land, Land höre des Herrn Wort!*“[71] Bei Matthäus heißt es u.a.: „*Was ihr hört in das Ohr, das predigt auf den Dächern*“[72] und an anderer Stelle: „*Wer Ohren hat, zu hören, der höre!*“[73] Die Liste der Zitate lässt sich leicht verlängern mit biblischen wie nichtbiblischen Belegen. Zu letzteren gehört der schon zitierte Zender u.a., weil Theater und Musik auch oder gänzlich vom Zuhören leben.

Die Aktion „Hören“ lässt sich durch eine Analyse genauer betrachten. Das geschieht etwa durch die Kommunikationswissenschaft, deren Ergebnisse auch in Bezug auf das Hören als solches Dahm auf die Predigt übertragen hat[74]. So betrachtet muss die Predigt, wenn sie die Hörer erreicht hat, drei Stationen durchlaufen, wenn sie wirklich rezipiert werden soll. Die Stationen wirken zugleich als Filter des Gehörten.

Was für den Hörer gilt, trifft nunmehr auch auf das Internet mit seinen verschiedenen Unterformen zu, sowie dem Lesen und Schauen.

Vor der ersten Station hat eine *Vor*station im 21. Jahrhundert an Bedeutung gewonnen. Die einzelnen folgenden Stationen gewannen an Gewicht für das Gehörtwerden einer Predigt.

Die *Vor*station wurde und wird weiterhin verstärkt durch den erfolgten und weiter gehenden Rückzug der Landeskirchen mit ihren Kirchen aus den Gemeinden. Der Rückzug lässt faktisch die Gemeinden zurück mit ihren Kirchengebäuden, auch wenn juristisch ein Modus gefunden wird, die bisherigen Gemeinden als institutionalisierte fortzuführen. Die juristische Konstruktion weist jeder bisherigen Gemeinde eine Pfarrerin bzw. einen Pfarrer weiterhin zu. Nur was heißt das faktisch, wenn auf diese Weise eine Pfarrerin bzw. ein Pfarrer beispielsweise 6 Gemeinden hat? Wie oft findet in einer Gemeinde Gottesdienst statt und wird gepredigt? Viele Gottesdienste fallen aus. Die Gemeindemitglieder haben dann die Möglichkeit, in eine andere Kirche als die ihre zu fahren, wo ein Gottesdienst abgehalten wird, oder sie verzichten auf den Kirchgang. Diese Möglichkeit wird bevorzugt, wie die leeren Kirchenbänke bei Gottesdiensten zeigen. Zudem kommen zu den Gottesdiensten primär alte Menschen. Anscheinend ist hier die bisherige Gewohnheit der Grund für das Kommen. Was geschieht, wenn die Alten nicht mehr kommen können oder verstorben sind?

Dazu kommt eine weitere Schwierigkeit in der *Vor*station. Die Stellung der Pfarrer/innen hat sich verändert. Haben sich Gemeindemitglieder schon immer Prediger ausgesucht, die sie hören wollten, so hat dieser Gesichtspunkt im 21.

[70] Jes. 1,10.
[71] Jer. 22,29.
[72] Mt. 10,27.
[73] Mt. 11,15.
[74] Karl-Wilhelm Dahm, Beruf – Pfarrer, a.a.O., S. 218-244 und 310-318.

Jahrhundert an Gewicht gewonnen. Junge Prediger benutzten die im 16. Jahrhundert aufgekommenen Kanzeln, um die Reformation zu verbreiten. Menschen folgten ihnen. Berliner gingen im frühen 19. Jahrhundert in die Kirche, in der Schleiermacher predigte. Die heutige Möglichkeit, eine Kirche sich zum Kirchenbesuch auszusuchen, nutzen nicht wenige, um die Kirche mit einem Prediger/in ihrer Wahl zu besuchen. Prediger/innen müssen Kirchenbesuchern gefallen, um ausgewählt werden. Anders ausgedrückt, es geht um die Beliebtheit von Prediger/innen.

Schleiermacher sprach von einzelnen lokalen Gemeinden und von der Verbindung von Gemeinden. Beide wurden geleitet. Die Leitung nannte er Kirchen*dienst* und die der verbundenen Gemeinden Kirchen*regiment.*[75] Diese Leitung existiert heute juristisch auf der *Regiments*ebene. Auf der *Dienst*ebene nur mehr oder weniger ist sie juristisch und praktisch nur zum Teil gegeben[76]. Predigende sind in manchen Gemeinden nicht Vorsitzende des Kirchenvorstandes, sondern nur ein Mitglied. Als solches haben sie Stimmrecht und vielleicht mehr Einfluss als andere Mitglieder des Kirchenvorstandes. Die sich darin ausdrückende Wertschätzung ist nicht zuletzt Ausdruck der Wertschätzung, Beliebtheit, die ihre Pfarrerin bzw. ihr Pfarrer als Prediger/in erfährt.

Ist diese Vorentscheidung gefallen, kommen die der verschiedenen *Stationen* zum Zuge. Die Kriterien, die für die Entscheidungen relevant sind, haben sich im 21. Jahrhundert zum Teil ebenfalls gewandelt, wie sich zeigen wird.

Die erste, die *„Eingangsstation"*, filtert aus den verschiedenen Lauten, die das Ohr erreichen, die Worte der Predigt heraus. Die positiv ausgefilterten Worte durchlaufen in der zweiten, der *„Auswahlstation"*, ein Verfahren, bei dem die Hörer nur das weiterleiten, was für sie interessant ist. Diese Auswahl wird durch

---

[75] Friedrich Schleiermachen, Kurze Darstellung des theologischen Studiums, 2. Aufl., hrsg. von Dirk Schmid, Walter de Gruyter, Berlin New York 2002, §§ 270-274, S. 236f. Schleiermacher folgt damit dem deutschen Text von CA XIV: „Vom Kirchenregiment wird gelehrt...". Damit ist die Ordnung der institutionalisierten Kirche gemeint. Hermelink veröffentlichte einen Band mit zahlreichen Beiträgen unter dem Titel „Kirche leiten in Person". Er ist zurückhaltend gegenüber dem Leitungsgedanken und fügt als Untertitel hinzu „Beiträge zu einer evangelischen Pastoraltheologie" (Jan Hermelink, Kirche leiten in Person, Evangelische Verlagsanstalt, Leipzig 2014): Wenn die ganze Gemeinschaft mit den verschiedenen Kreisen bezeichnet werden soll, empfiehlt es sich unter Rückgriff auf den biblischen Befund mit seiner langen Tradition von *Nachfolgen*, von den Predigenden als *Hirten*, als *Pastoren* zu sprechen. Sie haben auf Grund ihrer Ausbildung einen Wissensvorsprung und sind als Hauptamtliche zu einer ausgedehnteren Arbeit in den Gemeinden als andere, zum Beispiel Ehrenamtliche.

[76] Die V. KMU meint, dass die pastorale Wirkung „sich in erheblichem Umfang durch distanzierte, aber wohlwollende Wahrnehmung" ergebe. Diese solle „vor allem bei Kasualien oder anderen Gottesdiensten, ..." sich vollziehen (V.KMU, a.a.O. S. 13). Kasualien und Gottesdienste sind im evangelischen Bereich zu einem beachtlichen Teil durch die Predigt geprägt.

ein System von verschiedenen Faktoren gesteuert, die ihrerseits in fünf Faktorenbündel zusammengefasst werden. Diese sind:

1. das individuelle Bezugssystem,
2. der Wunsch nach Bestätigung von Grundüberzeugungen,
3. die Mentalität der Bezugsgruppen,
4. die Minderung unerträglicher Spannungszustände,
5. das bisher gewonnene Bild des Predigers.

Die Technik, die die Auswahl anhand der Faktoren durchführt, ist ebenfalls näher bezeichnet worden. Es sind Assoziationen, die als Anknüpfungspunkte wirken. Sie können ein Stichwort oder eine Argumentation sein. Die Anknüpfung indessen, selbst wenn sie zu einem positiven Ergebnis führt, muss nicht im Sinne der Predigt weitergehen. Ein Hörer kann sich, durch ein Stichwort ausgelöst, an etwas gänzlich Anderes erinnern und anschließend seinen Gedanken nachhängen. Zuletzt, in der dritten, der „*Verarbeitungsstation*", wird das Gehörte, soweit es erfolgreich die beiden anderen Stationen passiert hat, daraufhin untersucht, ob, und, wenn ja, wie es dem Hörer nutzt, so dass es bei ihm zu Konsequenzen führt. Diese können emotional, kognitiv oder existentiell sein. Dahm nennt nur die beiden ersteren Möglichkeiten. Er fasst seine Darlegungen in einem Modell graphisch zusammen[77], das hier, um die „existentiellen" Konsequenzen erweitert, wiedergegeben ist.[78]

77 Dahm, a.a.O., S. 229; ähnlich: ders., Hören und Verstehen, S. 14.

78 Die V. EKD-Erhebung über Kirchenmitgliedschaft unterscheidet bei der religiösen Kommunikation zwischen eine(r) „eher informativ-intellektuelle(n), eine(r) praktisch-handlungsorientierte(n) und eine(r) existentielle(n) Dimension" Engagement und Indifferenz, Kirchenmitgliedschaft als soziale Praxis, (V. EKD-Erhebung über Kirchenmitgliedschaft, Evangelische Kirche in Deutschland, Hannover 2014 S.7 = V.KMU). Diese Differenzierung nach der Kommunikation lässt die persönliche Seite zurücktreten, die für die Entscheidungen zur Verarbeitung des Gehörten konstitutiv sind und damit zur Basis für die Entscheidungen werden, religiöse Themen zu kommunizieren, welche Themen und welche Partner dafür in Frage kommen.

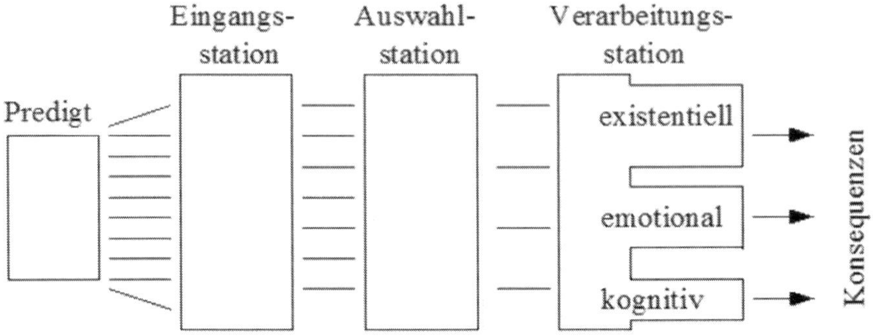

Die Wirkung der Predigt geht nach Dahm im Wesentlichen von der emotionalen Seite der Verarbeitung aus. Hörer sehen sich in ihren grundlegenden Glaubensvorstellungen bestätigt. Dagegen sei *„die kognitive Ebene gegenüber der affektiven im 'System Predigt' meist von zweitrangiger Bedeutung“*, weshalb Dahm anregt, zur Verbesserung der kognitiven Seite christlichen Redens die Gruppenkonversation zu nutzen[79].

Dahm verifiziert seine Aussagen anhand von Erkenntnissen der Kommunikationsforschung und einer – nie ganz ausgewerteten und darum nur partiell veröffentlichten – Umfrage. Ersterer entnimmt er die sog. „Perzeptionswerte“. Diese besagen, wieviel von Gehörtem[80] behalten wird. Letztere liefert die Werte für die Perzeption des in einer Predigt Gehörten. Dahm korreliert diese mit den

79 Dahm, Beruf – Pfarrer, a.a.O., S. 243f.
Die Differenzierung zwischen kognitiven und emotionalen Konsequenzen in der Verarbeitungsstation ist von erheblicher Tragweite. Hier liegt Dahms Leistung. Seine Schwäche ist, dass er dabei stehenblieb. Die existentielle Konsequenz wird von Dahm nicht gesehen und folglich nicht in die homiletische Arbeit einbezogen. Der Grund des Nicht-Sehens bei Dahm und anderen Homileten dürfte darin liegen, dass die moderne Exegese sich im Gefolge Bultmanns verstehend mit diesem an Heidegger anschließt, der, seinerseits in der Tradition der Hermeneutik stehend, Verstehen als ein Existenzial darstellt (vgl. zu weiteren Einzelheiten Peter Szondi, a.a.O., S. 108). Darum bemüht sich die hier vorgelegte Arbeit, homiletisch endlich darüber hinauszukommen.

80 Hören selbst ist ein Medium mit vergleichsweise geringem Aufnahmewert. Unter gleichen Bedingungen nimmt ein Mensch auf
10% dessen, was er liest.
20% dessen, was er hört.
30% dessen, was er sieht.
40% dessen, was er hört und sieht.
60% dessen, was er hört, sieht und diskutiert.
80% dessen, was er durch eigenes Suchen und Verarbeiten entdeckt.
90% dessen, was er entdeckt hat, wofür er kämpfen und leiden muss (bei Dahm, Beruf: Pfarrer, S. 317).

allgemeinen Perzeptionswerten und kommt wegen der Übereinstimmung beider Werte zu dem Schluss, dass das Modell des Hörens zutreffend sei. Seine Schlussfolgerung ist richtig, weil das Ergebnis anderweitig bestätigt wird.

Kognitive und emotionale Aspekte christlichen Redens begegnen auch im Konfirmandenunterricht. Seine Wirkung ist in Umfragen, die die EKD in den Jahren 1972, 1982 und 1992 durchführen ließ, untersucht worden. 1972 sagen 68% der befragten 14-24Jährigen, dass sie den Pfarrer, der den Unterricht erteilt hat – damals und auch in der Zeit davor ist der Unterricht im Wesentlichen von Pfarrern erteilt worden -, „in sehr guter Erinnerung" haben. Von derselben Altersgruppe sagen 39%, dass sie im Konfirmandenunterricht das Gefühl bekommen haben, „zur Gemeinschaft der Kirche zu gehören"[81]. 10 Jahre später haben immerhin 72% den Pfarrer „in positiver Erinnerung"[82] und 1992 gar 74%[83]. Die Fragen sind 1982 gegenüber 1972 leicht verändert worden. 1972 geben 48% an, im Konfirmandenunterricht in der Gruppe manches unternommen zu haben, „an das ich mich gern erinnere"[84], 1982 sind es 53% [85] und 1992: 62%[86].

Die stärkere Wirkung des Emotionalen gegenüber dem Kognitiven drückt Dahm grafisch in seiner Skizze dadurch aus, dass er den Kasten mit den „emotionalen Konsequenzen" größer zeichnet.

Die dritte in der „Verarbeitungsstation" eintretende Konsequenz, die existenzielle – sie fehlt bei Dahm -, ist die bedeutendste, alles Entscheidende. Der Perzeptionswert steigt erheblich, sobald Rezipienten existentiell betroffen sind. Sie nehmen am besten das auf, wofür sie arbeiten, was sie suchen oder wofür sie kämpfen und leiden müssen[87]. Luther verweist faktisch, d.h. ohne theoretische Begründung, auf diesen Aspekt in seiner ersten Invokavitpredigt, in der er die Grenze des Predigens bezeichnenderweise anhand der menschlichen Existenz bestimmt[88]. Prediger können nur insoweit auf ihre Hörer Einfluss nehmen, dass sie ihnen „in die Ohren schreien", aber entscheidend ist, dass „wir allesamt zum Tode gefordert sind und keiner für den anderen stirbt"[89]. Anschließend wieder-

---

81 Wie stabil ist die Kirche? Bestand und Erneuerung; Ergebnisse einer Meinungsbefragung, hgg. Helmut Hild, Gelnhausen u.a. 1974, S. 156.

82 Was wird aus der Kirche? a.a.O., S. 178.

83 Fremde Heimat Kirche, a.a.O., S. 48.

84 Wie stabil ist die Kirche? a.a.O., S. 156.

85 Was wird aus der Kirche? a.a.O., S. 178.

86 Fremde Heimat Kirche, S. 44. – Die IV. KMU und die V. KMU nennen keine Zahlen zur Relation kirchlicher Mitglieder und Konfirmandenarbeit (vgl. IV. KMU S.35 und V. KMU S.36-105).

87 Dahm, Beruf: Pfarrer, S. 317. Vgl. o. Anm. 377

88 WA 10 III, 1-13.

89 WA, a.a.O., 1,7-9.

holt Luther seine Aussage, indem er, sie variierend, zwischen „wissen und gerüstet sein“[90], Glaube und Liebe[91] unterscheidet, auf die nötige Geduld hinweist[92], um schließlich auf sich selbst zu verweisen, dass er nach Wittenberg kommen musste, um zu predigen[93]. Die existentielle Bedeutsamkeit des Glaubens hebt im biblischen Text u.a. beispielsweise Jakobus hervor und weiß sich dabei mit dem Judentum und Paulus einig[94]. Entsprechendes gilt für das Alte Testament, wenn es etwa im zweiten Schöpfungsbericht Adam, sobald er das erste Mal Eva erblickt, sagen lässt: ... *„Das ist doch Bein von meinem Bein, Fleisch von meinem Fleisch“* (Gen. 2,23). Eine Reflexion einschließlich der dafür erforderlichen Analyse entfällt. Auch entbrennt Adam nicht erst in Liebe zu ihr, bevor er dann, in Konsequenz dessen begreift, dass sie „Bein von seinem Bein, Fleisch von seinem Fleisch ist“. Die Erzähler der Geschichte verzichten auf entsprechende Darstellungen, und die Leser „begreifen“ spontan, ebenfalls ohne kognitive oder emotionale Verarbeitungen[95]. Die Wirkung dieser Aufnahme und Aneignung ist die größte von allen drei Verarbeitungsmöglichkeiten[96].

In kirchlichen Gruppen begegnen alle drei. Eine Untersuchung von Gruppen, speziell solchen von Konfirmanden während der Unterrichtszeit und von Kirchenchören, zeigt ein deutliches Zurücktreten der kognitiven Seite. Dies

---

90 WA, a.a.O., 2,2.

91 WA, a.a.O., 2,4-5,5.

92 WA, a.a.O., 4,13-5,5.

93 WA a.a.O., 10,12f.

94 Jak. 2, 19: „Du glaubst, dass nur einer Gott ist? Du tust recht daran: die Teufel glauben's auch und zittern“ (nach Luther in der revidierten Fassung von 2017). Frankenmölle kommentiert, indem er u.a. schreibt: „... Glaube (meint) umfassend die Existenzform des auf Jahwe hin orientierten Menschen, modern gesprochen: den jüdischen way of life. Hierin stimmt Jakobus ... mit Paulus überein ...“ (Hubert Frankenmölle, Der Brief des Jakobus, ÖTBK 17, 2 Bde., Gütersloh u.a. 1994, Bd. 2, S. 444).

95 Die Darstellung einer anderen, ebenfalls existentiellen Konsequenz in der Bibel, die des barmherzigen Samariters, wählt den Weg über die emotionale Verarbeitung, um die Konsequenz des Helfens zu erklären. Lukas schreibt, dass der Samariter „Mitleid hatte“ (Lk. 10, 33).

96 Dieses Phänomen nutzen Literatur und Musik, zum Beispiel, wenn in der „Zauberflöte“ Tamino sich beim bloßen Anblick des Bildes der Prinzessin in diese verliebt. Aus dem Alltag ist dieser Effekt bekannt als „Liebe auf den ersten Blick“. Tiefenpsychologische Untersuchungen bestätigen die weitreichenden Wirkungen existentieller Erlebnisse. Die Untersuchungen gehen auf Viktor E. Frankl zurück, der im Anschluss an Heideggers Existenzialphilosophie die Existenzanalyse und Logotherapie begründete. Er versucht, die geistig-existentiellen Tiefen einer Person aufzudecken, und bemüht sich um die Neuorientierung des Menschen auf Gott. Frankl stellt damit dem „Willen zur Lust“ bei Freud und dem „zur Macht“ bei Adler als dritten den „Willen zum Sinn“ gegenüber (vgl. Viktor Emil Frankl, Der unbewusste Gott. Psychotherapie und Religion, Wien 1949; München 1974; 8. Aufl. 1991; ders., Logos und Existenz. Drei Vorträge, Wien 1951; ders., Theorie und Therapie der Neurosen. Einführung in Logotherapie und Existenzanalyse, Wien u.a. 1956; 4., erw. und erg. Aufl., München u.a. 1975; 7., aktualisierte Aufl. 1993).

kann soweit gehen, dass jemand, der die Kirche ablehnt, dennoch im Kirchenchor singt und, auf den Widerspruch zwischen Theorie und Praxis angesprochen, meint, mit diesem Widerspruch leben zu können[97].

Die Konsequenz, die Dahm aus der Wirkungsweise der Stationen des Hörens zieht, ist die Frage, „wie der Kommunikationsform 'Predigt' die Kommunikationsformen der Gruppenkonversation zugeordnet werden können“[98]. Nun hat die Gruppenarbeit zweifellos ihre Bedeutung für die kirchlichen Gemeinden[99], aber im Hinblick auf die Predigt und deren Bedeutung für die Gemeinde ist die Frage zu stellen, ob nicht andere Möglichkeiten gegeben sind, um die Perzeption der Predigt zu steigern. Hierbei ist insbesondere im Anschluss an Dahm selbst an die Verbesserung der Stationen des Hörens zu denken, nämlich daran, deren Filterwirkung zu reduzieren. Einige Überlegungen lassen bereits die in diesem Ansatz liegenden Potentiale deutlich werden. Wenn die Akustik in einer Kirche verbessert wird, erreichen mehr Wörter die Hörer. Wenn die individuellen Bezugssysteme der Hörer innerhalb der Predigt stärker berücksichtigt werden, auf ihre Reflexionsebene vermehrt eingegangen wird, also die Hörer angesprochen werden, können mehr Aussagen die Auswahlstation passieren. Wenn die emotionale und die existentielle Seite der Hörer in der Predigt intensiver in den Blick geraten und ebenfalls Adressaten des Redens werden, kann das Gesagte vermehrt zu Konsequenzen führen.

Diese Überlegungen haben in der genannten Untersuchung kirchlicher Gruppen eine empirische Verifikation erfahren, indem sich bei einer Änderung der Gruppenarbeit innerhalb einer Konfirmandengruppe eine Intensivierung der Arbeit erzielen ließ. Diese ging soweit, dass eine Gruppe, die bereits am Zerbrechen war, nach der Umstellung des Unterrichts, seiner Organisation, seines Verlaufs usw. bis zur Konfirmation als Gruppe zusammenblieb, die Teilnehmer sogar mitarbeiteten, nachdem sie dies vorher wiederholt und mit zunehmender Schärfe verweigert hatten[100]. Die Konsequenzen aus existentieller Betroffenheit heraus zeigen sich auch bei der theologischen Aufarbeitung der Vergangenheit des „Dritten Reiches”. Die Predigt der Bekennenden Kirche erfasst nach 1945 die ganze Kirche, dauert lange an, bis es Ende der 60er Jahre dann schließlich zu einem komplizierten Ablösungsprozess kommt.

Heute, im 21. Jahrhundert werden sowohl die emotionale wie die existentielle Seite oft kurzfristig erregt. Predigende müssen aktuelle Ereignisse berücksichtigen. Das ist nicht zuletzt notwendig, weil neue Ereignisse in kurzen Zeitabläufen Menschen erregen. Alte Predigten und längere Zeit vor dem Sonn-

---

97 Ulrich Nembach, Gruppe: Chance der Gemeinde, S. 51, vgl. auch a.a.O. S. 75 – 80,

98 Dahm, Beruf: Pfarrer, S. 244.

99 Vgl. Nembach, a.a.O., besonders S. 129-157.

100 Das dafür erarbeitete besondere Verfahren, das „Sekundärzielkonzept“, bewährte sich somit selbst in einer extremen Situation (Nembach, a.a.O., S. 114-126).

oder Feiertag, an dem die Predigt gehalten werden soll, geschriebene Predigt-*meditationen* können deshalb nur bedingt eine Hilfe bei der Predigtarbeit sein. Besondere Ereignisse wie Katastrophen erregen Menschen emotional und treffen sie in ihrer Existenz. Diese Erregungen sind nur von kurzer Dauer.

Teilen, ein Hören und Sprechen: Luthers Predigten an seine Nächsten als teilende Reden

Die eingangs[101] genannte junge Witwe teilt ihr Leid allen Vorübergehenden mit. Sie lädt nicht nur zur Teilnahme ein, sondern schreit Leid hinaus und lässt alle Vorübergehenden an ihrem Leid teilnehmen. Darum hat sie ihr Leid in den Grabstein ihres geliebten, früh verstorbenen Mannes einmeißeln lassen. Gen. 22 teilt seinen Lesern Abrahams schweren Weg zur Opferung seines eigenen Sohnes mit. Prediger können an diesen Fakten nicht vorübergehen, es sei denn, sie würden zu einem Priester oder Leviten, vergleichbar denen, die in der Erzählung vom barmherzigen Samariter an dem unter die Räuber Gefallenen vorübergehen (Lk. 10,31f). Die Hörer werden mit ihrem Leid und ihrer Freude zum *Nächsten* für die Prediger, zu deren nahem Nächsten, aber nicht zu mehr.

> „... In die oren künden wir woll schreyen, Aber ein yeglicher muß für sich selber geschickt sein in der zeyt des todts ..."

(= In die Ohren können wir wohl schreien, aber ein jeder muss für sich selbst einstehen können in der Zeit – seines – Todes)[102]. Die Witwe und Luther wenden sich an ihre Nächsten.

Sprachlichen Ausdruck findet Luthers Verständnis von seiner Beziehung zwischen ihm und seinen Hörern im „Wir" und im „Du". Letztere Form direkter Anrede des anderen entspricht der räumlichen Nähe, von der der Begriff des „Nächsten" entlehnt ist. Neben das „Du" tritt bei Luther auch das „Wir" als die andere Form, die die Enge der Verbindung zwischen Predigenden und Hörenden ausdrückt. Luther verwendet beide Formen der direkten Anrede besonders dann, wenn er den Angeredeten etwas besonders Bedeutsames mitteilen will[103].

---

101 Siehe oben I.1.

102 Martin Luther, der 1. Invokavit-Predigt, gehalten am 9.3.1522, WA 10,III, 1,9f.

103 Vgl. Luthers Predigt zur Epistel der Christnacht über Tit. 2,11-15 (WA 10,I, 1,18-58), wo er u.a. sagt: „Darumb darffstu nit fragen, was du thun sollt eußerlich; sihe auff deynen nehisten, da wirstu tzu thun finden, wenn deyner tausent weren. Vorfure dich nur selb nit, denck nur nitt, ..." (= Darum darfst du nicht fragen, was du im Alltag (= rein äußerlich) tun sollst; siehe deinen Nächsten an, und du wirst mehr zu tun finden, als 1000 Menschen tun können. Verführe dich nicht selbst, denke nur nicht ... WA 10,I,1,36,8-10).
„... Was ist das Euangelium anders, denn die predigt, das Christus hab sich selb geben fur unß, das er unß erlößet von sunden, das alle, die das glewben, sollen gewißlich auch ßo erlöset seyn ..." (= Was ist das Evangelium anderes als die Predigt, dass Christus sich für

Der „Nächste“, das „Du“ und das „Wir“, sind sprachliche Äquivalente des sachlich Gemeinten, so dass Bild- und Sachhälfte ineinander eingehen. Deutlich wird diese Identität beider etwa in Luthers Predigt zur Epistel des Neujahrstages der Kirchenpostille. Luther sagt dort in Auslegung von Gal. 3,23-29 u.a.:

> „Glewben ynn Christum und dem nechsten thun, wie du glewbist, das dyr Christus than hatt, das ist der eynige, rechte weg, frum und selig zu werden und ist keyn anderer“ [104].

Luther geht anschließend noch weiter und erzählt ein Beispiel aus dem Alltag seiner Zeit, das er selbst sehr bescheiden als „ein grobes Gleichnis“[105] bezeichnet, das in Wahrheit jedoch ein sehr sublimes Stück Erzählung ist. Es spielt auf vier Ebenen. Zusätzlich wird die Erzählung dadurch gesteigert und zugleich komplizierter, dass die das ganze tragende Ebene nur kurz am Schluss erwähnt und eine weitere, nämlich die des Erzählers gar nicht explizit wird[106]. Luther erzählt von einem Schuhmachermeister, der zu seinem Lehrling sagt, dass das Handwerk ein Weg sei, fromm und selig zu werden. Er fährt dann fort mit der Frage an seine Hörer: „was wollistu hie thun?“, gibt selbst eine Antwort, verwirft sie gleich wieder, weil sie hier keine Abhilfe schaffe, nämlich, dem Jungen zu sagen, das Schneiderhandwerk sei besser. Das sei schließlich dasselbe Vorgehen wie das jenes Schuhmachermeisters. Luther antwortet deshalb erneut und redet dabei den Lehrling direkt an. Sprachlich bedient er sich in diesem Zusammenhang, seiner Zeit entsprechend, der Form „ßon“ und lässt, selbst sprechend, die angeredeten Hörer reden:

> „... lieber ßon, es ist hie widder schuster noch schneyder, ßondern du must ynn Christo glewben und darnach deynem nehisten thun, wie du glewbst, das dyr Christus than hatt; darnach bleyb eyn schuster oder werd eyn schneyder, wie du willst“.

uns hingab, dass er uns von unseren Sünden erlöst, dass alle, die das glauben, ganz sicher auch erlöst seien ... WA 10,I,1, 47,8-10).

Dazu vgl. auch Ulrich Nembach, Predigt des Evangeliums, S. 96ff. A.a.O. weitere Belege in Luthers Predigten.

104 WA 10,I,1, 491,14-16. (= „An Christum zu glauben und so dem Nächsten zu tun, wie du glaubst, dass Christus an dir getan hat, das ist der einzige und rechte Weg, fromm und selig zu werden. Einen anderen gibt es nicht.)

105 WA 10,I,1, 492,6-9 (= mein Lieber, es geht nicht um Schuster- oder Schneider-Sein, sondern darum, dass du an Christum glaubst und entsprechend deinem Nächsten tust; im Übrigen kannst du ein Schuster oder Schneider sein, ganz wie du willst).

106 Wer meint, hier nur auf die inhaltliche Aussage, auf das Dass verweisen zu können oder gar zu müssen, übersieht nicht nur Luthers Arbeit und seine Leistung, sondern gibt auch den Inhalt verkürzt wieder, weil dieses artifizielle Ineinander von Sprache und Inhalt diesen erst zu seiner ganzen Aussage kommen lässt.

Was Luther den Hörern empfiehlt zu tun, praktiziert er in seiner Predigt gerade konkret mit seinem Beispiel[107].

Die Ermöglichung dieses Umgangs miteinander liegt in Christus und seinem Werk und damit in der so geschenkten Freiheit. Diese beschreibt Luther bereits 1520 in seiner Schrift „Von der Freiheit eines Christenmenschen“ dialektisch, wobei der andere, der Nächste, stets, nämlich in beiden Teilen des Gesagten, gemeint ist.

> „Eyn Christen mensch ist eyn freier herr über alle ding und niemandt unterthan. Eyn Christen mensch ist eyn dienstpar knecht aller ding und ydermann unterthan“[108].

Diese Dialektik ist Ausdruck christlicher Existenz, weshalb Luther den seine Ausführungen am Schluss zusammenfassenden Absatz mit den Worten einleitet:

> „Aus dem allenn folget der beschluß, das eyn Christen mensch lebt nit ynn yhm selb, sondern ynn Christo und seynem nehstenn, ynn Christo durch den glauben, ym nehsten durch die liebe ...“[109]

Wie Luther in seiner Predigt das von ihm Gesagte selbst praktiziert, indem er das tut, was er den Hörern empfiehlt, handelt er auch entsprechend dem Glauben und der Liebe.

Er wagt sein eigenes Leben, das sein Kurfürst nur durch eine höchstgefährliche, auch allseits zu verheimlichende und zu leugnende Gefangennahme mit anschließender Sicherung auf der gut geschützten Wartburg gerettet hat, und kehrt in die Öffentlichkeit, nach Wittenberg zurück. Er tut dies, um die Stadt und die Reformation vor hartem, militärischem Durchgreifen zu bewahren, nachdem Unruhen in der Stadt ausbrachen. Als Mittel zur Beseitigung der Unruhen in der Öffentlichkeit und um dem Evangelium wieder Geltung zu verschaffen, bedient sich Luther der Predigt[110].

---

107 Wer hier davon sprechen möchte, Luther vergleiche die Predigt mit einer Interaktion zwischen den Hörern und deren Kontakten in ihrem Alltag, der übersieht die vierte Ebene in Luthers Redeweise und erfasst dessen Predigtverständnis nur partiell. Ebenso unterschätzt er die Sprache, in der sich Luthers Predigtverständnis konkret vollzieht, vollziehen kann. Luthers Sprachgewalt ist nicht nur Ausdruck eines Sprachgenies, sondern auch seiner Predigt, deren Verständnis, deren Praxis, deren Theologie, wobei letztere ihrerseits aus dem christlichen Glauben kommt und er dies in der Predigt, und nicht außerhalb von ihr zum Ausdruck bringt. Wenn Luther vom Gottesdienst spricht, den eine Magd tut, indem sie den Stall fegt, dann hat diese Aussage ihre Wurzel in Luthers Predigtverständnis. Es wäre darum falsch, zum Beispiel von der Theologie als solcher und dann – irgendwie hinzukommend – von der Predigt zu sprechen.

108 WA 7, 21,1-4 (= Ein Christenmensch ist ein freier Herr über alle Dinge und niemandem untergeben. Ein Christenmensch ist ein für alle und jeden zu Diensten stehender Knecht).

109 WA 7, 38,6-8 (Aus dem allem folgt, dass ein Christenmensch nicht in sich selbst lebt, sondern er lebt in Christo und in seinem Nächsten. In Christo lebt er durch den Glauben, im Nächsten durch die Liebe ...).

110 Luther predigt eine Woche lang, vom Sonntag Invokavit an, 9.-16.3.1522. WA 10,III, 1-64.

Vom gemeinsamem Leben unter Gesetz und Evangelium:

Hörer und Prediger sind Teil der Schöpfung Gottes wie alles Leben, und zugleich sind sie Teil der Gemeinde Jesu Christi. Paulus kann sie „Geheiligte“ anreden, obwohl er diesen „Heiligen“ wenig später unheiliges Handeln vorwerfen muss[111]. Die widersprüchliche Situation der Hörer, nicht anders der Prediger, findet ihre adäquate Beschreibung in der Formel „*simul iustus et peccator* [Zugleich gerecht und Sünder]“[112].

Hörer können nur so hören und Prediger nur so sprechen. Die Konsequenzen dieser Gemeinsamkeit sind kaum zu überschätzen.

Indem Prediger Hörer in deren Christlichkeit, mit Paulus gesprochen, als „Geheiligte“ anreden, sprechen die Prediger zu jenen als jemand, der mehr sagt, als jene wissen und sind. Die Hörer ihrerseits hören ebenfalls als jemand, der mehr weiß, als die redenden Prediger wissen und sind. Hörende und Sprechende sind eine Gemeinschaft von Menschen, die simul iusti et peccatores sind. Im konkreten Fall kann ein peccatus [Sünder] einen iustum [Gerechten] ansprechen, ihm predigen. Prediger müssen sich deshalb nicht nur unter dem Urteil der Hörer vermuten, sie sind es auch. Prediger können nur hoffen, darauf vertrauen, dass der Glaube aus dem Hören der Predigt kommt[113]. Auf der anderen Seite ist dieselbe Situation in umgekehrter Weise denkbar. Ein gerechtfertigter Prediger spricht zu einem sündigen Hörer. Schematisch lässt sich dieses Geschehen gut veranschaulichen:

sündiger Prediger	⟶	gerechtfertigter Hörer
gerechtfertigter Prediger	⟶	sündiger Hörer.

Das Modell beschreibt die mögliche Situation nicht ganz. Es muss deshalb erweitert werden:

sündiger Prediger	⟶	sündiger Hörer
gerechtfertigter Prediger	⟶	gerechtfertigter Hörer.

Dennoch ist auch dieses Modell noch nicht umfassend genug. Die Gemeinsamkeit von Hörer und Prediger in deren Rechtfertigung und Leben in Sünde kann nicht in einer einfachen Zweier-Relation visualisiert werden, etwa so:

gerechtfertigter, sündiger Prediger ⟷ sündiger, gerechtfertigter Hörer

111 1. Kor. 1,2; 5,1ff.
112 Vgl. WA 56, 272, 16ff.
113 Röm. 10,17.

Zwar drückt das „Simul" die Gleichzeitigkeit aus, und das Modell bringt sie zum Ausdruck, aber die Konsequenz der Gleichzeitigkeit bleibt unanschaulich, und um sie geht es der Predigt. Die Predigt will Gesetz und Evangelium hören lassen.

Walter Koehler beschreibt das Simul treffend als „große(n) Sterbe- und Auferstehungsprozess". Dieser dauert das ganze Leben an und kommt erst am Jüngsten Tag zu seinem Ende.[114] Koehler entwickelt seine Darstellung von Luthers Tauflehre her. Er zitiert Luther anhand dessen Schrift „Von der babylonischen Gefangenschaft der Kirche", die lehrt, dass die Taufe zweierlei bedeute, Tod und Auferstehung, denn dass der Pfarrer das Kind ins Wasser eintauche, bedeute den Tod und das Herausnehmen das Leben[115]. Die Taufe bedeutet Rechtfertigung, aber sie ist nicht Beseitigung der Erbsünde, sondern Vergebung der Sünde.

Die Gleichheit der Hörer und Prediger ist in der römisch-katholischen Kirche nicht gegeben. Der Unterschied wird manifest in dem seit 1983 gültigen Codex Iuris Canonici als dem für die ganze römisch-katholische Kirche gültigen Gesetzeswerk. Es geht von der bischöflichen Gewalt aus, die ihrerseits nur durch die des Bischofs von Rom, des Papstes Macht, beschränkt ist[116].

Evangelischerseits ist die Gemeinschaft der Hörer und Prediger juristisch durch die kirchliche Gesetzgebung ebenfalls eingeschränkt, wie schon in anderem Zusammenhang zu bemerken war.[117] Das Predigten ist an das Amt gebunden worden bereits zur Zeit der Reformation.[118] Die Verschiebung des Akzentes von

---

114 Walter Köhler, Dogmengeschichte als Geschichte des christlichen Selbstbewusstseins. Bd. 2: Das Zeitalter der Reformation, aus dem Nachlass hrsg. v. Hans Barth, Zürich 1951, S. 291.

115 Koehler, a.a.O., S. 291; WA 6, 534, 3ff. Luther seinerseits verweist dort auf Röm. 6,4.

116 CIC Can. 375 lautet in deutscher Übersetzung:
§1 Die Bischöfe, die kraft göttlicher Einsetzung durch den Heiligen Geist, der ihnen geschenkt ist, an die Stelle der Apostel treten, werden in der Kirche zu Hirten bestellt, um auch selbst Lehrer des Glaubens, Priester des heiligen Gottesdienstes und Diener in der Leitung zu sein.
§2 Die Bischöfe empfangen durch die Bischofsweihe selbst mit dem Dienst des Heiligens auch die Dienste des Lehrens und des Leitens, die sie aber ihrer Natur nach nur in der hierarchischen Gemeinschaft mit dem Haupt und den Gliedern des Kollegiums ausüben können.
Dementsprechend ist der einzelne Ortspfarrer dem Bischof nach- und der Gemeinde mit ihren Hörern vorgeordnet.
Can. 515 bestimmt deshalb:
§1 Die Pfarrei ist eine bestimmte Gemeinschaft von Gläubigen, die in der Teilkirche auf Dauer errichtet ist und deren Seelsorge unter der Autorität des Diözesanbischofs einem Pfarrer als ihrem eigenen Hirten anvertraut wird.
§2 Pfarreien zu errichten, aufzuheben oder sie zu verändern ist allein Sache des Diözesanbischofs, der keine Pfarreien errichten oder aufheben oder nennenswert verändern darf, ohne den Priesterrat gehört zu haben.

117 S. oben II.1.1.

118 CA V: „Solchen Glauben zu erlangen, hat Gott das Predigtamt eingesetzt, Evangelium und Sakrament geben, dadurch er als durch Mittel den heiligen Geist gibt, welcher den Glauben, wo und wann er will, in denen, so das Evangelium hören, wirket, ..." Ähnlich

der Gemeinschaft der Gemeinde, dem Priestertum aller Gläubigen, auf das Amt hin findet schon zu Luthers Lebzeiten statt. Anfänglich, in seiner ersten großen Reformschrift aus dem Jahr 1520, „An den christlichen Adel deutscher Nation von des christlichen Standes Besserung", wendet sich Luther an Laien, als er Rom kritisiert. Er schreibt, dass Rom seine Herrschaft durch drei Mauern sichert. Diese Mauern bestehen aus Positionen, für die letztlich Rom die alleinige Zuständigkeit beansprucht, so dass kein Spielraum für die Laien bleibt.[119] Luther bricht diese Strukturen bereits dadurch auf, dass er sich an den Adel und damit an Laien wendet. Zugleich stellt er so die Gemeinschaft zwischen Hörenden und Predigenden wieder her. Gemeinsam wird auch faktisch anschließend die Reformation in Wittenberg, Zürich, Genf und anderswo durchgeführt.

Damit stellen sich die Reformatoren in die Tradition des Neuen Testaments. Die Jünger Jesu sind keine Theologen, sondern Laien, Fischer, Frauen und Männer aus dem Volk. Paulus ist der einzige theologisch Vorgebildete. Sie stehen wie Jesus selbst sogar in Konfrontation zu den Theologen. Das Alte Testament kennt bereits diesen Konflikt, wenn der Hirte und Maulbeerzüchter Amos sich gegen den Priester Amazja wendet[120].

heißt es bereits 1529 in den Schwabacher Artikeln, dort Art. 7: „Solchen Glauben zu erlangen oder uns Menschen zu geben, hat Gott eingesetzt das Predigtambt oder mundlich Wort, nämlich das Evangelion, durch weliches er solichen Glauben und seine Macht, Nutz und Frucht verkunden lässt, und gibt auch durch dasselbige als durch ein Mittel den Glauben mit seinem Geist, wie und wo er will ..."

119 WA 6, 404-469.

120 Am. 7,10-17.

3 Die Situation der Gemeinde zu Beginn des 21. Jahrhunderts.

Äußerlich sichtbar wurde ein Wandel im kirchlichen Gemeindeleben durch zunehmend leer bleibende Kirchenplätze und nun auch am Alter der Kirchenbesucher. Sie sind alt, oft an die 70 und darüber. Ihre kirchliche Sozialisation war eng und lässt sie darum noch heute zur Kirche gehen. Jüngere kommen wenige. Warum heute der gesellschaftliche Wandel sich so auswirkt, liegt an mehreren Gründen. Diese liegen direkt bei der Gesellschaft und deren Lebenssituation wie auch an Kirche und Theologie. Deren aktuelles Verhalten ist nicht zuletzt ein Reflex auf den gesellschaftlichen Wandel.

3.1 Der gesellschaftliche Wandel

Die Gesellschaft wandelte und wandelt sich im Laufe der Zeit. In den letzten Jahrzehnten fanden mehrere weltweite Veränderungen statt. 1968 ff Jahren protestierten Studenten gegen die bis dahin bestehenden Verhältnisse und schufen neue Lebensbedingungen. Der wenige Jahre spätere Fall der Berliner Mauer am 9.11.1989 brachte in Deutschland die Wiedervereinigung von Ost und West sowie führte zum Zusammenbruch der Sowjetunion mit dem Ende des *kalten Krieges*. Die vorerst letzte große und globale Veränderung ist angestoßen worden von einem 15-jährigen Mädchen in Schweden. Am 20. August 2018, einem Freitag, begann sie einen Schulstreit, um die Politiker für ein Klima freundlicheres Handeln zu bewegen. Inzwischen ist daraus eine weltweite Bewegung geworden.[121]

Die aus allen diesen Entwicklungen resultierenden Konsequenzen erfassen jeden, alle Institutionen und Staaten. Die klimatischen Perspektiven sind dramatisch für die ganze Welt, alle Kontinente und Meere.[122]

Das Sozialverhalten der Menschen ist anders geworden. Die Arbeitswelt mit ihrer Arbeitsteilung, den hohen Leistungsanforderungen, der Globalisierung stellt die Menschen vor neue Herausforderungen, bringen sie in neue Situationen. Waren sie früher oft nur ein kleines Rädchen in einem großen Getriebe, so sind sie heute nur ein Zahn eines kleinen Rades eines kleinen Getriebes.

121 Google zählt am 28.09. 2019: „Ungefähr 297.000.000 Ergebnisse (0,58 Sekunden))"

122 Diese Entwicklung zeigt der aktuelle Weltklimabericht (https://www.ipcc.ch/sr15/ (30.09.2019))

Dieses wird ganz ausgewechselt, wenn etwas nicht klappt, sprich eine Fabrikationsstätte wird geschlossen und woanders, in einem anderen Land oder Erdteil neu aufgebaut. Die Arbeitnehmer haben diese Situation stets vor Augen. Auch der Supermarkt als Ort zur Versorgung für den täglichen, wöchentlichen Verbrauch ist von der Globalisierung betroffen. Die Regale stehen voll von Waren aus aller Welt. Der kleine Laden um die Ecke, der kleine Bäcker vor Ort, der Metzger und all die anderen Lebensmittelversorger mussten längst dem Supermarkt weichen. Damit entfielen auch die Orte für ein Gespräch.

Selbst die Freizeit unterliegt dem gesellschaftlichen Wandel. Neue Reisziele werden angesteuert. Flieger bringen Menschen überall hin, und das auf bequeme Art und Weise. Dazu geht alles schnell. Der Preis umfasst das Ganze. Sogar für die Unterhaltung wird gesorgt.

Die Situation wirkt sich im Hinblick auf das Handeln der Einzelnen im Hinblick auf die Zukunft aus. Die Intensität dieses Aspektes zeigt sich bei der Berufswahl. In Deutschland wählen mehr junge Menschen den Weg ins Studium als in ein Handwerk. Der alte, bewährte Satz: „Handwerk hat goldenen Boden“ wird von vielen Jugendlichen nicht mehr geteilt.

Wo ist in dieser Welt der Ort für die Predigt, die Kanzel? Vorgesehen ist er nicht. Die Kirche in der Mitte des Dorfes, der Stadt ist nicht mehr eingeplant.

3.2 Die Kirche im Wandel

Die Kirche macht sich Sorgen um die Zukunft. Sie wirbt unter Gymnasiasten für ein Theologiestudium, für ihren Nachwuchs. Gleichzeitig verkauft die Kirche Pfarrhäuser, den festen Anlaufpunkt für die Glieder einer Gemeinde. Selbst Kirchen werden entweiht, geschlossen und verkauft.[123] Die Gründe sind Finanzfragen und der Pfarrermangel. In den 60-er Jahren des vorigen Jahrhunderts wurden Kirchen gebaut. Pfarrermangel gab es nicht, und Geld war vorhanden.

Ein Beispiel aus dem konkreten Leben einer Familie. In einem neuen Bundesland mit den geringen Zahlen von Kirchenmitgliedern lädt eine Gemeinde zu ihrem traditionellen Sommerfest ein. Eine junge Familie ist gerade zugezogen. Da lädt sie jemand aus der neuen Nachbarschaft zu dem Fest ein. Mehr unwillig, mehr um sich nicht eine eventuell gute Nachbarschaft zu verbauen, geht die Familie zu dem Fest und ist begeistert, vergisst fast den Heimweg.

Das letzte Beispiel erscheint als ein Lichtblick in einer an sich düsteren Landschaft. Das Beispiel wirkt wie gewollt, um von der düsteren Zukunft abzulenken. Das Beispiel bietet darum einen wenig überzeugenden Ausblick auf die

---

[123] Diese Seiten geben einen Überblick über die Veränderungen von Kirchen in einem ganzen Bundesland in Deutschland:: https://www.zukunft-kirchen-raeume.de/ (28.8.2019).

kirchliche Entwicklung und mit ihr auf den Fortgang der Predigt im gesellschaftlichen Wandel der Gegenwart. Tatsächlich ist das Beispiel ein anschaulicher Beleg für das reale Leben der Kirche heute, das als solches kaum, eigentlich gar nicht von Kirche und Theologie wahrgenommen wird.

Der Hessische Rundfunk gab eine Umfrage in Auftrag zu dem Thema „*Was glauben die Hessen?*“[124] Sie erbrachte das erstaunliche Ergebnis, wenn man es vor dem Hintergrund der leeren Kirchenbänke, der Schließung von Kirchen usw. sieht. Nämlich 75,9% der Befragten stimmten dem Satz zu; „Ich finde es gut, dass es Kirchen gibt“. Wenn zu dieser Zahl noch diejenigen hinzugerechnet werden, die „teils, teils“ zustimmen, dann sind es gar 89,3%.[125]

Diese Zahlen, so erstaunlich sie an sich sind, sind noch erstaunlicher, weil 41,7% sagen, dass die Kirchen keine Antworten haben auf „Fragen, die mich wirklich bewegen“. Werden auch hier diejenigen Befragten hinzugerechnet, die „teils, teils“ zustimmen, so sind es 71%.

Das Problem der leeren Kirchenbänke ist darum keins des Glaubens, sondern muss woanders gesucht werden. Zu denken ist an die Theologie, speziell die Homiletik, die keine adäquate Antwort findet. Ein Blick in die Geschichte zeigt, dass Friedrich Schleiermacher (1768 – 1834) vor einem ähnlichen Problem stand. Die Aufklärung führte zu einer Verachtung der Religion überhaupt. Gotthold Ephraim Lessing (1729 – 1781) schuf die Religionen generell ab. In seinem Werk *Nathan der Weise*, erschienen 1778, erklärt er das Christentum, das Judentum und den Islam für Fälschungen.[126] Schleiermacher startete 1799 mit einer Schrift mit dem bezeichnenden Titel *Über die Religion, Reden an die Gebildeten unter ihren Verächtern*. Weitere Schriften folgten. Ab 1808 wurde er ein geschätzter Prediger an der *Dreifaltigkeitskirche* in Berlin und ab 1810 Professor an der neugegründeten Universität in Berlin. Zahlreiche Veröffentlichungen folgten. Dabei blieb er seinem eingeschlagenen Weg treu. Er sprach zu und veröffentlichte für die Gebildeten bzw. für werdende Gebildete. Hierbei entwarf er Konzeptionen für das Theologiestudium. Dies alles führte dazu, dass sich seine Lehre und sein Predigtverständnis allgemein durchsetzen. Das hatte dann zur Folge, dass die später im 19. Jahrhundert entstehenden Arbeitermassen infolge der beginnenden Industrialisierung in Deutschland von den Predigten nicht mehr erreicht wurden. Die Bemühungen einzelner wie des Berliner Oberhofpredigers *Adolf Stöcker*, von Gruppen wie der *Berliner Stadtmission* u.a, einschließlich organisatorischer Maßnahmen wie des Baues von Kirchen der

---

124 Ebertz, Michael N.; Schmidt-Degenhard, Hrsg., Was glauben die Hessen?, Lit Verlag Münster 2015

125 IV. KMU ergab, dass evangelische Kirchenmitglieder sich gesamt zu 75% mit der Kirche sehr oder etwas verbunden fühlen (IV. KMU Bd1, S. 232). KMU V bestätigte die Tendenz, aber leider ist diese Untersuchung nicht ganz unproblematisch wegen handwerklicher Fehler.

126 Lessing war mit seinem Werk erfolgreich. Er benützte als Form das Drama mit ihren dramaturgischen Möglichkeiten. Dazu vgl. oben Vorwort zur 1. Auflage.

Neueinteilung und der Gründung von Gemeinden konnten das Blatt nicht wenden. Politische Parteien, zahlreiche neue philosophische sowie politische Publikationen taten das Ihre. Gebildete hingen aber an Schleiermacher fest; Pfarrer folgten seinem Predigtverständnis. Aber sie verloren ihr Vertrauen in Schleiermacher auf den Schlachtfeldern des 1. Weltkrieges. Was hier nicht nur junge Männer sahen, erlebten, ließ eine Theologie auf der Basis von Bildung unbeantwortet. Da erschien in 2. Auflage 1921 das Buch des Schweizer Landpfarrers *Karl Barth* (1886 -1968): *Der Römerbrief.* Das Werk traf auf die Menschen nach dem 1.Weltkrieg und dessen Folgen. Es half ihnen. Reformierte und Lutheraner schlossen sich Karl Barth an. Verstärkt wurde dieser Zusammenhalt, als die Nationalsozialisten nach der Machtübernahme 1933 verstärkt gegen die evangelische Kirche und deren Mitglieder kämpften. Barth wurde zum führenden Mann dieses Widerstandes.

Heute im neuen 21. Jahrhundert ist die Situation in Deutschland anders geworden. Darum versuchen schon seit den letzten Jahrzehnten des 20. Jahrhunderts Prediger, gegen die nun leerer werden Kirchen anzukämpfen. Sie erproben neue Predigtformen. Oft sind es Variationen der herkömmlichen Form unter einem bestimmten, neuen Gesichtspunkt. Inzwischen sind sie überholt.[127] Heute wendet sich die Theologie wieder Schleiermacher zu und die Homiletik speziell, was die Form der Predigt betrifft, der Ästhetik.

3.3. Die Situation der Kirchengemeinden

Die Zahl der Kirchenaustritte ist in jüngster Zeit in Deutschland erheblich gestiegen. Das gilt für beide großen Kirchen in Deutschland. Im Jahr 2017 verließen mehr Menschen die evangelische als die katholische Kirche, nämlich 167 504 die katholischen Diözesen und 410 000 die evangelischen Landeskirchen. [128] Diese Zahlen liegen höher als in den Jahren zuvor.[129] Eine Halbierung der Mitgliederzahlen der evangelischen Kirche in Deutschland bis zum Jahr 2060 wird von Bernd Raffelhüschen vorausgesehen. Diese Erkenntnis ist neu, wie Raffelhüschen konstatiert: „Das liegt – und das ist die neue Erkenntnis – aber nur zu

---

127 In der ersten Auflage dieses Buches wurden sie ausführlich besprochen. Wegen ihrer jeweiligen, spezifischen Stichworte wurden sie zusammengefasst unter dem Stichwort „Attributpredigten“. Die Zeit ist über sie hinweggegangen, weshalb nun auf ihre Darstellung verzichtet wird.

128 https://www.kirchenaustritt.de/statistik (18.10.2018)

129 Nur 2014 waren die Zahlen höher und zwar von der kath. Kirche trennten sich 217 716 Mitglieder und 270 003 von der evangelischen Kirche (https://www.kirchenaustritt.de/statistik (18.10.2018).

knapp der Hälfte am demografischen Wandel – also dem Überhang von Sterbefällen über die Geburten sowie dem Wanderungssaldo. Mehr als die Hälfte des Mitgliederrückgangs beruht auf Tauf-, Austritts- und Aufnahmeverhalten."[130] Damit ist der Beruhigungsversuch von Thomas Begrich widerlegt, der die Entwicklung der letzten Jahre „in dem vor zehn Jahren angesichts des demographischen Wandels prognostizierten Rahmen" sieht.[131]

Eine quantitative Untersuchung von Kirchenmitgliedern vornehmlich in Norddeutschland zeigte eine Reihe von aktuellen Problemen in Kirche und Theologie.[132] Es handelt sich dabei um unterschiedliche Angelegenheiten im Denken, Handeln und Leben von Kirche und Theologie. Ein Gesprächspartner in kirchenleitender Funktion fasste alles zusammen in einer Email. Er schreibt dort:

---

130 Berrnd Raffelhüschen, Kirche steht vor Generationenaufgabe, https://www.ekd.de/projektion2060-interview-raffelhueschen-45527.htm (20.7.2019); vgl auch David Gutmann u.a, Hrgb, Kirche – ja bitte, Innovative Modelle und strategische Perspektiven von gelungener Mitgliederorientierung, Neukirchen 2019.
Die Perspektive für die kath. Kirche ist ähnlich, wenn auch der Verlust etwas geringer sein wird. „Aufgrund stärkerer Zuwanderungsströme aus dem Ausland verliert die katholische Kirche geringfügig weniger Mitglieder als die evangelische.(https://www.dbk.de/themen/kirche-und-geld/projektion-2060/; 20.7.2019) Ob die Entwicklung tatsächlich so verlaufen wird, ist ungewiss. In den 80-ger Jahren des vorigen Jahrhunderts studierten zahlreiche Frauen und Mäner Theologie. Wenig später waren es nur sehr wenige. Danach stieg die Zahl der Studierenden wieder an, ohne die frühere durchschnittliche Zahl zu erreichen.

131 http://www.ekd.de/print.php?file=/aktuell_presse/news_2015_07_3... (23.07.2015).
Der Schlussfolgerung von Thomas Begrich widerspricht auch die Tatsache, dass es Gemeinden gibt, in denen die Zahl der Taufen die der Verstorbenen übersteigt, nachdem die Gemeinde neue Wege der Gemeindearbeit ging (vgl. Gemeindebrief der *Martinsgemeinde*, Göttingen-Geismar, August 2015 – November 2015, S. 12 – 14 und 30f). Die Gemeinde ist eingebettet in die Stadt Göttingen. Dort verließen 698 Menschen die evangelische Kirche im Jahr 2014, ein Jahr zuvor waren es 481 im Jahr. Die katholische Kirche verließen im Dekanat Göttingen 465 Mitglieder im Jahr 2014 und ein Jahr zuvor 382 Personen (Göttinger Tageblatt Nr. 171 vom 25.7.2015 S. 17).

132 Gespräche wurden geführt mit 10 Mitgliedern unterschiedlicher Landeskirchen. Die Gespräche wurden mündlich und schriftlich per Email durchgeführt. Es waren offene und intensive Gespräche. Ihre Veröffentlichung ist nicht vorgesehen, um die beteiligen Personen zu schützen. Sie alle sind Mitglieder ihrer Landeskirche, unterschiedlichen Alters, Herkunft und bekleiden verschiedene Positionen in ihrer Kirche. Diese reichen von Theologie Studierenden bis in Kirche leitende Ämter (Ulrich Nembach, Kirche und Theologie im Wandel, Göttingen 2015, unveröffentlichtes Manuskript).
Eine ähnliche Untersuchung befragte „Kirchenvorstände, Kirchengemeinderäte, Gemeindekirchenräte, Presbyterien und Pfarrern" kommt zu dem Ergebnis, dass die Gemeinde sehr gut über die soziale und politische Situation vor Ort Bescheid wissen, aber alle Potentiale nicht ausschöpften Rebensdorf, Hilke; Ahrens, Petra-Angela, Wegner, Gerhard, Potenziale vor Ort, Evangelische Verlagsanstalt Leipzig 2015, S. 8f und 177ff). Hier werden die kirchlichen und außerkirchlichen Belastungen der Befragten nicht in den Blick genommen.

„Wir haben viele Megathemen und Herausforderungen, denen wir uns in mittelfristigen Projekten stellen. Von Gebäudenutzungsplanung, mittelfristige Finanzplanung, Regionale Zusammenarbeit, Zukunft der Kirchengebäude, Kirche am Urlaubsort, Fragen nach einer neuen pastoralen Identität, Priorisierung der Dienste und Werke, Flüchtlingsarbeit, neue Wege der Förderung des Ehrenamtes, neue Weisen der der sog. Seniorenarbeit, Klimaschutz, Prävention ... und dies alles zeitgleich. Es gibt tatsächlich spezifische Herausforderungen, die vor 20 Jahren meiner Meinung nach noch nicht absehbar waren."[133]

Es ist eine lange Liste und doch fehlen zwei wichtige Bereiche, nämlich die Predigt und die Theologie insgesamt. Der Autor konzentriert sich auf das kirchliche Handeln. Er liegt damit im Trend der Zeit. Entsprechend versteht eine befragte Theologiestudentin ihre zukünftige Arbeit als *helfen* und dem entsprechend bereitet sie sich auf ihr zukünftiges Pfarramt vor. Ihr gegenwärtiges Studium wird von Aktivitäten begleitet. Diese werden sorgfältig vorbereitet. Das Studium läuft nebenher.

Handeln ist dabei im engen Sinn des Wortes gemeint. Die Verkündigung des Wortes, die Predigt ist kein Handeln, sondern war und ist *Lehre und Ermahnung*, wie Luther sagt.[134] Die Fähigkeit des Menschen zu reden, zeigt die Ebenbildlichkeit des Menschen zu Gott. Gottes Handeln geschieht durch sein Wort, wie der Schöpfungsbericht von Gen. 1 zeigt. „Gott wird in Analogie zu einem Rhetor gesehen"[135]. Die heutige Praxis des evangelischen Gottesdienstes sieht noch immer die Predigt im Mittelpunkt des Geschehens.

Anders werten die evangelische Kirche als Institution und deren empirische Forschung Gottesdienst und Predigt. Der Gottesdienst wird nur unter dem Gesichtspunkt der *sozialen Praxis* gesehen. Oft gehen Menschen gemeinsam zum Gottesdienst, wird festgestellt.[136]

---

133 Ulrich Nembach, Kirche und Theologie im Wandel, Göttingen 2015, unveröffentlichtes Manuskript.

134 Vgl. Martin Luther, WA TR 2, 359,18-21 Nr. 2199 und dazu Ulrich Nembach, Predigt des Evangeliums, Luther als Prediger, Pädagoge und Rhetor, Neukirchener Verlag, Neukirchen-Vluyn 1972, 25 – 59.

135 Birgit Stolt, Martin Luthers Rhetorik des Herzens, UTB 2141, Mohr Siebeck, Tübingen 2000, S. 47. Vgl. dazu auch Helmar Junghans, Die Worte Christi geben das Leben, in: Wartburg-Jahrbuch Sonderband 1996, Regensburg Schnell und Steiner 1996, S. 157 – 176, S. 162

136 Der Gottesdienst wird nur allgemein gesehen und entsprechend analysiert. Das Stichwort „Predigt" kommt dabei nicht vor (V.KMU, S. 57). Die kirchliche Praxis wird hier zwar differenzierter betrachtet, als es Schleiermacher tat. Es ging im um die kirchliche Lage Er wollte sie anhand der kirchlichen Lage erheben. Wilhelm Gräb nennt das „empirische Erhebung", was es auch ist, aber weit entfernt von dem, was heutet unter empirischer Forschung verstanden wird und auch die V.KMU a.a.O. meint (Wilhelm Gräb, Schleiermachers Konzeption der Theologie als empirisch-praktische Wissenschaft vom Christentum, in: Birgit Weyel, Wilhelm Gräb, Hans-Günter Heimbrock, (Hrsg.), Veröffentlichungen der Wissenschaftlichen Gesellschaft für Theologie; Bd. 39, Evangelische Verlagsanstalt Leipzig 2013, S. 25f.

Die liturgiewissenschaftliche Diskussion fragt nach dem Gottesdienst und nach dessen Erleben.[137] In dem Kontext wird der Gottesdienst als *Begegnung*, als Begegnung zwischen Menschen untereinander und mit Gott, gesehen, gewürdigt.[138]

Der Hiatus zwischen gemeindlicher Praxis und kirchenleitender Wahrnehmung des Gottesdienstes wie der Predigt zeigt ein Dilemma heutiger Christlichkeit. Es wird bislang als solches nicht wahrgenommen, vielmehr wird an verschiedenen Symptomen des Dilemmas gedacht und gearbeitet.[139] Dazu kommt,

---

137 Uta Pohl-Patalong. Den Gottesdienst erleben. Empirische Einsichten zum evangelischen Gottesdienst, Kohlhammer, Stuttgart, 2011.

138 Peter Cornehl, Den Gottesdienst erleben – zu Chancen und Grenzen qualitativ-empirischer Studien, in: Pastoraltheologie, hrsg. von Anna Christ-Friedrich u.a., 104. Jg, 2015/7 S. 285 -306.

139 *Zum Beispiel: Kirchen - Räume - Pfarrhäuser:*
Helmut Umbach, Heilige Räume – Pforten des Himmels, Vom Umgang der Protestanten mit ihren Kirchen, V&R unipress Göttingen, 2005.
Clemens W. Bethge, Kirchenraum, Eine raumtheoretische Konzeptualisierung der Wirkungsästhetik, Kohlhammer, Stuttgart 2015.
Katrin Hildenbrand, Leben in Pfarrhäusern, Zur Transformation einer protestantischen Lebensform, Kohlhammer, Stuttgart 2015
Regina Sommer und Julia Koll, Hrsg., Schwellenkunde, Einsichten und Aussichten für den Pfarrberuf 21. Jahrhundert, Ulrike Wagner-Rau zum 60. Geburtstag, Kohlhammer, Stuttgart 2012.
Matthias Wütrich, Raum Gottes, Ein systematisch-theologischer Versuch, Raum zu denken, Vandenhoeck & Ruprecht, Göttingen 2015
Gunter Schendel, „Anhaltspunkt" und „gläsernes Haus". Empirische Ergebnisse zur öffentlichen Wahrnehmung des evangelischen Pfarrhauses, in: Pastoraltheologie, 104. Jg. Heft 2015/6, S. 203 – 220.
Angela Rinn, Friedhof, gefährdeter Ort – veränderte Bestattungskultur in der Gegenwart und ihre Folgen, in: Pastoraltheologie, 104.Jg. Heft 2015/7, S. 307 – 325.
Zum Beispiel: Die Sprache:
Clemens Leonhart and Helmut Löhr, Liturature or Liturgy, Early Christian Hymns and Prayers in their Literary and Liturgical Context in Antiquity, Edided by.., Mohr, Siebeck Tübingen 2014.
Peter Meyer, Predigt als Sprachgeschehen gelebt-religiöser Praxis, Empirisch-theologische Beiträge zur Sprach- und Religionsanalyse auf Basis komparativer Feldforschung in Deutschland und den USA, Mohr Siebeck, Tübingen, 2014
Joachim Ringleben, Jesus, Ein Versuch zu begreifen, Mohr Siebeck, Tübingen 2008
Ders.: Gott im Wort, Luthers Theologie von der Sprache her, Mohr Siebeck, Tübingen 2010.
Ders.: Das philosophische Evangelium, Theologische Auslegung des Johannesevangeliums im Horizont des Sprachdenkens, Mohr Siebeck, Tübingen, 2014.
Karen E. Spierling, Hg., The Evolution of the Printed Word in Reformed Protestantism, Vandenhoeck & Ruprecht, Göttingen 2015
Zum Beispiel. Das Internet:
Christina Ernst, Mein Gesicht zeig ich nicht auf Facebook, Social Media als Herausforderung theologischer Anthropologie, Edition Ruprecht, Göttingen 2015.

dass Kirchen leitende Gremien generalisierend antworten, wenn sie konkret auf dieses oder jenes Defizit angesprochen werden. Sie verweisen auf fehlende Ressourcen im personalen und / oder finanziellen Bereich. Diese Hinweise sind den Fragenden oft zu pauschal, zumal sie generell gesehen nicht zutreffen. Heute sind die Kirchen noch relativ gut mit Pfarrerinnen und Pfarrern versehen. Letztere unterliegen öfters Einschränkungen ihrer Arbeit, die aus finanziellen Gründen erfolgen. Dabei sprudeln die Finanzquellen der Kirchen schon seit einigen Jahren gut und werden das voraussichtlich auch in den nächsten Jahren tun. Die gute Beschäftigungslage in Deutschland macht es möglich trotz der rückläufigen Mitgliederzahlen.

Diese Entwicklung ist erstaunlich angesichts des Reformationsjubiläums im Jahr 2017. Der Bettelmönch in Wittenberg fragte nicht nach finanziellen Ressourcen, als er seine 95 Thesen an die Tür der Schlosskirche schlug. Es ging ihm um die Menschen und deren Seelenheil. So wurde Luther auch von nicht wenigen seiner Zeitgenossen verstanden. Sie begannen im Sinne Luthers zu predigen. Noch heute wird oft die Datierung der Einführung der Reformation an einem Ort fest gemacht mit dem Datum der ersten evangelischen Predigt an dem betreffenden Ort.

Diese Entwicklung ist unter einem weiteren Gesichtspunkt erstaunlich. Hiervon ist auch die Theologie betroffen, wenn sie auf die Begegnung von Mensch zu Mensch verweist. Die gewaltigen gesellschaftlichen Veränderungen werden nicht beachtet. Gegenwärtig erlebt die Menschheit einen Wandel, wie sie ihn bisher nicht erlebt hat. Alle sind mit einander global vernetzt und hängen voneinander ab. Die Neuerungen im Gefolge der Erfindung des Buchdrucks waren gegenüber den heutigen erheblich geringer. Die Einzelnen sind mit einander vernetzt und können selbst aktiv in die Vernetzung eingreifen. Die weitreichenden Konsequenzen für den Einzelnen, für die Gesellschaft, für die Kirche und für die Theologie werden deutlich, wenn die verschiedenen Bereiche des Wandels betrachtet werden. Es sind im wesentlichen folgende sechs in alphabetischer Reihenfolge:

1. Der Einzelne kann sich im Internet über alles, was er zu sehen wünscht, informieren. *Information* ist ein globales Geschehen und wird angeboten von zahlreichen Einzelnen, Firmen, Institutionen, Staaten usw. Die Information kann, muss aber nicht Weiterungen wie einer Kommunikation führen.
2. Der Einzelne ist in und mit seiner *Kommunikation* global vernetzt. Der Buchdruck schuf eine Kommunikation zwischen Autor und Lesern, d.h. den Käufern des Buches und denen, den sie das Buch zur Lektüre empfahlen bzw. übergaben. Eine heute ins Internet gestellte Seite, ein

---

Daniel Faßhauer, Kirche, Jugend, Internet, Landeskirche von Kurhessen Waldeck im Netz – Erreichbarkeit und Einbindung der jungen Generation nach der Konfirmation mittels einer speziellen Homepage, Kassel 2015

Bild können beliebig viele Menschen sehen, kommentieren, ihren Freunden empfehlen oder kritisieren.

3. Die *Kultur* mit ihren zahlreichen Facetten ist schon seit Jahrhunderten global verbreitet. Luthers Lieder, Bachs Musik – um im kirchlichen Sektor zu bleiben – wurden und werden in aller Welt gesungen bzw. gespielt[140]. Durch das Internet gewann die globale Vernetzung der Kultur ein neues, weitreichendes Gesicht und damit eine bis dato so unbekannte Bedeutung. Die Kultur selbst kleiner Völker wie der Buschmänner aus Namibia oder der Indianer vom Oberlauf des Amazonas wird im Internet beschrieben, kann jederzeit abgerufen werden bzw. ist längst bekannt.[141]
4. Die *Politik* trifft den Einzelnen gleich auf verschiedenen Ebenen. Das gilt weltweit, wenn auch in unterschiedlicher Weise. In Deutschland sind dies die lokalen, die regionalen, die eines Landes, die des Bundes, die der EU, die anderer Länder, der internationaler Organisationen wie des Internationalen Währungsfonds, der UNO, der Weltwirtschaftsorganisation, der verschiedenen Nichtregierungsorganisationen.
5. Der *Tourismus* ist zu einem globalen Geschehen geworden. Die Menschen vieler Länder verreisen gern und oft. Landesgrenzen, Klimazonen oder dgl. sind keine Hindernisse. Gemieden werden nur Länder, die keine Sicherheit bieten oder gar den Tourismus fremder Staatsbürger verhindern.
6. Schließlich und nicht zuletzt ist die *Wirtschaft* zu nennen. Von ihr hängen heute die Menschen weltweit ab. Das trifft nicht nur auf Länder zu, die stark Export orientiert sind. Wenn die Wirtschaft eines Landes ins Stocken gerät, werden davon dessen Nachbaren und oft, zumal bei bedeutenden Ländern die Weltwirtschaft betroffen.

---

140 Michael Meyer-Blanck verbindet Musik und Predigt miteinander (Michael Meyer-Blanch, „... und lasst uns fröhlich springen“, in: Andreas von Heyl, Konstanze Evangelia Kemnitzer, (Hrsg.) Modellhaftes Denken in der Praktischen Theologie, Festschrift für Klaus Raschzok, Evangelische Verlagsanstalt Leipzig, 2014, S. 129 –135.

141 Kristian Fechtner geht weiter, indem er u.a. auf die Populäre Kultur und hier auf Madonna und Harry Potter verweist. Letzteren charakterisiert er als einen „der fulminantesten Bucherfolge der Literaturgeschichte“. Er verfremde „den Mythos vom erwählten Kind, dass die Welt vom Bösen errettet“ (Kristian Fechtner, Christentum und moderne Gesellschaft, in: Kristian Flechtner u.a., Praktische Theologie, Stuttgart 2017, S. 42f). Abgesehen davon, dass auch die *Ilias*, die *Odysee*, Grimms Märchen u.a. literarische Produkte über die Jahrhunderte hinweg weltbekannt waren und sind, gibt es Erlösungsgeschichten auch in diesen Werken. So rettet Gretel ihren Bruder Hänsel in dem entsprechenden Märchen von Grimm. Darum ist der Hinweis auf Madonna und Harry Potter eine Verkürzung der Kenntnisse der Kultur der Predigthörer, der Älteren, die primär in die Gottesdienste kommen, und auch der Jüngeren.

Der Einzelne ist von der Wirtschaft und ihrer Entwicklung abhängig, indem er ihr seinen Arbeitsplatz und damit seine Lebensbedingungen verdankt. Das beginnt mit der Suche nach einem Arbeitsplatz in jungen Jahren und endet mit dem Eintritt ins Rentenalter. Ein Verlust des Arbeitsplatzes bedeutet in Deutschland einen sozialen Abstieg und in vielen Ländern Armut, aber auch in Deutschland kann der soziale Abstieg etwa den Gang zu einer Armenküche bedeuten.

Luther erklärt in seinem *Kleinen Katechismus* den 2. Artikel u.a. mit den Worten:

> Ich glaube, dass mich Gott geschaffen hat samt allen Kreaturen, *dazu Kleider und Schuh, Essen und Trinken, Haus und Hof, Weib und Kind, Acker, Vieh und alle Güter...*

Das ist seiner Zeit im 16. Jahrhundert geschuldet, als ca. 90% der Bevölkerung in Deutschland im Agrarbereich beschäftigt waren. Heute sind es in Deutschland knapp 2%. An diesen Zahlen wird deutlich, welche Bedeutung die Wirtschaft in ihrer heutigen, globalen Gestalt für den Einzelnen hat.

Auf alle genannten und weiteren Veränderungen der globalisierten Welt muss der Einzelne reagieren. Die Reaktion fällt unterschiedlich aus. Sie ist stärker bei Handel und Industrie als beispielsweise im Tourismus, obwohl die dabei gemachten Erlebnisse, Fotos usw. in ihrer Wirkung nicht zu unterschätzen sind. Generell gesehen führt die Globalisierung zu globalen Veränderungen. Der Einzelne wird als Einzelner getroffen und muss als solcher reagieren. Er hat keinen Acker, kein Vieh.

Dies wiederum führt in der Konsequenz dazu, dass bisherige Lebensformen in der Gesellschaft sich verändern. Selbst alte bestehende Gemeinschaften in Dörfern verlieren für den Einzelnen ihre Bedeutung. Vereine klagen wegen Nachwuchsmangel. Parteien verlieren Mitglieder. Kirchen verzeichnen Kirchenaustritte. Neue Gemeinschaften bilden sich. Sie sind anderer Natur. Das Internet und hier die Sozialen Netzwerke spielt dabei eine beachtliche Rolle. Die Gemeinschaften entstehen oft schnell und lösen sich genauso auch nicht selten auf.

II. Aktuelle Predigtarbeit

4 Internetpredigten

Seit einigen Jahren sind Predigten im Internet neben Predigten von der Kanzel getreten. Die eKanzel steht nun neben der hölzernen bzw. steinernen. Die seit den Tagen der Reformation flächendeckende Verbreitung der Kanzel aus Holz oder Stein mit schönen Verzierungen als Ort der Predigt wurde global erweitert. Beide Kanzeln sind miteinander eng verbunden. Ordinierte Predigerinnen und Prediger verkünden das Evangelium auf beiden Kanzeln. Ein Neben- und Miteinander von Predigten gibt es seit den Tagen der Reformation. Damals wurden Predigten von Luther und anderen Reformatoren durch das damals gerade aufgekommene Massenmedium des Buchdrucks verbreitet. Es wurde in Wittenberg und anderswo auf Kanzeln gehaltene Predigten gedruckt und verkauft. Heute sind gehaltene und noch zu haltende Kanzelpredigten übers Internet überall zugänglich. Das neue Massenmedium ist raum- und zeitlos. Es entspricht der heutigen Zeit. Das Internet wurde heute entwickelt, erlebte eine rasante globale Verbreitung. Besucher der Internetpredigten brauchen keine besonderen Aufwendungen zu tätigen, sondern können ihre auch sonst im Alltag benützten Geräte gebrauchen. Zu Luthers Zeiten mussten extra Bücher gekauft werden, die für damalige Verhältnisse nicht billig waren.

4.1 Forschung zu Internetpredigten

4.1.1 Defizite in kirchlicher Praxis und praktisch-theologischer Forschung

Die Ähnlichkeit der Verbreitung von Predigten vor 500 Jahren und heute lässt vermuten, dass der Umgang mit ihnen ebenfalls ähnlich ist. Das ist aber nur bedingt der Fall. Die Predigten wurden und werden von Predigenden und Gemeinden gelesen. Die Wissenschaft hielt und hält sich zurück. Luther schrieb keine Homiletik. Heute widmet sich die Lehre von der Predigt wie der gesamten praktischen Theologie weitgehend anderen Themen, besonders solchen der Vergangenheit. Diese Entwicklung ist vor dem Hintergrund der evangelischen Tradition erstaunlich. Die Reformation benutzte den neuen Buchdruck, und löste eine Alphabetisierungkampagne aus, weil Menschen die Bibel, der Reformatoren Predigten und Schriften, lesen wollten. Bislang hatten zahlreiche Menschen die Lektüre von Texten Gelehrten und Mönchen überlassen. Die heutige Abstinenz vom Internet ist aus einem weiteren Grund erstaunlich. Dieses

Medium hat in kürzester Zeit eine Fülle von Publikationen hervorgebracht einschließlich solcher, die das Internet wissenschaftlich analysieren. Ein neuer Forschungsbereich, das eResearch, ist entstanden. Die Konsequenzen der Entwicklung des Internets erfassen immer weitere Bereiche der Gesellschaft. Verlage, bisher die Basis der Printmedien, geraten in wirtschaftliche Schwierigkeiten. Immer mehr Menschen schauen ins Internet als dem schnellen, zugänglichen und zudem preiswerteren Medium.[142] Nur die Praktische Theologie lässt diese ganze Entwicklung unbeachtet an sich vorüber ziehen.

Selbst größere Arbeiten zur Praktischen Theologie erwähnen nicht einmal das Internet bzw. die Internetpredigten.[143].

Es gibt eine Ausnahme. Theologische Fakultäten veröffentlichen Predigten im Internet. Sie publizieren ihre gehaltenen Universitätspredigten auf ihren Seiten im Internet. Eine evangelische Fakultät, die in Göttingen, pflegt aktuelle Predigten ins Internet ein, nämlich solche für den kommenden Sonn- bzw. Feiertag. Dadurch können sich Predigende und Gemeinden auf den nächsten Gottesdienst vorbereiten, eine Predigt rezipieren, wenn sie aus welchen Gründen auch immer nicht zu einem Gemeindegottesdienst gehen können. Zunehmend finden Gottesdienste nicht statt, weil den Kirchen die finanziellen und / oder personellen Ressourcen fehlen. Die Resonanz auf Internetpredigten ist beachtlich. So erreichen Nachfragen aus Deutschland und aller Welt in großer Zahl die Seiten der Göttinger Fakultät[144]. Sehr viele Institutionen im In- und

---

142 Zu den Veränderungen des menschlichen Lebens durch das Internet vgl. auch Johanna Haberer, Digitale Theologie, Kösel, München 2015, S. 11ff.
Zu Predigten bzw. „geistlichen Reden“ vgl. Johanna Haberer, Gottes Korrespondenten, Geistliche Rede in der Mediengesellschaft, Kohlhammer, Stuttgart, 2004, besonders, S. 32ff.

143 Vgl. Christian Grethlein und Helmut Schwier, Hgg., Praktische Theologie, Eine Theorie- und Problemgeschichte, Leipzig 2007.
Das ist umso erstaunlicher, weil Helmut Schwier seit Jahren die Predigten der Universitätsgottesdienste ins Internet stellt http://www.theologie.uni-heidelberg.de/univer sitätsgottesdienste - 1.12.2014.
Ebenfalls geht an den Internetpredigten vorbei Ronald Uden, Kirche in der Medienwelt, Erlangen 2004.
Dasselbe tut Lucie Panzer in ihrer Dissertation, Den Glauben ins Gespräch bringen, Verkündigung im Rundfunk als Mittelung von Erfahrungen, Freiburg i.Br. 2012. Das Schweigen zu den Internetpredigten ist hier erstaunlich, weil einmal der Rundfunk und das Internet Massenmedien sind und weil zweitens die Rundfunkpredigten – wie auch die Fernsehgottesdienste – nicht selten von den Sendeanstalten ins Internet gestellt werden (vgl. http://www.ndr.de/kirche/radiokirche/index.html - 1.12.2014).

144 Wenn Johannes Block auf Grund einer nicht repräsentativen Befragung 2007 von 16 Pfarrerinnen und Pfarrer im Evangelisch-lutherischen Stadtkirchenverband Hannover und von 17 Pfarrerinnen und Pfarrer im Evangelisch-lutherischen Stadtkirchenverband Leipzig Schlussfolgerungen zieht, so tut er dies anhand „geringer Fallzahlen“ (Johannes Block, Die Rede von der Sünde in der Predigt der Gegenwart, eine Studie zur Harmartologischen Homiletik am Beispiel von Predigten aus dem Internet, Theol. Verlag Zürich 2012,

Ausland folgen den *Göttinger Predigten im Internet.* Das Echo dauert nun schon 17 Jahre an, einer für Internet-Verhältnisse unglaublich langen Zeit.

Unabhängig, wenn auch wohl im Kontext von Kirche und Theologie, hat die Deutsche Bibelgesellschaft eine neue Übersetzung des Neuen Testaments und der Psalmen herausgebracht, die *BasisBibel.* Sie ist neben der Printausgabe als elektronische Ressource veröffentlicht worden.[145] Sie will sich an die Menschen von heute wenden, die durch die elektronischen Medien geprägt sind. Sie verwendet darum auch deren Sprache. Sie benützt damit eine Sprache die der der Internetpredigten verwandt ist und auch der Predigt, wie sie in der ersten Auflage dieses Bandes beschrieben wird und nun auch hier dargestellt wird.[146]

S.210-215. Trotzdem zieht er die treffende Konsequenz aus der Untersuchung, dass es den Besuchern der Internetpredigten um Hilfen geht und zwar in verschiedenen Richtungen (Johannes Block, a.a.O.). Der Grund dafür dürfte sein, dass hier der Grund für die Nachfrage nach Internetpredigten generell liegt und darum dieser allgemein ist.

145 BasisBibel, Elektronische Ressource, DVD-ROM, Deutsche Bibelgesellschaft, Stuttgart 211.

146 Die Übersetzung von Epheser 5, 8-14 in der BasisBibel spricht vom „Teil des Lichts“.

Basisbibel	*Luther 1984*
8 Denn früher wart ihr Dunkelheit. Aber jetzt seid ihr Teil des *Lichts*, denn ihr gehört zum *Herrn.* Führt also euer Leben wie Menschen, die zum Licht gehören!	8 Denn ihr wart früher Finsternis; nun aber seid ihr Licht in dem Herrn. Lebt als Kinder des Lichts;
9 Denn das *Licht* bringt als Ertrag lauter Güte, *Gerechtigkeit* und *Wahrheit*	9 Die Frucht des Lichts ist lauter Güte und Gerechtigkeit und Wahrheit.
10 Ein solches Leben führt ihr, indem ihr prüft, was dem *Herrn* gefällt!	10 Prüft, was dem Herrn wohlgefällig ist,
11 Und beteiligt euch nicht an Taten, die der Dunkelheit entstammen und ohne Frucht bleiben. Deckt vielmehr solche Taten auf!	11 und habt nicht Gemeinschaft mit den unfruchtbaren Werken der Finsternis; deckt sie vielmehr auf.
12 Denn es ist schon eine Schande, nur davon zu reden, was da im Verborgenen geschieht.	12 Denn was von ihnen heimlich getan wird, davon auch nur zu reden ist schändlich.
13 Aber alles, was aufgedeckt wird, erstrahlt im *Licht.*	13 Das alles aber wird offenbar, wenn's vom Licht aufgedeckt wird;
14 Und alles, was im Licht erstrahlt, ist Teil des *Lichts.* Deswegen heißt es: „Wach auf, du Schläfer und *steh auf* vom Tod! Dann wird *Christus* als *Licht* über dir aufleuchten.“	14 denn alles, was offenbar wird, das ist Licht. darum heißt es: Wach auf, der du schläfst, und steh auf von den Toten, so wird dich Christus erleuchten.

Forschung ist nötig und führt zu entsprechenden Reaktionen. Die *Göttinger Predigten* im *Internet* basieren auf Forschungen zu dem Thema, neue Erkenntnisse werden in die erscheinenden Predigten laufend eingearbeitet. Eine Forschung speziell zu Internetpredigten, eine E-Homiletik wurde entwickelt.

Die Kirche mit ihren verschiedenen Einrichtungen betreibt keine Forschung[147]. Einen zaghaften Ansatz bot die Synode der EKD vom 9.- 12.11.2014. Sie hatte als Schwerpunktthema *Kommunikation des Evangeliums in der digitalisierten Gesellschaft*. Auch verabschiedete die Synode eine *Kundgebung zum Schwerpunktthema*[148]. Dort heißt es in Punkt 10 u.a., dass das *Gemeinschaftswerk der Evangelischen Publizistik (= GEP) gebeten* werde: „... im Onlineportal *evangelisch.de* glaubensrelevante und ansprechende Onlineportale zu vernetzen, zur Kommunikation des Evangeliums einzuladen...". Der Grund für diese zaghafte Formulierung dürfte in der Arbeit der Synode zu dem Thema sein.

Die Synode hatte um ein *Impulsreferat* zu ihrem Schwerpunktthema Christian Grethlein gebeten.[149] Er, der das Internet umging, referierte denn auch weitgehend gestützt auf seine eigenen Arbeiten und auch auf amerikanische und englische.[150] Er konstatiert dann, dass die neuen Formen der Kommunikation des Evangeliums „offenkundig nicht durch die verfassten Kirchen mit ihren Behördenstrukturen und ihren eher statischen Lehrauffassungen" zu integrieren seien.[151] Grethlein übersieht dabei die andere Situation der Kirchen in England. Ferner nimmt er nicht zur Kenntnis, dass in ihren Kirchen fest verwurzelten Pfarrer und Theologen in den USA auf deutschen Internetseiten seit Jahren mitarbeiten. Die Internetpredigten in Deutschland nimmt er erst gar nicht zur Kenntnis und auch nicht was sie für die sonntäglichen Predigten in deutschen Gemeinden bedeuten. Ohne Internetpredigten könnten die überlasteten Pfarrerinnen und Pfarrer oft gar nicht schätzenswerte Predigten erarbeiten. Viele Gemeindemitglieder müssten auf ihre Sonn- bzw. Feiertagspredigt verzichten, wenn sie nicht eine im Internet fänden. In Funk und

---

Eine Weiterung davon ist, beispielsweise die Predigerin im Radiogottesdienst, der am 17.7.2016 vom Deutschlandfunk übertragen wurde, die Übersetzung übernahm und gleich noch weiter im Sinn der hier noch zu beschreibenden Predigt von „Leid und Freud" sprach (http://www.deutschlandradio.de/audioarchiv.260.de.html?drau:broadcast_id=122; 17.7.2016).

147 Einige Versuche gibt es, auf das Internet zuzugehen. So hat die Kirchenleitung der *Evangelischen Kirche Berlin-Brandenburg-schlesische Oberlausitz* am 2016 beschlossen, kostenlose Hotspots, genannt *godspots*, auf ihren Kirchtürmen einzurichten (http://godspot.de (06.06.2016)).

148 http://ekd.de/synode2014/schwerpunktthema/beschluss_kundgebung.html -1.2.2014

149 Http://www.ekd.de/synode2014/schwerpunktthema/s14_iv_4impulsreferat_grethlein.html -1.12.2010

150 Vgl. u.a: Michael Moynag, Church for Every Context. An Introduction to Theology and Practice, Norwich 2012, S. Tony Jones, The New Christians. Dispatches from the Emergent Frontier, San Francisco 2008

151 Christian Grethlein a.a.O. Punkt 5.

Fernsehen übertragene Predigten sind allgemein gehalten, sprechen nicht direkt zum Menschen. Dieser sitzt einer Internetpredigt direkt gegenüber, kann bequem zurückscrollen, um eine unverstandene Passage nochmals zu lesen. Schließlich nahm Grethlein nicht zur Kenntnis, dass das GEP als Einrichtung der EKD selbst Predigten publiziert und auf andere einschlägige Internetportale verweist. Die Synode der EKD ist dann auch nicht Grethlein gefolgt, sondern beauftragte das GEP mit der Vernetzung „glaubensrelevanter ... Onlineportale", wie gerade erwähnt.

Nach dem Internet allgemein fragte die EKD in ihrer V. Erhebung über Kirchenmitgliedschaft. Es ging darum, festzustellen, wie Informationen zur Kirche in Medien wie Tageszeitungen, Radio und u.a. im Internet rezipiert werden. Dabei zeigte sich laut Untersuchung, dass Kirchenmitglieder „neue Medien seltener" nutzen.[152]

Die VELKD, deren Generalsynode zuvor getagt hatte, befasste sich ebenfalls mit dem Thema *Kommunikation des Evangeliums in der digitalen Gesellschaft*. Nach einem Impulsreferat von Ilona Nord[153] fasste die Generalsynode eine Entschließung, in der es u.a. heißt:

> Die Generalsynode begrüßt den Einsatz digitaler Medien für die Kommunikation des Evangeliums als Ergänzung der Verkündigung an den gewohnten Orten."[154] Anschließend „konkretisierte" sie ihren Beschluss in zwei Richtungen. Einmal geht es ihr um die Unterstützung einer Jugendinitiative des Lutherischen Weltbundes, und zweitens schreibt sie „einen Wettbewerb für Kirchengemeinden und kirchliche Gruppen aus, der die Kommunikation des Evangeliums in digitalen Medien zum Gegenstand hat." Die Generalsynode „möchte damit einen Impuls zur Erweiterung der Verkündigung in den Medien setzen. [155]

Einzelne Landeskirchen gehen nunmehr ebenfalls auf das Internet zu. Die *Evangelische Kirche von Kurhessen-Waldeck* richtet eine Pfarrstelle ein, in der es nicht zuletzt um die Entwicklung von Aktivitäten der Landeskirche im Internet gehen soll. [156]

Das Fazit dieses Überblicks über die Erforschung der Internetpredigt ist, dass die Theologie, einschließlich der Homiletik, sich mit Internetpredigten schwer tut, diese zum Teil nicht beachtet. Die Kirchen, in Deutschland die EKD, der VELKD und die genannte Landeskirche unternehmen erste zaghafte

---

152 EKD, Engagement und Indifferenz, Kirchenmitgliedschaft als soziale Praxis, V. EKD-Erhebung über Kirchenmitgliedschaft, (Hannover 2014).

153 http://www.velkd.de Texte-172-Generalsynode-2014.pdf, S.30-34 – 5.12.2014

154 A.a.O. S. 35.

155 A.a.O. S.35. Ilona Nord wertet die Medien weitreichend, wenn sie von den Social Media sagt, dass sie ein Sammelbegriff für unterschiedliche Kommunikationen im Internet sieht. So sind die Social Media eine „Selbstkorrektur" zur Individualisierung (Nord, Ilona und Luthe, Swantje, Social Media, christliche Religiosität und Kirche, Garamond Verlag Jena 2014, S. 11.

156 Kirchliches Amtsblatt der Evangelischen Kirche von Kurhessen-Waldeck, Nr. 10/129 Jg., S. 233,

Schritte. Die Gründe für das Vorgehen, richtiger nicht Vorgehen der Theologie dürfte in deren heutigen Vorverständnis liegen. Die Theologie hat sich Schleiermacher zugewandt. Sie sieht dabei nicht die Zeitgebundenheit Schleiermachers. Er blickt auf die Aufklärung und das geistige Berlin seiner Zeit.[157] Politisch ist die Zeit bestimmt durch Napoleon und anschließend durch die Restauration, mit absoluten Herrschern an der Spitze der Staaten. Das 21. Jahrhundert wird in weiten Teilen Europas und der Welt geprägt von demokratischen Verfassungen. Sie ermöglichen den Einzelnen zu leben entsprechend ihren persönlichen Erfahrungen und den daraus resultierenden Entscheidungen. Dazu kommen neue Techniken und Kommunikationsmöglichkeiten. Das alles in einer globalisierten Welt. Arbeits-, Ausbildungs-, Lebensbedingungen unterscheiden sich radikal von denen, die vor 200, ja 50 Jahren üblich waren. Disziplinen wie Jura, Medizin, Pädagogik u.a. haben darauf reagiert, indem sie ihre Arbeits- und Ausbildungsbedingungen veränderten. Im universitären Bereich nehmen an der Praxis orientierte Lehr- und Lernformen einschließlich zahlreicher Praktika einen beachtlichen Raum ein. Die Theologie, einschließlich der Praktischen, verschiebt dies auf die nachuniversitäre Ausbildung. Die digitale Welt hat zwar längst auch in der theologischen Forschung ihren Einzug gehalten. Allerdings wird sie dort weitgehend nur für Hilfsarbeiten wie zum Suchen von Wörter und dgl. eingesetzt.[158]

4.1.2 Die Reaktion von Theologie und Kirche auf den Wandel.

Die Reaktion von Kirche und Theologie auf Austritte sind Analysen wie die der IV. und V. Mitgliedschaftsstudie (IV. KMU, V. KMU)[159]. Diese Untersuchungen

---

157 Die Geisteswissenschaften mit der Philosophie dominierten. Die Theologie sah sich zurückgedrängt und musste sich verteidigen. Dazu kam in der nachnapoleonischen Zeit ein strikter reaktionärer Geist.[157] Die Revolution von 1848 scheiterte nicht zuletzt an der Haltung Preußens, das stark von Schleiermacher geprägt war. Endgültig änderte sich die Situation mit der Industrialisierung, die Nöte für weite Teile der Bevölkerung in Berlin und anderswo mit sich brachte. Schleiermachers Theologie bot keine Hilfe. Das versuchten Vereine wie die Berliner Stadtmission und einzelne Personen mit von ihnen gegründeten diakonischen Einrichtungen. Endgültig scheiterte Schleiermachers Theologie angesichts der Grauen auf den Schlachtfeldern des 1. Weltkrieges.

158 Ein weiter ausgebautes elektronisches Hilfsmittel bietet die „Forschungsstelle Qumran-Wörterbuch der Akademie der Wissenschaften zu Göttingen (http://www.qwb.adw-goettingen.gwdg.de/Arbeitsstelle.htm).

159 IV. KMU: Wolfgang Huber, Johannes Friedrich, Peter Steinacker, Hgg., Die vierte EKD-Erhebung über Kirchenmitgliedschaft, Kirche in der Vielfalt der Lebensbezüge, Gütersloher Verlagshaus 2006, Wolfgang Huber, Johannes Friedrich, Peter Steinacker, Hgg., Die vierte EKD-Erhebung über Kirchenmitgliedschaft, Kirche in der Vielfalt der Lebensbezüge, Gütersloher Verlagshaus 2006.

werden verstärkt unter religionssoziologischen Gesichtspunkten geleitet und betrachten die Kirche als Organisation.[160] Sie untersuchen die Lebensstile und Weltsichten sowohl der Kirchenmitglieder als auch der Konfessionslosen.[161] Dabei haben sie auch die Soziallagen der Befragten im Blick.[162] Das führt dazu, dass die menschliche Seite, das Miteinander, nicht mehr beachtet wird. Es fallen Fragen weg, wie beispielsweise Konfirmatoren mit den Konfirmanden umgehen und letztere sie in Erinnerung behalten. In den ersten drei Befragungen zeigte sich, dass Konfirmanden ihren Konfirmator in der Regel in guter Erinnerung haben, wie sich oben zeigte. In den Untersuchungen vier und fünf ist die Konfirmation ein Punkt in der Reihe von christlichen Geschehen im Leben von Menschen, nämlich von der Taufe bis zur Beerdigung.[163]

Ferner steht der Gedanke der Leitung im Interesse der Theologie. Schleiermacher reflektierte ihn bereits, wie sich noch zeigen wird. Auch Luther bedachte ihn, machte sich beispielsweise Sorgen um die Wittenberger, als er den sicheren Schutz der Wartburg verließ, in das höchst erregte Wittenberg eilte und dort am Sonntag Invokavit 1522 und an den Tagen danach predigte.

Die theologische Beschreibung der Situation und deren Folgen wird dargestellt, ohne die menschlichen Hintergründe in den Blick zu nehmen. Es ist Beschreibung von außen. Die Gemeinden werden von außen betrachtet und das so Erfragte wird festgehalten.[164] Die Kirchen verfahren ähnlich. Sie sind traditionell hierarchisch aufgebaut und folgen damit zunächst dem Standes- und später dem Schichtenmodell[165]. Die Gliederung der Kirchen besteht aus: Gemeinden, Kirchenkreisen, eventuell Sprengeln/Landessuperintendenturen und als Spitze

---

Engagement und Indifferenz, V. EKD-Erhebung über Kirchenmitgliedschaft: Hgg.. Nikolaus Schneider, Heinrich Bedford-Strom, Volker Jung. Kirchenmitgliedschaft als soziale Praxis, Evangelische Kirche in Deutschland, Hannover 2014.

Dazu u.a.: Mehr Fragen als Antworten? Peter Burkowski, Lars Charbonnier, Hgg. Im Auftrag der Führungsakademie für Kirche Und Diakonie, Evangelische Verlagsanstalt Leipzig 2015.

160 IV. KMU Bd. 1, S. 32.

161 IV. KMU Bd. 1, S.11.

162 IV. KMU Bd. 1, S. 35

163 Vgl. V. KMU S. 55.

164 Visuell deutlich zeigt das ein Schaubild. Es zeigt auf der y-Achse die Religiosität und auf der x-Achse die Kirchlichkeit der Lebensstile in Gestalt von 6 Lebensstiltypen (IV. KMU Bd. 1, S. 218). Anders die aktuelle Beschreibung oben, wo die Menschen in ihren Kreisen und die Relation einschließlich der Schnittmengen dargestellt werden, und auch unten, wo es um konzentrische Kreise wie früher kirchliche Leben verstanden und entsprechend gezeigt wurde

165 Zu letzteren vgl. u.a. Theodor Geiger, Schichtung, in: Wilhelm Bernsdorf, Friedrich Bülow, Hrsg., Wörterbuch der Soziologie, Enke Stuttgart 1955

Ralf Dahrendorf, Soziale Klassen und Klassenkonflikt in der industriellen Gesellschaft, Enke, Stuttgart 1957 der Kirchenleitung.[166] Hierin findet der Einzelne sich nicht wieder[167]. Jede und jeder einzelne Mensch trägt Verantwortung, wie Luther in seinen Invokavit-Predigten sagt, wovon später noch die Rede sein wird.[168] Wenn zurzeit Gottesdienste oft von Älteren besucht werden, so wird dies häufig als Befolgen der Tradition gedeutet. Das mag es in manchen Fällen zutreffen. Der Grund für den sonntäglichen Gang zur Kirche kann auch woanders liegen. Es ist zwar ein Tradition bedingter Hintergrund, aber in einem weiteren Sinn. Es gehen Menschen nicht mehr zur Kirche, weil das sich so gehört, sondern weil sie alt geworden Rente beziehen und müssen sich nicht mehr nach Arbeitszeiten richten. Sonntägliche Arbeit ist in Berufen wie der Gastronomie, der Medizin, der Pflege, der Sicherheit, dem Verkehr selbstverständlich. Ferner sind Jüngere als Eltern und nicht nur alleinerziehende Mütter sowie Selbstständige oft gezwungen sonntags das erledigen, was sie unter der Woche nicht schaffen.

Das Internet, die Kommunikationsform der globalisierten Welt, haben Theologie und Kirchen bislang nur partiell entdeckt. Wenn es genutzt wird, dann geschieht es zur Information oder zur Selbstdarstellung. Die Predigt als die Kommunikationsform christlicher Rede spielt nur eine periphere Rolle, wie sich im Folgenden zeigen wird. Weniger zögerlich sind die Verlage, die weltlichen und die theologischen. Die wirtschaftliche Entwicklung zwingt sie dazu. Es geht um ihre Existenz. Theologie und Kirchen leben in manchen Ländern wie in Deutschland relativ sicher dank kirchlicher Steuern und staatlicher Zuwendungen. Neben der relativen finanziellen Sicherheit bieten empirische Forschungen wie die V. KMU gar eine Art Rückversicherung für den Fortbestand des Systems. Es geht der Untersuchung um die soziale Praxis. Diese ist bei Kirchenfernen

---

166 Niklas Luhmann Systemtheorie spielt allenfalls eine Rolle auf der Ebene der Gemeinde, wo die verschiedenen Gemeindekreise als *Subsysteme* beschrieben werden können.

167 Vgl. Wolfgang Huber, Johannes Friedrich, Peter Steinacker, Hgg., Die vierte EKD-Erhebung über Kirchenmitgliedschaft, Kirche in der Vielfalt der Lebensbezüge, Gütersloher Verlagshaus 2006, S. 7. (=IV.KMU)
An die Stelle des Schichtenmodels tritt das der *ästhetischen Milieus,* das sich nach Einkommen, Bildung, Alter Lebensstil Wertorientierung etc. gliedert.

168 Jan Hermelink hat im Blickfeld, nennt ihn „bedeutsam" den „sozialen Charakter der theologischen Reflexion". Diese vollziehe sich seiner Meinung nach „im Seminar, im Pastoralkolleg oder im Kollegium" und „ziele" darauf die „kirchlichen Konflikt-Diskurse auf ihre sachlichen, religiösen und sozialen Gründe hin auszulegen..." Dabei kann es zu einem Konsens kommen. „Eine solche mitunter mühsame, mitunter überraschende Konsensbildung kann als menschliche Leistung gewürdigt werden. Und zugleich als verstörende, erneuernde Wirkung des Heiligen Geistes selbst" (Jan Hermelink, Kirchliche Organisation und das jenseits des Glaubens, Gütersloher Verlagshaus Gütersloh 2011, S. 301). In den Gemeinden und in kirchenleitenden Gremien der Institution Kirche handeln Menschen, Einzelne, wie Luther betonte. Sie folgen oft anderen, schließen sich anderen in der Gemeinde an. Pastorinnen und Pastoren sind als Predigende, als Gottesdienstleitende, als wissenschaftliche Ausgebildete immer wieder Ideen Geber / innen, denen sich andere aus Gemeinde und / oder Kirche anschließen.

„zunehmend geprägt von Beziehungslosigkeit und weniger von kontroversen Auseinandersetzungen oder Abgrenzung“.[169]

Was die Untersuchung als „Beziehungslosigkeit“ beschreibt, trifft nicht ganz die Rolle, die die Menschen in der globalisierten Welt einnehmen, durch die Situation gezwungen einnehmen müssen und zwar als Einzelne. Das gilt für die wirtschaftliche Seite menschlichen Lebens, aber auch für die technische. Die Kommunikation läuft heute zum beachtlichen Teil über den Mobilfunk. Die oder der Einzelne ruft einen von ihr bzw. ihm ausgewählten Adressaten auf. Eine Beziehung muss hergestellt werden. Sie ist nicht gegeben wie früher, als Pastoren im Pfarrhaus lebten, arbeiteten und den Gemeindemitgliedern auf der Straße oder bei Gelegenheiten mehr oder weniger zwangsläufig begegneten. Der gewählte Adressat muss nicht in der Nachbarschaft der Kirchengemeinde leben. Er kann einige Kilometer entfernt oder auf einem anderen Kontinent wohnen. Die Beziehung zu den näher oder weiter entfernt Lebenden kann lose oder enger sein. Gemeinsame Werke und Spiele sind über große Entfernungen möglich. Die technische Intelligenz ist schon heute so weit fortgeschritten und wird in absehbarer Zeit noch Weiteres möglich machen.[170] Deshalb ist es nicht völlig zutreffend, wenn die Untersuchung die Relation Einzelne – Kirche als „zunehmend geprägt von Beziehungslosigkeit“ bezeichnet, darin ein Problem für die Kirche sieht und deshalb schreibt. „Hierin liegt eine zentrale geistliche und geistige Herausforderung für unser zukünftiges kirchliches Handeln“.[171] Was die Untersuchung damit letztlich meint, ist das Zurückdrehen des Rades der Geschichte, der technischen Entwicklung in globaler Dimension. [172]

---

169 Engagement und Indifferenz, a.a.O., S. 3.

170 Wenn demnächst Maschinen dank *Big* Data mit einander kommunizieren, Autos selbstständig ohne menschliche Lenker fahren, ist der Verzicht auf Beziehungen herkömmlicher Art gewollt und dank technischer Intelligenz realisiert.
Im kirchlichen Bereich wird schon heute zu Spenden bei Katastrophen durch die Presse aufgerufen. Niemand geht mit dem Klingelbeutel von Haus zu Haus.

171 V. KMU S. 3.

172 Die Kirchen, beide die evangelische und die katholische, haben diese Entwicklung ihrerseits beschleunigt. Sie reduzierten Pfarrstellen, obwohl Pfarrer nach wie vor Repräsentanten der Kirche sind und als solche wahrgenommen werden (V. EKD-Erhebung über Kirchenmitgliedschaft, a.a.O. S. 131).
Ferner haben beide Kirchen Kirchengebäude verkauft, obwohl sie für die Menschen vor Ort wichtig sind, die Kirche und oft Ausdruck des Ortes sind. Als eines Sonntags am Morgen die Kirche brannte, plädierten Menschen des Ortes für den Wiederaufbau „ihrer“ Kirche, waren zu Spenden bereit, obwohl der Gottesdienstbesuch an diesem Ort sehr schlecht ist. Auch Nichtmitglieder der Kirchengemeinde waren zu Spenden „selbstverständlich“ bereit, wie sie öffentlich der Presse sagten. Die Kirche steht seit Jahrhunderten im Ort. Diese Ortbewohner erlebten noch vor wenigen Jahrzehnten, dass neue Kirchen gebaut wurden! Nun erklären kirchenleitende Gremien, dass finanzielle Gründe zu einer Reduktion von Pfarrstellen und gegebenenfalls zum Verkauf der Kirche zwingen. Die Menschen vor Ort können sich letztlich nicht wehren. Was tun sie dann oft? Sie verhalten

Was Kirche und Theologie heute gezwungen sind zu leisten, ist eine neue Form des Miteinanders von Gemeinde, Kirche, Theologie und technisch vermittelter Kommunikation zu finden. Die globale Entwicklung wies dem Einzelnen neue Möglichkeiten und Probleme zu, die er lösen muss. Dadurch veränderte sich sein Denken, Handeln und Verhalten total. Er lebt darum anders. Die Kirche als Institution ist davon betroffen.[173] Das sehen – vielleicht auch intuitiv erfassen – junge Menschen und zögern, den Pfarrberuf zu ergreifen. Vor wenigen Jahren war das noch anders. Zahlreiche Jugendliche wollten Pfarrer werden. Das war vor der Globalisierung.

Eine Reihe von Arbeiten und Untersuchungen machen Vorschläge.[174] Einige davon sollen vorgestellt werden. Manche setzen bei der Kirche an. Andere behandeln direkt die Predigt. Es kann dabei um Kirche und Predigt gehen. Ausgehend von CA VII wird konstatiert, dass „der ... kausale Zusammenhang von Ekklesiologie und Homiletik ...ein prinzipieller und kein zufälliger ist".[175] Das zeigt sich u.a. darin, dass die Predigt „Teil an der Kirchenleitung" hat.[176] Einen anderen Ansatz verfolgt eine Tagung mit dem Titel „Kirche vor Ort neu denken". Es geht hier um die Leitung der Kirche auf ihren verschiedenen Ebenen beginnend mit der Landeskirche über die Kirchenkreise bis zur Gemeinde. Die Tagung war eine ökumenische, evangelisch-katholische Veranstaltung. Hier wird die organisatorische Seite der Leitung diskutiert. Die Predigt bleibt außen vor.[177]

Neben diesen Kirche und Kirchen leitenden Ansätzen mit Bezug auf die Predigt steht ein anderer. Gottesdienst und Predigt werden evangelisch und katholisch untersucht. Liturgie und Predigt stehen im Fokus der Analyse. Es geht

---

sich zur Kirche „indifferent". Wenn dann noch innerhalb von Kirchen darüber nachgedacht wird, die Inhaber von Verwaltungsstellen besser zu dotieren, ist das Maß voll. Firmen streichen zuerst Verwaltungsstellen, wenn sie finanzielle Probleme haben. Die finanziellen Probleme beim Unterhalt der Kirchengebäude resultieren mit aus dem Verhalten der Kirchenleitungen. Als vor einer Reihe von Jahren die Kommunen versuchten, ihre Pflicht zur Baulast der Kirchen, die sie oft Jahrhunderte lang getragen haben, auf die Kirchen zu übertragen, stimmten die Kirchen zu gegen den ausdrücklichen Rat mancher Christen.

173 Angela Rinn, zeigt dies an einem konkreten Beispiel aus ihrem Leben als Pfarrerin und Autorin einer evangelischen Sonntagszeitung und von Rundfunkbeiträgen: „Die Kommunikation mit Leserinnen und Lesern der Sonntagszeitung erfolgt meistens schriftlich per Brief; der Altersdurchschnitt der Lesenden ist höher. Die Kommunikation mit Hörenden meiner Rundfunkbeiträge geschieht meistens per Mail" Angela Rinn, Die Kurze Form der Predigt, Vandenhoeck & Ruprecht, Göttingen 2016, S. 12).

174 Das war schon im vorigen Jahrhundert so beim Erscheinen der ersten Auflage (vgl. unten 9.)

175 Ruth Conrad, Kirchenbild und Predigtziel, eine problemgeschichtliche Studie zu ekklesiologischen Dimension der Homilletik, Mohr SiebeckTübingen 2012, S.439.

176 Ruth Conrad, a.a.O. S. 437.

177 Claas Cordeman u.a, Hrsgg, Kirche vor Ort neu denken, Evangelische Akademie Loccum Loccum 2014

dabei um eine Reihe zu dem Thema. Der vorliegende Band ist „eine knapp gefasste Programmschrift der Herausgeber“.[178]

Einzelne Aspekte der Predigt werden naturgemäß untersucht. Angela Rinn stellt „Die Kurze Form der Predigt“ vor. Ausgehend von Abhandlungen der Predigt im 20. Jahrhundert greift sie auf eigene Erfahrungen[179]. Hinzu kommen neuere Erkenntnisse der Neurowissenschaften. Über alle dem werden die biblischen Geschichten inhaltlich und formal betrachtet. Sie alle zeigen, dass Predigten in *Kurz Form* von etwa 5 Minuten gefragt sind und von Menschen aufgenommen werden können.

Ein weiterer, ein einzelner Aspekt der Predigt ist „aufmerksam predigen“. Thomas Schlag untersucht „aufmerksam predigen“. Damit ist gemeint die Predigt, die von Gottes Aufmerksamkeit auf den Menschen ausgeht. Heuristisch klopft er verschiedene Aufmerksamkeitserfahrungen ab, betrachtet Orientierungen und zieht Konsequenzen im Hinblick auf die Predigt.[180]

Die Relation von „Kirche in der Medienwelt“ wird ebenfalls analysiert und dargestellt. Ausgangspunkt ist das Faktum, dass „die Bedeutung der Massenmedien ... im 20 Jahrhundert seit der Einführung von Rundfunk und Fernsehen kontinuierlich zugenommen“ hat.[181] Das Ergebnis der Untersuchung lautet: „Die kommunikativen Aufgaben der Kirche in den veränderten und sich weiter wandelnden Kommunikationsbedingungen der Mediengesellschaft stellen demnach eine anhaltende Herausforderung dar, die die Kirche als Kommunikationsgemeinschaft und die Theologie als Reflexionsort christlicher Religionsausübung haben.“[182]

Das tun Kirche und Theologie, indem sie das Internet als Erfindung der globalisierten Welt aufgreifen. Konkret geschieht das, indem Pfarrer und Universitätslehrer besondere für Gemeinden taugliche Predigten in der gerade beschriebenen Form ins Internet stellen. Dabei kommt speziell hinzu, dass das Internet ein bedeutsames Kommunikationsmittel zwischen den Jugendlichen darstellt und so hilft, deren Verbindung zur der Kirche aufrecht zu halten. Die Predigt bietet als Format die Möglichkeit, theologische und praktische Fragen des Alltags aufzugreifen. Der immer wieder beklagte Hiatus zwischen Theologie und Gemeinde kann gemildert, oft gar überwunden werden. Jugendliche erinnern sich an ihre Konfirmandenzeit, wenn sie diesen Predigten im Internet begegnen.

---

178 Alexander Deeg u.a., Gottesdienst und Predigt – evangelisch und katholisch, Neukirchener Theologie / Echter Verlag, Neukirchen-Vluyn / Würzburg 2014, S. 5.

179 Angela Rinn, Die Kurze Form der Predigt, Vandenhoeck & Ruprecht 2016, S. 11 – 19

180 Thomas Schlag, Aufmerksam predigen. Eine homiletische Grundperspektive, Theologischer Verlag Zürich 2014.

181 Roland Uden, Kirche in der Medienwelt, Christlicher Publzistik Verlag Erlangen 2004, S. 24.

182 Uden, a.a.O., S. 212

Die empirische Validierung dieser Möglichkeit belegen *Internetpredigten*, die schon seit Jahren erscheinen und sich lebhafter Nachfrage erfreuen. Um dies zu ermöglichen, ist eine ständige Forschung notwendig. Das Internet ist keine statische Größe, sondern unterliegt einem permanenten Wandel. Seine Entwicklung ist nur partiell vorhersagbar. Die globale Struktur bringt zahlreiche Ideen, wechselnde wirtschaftliche Situationen und ständig neue Handlungsmuster hervor, was wegen der verschiedenen Kulturen und der Individualisierung der Gesellschaft natürlich ist. Dieser Wandel ist darum ständig forschend zu begleiten. Das ist kein leichtes Unterfangen. Die vielen Faktoren, die im Spiel sind, und die Schnelligkeit der Wechsel der Geschehnisse erschweren die Forschung, lassen sie zu einem Risiko werden, einem nicht selten unkalkulierbaren Risiko.[183]

4.2 Forschung zum Internet als Medium von Predigten

Das Aufkommen des Internets bietet neue, ungeahnte Möglichkeiten auch und gerade für die Predigt. Zugleich stellt damit das Internet die Homiletik vor neue, bislang unbekannte Aufgaben. Es gilt und gilt eine eHomiletik zu entwickeln und fortzuschreiben.

Die Aufgabe ist beträchtlich. Ein neues Medium trifft auf eine alte und bewährte Praxis. Anders ausgedrückt, es geht um zwei Fragen, nämlich ob das Internet für die Predigt eingesetzt werden kann und, wenn ja, wie das möglich ist...

Die erste Frage ist schnell zu beantworten. Das Internet ist eine Erfindung der Gegenwart und wird heute überall verwendet. Die Predigt von dieser Entwicklung auszunehmen, bedeutete, sie von der Gegenwart abzukoppeln, sie zu einem Relikt der Vergangenheit zu machen. So zu verfahren, wäre zudem angesichts der leerer werdenden Kirchenbänke bei Gottesdiensten nicht zu verantworten.

Wie kann das Internet für die Predigt genutzt werden? Diese Frage ist inzwischen positiv beantwortet. Seit Jahren stehen Predigten im Internet. Diese nun schon zum Alltag gewordene Antwort zu finden, war schwierig. Sie gleicht dem aktuell im Jahre 2015 sich stellenden Problem, das unter der Bezeichnung „Industrie 4.0“ diskutiert wird. Dabei geht es um das Informationsmanagement in der Industrie. Die Schnittstelle zwischen Mensch und Maschinen muss neu definiert werden und fordert flexible Assistenzhilfen, Systeme.

Die Predigt ist die Schnittstelle zwischen wissenschaftlicher Theologie und gemeindlicher Praxis. Traditionell wird diese Schnittstelle reflektiert von der

[183] Wie schwer die Forschung geworden ist, zeigen jüngste Meinungsumfragen vor Wahlen. Die meisten Umfragen der letzten Zeit präsentierten Ergebnisse, die von den Endergebnissen abwichen und zwar zum Teil erheblich. Mancher und manche Partei, die sich zu Siegern erklärte, war es am Ende nicht.

Homiletik. Allerdings orientiert diese sich heute verstärkt wieder an Schleiermacher. Von ihm in der Predigt auszugehen, ist aber heute nicht möglich. Er kannte nicht die aktuellen Probleme der Industrie und der dort arbeitenden Menschen. Er kannte nicht einmal die Industrie, wie sie erst später die Bühne der Geschichte betrat. Es gibt darum keine Möglichkeit, von Schleiermacher ausgehend das Internet für Predigten zu verwenden. Dazu kommt, dass, als sich das Internet als Medium anbot, während aktuell die Industrie noch nicht so weit war. „Industrie 4.0" kam erst später auf. Die Theologie war der Industrie voraus, als sie noch im 20. Jahrhundert das Internet einsetzte. Inzwischen werden Anstrengungen unternommen, die elektronischen Möglichkeiten für die Wissenschaft zu nutzen. Das Stichwort lautet *eResearch.* Die homiletische Frage wurde seinerzeit auf zwei Wegen ins Gespräch gebracht. Einmal geschah das faktisch, indem beispielsweise ein großes und international operierendes Internetportal für die Predigt wie die *Göttinger Predigten im Internet* geschaffen wurde. Gleichzeitig wurde das Neue in die theologische Diskussion eingeführt. Das war schwierig und zeitigte bis heute nur einen bedingten Erfolg. Um sich überhaupt verständlich machen zu können, wurde auf ein im ausgehenden 20. Jahrhundert aktuelles Schlagwort der 68-iger Jahre zurückgegriffen. Es wurde gefordert, dass die Wissenschaft und mit ihr auch die Theologie aus dem „Elfenbeinturm der Wissenschaft" raus müssen[184]. Die sich daran anschließende Diskussion war, wie gesagt, nur bedingt erfolgreich.[185] Dass aber selbst dies Wenige gelang, wurde möglich durch eine Analyse des neuen Mediums *Internet.* Das war und ist nicht leicht angesichts einer Fülle von erscheinender Literatur zu dem Thema und eines sich geradezu rasant entwickelnden Mediums. Es ist schnell und entwickelt sich mit hoher Geschwindigkeit weiter. Manche verzichteten darum ganz oder partiell auf das Medium. Im letzteren Fall setzen sie es allerdings inzwischen immer öfter nur für die Weitergabe von Informationen ein. Einige nutzen ihre technischen Fähigkeiten und stellen einfach ihre oft bereits gehaltenen Predigt ins Internet. Andere kopieren mehr oder weniger Predigtportale, die auf Grund von Analysen des Internets erstellt werden. Dabei wird

---

183 Vgl. die faszinierende neue Wissenschaft am Beispiel der *Göttinger Predigten im Internet* dargestellt in: ETh66, S. 349.

185 Vgl. Johannes Block, a.a.O., S. 216f. S. 38f Heinz Fischer, Gottesdienst praktisch, Arbeitshilfe für Lektoren und Gottesdienstmitarbeiter, 3. Völlig neu bearbeitete Auflage, Vandenhoeck&Ruprecht, Göttingen 2001, S. 38f.

oft die Schnelllebigkeit übersehen.[186] Hier sind das Internet wie die gesamte IT-Branche unerbittlich.[187]

Die Rasanz der Entwicklung wird in Zukunft zu neuen Arbeitsweisen führen. Die Arbeitswelt 4.0 wird eine neue Verbindung von Universität und Praxis ermöglichen und zwingen.[188] Die *Göttinger Predigten im Internet* praktizieren dieses Modell bereits und haben darum einen beachtlichen, weltweiten Erfolg. s Das Aufgreifen der *Elfenbeinturm*-Kritik der 68-er Jahre machte es möglich. Die *Arbeitswelt 4.0* hilft der alten Forderung zum Durchbruch. So wurden die *Göttinger Predigten im* Internet zum Vorreiter und Wegweiser für die Theologie und kirchliche Praxis.

Die nun fällige Analyse des Internets kann hier nur sehr kurzgefasst sein. Dieses neue Medium bietet etwas vollkommen Neues, in der Menschheitsgeschichte bisher noch nicht Dagewesenes. Es ist raum- und zeitlos. Predigende und Hörende sind schneller erreichbar, als es gedruckte Predigthilfen vermögen. Diese Möglichkeit schafft zugleich bislang unbekannte Probleme. Diese lassen sich nicht einfach durch einen Rückgriff auf Bekanntes lösen. Eine Rezeption von aktuell fürs Internet entwickelten Praktiken, wie sie sich u.a. bei Facebook, Twitter herausgebildet haben, ist auf Grund der Tatsache, dass die

---

186 Das gilt auch für die Kirchen. Dabei hat das Netz bereits die Kommunikationen der Bestattungskultur erreicht. Es gibt beispielsweise eine QR-Code am Grab von Bärbel Bohley auf dem Dorotheenstädischen Friedhof in Berlin (Thomas Klie und Ilona Nord, Hrsg., Tod und Trauer im Netz, Mediale Kommunikationen in der Bestattungskultur, Verlag W. Kohlhammer, Stuttgart 2016, S. 32)

187 Selbst große, international führende Firmen wie *Nokia* oder *Microsoft* wurden von anderen Firmen wie *Apple* und *Google* überholt.
Hier auf Firmen zu verweisen, geschieht auch deshalb, weil deren Erfolge oder Misserfolge nicht nur die Folgen von finanziellen, technischen und wirtschaftlichen Aspekten sind, sondern auch gesellschaftlich und menschlichen. Menschliche Ideen müssen Kunden gewinnen, überzeugen und auf Dauer bei der Stange halten.
Wenn die Kirchenaustritte etwa mit Areligiosität erklärt werden, dann ist das zu kurz gesehen. Gewerkschaften und Parteien haben ebenfalls Mitgliederverluste zu beklagen.
Sie alle, Gewerkschaften, Firmen, Kirchen, Parteien, technische Geräte wollen und müssen akzeptiert werden. Sie unterliegen einem gesellschaftlichen Wandel.
Das Internet ist ein Umschlagplatz dafür. Es ist heute zu dem geworden, was früher der Marktplatz bzw. die Agora war. Dazu wird später mehr zu sagen sein.
Die aktuelle Entwicklung lässt Beraterfirmen wie McKinsey u.a. ihre Arbeitsweisen umstellen. An die Stelle von PowerPoint-Präsentationen treten *Denkfabriken*. Dort wird über Roboter nachgedacht, für die keine Programmierkenntnisse mehr erforderlich sind, weil die Roboter ihre Abläufe Menschen abschauen (Julia Löhr, Berater an die Werkbänke, in. Frankfurter Allgemeine Zeitung, Nr. 155 vom 6.7.2016, S. H 5. Zu dem Ganzen vgl. Die 100 Größten Unternehmen in Deutschland, Europa und der Welt. 58 Folge, Frankfurter Allgemeine Zeitung, Nr. 155 vom 6.7.2016).

188 Der Stifterverband für die Deutsche Wirtschaft widmet diesem Thema den Hochschulbildungsreport 2020 ((http://www.hochschulbildungsreport2010.de; 1.7.2016).

Predigt eine eigenständige Kommunikationsform ist, wenig hilfreich. Ob dies sich im Laufe der Zeit ändert, wird sich zeigen.[189]

Die zu lösenden Probleme der Internetpredigten sind Fragen der Kommunikation. Die Predigt wendet sich an Menschen, will ihnen das Evangelium verkündigen. Dies heißt in der heutigen Situation, einerseits den Glauben zu stärken, zu ermahnen und anderseits an den Glauben zu erinnern oder nicht selten den unbekannten Glauben zu lehren. Alles das geschieht in einer Predigt im Internet. Es kommt hinzu, dass Menschen in verschiedenen Teilen eines Landes unterschiedlich leben und denken. Sie haben entsprechende differente Denk- und Lebensformen entwickelt. Das gilt auch für eine Gemeinde in einem eingeschränkteren Sinn. Ein Prediger in einer Gemeinde hat die verschiedenen Formen im sonntäglichen Gottesdienst einer Gemeinde im Blick. Er kennt die Gemeinde, stellt sich schon bei der Vorbereitung der Predigt auf mögliche, wahrscheinliche Reaktionen ein. Predigthilfen, die in der Regel im Printverfahren erscheinen, legen nur allgemein gehaltene Erkenntnisse aus Exegese und Systematik vor. Der Prediger bedient sich dann ihrer, wie und soweit sie ihm theologisch und homiletisch geeignet erscheinen. Die entwickelten Liturgie- und Predigtformen für die Übertragung von Gottesdiensten in Funk und Fernsehen bieten Hilfen für Hörer und Fernsehzuschauer in unterschiedlichen ländlichen Räumen. Erkenntnisse der Massenkommunikation sind darum ein Ansatz für Internetpredigten. Das gilt besonders, wenn die Grundstrukturen von Funk und Fernsehen beachtet werden. Ein sich Verlieren in Details oder gar ein Nachahmen etwa von Fernsehsendungen führte nicht zufällig in den USA zu Fernsehgottesdiensten, die nach Art von Fernsehshows inszeniert wurden. Die Erforschung des Verhaltens von Rundfunkhörern bzw. Zuschauern ist besonders hilfreich.[190] Menschen gleichen sich trotz aller Unterschiede. Und Menschen hören Radio, schauen fern und sitzen vor dem Bildschirm. So sind in einem Medium gewonnene Erkenntnisse nicht übertragbar, bieten aber Anregungen für das Gebiet der Internetpredigten.

Ein weiterer Aspekt notwendiger Forschung im Hinblick auf Internetpredigten sind politische Veränderungen. Hier sind die Zusammenschlüsse einzelner Länder zu Gemeinschaften wie der EU hilfreich und das gleich in doppelter Hinsicht. Der Zusammenschluss lehrt Menschen über das eigene Umfeld, ja das

---

189 Das gilt auch für weitere Möglichkeiten, die das Internet bietet, wie Webvideos, für die in Deutschland seit 2011 Preise vergeben werden. Diese werden gleich in mehreren Kategorien vergeben. Fernsehsender und auch die bei der bzw. dem Ministerpräsidentin/en angesiedelte „Medienstiftung NRW“ unterstützen den Preis. Authentische Unterhaltung aus dem Netz wird ausgezeichnet (https://www.wwwebvideopreis.de/del; 15.6.2015). Denkbar ist auch authentische Verkündigung, Frauen-, Jugend- Männerarbeit usw.

Main i.A., 1989. Hier hat sich noch nicht viel geändert. Selbst die Einführung privater Rundfunkgesellschaften und die der Suchfunktion an den Radiogeräten änderte nicht viel.

eigene Land hinauszuschauen. Chancen und auch Abhängigkeiten werden erkannt. Wege werden erarbeitet, wie man gemeinsam damit umgehen muss und kann. Dieses Miteinander erzeugt über bloße Berührungspunkte hinausgehend Übereinstimmungen. Dasselbe gilt etwa für die Arbeitswelt und nicht nur die am Fließband. Diese und weitere Kongruenzen im heutigen Alltag schaffen Möglichkeiten für Grenzen überschreitende Internetpredigten, lassen die im Alltag gewonnen Erkenntnisse und Praktiken zum Modell, zur Hilfe des Verstehens und des Erarbeitens von Predigten werden. Das trifft besonders für die EU und ihr Werden zu. Sie entstand auf Grund von wirtschaftlichen Überlegungen. Diese treffen wegen der Bedeutung der Ökonomie die Einzelnen direkt. Die Einzelnen hängen ab vom wirtschaftlichen Wohlergehen ihres Ortes, ihres Landes, der ganzen, weil global gewordenen Welt. Die Abhängigkeit reicht sehr weit ins Persönliche. Nahrung, Kleidung, oft die Nachbarschaft zum Haus, ebenso wie die zu Kollegen im Betrieb, die nicht selten einen Migrationshintergrund haben. Darum war das Werden von einer Gemeinschaft wie der EU von Bedeutung für die Entstehung, für das weitere Leben von Predigten im Internet und deren Erforschung. Dieses Umfeld, wie auch das Internet, wandeln sich ständig. Darum war und ist die Forschung für Predigten im Internet existentiell bedeutsam.[191] Es unterscheidet sich von dem der Gemeinschaft, die sich in Gemeinden in Deutschland und anderswo zu Gottesdiensten trifft. [192]

Die so gewonnene Weite als gemeinsamer Lebensraum ist von kaum zu überschätzender Bedeutung. Er lässt Menschen selbst Sprachgrenzen überspringen. Besucher lesen im Internet Predigten, die nicht in ihrer Sprache geschrieben sind. Auch hierbei kommen der Wandel in der politischen Welt und im Internet den dort erscheinenden Predigten zur Hilfe. Die Analyse der Herkunftsländer von Besuchern zeigt beispielsweise, dass französische Besucher die *Göttinger Predigten im Internet* nachfragen, obwohl dieses Portal kaum Predigten in französischer Sprache publiziert. Von Hause aus englischsprachige Bürger der USA lesen spanische Predigten.

All diese Aspekte zu beachten ist notwendig, um optimal verständliche Predigten ins Internet zu stellen. Die User beobachten alles.

Zu diesen Aspekten kommen immer neue Modetrends. Auch gehen Jugendliche anders mit dem Internet um als Menschen mittleren Alters und nochmal anders als Ältere. Dass Publikationen unterschiedlich genutzt werden, ist nichts Neues. Die Printmedien haben sich darauf eingestellt. Es gibt Kinder-, Jugend-,

---

[191] Die Beobachtung der Entwicklung der EU einschließlich der Analyse der dabei auftretenden Vorgänge leistetet das Jahrbuch *Informationen Theologie Europäer*" (Ulrich Nembach, Heinrich Rusterholz, Paul Zulehner, Hgg., Informationen Theologie Europäer, Frankfurt/M a.a.O., 1992ff).

und Erwachsenen Bücher und Zeitschriften. Sie unterliegen zudem der jeweiligen Mode. Es sei nur erinnert an die Literatur des Barocks, der Romantik, der Gegenwart.

Heute haben bereits Kinder einen Zugang zum Internet. Besonders wichtig ist heute die Jugendsprache, weil viele Jugendliche im Internet unterwegs sind. Die Jugendsprache ist schnelllebig.[193]

Ein weiterer Aspekt ist der unterschiedliche Gebrauch der Geräte fürs Internet. PC und Laptop werden anders benutzt als das Smartphone. Darum offeriert ein und derselbe Anbieter unterschietliche Fassungen, die von verschiedenen Redaktionen erstellt werden, für verschiedene Gerätetypen. Aus Gründen von nur eingeschränkten Ressourcen ist nur eine einzige Fassung für Predigten möglich, die möglichst die Grenzen der verschiedenen Geräte überspringt. Die Grenze zwischen elektronischen und Printmedien zu überspringen, ist nicht nur begrenzt möglich.

Es ist beispielsweise technisch möglich gedruckte Texte ins Internet zu stellen, aber es erschwert das Lesen dann im Internet erheblich.194

Aus all diesen zu beachtenden Aspekten ist die größtmögliche Schnittmenge zu finden, sind entsprechende Predigten abzufassen und anschließend ins Internet zu stellen.[195]

---

193 Vgl. Michelle Auzanneau, Jeunes et parlers jeunes: des catégories en question, Maison, Paris 2012.
Jürgen Baumann, Jugendliche als Akteure: sprachliche und kulturelle Aneignungs- und Ausdrucksformen von Kindern und Jugendlichen, Lang, Frankfurt am Main (u.a.) 2011
Die Sprache der Jugendlichen in ihrer Rede in Bezug auf Gott untersucht Daniel Faßhauer. Er konstatiert, „dass den Schülern im Internet durch die dort vorherrschende Kürze und Oberflächlichkeit die Tiefe sowie die grundlegende Auseinandersetzung und sprachliche Beschäftigung mit den religiösen Themen fehlt. Im Unterricht (=Religionsunterricht) herrscht eine Mischung aus Distanz- und Nähesprache, die allerdings nicht darüber hinwegtäuscht, dass viele Schüler große Schwierigkeiten in der Versprachlichung ihrer Vorstellungen und Sichtweisen haben." (Daniel Faßhauer: „Let's talk about god". Wie Jugendliche im Kontext medialer und sprachlicher Veränderungen über Religion und Glauben sprechen. - in: Informationes Theologiae Europae,Internationales ökumenisches Jahrbuch für Theologie, Jahrgang 2017/18. S.76). Frankfurt 2019. Peter Lang Wissenschaftsverlag).

194 Dissertationen werden öfters ins Internet gestellt. Der Grund dafür ist, dass dieses Verfahren preiswerter als ein Druck für Doktoranden ist.
Das *Gemeinschaftswerk der Presse* der *EKD* sieht diese Grenze nicht und stellt Beiträge ins Internet, die unter journalistischen Gesichtspunkten für Printmedien erstellt wurden. (Vgl. die neuen Seiten von www.evangelisch.de, die nach einem Relaunch am 25.2.2015 frei geschalten wurden.)

195 Die zurzeit existierenden Predigtportale berücksichtigen die Aspekte unterschiedlich. Manchen ist deren Existenz nicht bewusst, anderen gelingt der Gebrauch der Aspekte bedingt und manche sind ziemlich erfolgreich.

4.3 Social Media und Predigten

Die sozialen Medien haben mit ihren Followers eine gewisse Nähe zu Predigerinnen und Predigern. Der Gottesdienst ist die Versammlung einer Gemeinschaft. Ferner gehen nicht wenige Gottesdienstbesucher in den Gottesdienst mit ihrem Lieblingspedigern, sofern sie die Gelegenheit dazu wie in Städten haben. Das gilt auch für Internetpredigten, wo Besucherinnen und Besucher gern ihren Lieblingspredigern folgen. Schließlich ist Twitter bei jüngeren Menschen beliebt wegen der Kürze der Texte. Ältere Menschen lesen dagegen lieber längere. Anderseits experimentiert Twitter mit der Verdoppelung seines Zeichensatzes von 140 auf 280 Zeichen. Eine kurze Mitteilung darf anscheinend nicht zu kurz sein.

Für die Predigt und ihre Länge lautet die Konsequenz aus den kurzen Zusammenfassungen, dass Predigten nicht zu lang sein sollten, um auch von Jüngeren gehört bzw. gelesen werden, zugleich müssen sie eine gewisse Länge haben. Das bedeutet für die Predigten in Gemeindegottesdiensten und die Internetpredigten, sie sollten ein Vorwort bzw. eine Überschrift und/ oder eine kurze Zusammenfassung bieten.[196] Oft ist eine ausführliche Überschrift fast schon eine knappe Zusammenfassung. Diese könnte, müsste Lust darauf machen, die ganze Predigt zu lesen.[197]

4.4 Forschung zu Theologie und Homiletik der Predigten

Theologie und Homiletik unterscheiden sich nicht auf Grund der Kanzeln, von denen gepredigt wird. Die Verkündigung des aktuellen Evangeliums via elektronischer Kanzel und von der steinernen Kanzel sind gleich. Die Sprache ist verschieden, korrespondiert der der jeweiligen Adressaten. Darum wird hier auf das Folgende für beide Kanzeln verwiesen.

---

196 Fernsehgottesdienste benützen Vorworte schon seit längerem (vgl. https://www.zdf.de/gesellschaft/gottesdienste – 20.09.2018).

197 Lust auf das ganze Stück von Shakespeare machen vielleicht die Worte: „Warum stirbt ein glückliches junges Paar? Shakespeare gibt die Antwort in seinem Theaterstück *Romeo und Julia*“.
Diese Aussage reizt möglicherweise, Goethes Faust anzusehen: „Eine junge Frau tötet ihr Baby – ein Kriminalfall von Goethe untersucht.“

4.5 *Die Forschung und Lehre der Mitarbeiter*

Neue mitarbeitende Autorinnen und Autoren bedürfen einer eingehenden Schulung. Da diese nicht bereits während des heute üblichen Studiums und der Ausbildung im Predigerseminar wegen deren Fixierung auf die Gemeindepredigt erfolgt, ist die Entwicklung einer eigenen, spezifisch auf Predigt im Internet ausgerichteten Didaktik und Methodik notwendig. Leider waren und sind größere Forschungsvorhaben nicht möglich wegen des schnell gewachsenen und sich ständig verändernden Internets. Darum empfahl sich gleich bei Beginn der Internetpredigten ein Rückgriff auf bewährte pädagogische Erkenntnisse. Diese waren und sind die Methode des *Learning by doing.* Der Begriff geht auf Aristoteles zurück[198], dessen Text in einer englischen Übersetzung mit den Worten *Learning by doing* wiedergegeben wurde.[199] Aristoteles Idee wurde im Laufe der Geschichte immer wieder von Pädagogen aufgegriffen, so. u.a. von Comenius (1657), Kerschensteiner (1904), John Dewey (1911). Die *Göttinger Predigten im Internet* griffen auf Aristoteles zurück. Ihre globale, positive Resonanz zeigt die Richtigkeit des Rückgriffs. Aristoteles nutzt ein grundlegendes menschliches Phänomen. Er verbindet Theorie und Praxis. Diese Verbindung half auch Luther bei seiner Übersetzung der Bibel und seinen Predigten. Er stützte sich dabei ferner auf einen in Theorie und Praxis Erfahrenen, auf Quintilian. Der war Redner, Lehrer und Autor. Seine verschiedenen Tätigkeiten fasste er in einem umfangreichen Werk zusammen. Die Einzelheiten der Rede wie der Arbeiten an den verschiedenen Reden wird später dargestellt werden.[200]

4.6 *Fazit zu Internetpredigten*

Dass die Realisierung der zahlreichen, unterschiedlichen Erwartungen möglich ist, beweisen die Predigten im Internet und deren Nachfragen.

Die Motive und die Erarbeitung von Predigten können sehr unterschiedlich sein. Alles das wird bei der Nachfrage sichtbar. Besucher müssen kommen, bleiben, d.h. sie sollen sich nicht gleich wegklicken, vielmehr immer wieder zu einem Predigtportal zurückkehren, es möglichst zu „ihrem" machen. Wegklicken und Rückkehr sind im Internet möglich. Das Suchen und Finden einer möglichst großen Schnittmenge ist darum für Aufbau und Sprache zu erarbeiten. Dabei muss deutlich werden, dass der Aufbau und die Sprache denen der

198 Die Nikomachische Ethik. Auf der Grundlage der Übersetzung von Eugen Rohfes, hrsg. von Günther Bien, 4. Aufl, Hamburg: Meiner 1985, S. 27f.

199 A New Translation of the Nicomachean Ethics of Aristotle, Oxford: Vincent 1826, S. 42.

200 s.u. Zur Relevanz der Rhetorik.

Menschen in deren Alltag, einschließlich denen in den Medien entsprechen. Luther beschreibt seine Sprache als die, die die Mutter im Hause gebraucht und der gemeine Mann auf dem Markt verwendet.[201] Dabei ist auf den Unterschied zwischen Predigt und Alltagsrede zu achten. Luther predigte anders, als er bei Tische sprach. Die Besonderheit der Predigt wie der Kirche überhaupt gegenüber dem Alltag ist trotz aller Gemeinsamkeiten ein Faktum. So erkannte die Architektur den Unterschied schon früher. Sie entwarf gotische Kirchengebäude. Bis heute unterscheiden sich Kirchengebäude von anderen. Dabei sind die Baumaterialien oft dieselben wie die der sie umgebenden Häuser.[202]

Die aus allen diesen Anforderungen resultierende nicht niedrige Hürde nehmen offensichtlich Predigtportale, die längere Zeit im Netz sind. Manche von ihnen werden gar kopiert.[203]

Damit ist ein Punkt erreicht, den die eKanzel und die steinerne gemeinsam haben. Theologie und verschiedene Aspekte der allgemeinen Homiletik gelten für beide Kanzelformen. Die Erweiterung der Kanzel durch die elektronische im Internet erweitert die Möglichkeiten der Predigt, bildet oft die Basis für die Arbeit an einer Predigt für die steinerne Kanzel und intensiviert die Vor- und Nachbereitung einer solchen Predigt durch die Predigthörer. Die folgenden Ausführungen betreffen beide Kanzeln. Ein Unterschied zwischen ihnen wird nur noch dort gemacht, wo dieser Unterschied hervortritt.

---

201 Marin Luther, Sendbrief vom Dolmetschen, 1530, W.A. 30 II, 637,19f. Gottfried Brakemeier bemerkt zu Luthers Motivation, die Bibel ins Deutsche zu übersetzen: „Nur wenn die Menschen es in ihrer eigenen Sprache hören, werden sie es verstehen" (Gottfried Brakemeier, Die Sprache der Predigt in der globalisierten Welt, in: Ulrich Nembach, Hrsg., Internetpredigten, Zur Sprache der Predigt in der globalisierten Welt, Frankfurt am Main 2013, S. 48).
Das gelang Luther dank seiner sprachlichen Fähigkeit so gut, dass seine Ausdrucksweise Schriftsteller wie Kleist, Lessing, Nietzsche, Thomas Mann u.a. beeinflusste, worauf Albrecht Beutel hinweist (Albrecht Beutel, Unser Luther? in: Luther, Zeitschrift der Luther-Gesellschaft. H. 1, 2017, S. 27). Er fügt aber auch hinzu: „Natürlich wäre es albern, die Sprache Luthers, ..., heutzutage nostalgisch imitieren zu wollen" (Beutel a.a.O.)

202 Franz-Heinrich Beyer spricht vom Kirchengebäude „als symbolischem Ort". Diesen Ort analysiert er unter verschiedenen Gesichtspunkten und fasst zugleich zahlreiche Arbeiten zum Kirche als Gebäude zusammen. Sein Fazit lautet: „Kirchengebäude sind und bleiben in individueller und in öffentlicher Wahrnehmung symbolische Orte, die stets über sich selbst hinausweisen und deren Bedeutung in einer allein funktionalen Betrachtung nicht aufgeht" (Franz-Heinrich Beyer, Kirchengebäude als symbolischer Ort, in: Pastoraltheologie 104.Jg. Vandenhoeck und Ruprecht, Göttingen 2015, S. 106 – 119).

203 Das trifft beispielsweise zu für die *Göttinger Predigten im Internet*. Sie sind über 17 Jahre lang im Internet und werden in Deutschland wie im Ausland kopiert. Auch der inzwischen berühmte *Predigtpreis* des Verlages der deutschen Wirtschaft basiert auf den *Göttinger Predigten im Internet* und wurde dann vom Verlag weiter ausgebaut.

5 Leid und Freud in der Predigt

Leid und Freud begegnen oft in der Predigt. Der Grund dafür liegt im menschlichen Leben und in den biblischen Texten. Zwei Beispiele aus der Predigtarbeit zeigen es.

5.1 Das Zusammentreffen von Leiden/Freude und Predigten

> "Wenn du das Liebste von uns trennst,
> so zeige, daß du trösten kannst."

Diese zwei Zeilen stehen eingemeißelt am Fuße eines Grabsteins. Eine junge Frau fasst mit ihren eignen Worten zusammen, was sie fühlt, leidet und auch hofft. Trotzig anklagend lässt sie den Stein ihre verzweifelte Hoffnung herausschreien. Ihr geliebter Mann ist verstorben. Sie steht mit ihren drei kleinen Kindern allein da. Sie gibt Gott die Schuld am Tode des Mannes.

Wie soll der Prediger reagieren? Was kann, was muss er sagen – und zwar nicht nur am Grabe selbst, sondern auch an den Sonntagen danach, wenn die Frau unter der Kanzel sitzt? Der Stein ist gut ein Jahr nach dem Tode des Mannes aufgestellt worden.

Die beiden Zeilen sind öffentlich. Alle, die vorübergehen, können, sollen sie lesen. Die Frau hat mit dem Stein Öffentlichkeit hergestellt. Sie schreit ihr Leid heraus. Der Prediger wird herausgefordert zu antworten, mindestens es zu versuchen.

Die Frau ist allein – abends, morgens und den Tag über und die Nacht. Ihrem Schmerz kann sie sich nicht hingeben, denn ihre drei kleinen Kinder sind zu versorgen und die wirtschaftliche Existenz der Familie muss gesichert werden. Die Frau steht einem Bauernhof vor, muss ihn leiten. Er bildet ihre ökonomische Basis und stellt zugleich ihren Lebensraum und den ihrer Kinder dar. Auch ist sie für Mitarbeiter verantwortlich. Diese Situation stellt erhebliche Herausforderungen an eine moderne Frau, und erst recht an eine des Jahres 1904, als der Mann starb. Zwar erlebt damals die Landwirtschaft gerade einen Aufschwung nach einer schweren Rezession. Dieser ist wie die vorhergehende Rezession politisch bedingt[204]. Die äußeren Probleme der Frau in der voremanzipatorischen Gesellschaft zeigen sich als Lebenserfahrung in dem Satz zusammengefasst: „Sie muss ihren Mann stehen".

Sie heiratet später noch einmal. Unter den damaligen Umständen ist die Heirat eine Vernunftehe, ökonomisch und gesellschaftlich geboten, aber menschlich keine Lösung. Die beiden Zeilen bleiben auf dem Stein stehen. Der zweite Mann sieht die Zeilen sein Leben lang. Später wird er seine Frau neben ihrem ersten Mann und dessen Grabstein beerdigen.

Noch heute schreit der Stein. Die Inschrift ist unter Efeu hervorgekommen. Der Friedhof blieb erhalten. Polen haben den Stein der beiden Deutschen in Schlesien restauriert und pflegen ihre Gräber.

Was sagt, denkt der, der heute an dem Stein vorübergeht? Predigt der Stein von des Menschen Leid, seinem Verlangen nach Trost und damit letztlich nach Hoffnung auf Gott, den die Frau anklagt?[205]

5.2 Leid und Freud - ein Teilen angesichts des Textes

Die in Abschnitt 5.1 genannte Witwe klagt ihr Leid heraus, lässt einen Stein, den Grabstein ihres geliebten Mannes, ihr Leid herausschreien. Sie wendet sich dabei direkt an Gott, von dem die Schrift, der biblische Text spricht.

Nicht alle Menschen gehen in ihrem Leid so weit. Aber schon die Frage, warum Leid gerade mich treffe, die Theodizeefrage, wird oft gestellt. Dabei enthält dieses Fragen nicht selten den Wunsch, dass der Hörer am Leide der Fragenden teilnehmen möge.

Auch fröhliche Menschen teilen ihre Fröhlichkeit, indem sie ihre Nachbarn einladen, mit ihnen zu feiern.

5.2.1 Röm. 12,5 - eine Auslegung

Paulus fordert in 1. Kor. 12,26 zum Mitleiden und Mitfreuen in der Gemeinde auf (VV. 12-30, ähnlich Röm. 12,3-8). Die Gemeinsamkeit des Leidens und Freuens in 1. Kor. 12,26 charakterisiert die Gemeinde als einen Leib, „daß nämlich alle

---

204 Heinz Haushofer, Die deutsche Landwirtschaft im technischen Zeitalter, Stuttgart 1963, S. 216.

205 Die Traueransprachen sowie die Hochzeitspredigt bei der 2. Eheschließung sind nicht überliefert. Ebenso auch nicht Predigten, die die Frau an den Sonntagen nach dem Tode des geliebten Mannes hört. Ob die Predigten von einem Trost sprechen, wie ihn das Lied ausdrückt: „In dir ist Freude in allem Leide" (EG 398)?

Glieder miteinander ein sensibles Ganzes bilden. Sie teilen untereinander Leid und Freud. Wie jeder lebendige Körper bilden sie ein sensibles Ganzes“[206].

Über die Gemeinde geht Paulus möglicherweise hinaus in seinem Brief an die Römer (12,15)[207]. Er benützt zwei imperativische Infinitive, um zum Teilen von Freude und Leid aufzurufen[208]. Der zweite imperative Infinitiv entspricht Sir. 7,34.

Prediger im ausgehenden 20. Jahrhundert haben damit eine klare Handlungsanweisung, die unter den heutigen Gemeindeverhältnissen die Gottesdienstgemeinde ohnehin einschließt, aber auch über sie hinausgeht, weil nur ein Bruchteil der Kirchenmitglieder zu den Gottesdiensten geht.

5.2.2 Leid und Freud – eine Auslegung

> "Kommt her zu mir alle, die ihr mühselig und beladen seid; ich will euch erquicken"[209].

Wie die Prediger sind auch die Hörer zum Teilen aufgefordert. Welche Gründe das Leiden hat, wird nicht gesagt. Es spielt für die Aufforderung keine Rolle.

Das Kommen der Leidenden, damit das Teilen ihres Leidens mit Predigern, vollzieht sich heute auf verschiedene Weise. Dasselbe gilt für die Freude. Einmal geschieht das Teilen direkt, zum anderen indirekt.

Direkt teilen Hörer und Prediger aus Anlass von Kasualien: Taufe, Konfirmation, Hochzeit, Beerdigung. Ferner sind seelsorgerliche Gespräche im Krankenhaus, am Rande von Jubiläen, Akademietagungen und dgl. mehr Orte des direkten Teilens von Leid und Freud. Schließlich – und nicht zuletzt – wird Leid in diakonischen Einrichtungen geteilt, ebenso auch die Freude, wenn Hilfe gelingt[210].

Indirekt und manchmal nur ansatzweise wird heute in der Massengesellschaft mit Hilfe von Befragungen und Medien Leid und Freud geteilt. Die Mitglieder der Gesellschaft erfahren durch die Institutionen der Massenkommunikation voneinander und sind in Notfällen nicht selten zu Spenden bereit.

Darum ist die Tatsache erstaunlich, dass die bisherigen drei von der EKD durchgeführten Befragungen wenig über Leid und Freud der Hörer aussagen. Die Kirche ist mehr mit sich als mit ihren Mitgliedern beschäftigt. Diese Tendenz wird bereits in den Zielsetzungen der Befragungen deutlich, denen es um die

---

206 August Strobel, Der erste Brief an die Korinther, S. 196.

207 Vgl. dazu Ulrich Wilckens, Der Brief an die Römer, Teilbd. 3, S. 23.

208 Warum Paulus hier diese andere Reihenfolge verwendet, ist nicht deutlich.

209 Mt. 11,28 in der revidierten Fassung der Luther-Übersetzung von 1984.

210 Auch aus diesem Grund ist es – neben anderen – wichtig, dass Diakonie mit der einzelnen Gemeinde heute mindestens zum Teil verbunden ist. Luthers Vorstellung, wie er sie in der Leisinger Kastenordnung darstellt (WA 12, 11-30), geht von einer kleinen, überschaubaren und damit zum Teilen von Leid und Freud generell fähigen Kommune aus.

Kirche, um sie als Institution, und die Verbundenheit ihrer Mitglieder mit ihr, aber nicht um die Menschen, ihr persönliches Leben geht.

Ernst Lange sieht die Einzelnen, insbesondere die Hörer. Er will ihnen als Personen nahekommen und schlägt daher vor, die Hörer auf dem Weg über die „Situation" kennenzulernen. Damit geht er erheblich weiter als die Befragungen der EKD, aber er bleibt bei einer sehr allgemein gehaltenen Kenntnisnahme des Befindens der Hörer stehen, die zudem weitgehend nur im kognitiven Bereich verbleibt. Zwar differenziert Lange zusätzlich und beschreibt damit die Hörer noch etwas genauer, indem er von der Situation der einzelnen Gemeinde, von ihm „Lage vor Ort" genannt, und der generellen des Landes, der Welt, von ihm der „homiletische Großwetterlage" bezeichnet, spricht[211]. Das subjektive Erleben von Leid und Freud ist damit, zumal in seiner ganzen Weite nicht erfasst. Das gelingt Dahm etwas besser, indem er über Lange hinausgehend, bei den Stationen des Hörens auch die emotionale Seite mit einbezieht, sie sogar als die für die Hörer bedeutendere herausstellt[212]. Einen weiteren Schritt auf diese zu, gehen Untersuchungen, die bei der Analyse von Radio und Fernsehen ansetzen. Die Vielzahl von Sendern verlangt von diesen Untersuchungen, dass sie sich an ihrer Hörer- und Zuschauerschaft orientieren. Das tun sie, indem sie sich aus der Bevölkerung ihres Sendegebiets bestimmte Gruppen aussuchen. Die Wahl ist an ihrem Programm, der „Klangfarbe" im Fachjargon, zu erkennen. Daraus wiederum lässt sich folgern, was jemand denkt, fühlt und darüber hinaus existentiell erlebt[213], wenn er bzw. sie einen bestimmten Sender hört. Die Hörer sind darum nur nach ihrem „Lieblingssender" zu fragen, und dann ist die Klangfarbe des betreffenden Programms zu analysieren, sofern sie nicht allgemein bekannt ist[214].

Das so direkt oder indirekt zu erfahrende Leid- wie auch die Freude – können anschließend von den Predigern ausgelegt werden. Der Vorgang des Auslegens ist Theologen wohl vertraut von ihrem Umgang mit biblischen und anderen Texten. Darum braucht die Auslegung von Leid und Freud nicht besonders untersucht zu werden.

---

211 Lange, a.a.O., S. 50f.

212 Karl-Wilhelm Dahm, Beruf: Pfarrer, S. 229. Vgl. auch III.1.1.2.

213 Zu dieser auch über Dahm hinausgehenden Analyse der Befindlichkeit der Hörer und der daraus resultierenden Bedeutung für die Predigt vgl. oben III.1.2.

214 Vgl. Ulrich Nembach, Radio neu gesehen; ders., A new approach to enquiring into patterns of religious observance and other issues, in: Communications 16, 1991, 105-111, besonders S. 107f.

6 Leid und Freud mit der Predigt – Predigtversuche und -definitionen

Leid und Freud mit der Predigt teilen Hörer und Prediger miteinander. Beispiele bieten Geschichte und Gegenwart. Von beiden Zeiten soll darum im Folgenden die Rede sein. Die Gründe für Leid und Freud sind unterschiedlich, liegen oft in den jeweiligen Situationen sowie in den Bemühungen, der Lage zu begegnen. Die Art des Erlebens der Situationen ist ein weiterer Grund für Leid und Freud der Beteiligten. Diesem so bedingten, komplexen Geschehen wollen die folgenden Darlegungen Rechnung tragen.

6.1 *Vom Leid*

„Ich werde mich später nicht stundenlang mit meiner Predigt beschäftigen wie Carolas Vater. Es kommen ja doch nur fünf Leute." Diese Sätze einer Theologiestudentin sind deutlich. Sie sprach sie, nachdem sie gerade vom Gottesdienst in der Nachbargemeinde nach Hause gekommen war, wo der Vater ihrer Freundin Carola Pfarrer ist. Der Entschluss, Theologie zu studieren, ist nicht zuletzt durch Carolas Elternhaus, deren Vater und seine Gemeindearbeit beeinflusst worden. Was die Studentin von heute dort sah, in der Jugendarbeit und besonders auf Fahrten erlebte, veranlasste sie mit, Theologie zu studieren. Die Verzichtserklärung, sich später lange mit einer Predigt beschäftigen zu wollen, ist der Versuch, auf die heutige Predigtsituation zu antworten. Darüber hinaus soll leidige Arbeit, hier an der Predigt, vermieden werden. Faktisch bleibt aber das Erlebnis leerer Kirchenbänke bestehen und führt zu einem Begründungszwang, warum eine gute Predigtvorbereitung unterbleibe. Zwar führen gut vorbereitete Predigten nicht zwangsläufig zu einer großen Zahl von Predigthörern, aber schlecht vorbereitete in der Regel zu einer Abnahme ihrer Zahl.

Das daraus resultierende Leid der Prediger können diese nicht artikulieren, weil dafür kein Raum vorhanden, nicht vorgesehen ist. Das Leid der Hörer können sie in der Predigt ansprechen. Leid, von dem Predigttexte handeln, kann ebenfalls in der Predigt thematisiert werden. Das eigene Leid der Prediger ist jedoch tabu. Dieses Leid darf nicht einmal dann von ihnen angesprochen werden, wenn sie und zugleich die Gemeinde betroffen sind.

Laut sprechen dagegen die leerer werdenden Gottesdienste mit der Predigt als ihrem Schwerpunkt. Sie zeigen das Leid aller Beteiligten an der Predigt. Nicht wenige der wenigen, die zum Gottesdienst gehen, tun das, weil sie die leere

Kirche als „peinlich" empfinden oder Mitleid mit den Predigern haben. Über diese Gründe wird selten bis nie gesprochen.

Hörer und Prediger teilen die gemeinsame Überzeugung, evangelisch zu sein, und dazu gehört die Predigt. Wer an letzterer leidet, darf dies nicht aussprechen, weil er dann seinen evangelischen Glauben selbst träfe. Höchstens Verbesserungsvorschläge sind erlaubt, weil sie zur Genesung der Situation beitragen und damit zur Kräftigung der gemeinsamen Überzeugung führen sollen. Dass das Verfahren einer Medizin gleicht, die ohne Diagnose direkt zur Therapie kommen möchte, stört anscheinend nicht. Auch wird der gegenteilige biblische Befund nicht zur kritischen Anfrage an Wissenschaft und Praxis – und dies trotz der Wertschätzung der Schrift. Diese beginnt gleich vorn, bereits in Gen. 2, mit der Schilderung von Leid und Freud. Adam leidet am Alleinsein und freut sich nachher an Eva. Die Liste der zum Reden, Predigen überredeten oder gar gezwungen Predigtverweigerer ist lang. Mose widersetzt sich hartnäckig der Aufforderung, zum Pharao zu gehen und mit diesem zu reden (Ex. 3,11ff.; 4,1ff.; 10ff.; 13ff.). Amos wird von Gott von der Herde weggenommen, um als redender Prophet ins Nordreich gesandt zu werden (Am. 7,15). Jeremia weist seine Berufung zum Propheten zurück (Jer. 1,6). Paulus ist ein entschiedener Gegner der Christen und wird mit Gewalt „bekehrt" (Gal. 1,11ff.; Act. 9,1ff. u.ö.). Die Bibel geniert sich nicht, diese Leiden an göttlichen Zwängen zu berichten.

Später, nach erfolgter Berufung eines Menschen geht das Leiden oft weiter, oder es beginnt gerade jetzt. Menschen versagen wie Petrus im Hof des Hohepriesters, als er Jesus aus Angst vor der damaligen „Stasi" verleugnet, seine Zugehörigkeit zu ihm heftig bestreitet. Hiob und Jona hadern, streiten mit Gott wegen der Situation, in die er sie gebracht hat, als sie in seinem Sinne handelten bzw. redeten (Hi. 30; Jona 4,1ff.). Von Abraham wird kein Widerspruch gegen Gottes Tötungsbefehl am eigenen Sohn überliefert. Dass aber auch er leidet, zeigen die Umstände, wenn er seiner Frau und seinem Sohn den Auftrag verschweigt, ja, diesen belügt, um die beabsichtigte Tötung nicht zu gefährden (Gen. 22,7f.).

Weitere Gründe kommen hinzu, die Hörer und Prediger nicht über ihr Leid an der Predigt sprechen lassen. Es sind überkommene Gewohnheiten, theologische Meinungen und Strukturen.

Die übliche Praxis ist gegen Predigtkritik. Die zahlreichen, an verschiedenen Orten immer wieder versuchten Predigtnachgespräche[215] zeigen die nicht übersteigbare Grenze hin zu einer Kritik. Die Nachgespräche, zu denen ohnehin in der Regel nur wenige der Predigthörer kommen, bleiben bei allgemeinen Fragen stehen, wenden sich Äußerlichkeiten wie der Lautstärke und ähnlichem zu.

[215] Vgl. Karl-Wilhelm Dahm, Beruf: Pfarrer. Empirische Aspekte zur Funktion von Kirche und Religion in unserer Gesellschaft, 2. Aufl., München 1972, S. 320.

Selbst Nachgespräche, zu denen nach der Predigt von Theologiestudenten eingeladen wird, bleiben weitgehend an der Oberfläche[216].

Dieser Praxis leisten überkommene theologische Meinungen und die daraus resultierenden Strukturen Vorschub. „Die Predigt ist Gottes Wort, gesprochen von ihm selbst“ beginnt Karl Barth seine Definition der Predigt 1932/33[217], und wer will, kann schon etwas gegen Gottes Wort sagen. Der Mut eines Mose, Jeremia u.a. ist verlorengegangen. Dazu tragen die homiletischen und kirchlichen Strukturen der Predigt bei. Predigt gilt – besonders im deutschsprachigen Raum – nicht als Beitrag zur Eröffnung eines Gesprächs, eines teilenden Geschehens, sondern als „Verkündigung“, und zwar des „Wortes Gottes“[218]. Ca. zwei Jahrzehnte nach Barths Definition spricht Hans Joachim Iwand, auf alte Traditionen zurückgreifend, von der Predigt „als Zeugendienst“[219] und versteht diesen nicht vergleichbar einem Zeugen vor Gericht, über dessen Aussage diskutiert und die anschließend vom Gericht bewertet wird, sondern als Wort des Indikativs, des göttlichen Zuspruchs, der „nicht nur zum Wort für die Welt, sondern zum Dienst an der Welt“ befreit. Wenn darum Iwand von Dialog spricht, meint er den des Predigers mit dem Text, der Welt[220], aber nicht das Gespräch im Sinne eines Sich-Austauschens mit den Hörern.

Probleme für die Hörer und Prediger resultieren auch aus kirchlichen Strukturen, wie sie in Kirchengesetzen festgelegt werden[221]. So heißt es im Pfar-

---

216 Diese Tatsache belegen u.a. Gespräche nach Predigten von Teilnehmern homiletischer Hauptseminare in Göttingen und anderswo. Dabei verfolgen die Hörer die Predigten sehr genau, wie Aussagen noch nach Jahren zu erkennen geben.

217 Karl Barth, Homiletik, a.a.O., S. 30.
Diese ersten Worte der Definition zeigen Wirkung, bleiben im Ohr. Die folgenden werden nicht gehört, wo Barth u.a. hinzufügt: „... Gottes Wort, gesprochen von ihm selbst unter Inanspruchnahme des Dienstes ...“. Der Grund für die einseitige Verkürzung liegt vermutlich im Ablauf der Zeit. 33 Jahre vergingen, bis der Seminartext von 1932/33 erstmals 1966 veröffentlicht wurde. Sprache ändert sich, neue theologische Akzente werden gesetzt, Positionen neu bestimmt usw., während und weil 33 Jahre mit schweren kirchlich-theologischen Auseinandersetzungen vergehen.

218 Vgl. dazu u.a. Wolfgang Trillhaas, Einführung in die Predigtlehre, Darmstadt 1974; 5., unveränd. Aufl. 1991, S. 3.

219 Joachim Gandras, Predigt als Zeugendienst bei Hans Joachim Iwand. Aspekte und Perspektiven einer homiletischen Theorie und theologischen Kommunikation nach seinen Predigtmeditationen im Kontext seiner Theologie, Göttingen 1975.

220 Vgl. Gandras, a.a.O., S. 204f.

221 Die Homiletik nimmt unverständlicherweise bislang nicht das Kirchenrecht zur Kenntnis, sondern überlässt dieses einigen wenigen Juristen, obwohl z.B. das Pfarrerdienstrecht den Predigern klare, normierte Vorgaben macht, während die Homiletik als wissenschaftliche Disziplin nur mehr oder weniger überzeugende Meinungen vortragen und Lösungen anbieten kann.
Zu den gesetzlichen Normen und den Rechts- und Verwaltungsvorschriften kommen die nicht rechtlich festgelegten, aber in der Praxis diese oft bestimmenden Praktiken und

rergesetz der VELKD als der zahlenmäßig größten Kirchenvereinigung innerhalb der EKD u.a. in § 39 Abs. 1: „Der Pfarrer steht in der Gemeinschaft der Ordinierten." Entsprechend lautet § 40: „Der Pfarrer ist auf die Fürbitte, den Rat und die Hilfe der Gemeinde angewiesen" und § 1 Abs. 4: „Für den Pfarrer sind die Agenden, die kirchlichen Gesetze und die sonstigen Ordnungen verbindlich. Auch seine Pflichten als Glied der Gemeinde hat er gewissenhaft zu erfüllen." Dass dieses Gemeinde- und Pfarrerbild kaum mit CA V und XIV oder mit Luthers Vorstellung vom Priestertum aller Gläubigen in Einklang zu bringen ist, hat bis jetzt weder die „Vereinigte Evangelisch-Lutherische Kirche Deutschlands" noch deren lutherische Gliedkirchen angefochten. Die so beschriebene, sich überall findende Vorstellung von den Pfarrern – CA V spricht bezeichnenderweise vom „Predigtamt" – prägt die Gemeinden, Hörer und Prediger. In der Praxis gewährt sie kaum Hilfen für die Predigt oder gar einen regelmäßigen Austausch über sie. Selbst Pfarrkonferenzen als Institutionen der Gemeinschaft von Predigern geben nur selten Hilfen, weil die Konferenzen zu oft zu Clearingstellen für Verwaltungsaufgaben werden. – Geben also die gesetzlich vorgegebenen Strukturen bereits wenig Anlass für eine Gemeinschaft von Hörern und Predigern, wird das wenige nicht selten nochmals durch die Praxis reduziert.

Auch die praktische Theologie nimmt das Leid der Prediger nicht wahr. Diese fehlende Thematisierung des Leides unterstützt de facto die kirchlichen Strukturen, einschließlich derjenigen des Kirchenrechts. Arbeiten sind erschienen zu Berufung und Motivation von Theologiestudenten[222], zum Studium[223] und auch zur Angst von Theologen, allerdings vor dem Pfarramt als solchem[224]. Arbeiten zum Leid der Prediger fehlen.

Denkvorstellungen hinzu. Ein Beispiel soll das Gesagte verdeutlichen: Das von einem Verlag herausgegebene „Adressenwerk der evangelischen Kirchen" nennt die Landeskirchen und deren Zusammenschlüsse, aber es gibt nirgends die Zahl der Mitglieder der Kirchen an (Verlag Otto Lembeck, Adressenwerk der evangelischen Kirchen 1993, 11. Aufl., Frankfurt am Main 1993). Der vom Pfarrerverein herausgegebene Pfarrkalender für die Ev.-luth. Landeskirche in Braunschweig kann die einzelnen Gemeinden und Propsteien auflisten und fügt diesen jeweils Angaben über die Pfarrämter und Zahl der S. (= Seelen) hinzu, aber auch in dieser Reihenfolge und mit dieser Abkürzung.

222 Richard Riess, Pfarrer werden? Zur Motivation von Theologiestudenten, Göttingen 1986; Brigitte Enzner-Probst, Zwischen Berufung und Beruf. Zur seelsorgerlichen Begleitung von Theologiestudierenden, Frankfurt am Main u.a. 1988.

223 Gert Traupe, Studium der Theologie. Studienerfahrungen und Studien Erwartungen, Stuttgart u.a. 1990.

224 Helmut Thielicke, Kleines Exerzitium für Theologen, Hamburg 1959; Neuausg. 1965; Wolfgang Herrmann, Die Angst der Theologen vor der Kirche. Gegen den Praxisverlust der Theologie, Stuttgart u.a. 1973.
Auf die Psyche des Predigers und deren Auswirkungen auf das Entstehen seiner Predigt wurde schon 1941 von Otto Haendler aufmerksam gemacht (Otto Haendler, Die Predigt. Tiefenspsychologische Grundlagen und Grundfragen, Berlin 1941; 3., durchgearb. und erw. Aufl. 1960), aber auch dieser Weg führte nicht zu einem Eingehen auf das Leid der Prediger.

Die Homiletik nahm und nimmt sich des Problems der leeren Kirchenbänke seit längerem an, wie sich im nächsten Abschnitt zeigen wird. Sie tut das jedoch mit dem Ziel, die Entwicklung zu stoppen oder gar den Trend umzukehren. Die Frage nach der Person der Prediger, ihrem Leid wird nicht gestellt, allenfalls als implizit gelöst vorgestellt. Wenn die Bänke nicht leer bleiben, ist auch das Leid der Prediger keines mehr. Dass es auch ein Leiden an der Predigtarbeit gibt, wird nicht gesehen. Dabei ist das Problem naturgemäß alt und hat darum bereits seinen Niederschlag in der Literatur gefunden. Der Theologe Jochen Klepper beschreibt in seinem Roman „Der Vater" einen ihm sympathischen Pfarrer bei dessen Predigtarbeit so[225]: „Die Woche flog ihm hin wie Spreu im Winde, und er quälte sich täglich bis zur Nacht mit seiner Predigt für den Sonntag; und wenn er sie dann hielt, war sie so kurz, dass in seinem Gottesdienst nicht nötig wurde, die von Majestät verordnete Sanduhr auf den Rand der Kanzel zu stellen. Seine Rede war knapp; seine Sprache war schwer; Himmel und Erde und der Abgrund, der im Menschen ist, war in seiner Predigt aufgerissen. Er mühte sich die wenigen Worte ab; so schwer war es ihm, den Menschen die Botschaft von Gottes Gnade zu bringen; …".

6.2 Von der Freude

Auch sie kommt im Leben der Prediger vor und hat ebenfalls keinen Raum zur Artikulation.

Freude findet sich bereits im Studium. Die erste Predigt in der Gemeinde, der Heimatgemeinde oder der des Gemeindepraktikums, erfüllt Prediger mit Freude. Die erste Predigt im homiletischen Hauptseminar wird voller Freude geschrieben. Endlich können die eigenen Gedanken vorgetragen werden, endlich wird Theologie praktisch und konkret.

Pensionierte Prediger erzählen voll innerer Befriedigung von ihrer Predigtarbeit. Sie können „es oft nicht lassen". Dabei werden sie nicht von einer Last, einer Pflicht oder dergleichen getrieben, sondern von ihrer Freude am Predigen.

Literarisch hat Rudolf Bohren dieser Freude Ausdruck verliehen. Der Anfang seiner „Predigtlehre" mit der Selbstvorstellung seiner Leidenschaften, einschließlich der des Predigens, ist seit Erscheinen des Buches bis heute virulent: „Vier Dinge tue ich leidenschaftlich gern: das Aquarellmalen, das Skilaufen, das Bäumefällen und das Predigen …", und er fährt fort: „… Predigen ist schön, es macht *Freude*. Das ist das erste, was in einer Predigtlehre zu lehren ist"[226]. Bohren

---

[225] Jochen Klepper, Der Vater. Roman des Soldatenkönigs, Stuttgart 1981, S. 235.

[226] Rudolf Bohren, Predigtlehre, München 1971; 6. Aufl., Gütersloh 1993, S. 17.

spricht hier bewusst von seiner Person, obwohl er sonst bibelbezogen arbeitet und in seinem Vorwort schreibt: „Eine der überraschenden Entdeckungen während der Arbeit an diesem Buch war: eine ungepredigte Bibel!“[227] Die paulinische Aufforderung zur Freude in Phil. 4,4 wird von Bohren nicht erwähnt[228].

Warum reden andere Prediger nicht von ihrer Freude? Die der jungen und alten Prediger kann nur indirekt aus ihrer Haltung, ihrem Arbeitseifer, ihrer Begeisterung erschlossen werden. Offensichtlich fehlt ihnen der Raum dafür, wie ihnen auch der für ihr Leid fehlt[229]. Der fehlende Raum für die Freude ist nicht nur ein homiletisches und kirchliches Problem, sondern eines der gegenwärtigen Theologie. Sie vermag nicht den Indikativ darzustellen, sondern bleibt oft – immer, wenn sie nicht gerade historisch arbeitet – beim Imperativ stehen. Die Auswirkungen dieses Defizits in der Predigtpraxis begegnen als Gesetzlichkeit in der Predigt. Josuttis machte bereits 1966 in seiner damals erschienenen Untersuchung auf diese verbreitete Praxis aufmerksam[230]. Als Folge davon ging ein Erschrecken durch die Predigerschaft. Heute wird wieder genauso, immer noch so gepredigt. Ohne den Indikativ bleibt der Imperativ gesetzlich. Iwand, der Systematiker, geht in seinen Predigtmeditationen vom Indikativ aus, „sieht ... in dem Indikativ der Zuwendung, den die promissio [das Versprechen] ansagt und die Inkarnation Jesu Christi manifestiert“, die Basis der Verkündigung[231].

6.3 *Freiheit – der Raum für Leid und Freud*

Zu Leid und Freud befreit

Der Indikativ, der Predigthörern und Predigern gleichermaßen gilt, schafft zugleich Raum für die Artikulation von Leid und Freud; er gibt die Freiheit dazu.

Welche Räume christliche Freiheit zu eröffnen vermag, zeigt sich immer wieder im Verlauf der Kirchengeschichte. Paulus, Augustin, Luther und andere konnten die Räume verlassen, in denen sie bisher lebten, für die sie arbeiteten, oft kämpften oder gar litten. Auch den Predigern gilt die Freiheit, der Indikativ, den sie predigen. Kreuz und Auferstehung sind nicht Begrenzungen, sondern

---

227 A.a.O., S. 7.

228 Das Bibelstellenregister enthält keine Angabe zu diesem Vers.

229 Ein homiletisches Hauptseminar zur und über die Freude des Predigens, ausgehend von Bohrens Freude, ließ etwas von der Freude bei den Studenten spüren, aber auch von der Unfähigkeit, diese zu artikulieren.

230 Manfred Josuttis, Gesetzlichkeit in der Predigt der Gegenwart, München 1966; 2. Aufl. 1969.

231 Gandras, a.a.O., S. 205.

deren Sprengung. Neue Begrenzungen zu errichten, gar welche um der Predigt willen zu bauen, die die Sprengung der Grenzen verkündigt, ist ein Irrtum, von dem die christliche Freiheit befreit.

Diese Hinweise auf den christlichen Glauben und auf Lebensläufe, die von ihm geprägt wurden, sind überzeugend, aber sie stellen zugleich die Fragen, wie heute zu reden, was heute zu sagen ist. Wenn auch menschliche Rede Glauben nicht schaffen kann, so hat sie ihn zu artikulieren, und zwar so, dass er heute gehört zu werden vermag.

Predigen im Angesicht von Leid und Freud

Dass Leid und Freud zusammentreffen, geschieht oft und in der Praxis der Predigt wohl sogar mit zunehmender Tendenz. Die Trauung Geschiedener ist in den evangelischen Kirchen seit Jahren kein Thema mehr, weshalb die Frage nach dem damals und heute sich stellt und auch in irgendeiner Weise beantwortet werden muss. Auch geschieht es immer wieder – trotz der geringer werdenden Zahl von Amtshandlungen –, dass Prediger direkt vom Friedhof zu einer Trauung eilen müssen. Wie lösen sie für sich die Teilnahme an Leid und Freud, was sagen sie hier und dort?

Paulus spricht davon und fordert auch dazu auf, mit den Fröhlichen fröhlich zu sein und mit den Weinenden zu weinen (Röm. 12,15; 1. Kor. 12,26; vgl. auch Phil. 4,4 als Wort eines Gefangenen). Nur schreibt er nichts dazu, wie und was dort konkret zu geschehen habe. Exegeten schweigen sich hierzu ebenfalls aus; sie sehen nicht einmal das Problem[232].

Die heute üblichen Lösungen des Neben-, Mit-, Gegen- und Ohneeinanders von Leid und Freud in der Praxis des Alltags der Gemeinden und Prediger äußern sich in zwei verschiedenen Grundformen, die ihrerseits nochmals Unterschiede kennen.

Leid und Freud bleiben unverbunden

Oft werden Leid und Freud, genau betrachtet, gar nicht miteinander verbunden. Da sie aber in der Realität sich häufig in enger Relation ereignen, ist eine Verbindung sachlich geboten. Dieser Notwendigkeit entziehen sich Redende oft, indem sie das, was eigentlich zusammengehört, unverbunden nebeneinanderstellen.

[232] So verwendet Wilckens auf die Exegese von Röm. 12,15 ganze 7,3 Zeilen, indem er auf Paralleltexte verweist und darlegt, dass Christen sich auch mit Nichtchristen freuen bzw. mit ihnen weinen können (Ulrich Wilckens, Der Brief an die Römer, EKK 6, Bd. 3, Zürich u.a. 1982, S. 23). Zur Kritik an moderner exegetischer Arbeit vgl. das nächste Kapitel.

Dieser Versuch wird etwa charakterisiert durch die Redewendung: "Ich habe eine gute und eine schlechte Nachricht." Die Vokabel "und" verbindet hier genau genommen gerade nicht.

Leid und Freud werden verbunden

Die Verbindung ist in der Regel auf zweierlei Art möglich. Beide Male wird der Faktor Zeit ins Spiel gebracht, so dass der Unterschied in der Art und Weise besteht, wie mit der Zeit umgegangen wird. Die Art des Umgehens ist dabei zugleich Ausdruck für die sachlich angestrebte Lösung.

Einmal wird auf die *Zukunft* verwiesen, indem das Leid der Gegenwart der Freude der Zukunft zugeordnet wird. Eine gängige Form dieses Vorgehens ist die Vertröstung. Sie wird nicht nur von Medizinern gegenüber ihren Patienten angewandt. Tiefer setzt der andere, ebenfalls häufig gemachte Versuch an, das gegenwärtige Leid durch den Hinweis auf die Zukunft zu mildern, weil „schon Licht am Ende des Tunnels" zu sehen sei. Diese Version eines Lösungsversuchs begegnet auch in der Predigt, wenn nämlich – häufig vorschnell – auf das Eschaton verwiesen wird. Der Versuch ist trotz seiner Überdehnung nicht ohne Überzeugungskraft wegen seiner Basis im biblischen Befund (Röm. 8,18ff.; Apk. 21,1ff. u.ö.). Der Erfolg dieses Vorgehens wird etwa daran sichtbar, dass es durch Ernst Bloch in dessen „Prinzip Hoffnung" säkularisiert worden ist[233].

Der andere Versuch, Leid und Freud miteinander zu verbinden, geht von der *Gleichzeitigkeit* beider Ereignisse aus. Die Gleichzeitigkeit von Leid und Freud kommt im Alltag vermutlich am häufigsten vor und ist dennoch nur schwer zu leben. Paare können die Gemeinsamkeit nur schwer ertragen, die sie bewusst gewählt, und zwar als Glück, gemeinsames Glück, gewählt haben. Das Zusammenleben müsste Freude sein und wird zum Leid, wobei dieses gerade deshalb oft so schwer zu ertragen ist, weil das Zusammenleben als Freude begriffen wird.

Über den zwischenmenschlichen Bereich der einzelnen hinaus wird das gleichzeitige Leid und die Freude oft ebenfalls schwer erträglich. Der Fall der Berliner Mauer löste einen Jubel vor Freude aus. Jahre später müsste der Jubel noch andauern, eigentlich noch größer sein, denn manches, was am 9.11.1989 noch ein Wunschtraum war, ist längst zum Alltag geworden. Tatsächlich sind neue Probleme in der Meinung vieler groß, gar größer als die Freude. Die Entwicklung betrifft auch die Kirche und ihre Prediger, Leider haben die Kirchen hierauf noch keine Antwort gefunden. Zum Teil versuchen Prediger in ihrem Umfeld, eine Antwort zu finden. Die Öffentlichkeit wäre den Kirchen vermutlich dankbar, wenn ein Weg gewiesen werden würde[234]. Haben die Kirchen deshalb keinen Weg, weil sie Röm. 12,15/Phil. 4,4 nicht predigen, nicht auslegen können? Was sagt ein Prediger, der als Ortspfarrer um die neue, die zweite Trauung

---

233 Ernst Bloch, Das Prinzip Hoffnung. In fünf Teilen, 2 Bde., Frankfurt am Main 1959.

234 Die Kirche bekäme damit sogar eine Chance, ihre leer gewordenen Bänke zu füllen.

in einem Fall wie dem der eingangs vorgestellten Witwe und deren Bräutigam gebeten wird? Der Prediger musste seinerzeit die Traupredigt halten und konnte nicht schweigen wie die Kirchen heute. Sie müssen eigentlich ebenfalls reden, und zwar nicht, weil sie die Revolution von 1989 getragen haben, sondern vielmehr, weil auch ihnen Röm. 12,15 gilt. Die seinerzeit gehaltene Predigt ist nicht überliefert. Wie kann, wie muss sie ausgesehen haben, und wie werden Predigten in der Situation von Leid und Freud *heute* gehalten? Welche Antworten hat die Homiletik bereit, zumal die Kirchen leerer werden? Kann Schleiermachers Predigtkonzeption weiterhelfen, die ebenfalls in einer für die Kirche schwierigen Situation entworfen wurde?

7. Der Text – ein Teilen angesichts von Leid und Freud

Von Gott redet der Text des Alten und Neuen Testaments. Er steht im Mittelpunkt der Predigt, ja in dem des Gottesdienstes überhaupt[235].

Der Text liegt zu Grunde allen Predigten. *Sola scriptura* gilt für Text- und für Themapredigten.[236] So sehr sie sich in ihrer Ausführung unterscheiden, gleichen sie sich in ihrem Ansatz und damit ihrer Basis. Deshalb gleichen sie sich auch in weiten Teilen der Predigtarbeit. Darum wird hier diese ausführlich behandelt.

Die einzelnen an den Sonn- und Feiertagen zu predigenden Texte werden in Reihen nacheinander gepredigt. In Deutschland wird heute in 6 Reihen und einer weiteren, zusätzlichen, der der sog. „Marginaltexte", gepredigt. In anderen Ländern gibt es andere Reihen, was die Anzahl betrifft wie die jeweils zugeordneten Texte. Die Reihen begleiten das Kirchenjahr, beginnend jeweils am 1. Advent und schließend mit dem Ewigkeitssonntag[237]. Die Auswahl berücksichtigt verschiedene Texte der beiden biblischen Testamente, so dass Breite gewährleistet ist. Auch sind die Texte auf die Lesungen der Gottesdienste abgestimmt. Die erste Perikopenreihe ist identisch mit den Evangeliumslesungen, die zweite mit den Episteltexten. Die Änderung zum 1. Advent 2018 bringt Neuerungen. Nunmehr enthalten die Reihen eins und zwei auch Perikopen aus dem AT, den Evangelien und den Episteln.

7.1 Der Text als teilende Rede

Der Text ist im Laufe der Geschichte nicht immer als teilend oder als Rede verstanden worden. Er hat bis zur Gegenwart eine lange Auslegungs- und Wirkungsgeschichte hinter sich. Beide sind zudem voneinander zu unterscheiden.

---

235 Wenn auch die Bibel nicht mehr im Mittelpunkt der homiletischen Diskussion steht (vgl. oben II.3.2.), so bildet sie den Mittelpunkt des Gottesdienstes und ist daher nach wie vor höchst relevant. Hirschler unterstreicht diese Tatsache mit seiner Arbeit „Biblisch predigen".

236 Themapredigten werden heute in Deutschland oft gehalten in Fernseh- und Radiogottesdiensten.

236 Mit dem 1. Advent 1984 wurden neue Perikopenreihen eingeführt. Mit dem 1. Advent 2018 tritt eine erneute neue Perikopenordnung n Kraft. Thomas Melzl stell sie „im Licht erster Erprobungen" vor unter dem Titel „Den ´Tisch des Wortes` reich gedeckt (Thomas Melzl, Den „Tisch des Wortes" reich gedeckt, in: Deutsches Pfarrerblatt, 6/2018, S. 323 – 328).

Die Beschäftigung mit dem biblischen Text ist nicht identisch mit den Wirkungen des Textes.

Die vorreformatorische Kirche las biblische Texte in ihren Gottesdiensten und zitierte Bibelstellen etwa in Konzilsbeschlüssen[238]. Der Unterschied zwischen Auslegung und Wirkung der biblischen Texte zeigt sich bei einem Vergleich dieser Praxis mit der der späteren Reformation, und zwar sowohl in den Gottesdiensten als auch in den theologischen Äußerungen. Der Unterschied zeigt sich ferner in der Art des Gebrauchs der biblischen Texte in der vorreformatorischen Kirche selbst. Das Konzil von Florenz gründet seine Aussagen auf biblische Texte und die Tradition, wodurch der Text als solcher in seiner Bedeutung für die Kirche relativiert wird. Unterschiede in der Auslegung werden nicht nur sichtbar, sondern zeigen sich zugleich in ihrer ganzen Tiefe, im vorliegenden Beispiel zwischen der vorreformatorischen und den reformatorischen Kirchen, wenn das Konzil von Florenz beim Abendmahl keinen biblischen Beleg, aber etwa bei der Eheschließung einen Beleg, Eph. 5,32 nennt. Solche Unterschiede in der Auslegungs- und Wirkungsgeschichte biblischer Texte und auch weitere, durchaus auch innerhalb der evangelischen Kirchen, bleiben für die Predigt nicht ohne Konsequenzen. Ihnen ist darum im Folgenden nachzugehen. Dabei ist neben der Auslegungs- und Wirkungsgeschichte der Texte wenigstens partiell die der neueren Predigt in die Betrachtung einzubeziehen. Letzteres geschieht nicht nur, weil die Predigt hier im Mittelpunkt des Interesses steht, sondern auch, weil der Gebrauch biblischer Texte in der Predigt ein anderer als in anderen Kontexten ist. Innerhalb der Kirche mit ihren zahlreichen Gruppen, Veranstaltungen etc. ist die Predigt wohl der Ort, an dem, generell gesehen, die Bibel heute im Mittelpunkt steht und entsprechend intensiv gelesen wird.

7.2 Der Text und seine Auslegung – Exegetische Überlegungen

Die gegenwärtige evangelische und inzwischen weitgehend auch die katholische Auslegung sind geprägt durch verschiedene Methoden. Die historisch-kritische ist nur eine von ihnen, wenn auch die mit Abstand am häufigsten, im

[238] Vgl. zum Beispiel das Konzil von Florenz, 1438-1447, das in dem „Decretum pro Armenis" auf seiner Sitzung am 22.11.1439 erstmalig die 7 römisch-katholischen Sakramente definierte und dogmatisierte und sich dabei neben der Tradition auf biblische Texte berief mit nur drei Ausnahmen, nämlich beim Abendmahl, der Buße, der Weihe (Conciliorum oecumenicorum decreta. Curantibus Josepho Alberigo u.a., Ed. 3, Bologna 1973, S. 534-559; Josef Neuner; Heinrich Roos, Der Glaube der Kirche in den Urkunden der Lehrverkündigung, neu bearb. v. Karl Rahner u.a., 13. Aufl., Regensburg 1992, S. 352-354).

universitären Raum fast ausschließlich angewandte[239]. Ihre Arbeitsweise hat sich über einen längeren Zeitraum hin entwickelt und entspricht im Wesentlichen der anderer Geisteswissenschaften, die sich mit der Auslegung von Texten beschäftigen[240]. Die heutige Gestalt der historisch-kritischen Methode wird in besonderen Publikationen beschrieben[241] und ist ohnehin mittelbar Kommentaren oder anderen fachwissenschaftlichen Veröffentlichungen zu Schriften des

---

239 Elf „Zugänge" zur Bibel zählt der theologische Ausschuss der Arnoldshainer Konferenz auf (Arnoldshainer Konferenz/Theologischer Ausschuss, Das Buch Gottes. Elf Zugänge zur Bibel; ein Votum des Theologischen Ausschusses der Arnoldshainer Konferenz, Neukirchen-Vluyn 1992; 2. Aufl. 1993), nämlich:
1. tiefenpsychologische Bibelauslegung,
2. Bibliodrama,
3. fundamentalistische Bibelauslegung,
4. sozialgeschichtliche und materialistische Bibelauslegung,
5. feministische Bibelauslegung,
6. Bibelauslegung im jüdisch-christlichen Dialog,
7. narrative Bibelauslegung,
8. Bibelgebrauch in ökumenischen Dokumenten,
9. Bibelauslegung durch Musik,
10. Bibelauslegung durch bildende Kunst,
11. historisch-kritische Bibelauslegung.
Leiten lässt sich der theologische Ausschuss dieses größten Zusammenschlusses evangelischer Kirchen innerhalb der EKD durch den Rückgang im Lesen der Bibel und deren Verstehen. Der Unterschied zwischen Lesen und Verstehen wird biblisch illustriert, nämlich durch Act. 8,30, die Frage des Philippus: „Verstehst du auch, was du liest?"
Nicht unter dem Aspekt des generellen Zugangs zur Bibel, sondern unter dem der Bedeutung der Bibel für die Predigt betrachtet Josuttis die biblischen Texte und schreibt ihnen 5 Funktionen zu:
1. die normative,
2. die autoritative,
3. die kreative,
4. die kommunikative,
5. die Identität schaffende Funktion.
(Manfred Josuttis, Die Bibel als Basis der Predigt, in: 'Wenn nicht jetzt, wann dann'? Aufsätze für Hans-Joachim Kraus zum 65. Geburtstag, hrsg. v. Hans Georg Geyer u.a., Neukirchen-Vluyn 1983, S. 385 – 393.

240 Vgl. zum Beispiel: Manfred Geier, Methoden der Sprach- und Literaturwissenschaft. Darstellung und Kritik, München 1983. Anders als die theologischen Exegeten beschränkt Geier sich nicht nur auf die historisch-kritische Methode. Er rechnet zu den Methoden der Sprach- und Literaturwissenschaft die Sprechakt-theoretische Analyse, die psychologische Übersetzung u.a.m.; vgl. dazu auch Harald Fricke, Literatur und Literaturwissenschaft. Beiträge zu Grundfragen einer verunsicherten Disziplin, Paderborn u.a. 1991, besonders S. 9 und 169-187.

241 Da die historisch-kritische Arbeit am Alten und Neuen Testament sich methodisch nicht prinzipiell voneinander unterscheidet, genügt es, auf einen Bereich zu verweisen. Im Übrigen gleicht sie der Arbeitsweise der Kirchengeschichte. Vgl. zum Beispiel: Klaus Berger, Exegese des Neuen Testaments. Neue Wege vom Text zur Auslegung, 3., erneut

Alten und Neuen Testaments zu entnehmen. Die inzwischen zahlreichen anderen Methoden neben der historisch-kritischen sind Ausdruck eines auch in diesem Bereich zunehmenden Pluralismus und einer Kritik an Einseitigkeiten der historisch-kritischen Methode. Kritik ist zuerst von fundamentalistischer und später, verschärft, von tiefenpsychologischer Seite durch Eugen Drewermann vorgetragen worden.

Die Kritik rief ihrerseits ebenfalls Kritik hervor, und zwar von Vertretern der historisch-kritischen Methode[242]. Diese Gegenkritik greift zum Teil, weil die Kritiker der historisch-kritischen Methode oft einseitig sind und polemisch – publikumswirksam wie Drewermann – überziehen. Andererseits machen sich vielfach die Vertreter der historisch-kritischen Methode ihre Sache – nicht nur ihre Gegenkritik – zu leicht. Sie sind nicht kritisch genug. Sie verwechseln Kritik im Sinne der historisch-kritischen Methode mit der Kritik aus *ihrer* Sicht. Einem solch unkritischen Verfahren kommt die heute übliche wissenschaftliche Praxis entgegen. Exegeten schreiben für Exegeten[243], Fachkollegen rezensieren die Arbeiten von Fachkollegen, also Neutestamentler die Publikationen von Neutestamentlern[244]. Dieses Verfahren mit der längst eingetretenen Spezialisierung der einzelnen theologischen Disziplinen zu erklären, kann allenfalls auf den ersten Blick überzeugen, denn der zweite erinnert daran, dass Gemeindepfarrer *an* den theologischen Fakultäten ausgebildet werden, die ihrerseits gleichermaßen zu Forschung und Lehre verpflichtet sind, und dass die Praktische Theologie *in* den theologischen Fakultäten selbst eine der fünf Disziplinen ist. Die Defizite werden wohl von den Exegeten selbst als solche und die Bemühungen zu ihrer Rechtfertigung als nicht zureichend empfunden. Nur so ist zu erklären, dass Exegeten Publikationen zur Einleitung in die exegetische Arbeit am Schluss einen Abschnitt zum „Ziel der neutestamentlichen Hermeneutik" hinzufügen[245], der als Programmatik der Exegese am Anfang der Publikation stehen müsste. Wenn der das Ziel beschreibende Abschnitt am Ende steht, zeigt sich darin, dass die Exegeten sich zwar der Notwendigkeit dieser Programmatik erinnern, ihr aber gleichwohl den Schluss als Ort zuweisen, der bezeugt, dass das dort Gesagte

---

durchges. und erg. Aufl., Heidelberg 1991; ders. Einführung in die Formgeschichte, Tübingen 1987; Georg Strecker; Udo Schnelle, Einführung in die neutestamentliche Exegese, 3., durchges. und erg. Aufl., Göttingen 1989.

242 Vgl. zur Kritik an Drewermann: Gerd Lüdemann, Texte und Träume. Ein Gang durch das Markusevangelium in Auseinandersetzung mit Eugen Drewermann, 2., durchges. Aufl., Göttingen 1993.

243 Vgl. die Kritik Bohrens an der Arbeit von Wilckens, wie sie in dessen Römerbrief-Kommentar manifest wird (Rudolf Bohren, Kummer mit Kommentaren – schon in Vorworten, S. 3-17).

244 Vgl. etwa die Rezensionen der Theologischen Literaturzeitung. Denkbar und nicht nur für die Predigtarbeit nützlicher wären Rezensionen von Praktischen Theologen oder – noch besser – von Predigern. In englischsprachigen Ländern schreiben Autoren in einer allgemeinverständlichen Sprache.

245 Strecker u.a., a.a.O., S. 158ff; vgl. auch Berger, Einführung, S. 241ff.

für die Arbeit des vorher Ausgeführten, d.h. die Exegese, letztlich keine Bedeutung hat.

Ein Umdenken seitens der Exegeten wird erst in Ansätzen sichtbar, indem nun der Text und seine Bedeutung stärker an Interesse gewinnen[246].

Folge der derzeitigen wissenschaftlichen Praxis[247] für die praktische Predigtarbeit der Pfarrer ist, dass sie oft – weitgehend? – auf eine wissenschaftliche Exegese verzichten. Die Auslegung der Texte beschränkt sich dann auf ihre individuellen Er- oder Nichterkenntnisse. Publizierte Predigthilfen gehen noch nicht so weit, haben sich aber dieser Tendenz angeschlossen, wenn sie lediglich einen einzigen Kommentar heranziehen, obwohl den Autoren nicht selten ganze theologische Bibliotheken zur Verfügung stehen[248]. Diese unkritische Arbeitsweise ist de facto eine höchst kritische, nämlich gegenüber einer unkritisch gewordenen, weil sich selbst unkritisch gegenüberstehenden historisch-kritischen Methode[249].

Eine Predigthilfe[250] führt weiter, indem sie aus der Kritik die Konsequenzen zieht und zu jedem Predigttext eines Kirchenjahres eine eigene, ca. 2,5 Seiten lange Exegese bietet, die im Hinblick auf die Predigt mit „hermeneutische(n) Konsequenzen" schließt. Jede der Exegesen wird von einem Exegeten oder exegetisch engagierten Pfarrer für die aktuelle Textreihe geschrieben. Der besondere Zweck, die Aktualität, und wohl auch das Nebeneinander von Praktikern und Theoretikern ermöglichen eine Auslegung des jeweiligen Textes, die der Geschichte des Textes kritisch gerecht wird, ohne unkritisch bei der jeweiligen Position des Autors stehenzubleiben. Der Zweck der Auslegung wird unterstrichen durch die Adressaten der Exegesen, die nicht exegetische Kollegen der Autoren, sondern die Prediger des Textes in den Gemeinden sind.

Weniger weit als diese Predigthilfe geht das Votum des theologischen Ausschusses der Arnoldshainer Konferenz, wenn es am Schluss die bleibende geschichtliche Bedeutung der historisch-kritischen Methode würdigt, weil sie die geschichtliche Seite des Textes lehrte und lehrt, und anschließend zu „allen

246 Vgl. Hans-Friedrich Weiß, Der Brief an die Hebräer, übers. und erklärt, KEK 13, 15. Aufl.; 1. Aufl. dieser Auslegung, Göttingen 1991; dazu die Rezension von Lars Hartmann (Lars Hartmann, Rezension zu Hans-Friedrich Weiß, Der Brief an die Hebräer, übers. und erklärt, KEK 13, 15. Aufl.; 1. Aufl. dieser Auslegung, Göttingen 1991, in: ThLZ 118, 1993, Sp. 3-35).

247 Diese Praxis dominiert heute in der Theologie der westlichen Welt, und hier besonders im deutschsprachigen Raum. Ökumenisch gesehen ist diese Exegese, einschließlich ihrer Konsequenzen für die Predigt, nur ein Teil heutiger Praxis, was ebenfalls oft übersehen wird.

248 Vgl. zum Beispiel Predigtstudien, III/1, hrsg. von Peter Krusche u.a., Stuttgart 1992, S. 147, 155 u.ö.

249 Das Firmenschild dieser Methode deckt nicht mehr deren Praxis. Dass dennoch eine solche Praxis möglich ist, verdankt sie ihren Kritikern, die wie Drewermann unkritisch polemisch werden oder aber unkritisch fundamentalistisch argumentieren.

250 Gottesdienstpraxis, hrsg. v. Erhard Domay u.a., Gütersloh 1978ff.

Methoden" sagt: „Die Vielfalt des biblischen Zeugnisses, die dadurch hervortritt, kann als Reichtum erfahren werden ..."[251].

Ein anderer Weg, die Texte im Hinblick auf die Predigt auszulegen, ist inzwischen aufgegeben worden, was im faktischen Vollzug geschah und nicht das Ergebnis eines überlegten Entschlusses war. Es ist der ursprüngliche Weg der *Göttinger Predigtmeditationen.* Iwand, ihr Anreger, langjähriger Herausgeber und Autor zahlreicher Meditationen, geht vom Evangelium aus, in dessen Dienst er sich gestellt sieht. Dieses Evangelium „ist nicht vom Menschen her, auch nicht von den frommen, auch nicht von den apostolischen Menschen her, sondern es hat seine Autorität in sich selbst", schreibt Iwand und macht sich darum Sorgen, „dass Exegese und Predigt wieder auseinanderklaffen, so dass die Exegese historisch in der Vergangenheit des Textes steckenbleibt und die Predigt sich darum vom Text emanzipiert und subjektiv und freihändig den Meinungen des Predigers ausgeliefert wird." Deshalb tritt Iwand für eine Theologie ein, die auf die Predigt gerichtet ist[252].

7.3 Der Text ein Dialogpartner - Systematische Überlegungen

a) Exegeten zur Systematik

Claus Westermann beschreibt im Rahmen seiner Darstellung der Theologie des Alten Testaments Glauben mit Hilfe des Dialogmodells[253].
Ebenso exegesieren Rudolf Bultmann und andere das Neue Testament in diesem Sinne. Sie gehen davon aus, dass Auslegung Verstehen ist[254]. Die Voraussetzung

---

251 A.a.O., S. 184.

252 So Helmut Gollwitzer unter Einbezug des genannten Iwand-Zitates in seinem Geleitwort zu dem Sammelband von Iwands Predigt-Mediationen (Hans Joachim Iwand, Predigt-Mediationen I, S. 8).

253 Claus Westermann, Theologie des Alten Testaments in Grundzügen, Göttingen 1978; 2. Aufl. 1985, S. 21.

Zur Beschreibung der Predigt als Dialog vgl. Wolfgang Trillhaas, Einführung in die Predigtlehre, S. 16 – 19. Predigtvorbereitung und Predigt als Dialog, aus Dialog resultierendes, Dialog eröffnendes Geschehen mit dialogischer Struktur – so begreift Ernst Lange das Ganze (Ernst Lange, Predigen als Beruf, S. 50).

254 „... das Problem der Interpretation ist ... das des Verstehens" (Rudolf Bultmann, Das Problem der Hermeneutik, in: ZThK 47, 1950, S. 47-69; wieder abgedruckt in: Glauben und Verstehen. Gesammelte Aufsätze, Bd. 2, 5., erw. Aufl., Tübingen 1968, S. 235).
Bultmann legt in diesem Aufsatz noch einmal detailliert und pointiert, anschaulich und eindringlich zugleich dar, was er bereits 1941 in seinem Aufsatz „Neues Testament und Mythologie" (Neues Testament und Mythologie. Das Problem der Entmythologisierung

für ein solches Verstehen ist „das vorgängige Lebensverhältnis zu der Sache ..., in dem Text und Interpret verbunden sind“, weshalb „jede Interpretation notwendig von einem gewissen Vorverständnis der in Rede ... stehenden Sache getragen ist“[255].

Die Gründe, die Bultmann wie auch Westermann u.a. zu ihrer Position und damit ihrer Methode veranlassen, sind letztlich systematisch-theologischer Natur. Wenn die Dinge anders lägen, wären Gespräche zwischen Christen und Nicht-Christen in Vergangenheit und Gegenwart nicht möglich, und es gäbe folglich nicht die christlichen Kirchen. Die theologischen Gründe sollen anschließend im Zusammenhang mit systematischen Überlegungen untersucht werden.

Bultmann fordert die kritische Interpretation des Neuen Testaments und mit ihr die Predigt, denn so wird die Predigt verstehbar. Diese Verstehbarkeit zu erreichen, ist dem Prediger aufgegeben[256]. Bultmann kritisiert deshalb Wilhelm Herrmann, weil dieser exegetische Defizite in seiner Arbeit aufweise, die eschatologische Stellung Jesu im Neuen Testament und Röm. 10,17 vergesse[257]. Die Begründung in Bultmanns Argumentation hat zweifellos ihr Recht, und von Röm. 10,17 wird noch ausführlich zu sprechen sein[258]. Die an Bultmann zu richtende Frage ist, ob sein Vorverständnis ihm nicht seine Exegese und mit ihr seine Predigt verstellt, was seine Predigt über Act. 17,22-32 vom 7. Juni 1936, wiederabgedruckt als erste in den „Marburger Predigten“, bestätigt[259]. Bultmann predigt Gott, sagt aber kaum etwas über Jesus, obwohl der Text auf ihn zuläuft, ganz im Sinne einer Steigerung zu ihm hinführt. Bereits die von Bultmann gewählte Abgrenzung des Predigttextes liegt auf der von ihm eingeschlagenen Linie[260]. Der Grund für Bultmanns Entscheidung ist in seinem Bekenntnis zum Wort der Offenbarung zu suchen[261]. Er weist am Schluss seiner

---

der neutestamentlichen Verkündung, 3. Aufl., Nachdr. der 1941 erschienenen Fassung, hrsg. v. Eberhard Jüngel, München 1988) gesagt hatte. Bultmann schreibt noch einmal und in dieser Zuspitzung, weil er sich mit seinen Kritikern, insbesondere Karl Barth, auseinandersetzt. Für den späteren Leser bietet sich hier damit die Chance, Bultmanns Position, Ansatz und Arbeitsweise anschaulich kennenzulernen.

255 Bultmann, a.a.O., S. 227.

256 Eberhard Hauschildt, Rudolf Bultmanns Predigten. Existentiale Interpretation und lutherisches Erbe, Marburg 1989, S. 129.

257 Vgl. Hauschildt, a.a.O., S. 113.

258 Vgl. unten 3.3.4.

259 Rudolf Bultmann, Marburger Predigten, 2. Aufl., Tübingen 1968

260 Die Einleitung der Rede Pauli in Acta ist bereits geprägt durch den Wunsch, Aufmerksamkeit und Wohlwollen der Hörer zu erlangen; der Schluss will die Rede zusammenfassen, zuspitzen, um die Hörer zu gewinnen. Zur Gestaltung der Redeteile, besonders von Einleitung und Schluss vgl. Gert Ueding, Einführung in die Rhetorik. Geschichte, Technik, Methode, Stuttgart 1976; 2. Aufl. u.d.T.: Grundriss der Rhetorik, Stuttgart 1986; 3. überarb. und erw. Aufl., Stuttgart u.a. 1994, S. 210 u. 220. Was für die Rede selbst gilt, trifft auch auf ihre Rahmung zu.

261 Hauschildt, a.a.O., S. 73.

Predigt über Act. 17,22-32 darauf hin, „daß sich der unbekannte Gott uns bekannt gibt in seinem Wort“[262]. Bultmann verweist am Schluss seiner Predigt auf das Wort und stellt dieses gegen die Grammatik an das Ende seines Satzes. Damit hebt er das Wort hervor. Er will ganz im Sinne des rhetorischen Aufbaus einer Rede seine darin zuspitzen, seine Hörer für es gewinnen[263]. Bultmanns Vorgehen zeigt, wie sehr eine der Exegese vorausgehende, d.h. letztlich systematisch-theologische Entscheidung, nämlich selbst die Betonung des Wortes, und zwar als das der Offenbarung, den Text und seine Auslegung zurücktreten lassen kann. Ist anderseits aber eine Exegese ohne Vorentscheidung möglich?

b) Systematiker zu ihrem Fach

Die Systematik liefert die Vorgabe.Brunner spricht von der wechselseitigen Öffnung von Gott und Mensch im Glauben[264]. Tillich sagt von der Theologie, dass sie „antwortende Theologie“ ist. „Sie muß die Fragen beantworten, die in der allgemeinmenschlichen und der besonderen geschichtlichen Situation liegen“[265]. Diese Aussage macht Tillich im Zusammenhang mit Ausführungen zur Apologetik, die er ausdrücklich in die Systematische Theologie einbezieht und mit seiner systematischen „Methode der Korrelation“ verbindet[266]. Tillichs Grund, von Fragen auszugehen, ist, dass er in der Philosophie und auch anderswo gestellte in sein System hineinnimmt und dort theologisch beantwortet[267]. Ein solches auf Fragen antwortendes System kann seinerseits nicht fragen. Auch kann ein solches, sich die Fragen stellen lassendes System nur bedingt reagieren, wenn der biblische Text und die Bilder von Gott und Mensch unzutreffend gezeichnet werden, sei es von den Fragen oder von dem System selbst. Beide

---

262 Rudolf Bultmann, Marburger Predigten, 2. Aufl., Tübingen 1968, S. 12.

263 Bultmann geht damit genauso vor, wie auch der Text aus Acta verfährt. Wenn Bultmann trotzdem anders als der Text diesen akzentuiert, zeigt das einmal mehr, wie sehr Bultmann hier durch seine Vorentscheidung geprägt ist, also genau das tut, was er Herrmann vorwirft.

264 Brunner zitiert wörtlich Luther: „Die Schrift hebt fein sanft an und führt uns zu Christus wie zu einem Menschen, danach zu einem Herrn über alle Kreatur ... Also komme ich fein hinein und lerne Gott kennen. Die Philosophen aber und die Weltweisen wollen oben anheben. Man muss von unten anheben und muss danach hinaufkommen“ (WA 10 I, 2, 297). Dann fährt Brunner fort: „Das heißt: Theologie muss Theologie der Erfahrung sein, wobei aber Erfahrung nicht im Sinne der von Schleiermacher bestimmten Erfahrungstheologie aufzufassen ist, sondern die Erfahrung mit dem Wort Gottes meint, also eine Theologie, die induktiv statt deduktiv aufgebaut ist“ (Emil Brunner, Dogmatik. Bd. 3: Die christliche Lehre von der Kirche, vom Glauben und von der Vollendung, Zürich 1960, S. 269f.).

265 Paul Tillich, Systematische Theologie, Bd. 1/2, 8. Aufl., Berlin u.a. 1984, unveränd. photomechan. Nachdr. 1987, Bd. 1 , S. 40.

266 Tillich, a.a.O., S. 40.

267 So Tillich ebd.

Einwände sind keine hypothetischen, sondern treffen zu und damit das System in dessen Kern. Der Text der Bibel geht von Gott aus, der der Schöpfer der Welt ist (Gen. 1f.), bei dessen Anblick der Mensch sterben muss (Ex. 33,20; Jes. 6,5) und der gnädig ist, wem er gnädig ist (Ex. 33,19b; Röm. 9,15ff). Der Text gibt dies seinerseits dem Menschen kund, teilt mit ihm. Der Engel „verkündet" – so Luthers Übersetzung – wörtlich übersetzt: bringt eine gute Botschaft, Nachricht, d.h. teilt sie, denn die Nachricht „ist für das ganze Volk", soll mit ihm „geteilt werden". Zunächst erfahren sie die Hirten, sie werden aufgefordert, nach Bethlehem zu gehen, und sie bekommen genaue Informationen mit auf den Weg (Lk. 2,10ff.). Amos wird hinter seiner Herde „weggeholt", erhält seine Nachricht und verteilt sie unter den Adressaten im Nordreich, von diesen ungefragt, ja, gegen deren ausdrücklichen Willen (Am. 7,10ff.). Abraham und Mose, die mit Gott reden, genau genommen, mit ihm feilschen, tun dies im Bewusstsein, dass Gott die Entscheidung trifft und diese auch ausführt. Abraham und Mose können bei allem Feilschen letztlich nur bitten (Gen. 18,16ff.; Ex. 33,12ff.). Die Entscheidung liegt bei Gott, und er übergibt sie Abraham bzw. Mose, so dass diese, um sie wissend, Anteil an ihr haben. Sie haben zwar die Möglichkeit zu reagieren, zu bitten, aber die von Gott getroffene Entscheidung vermögen sie nicht zu ändern. Gott führt seine Entscheidung schließlich selbst aus.

Nirgends werden Fragen und Antworten ausgetauscht, gar Gott gestellt. Gott gibt Anteil, indem er teilt und allenfalls auf Bitten reagiert.

Der Text will Teilen. Er wird oft in Erzählungen überliefert. Die genannten Beispiele sind auch dafür Belege. Die neutestamentlichen Briefe diskutieren Themen zwar, aber sie geben letztlich zuerst ihre Aussage an die Leser weiter, teilen sie mit diesen. Die Einleitungen der Briefe mit ihren Hinweisen auf die Berufung zum Apostel[268] sind Bezüge auf die „Autorität" der Absender[269]. Aber: Werden sie gegeben um der Autorität willen, ihr Geltung zu verschaffen, oder um die Leser an dem teilhaben zu lassen, was die Autoritäten schreiben, damit sie Anteil an dem Eigentlichen bekommen, um dessen willen Autorität überhaupt existiert?

Teilen kann auch verschlüsselt stattfinden[270], was ein Verstehen bewusst ausschließt[271].

---

268 Vgl. Röm. 1,1ff.; 1. Kor. 1,1f.; 1. Petr. 1,1; u.a.

269 Vgl. zum Beispiel zu Röm. 1,1 Ulrich Wilckens, Der Brief an die Römer, S. 62.

270 Vgl. Jes. 6,9; Mt. 13,11; Joh. 12,40; 1. Kor. 2,10; u.a.

271 Jes. 6,9 wird gesagt, dass das Volk *hören*, „aber nicht verstehen", *sehen*, „aber nicht erkennen soll". Diese Unterscheidung zwischen sinnlicher Wahrnehmung und deren Begreifen, „Verstehen" im Sinne von „das Erlebte mit den Sinnen aufzunehmen, aber anschließend das Aufgenommene nicht erkennen zu können", wird im nächsten Vers weiter zugespitzt. Die Ohren werden verstopft und die Augen verklebt. Die Rezeption wird nun unterbrochen. Die geistige Rezeption des Rezipierten war schon zuvor unterbunden worden.

Wie Teilen geschieht, wie Hörer an einer Anrede Teilhabe erhalten, verdeutlicht der biblische Text selbst, etwa Ex. 3,1-14. Eine Predigt zu diesem Text artikuliert das dort Gesagte heute, teilt heute.

7.4 Der Text und seine Predigt - Homiletische Überlegungen

7.4.1 Predigt zu Ex. 3,1-14

Liebe Gemeinde,

mit Alltäglichem beginnt unser Text, mit dem Alltäglichen in seiner Langweiligkeit, seiner Routine, seinem Einerlei. Die Langeweile täglicher Routine in unseren Städten kennt wenigstens noch die Abwechslung einer Stadt. Wüstenbewohner kommen noch heute gern in Städte, um etwas zu erleben.

In der Situation bietet ein brennender Dornbusch, zumal wenn er brennend nicht verbrennt, eine Ablenkung, eine höchst willkommene Abwechslung. Mose ergreift sie darum gern.

Damit ist aber das Alltägliche vorbei. Alles, was nun geschieht, ist außergewöhnlich. Uns fällt an dem Fortgang der Geschichte nichts mehr als aufsehenerregend auf. Wir kennen die Geschichte gut. Das ändert sich, wenn wir die Geschichte einmal etwas anders lesen. Der biblische Erzähler erzählt sie uns so, dass wir dem Geschehen zunächst zuschauen und dann zuhören können. So ist uns die Geschichte vertraut. Ich möchte sie mit Ihnen heute morgen so lesen, dass wir den Fortgang der Geschichte aus der Perspektive von Mose, seinem Erleben heraus, nacherleben, - erleben.

Mose wird mit seinem Namen gerufen. Er weiß nicht, wer ihn ruft. Er sieht niemanden. Dann wird Mose aufgefordert, ihm befohlen, nicht näher an den Busch heranzutreten und seine Schuhe auszuziehen. Auf dem Feld, am Rande der Wüste soll er seine Schuhe ausziehen, weil der Ort, auf dem er steht, heilig ist.

Mose, mehr verwirrt, mehr mechanisch als wissend, was er tut, zieht die Schuhe aus. Für den Text ist der Vorgang so selbstverständlich, dass er nicht einmal über das Ausziehen berichtet. Er fährt in seiner Erzählung gleich mit einer weiteren Anrede an Mose fort.

Der Redende stellt sich ihm als der Gott seiner Väter vor. Mose ist erschrocken, entsetzt. Er verhüllt schnell sein Gesicht, schlägt die Augen nieder,

---

Joh. 12,40 zitiert Jes. 6,9f., aber hier werden die Differenzierungen des dortigen Textes nicht aufgenommen.

gerät in Furcht, fast Panik. Er kann Gott nicht anschauen. Ehe Mose sich auch nur etwas in dieser neuen Situation zurechtfinden kann, wird er schon wieder angesprochen. Er hört Gott sagen, dass er, Gott, das Leiden seines Volkes gesehen und sich entschlossen hat, einzugreifen. Und wiederum, ehe Mose begreifen kann, was er da hört, hört er Gott schon weiterreden. Mose wird direkt angeredet. „Geh' zum Pharao, damit du mein Volk aus Ägypten heraus in die Freiheit führst".

Mose findet jetzt seine Sprache wieder. Offensichtlich ist seine Furcht vor dem Pharao noch größer als vor Gott. Aber auch seine Abhängigkeit Gott gegenüber vergisst er nicht. Mose sagt darum: „Wer bin ich, dass ich zum Pharao gehe und – auch noch – die Israeliten aus Ägypten führe?" (V. 11) Diese Frage ist keine Frage, sondern eine Feststellung, in die Form einer rhetorischen Frage gekleidet. Sie wird trotzdem von Gott als Frage aufgenommen und beantwortet. Nicht dass Gott Mose, den Hüter des Kleinviehs seines Schwiegervaters hochlobt, etwa sagt: Geh' Mose, *du* wirst das schon schaffen! Nein, Mose bekommt mit seinem Einwand von Gott recht. Gott akzeptiert die Bedenken des Mose und sagt ihm deshalb seine, Gottes eigene Hilfe zu. Hilfe beim Pharao ist gut, aber reicht nicht für dieses Unternehmen. Mose denkt fieberhaft nach. Er kann Gott doch nicht sagen, dass dessen Hilfe nicht genügt. Mose kommt ein rettender Gedanke: das Volk, die Israeliten werden nicht mitmachen. Nein, „... werden nicht mitmachen", kann Mose auch nicht sagen. Das muss Gott ebenfalls verletzen. Mose hat deshalb endlich die erlösende Idee. Er sagt, das Volk wird ihn, Mose, nach dem Namen Gottes fragen (V. 13). Damit kann er, Mose, die Sache vergessen, denn welcher Gott nennt schon selbst seinen Namen. Wer seinen Namen nennt, gibt sich selbst preis und in die Hand der anderen. Das wissen sogar schon die Kinder aus unserem Märchen vom Rumpelstilzchen. Doch das Nicht-Alltägliche geht weiter. Gott nennt seinen Namen: ich werde sein, der ich sein werde.

So beginnt die Vorgeschichte des Auszugs Israels aus Ägypten, woran sich das Volk später, die Jahrhunderte hindurch, immer wieder erinnerte. Mitten im Alltag kommt die Wende. Dieser Umbruch im Alltag und wie er verläuft, das Gespräch, sind nicht nur für uns heute erstaunlich. Sie waren es auch für Israel. So ist es nicht verwunderlich, dass Israel sich eben dieser Geschichte immer wieder erinnerte. Sie erneut erzählte. Die Geschichte gleicht inzwischen einer häufig gelesenen Bibel, die die Spuren häufigen Lesens, von Fragen, von Anmerkungen aufweist. Die Spuren des Immer-neu-Erzählens können wir selbst heute noch in der Geschichte sehen. Die Geschichte ist auch oft abgeschrieben worden, weil sie immer wieder interessierte. Deshalb sind die Spuren sichtbar. Die Geschichte ist nicht so glatt, wie ich sie gerade eben erzählte. Sie hat Ecken, Kanten, Brüche. So wird einmal gesagt, der „Engel des Herrn" redet mit Mose, während sonst immer Gott selbst mit Mose spricht. Das viele Erzählen der Geschichte hat seine Spuren in der Geschichte hinterlassen, sich gewissermaßen wie Ringe um einen Baum herum gelegt.

Die Geschichte ist so phantastisch, dass wir sie nicht begreifen können, dass wir Erklärungen brauchen. Ich suchte nach einem Vergleich, um mir selbst klarzumachen, was sich dort abspielte, was die Wende im Alltag meint, beinhaltet. Ich suchte lange. Dann kam mir folgende Idee.

In unsere Zeit als ein Gedankenexperiment übertragen, könnte die Aufforderung an Mose, zum Pharao zu gehen, sich vielleicht so darstellen: ein Tibetaner, ein Mitglied jenes Volkes, das die Chinesen schon vor Jahrzehnten unterjocht haben, ist nach Peking verschlagen worden. Dort hat er 1989 mitdemonstriert auf dem Platz des Himmlischen Friedens. Er hoffte, damit etwas für sein Volk tun zu können. Dann bei der blutigen Niederschlagung des Aufstandes gelang es ihm zu fliehen. Er musste weit fliehen. Er kam bis zur Wüste Gobi. Dort fand er eine Familie, die ihn aufnahm. Er machte sich dafür nützlich und hütete die Schafe und Ziegen der Familie. Nun, eines Tages kommt ein Mann und befiehlt ihm, nach Peking zurückzukehren, zum Platz des Himmlischen Friedens, in die große Halle des Volkes zu gehen und vom Generalsekretär der Kommunistischen Partei Chinas die Freiheit Tibets zu verlangen. Unser Tibetaner würde alles versuchen, diese Reise nicht machen zu müssen.

Das Unerhörte geschieht im Alltag. Gott redet Mose im Alltag, mitten in dessen Eintönigkeit an.

Über die Wende im Alltag hinaus staunen wir über eine zweite Tatsache in der Erzählung. Wir schauten eben Mose bei seinem Gespräch mit Gott zu, erlebten das Gespräch aus der Perspektive des Mose. Er wollte aus verständlichen, sehr verständlichen Gründen nicht zum Pharao gehen. Als er deshalb Gott widersprach, immer neue Gegengründe nannte, vergaß er nicht den Abstand zwischen Gott und sich. Mose wählt entsprechend vorsichtig seine Worte. „Wer bin ich, daß ich zum Pharao gehe ...?" (V. 11) „Wenn ich zu den Israeliten komme, ..." (V. 13), fragt Mose. Wir würden vermutlich ganz anders reagieren. Wir würden vielleicht sagen: „Nein, das kann ich nicht und mache ich auch nicht" oder unsere Ablehnung etwas freundlicher formulieren. Wir würden beispielsweise sagen: „Es freut mich sehr, dass du mir das zutraust, aber dafür bin ich der falsche Mann bzw. die falsche Frau; suche dir dafür bitte jemanden, der das kann. Ich kann es nicht, tut mir leid."

In diesen, unseren möglichen Antworten spiegelt sich unser Verhältnis zu Gott. Wir sind mit Gott per Du. Wir gehen mit ihm um wie mit einem von uns. Gott ist einer von uns. Das entspricht unserer demokratischen Auffassung in Staat und Gesellschaft. Alle sind gleich. Mose sah dagegen Gott in dessen Herrlichkeit. Mose durfte Gott deswegen nicht zu nahe kommen, verhüllte sein Gesicht vor Gott und zog seine Schuhe aus. Kurz gesagt: Mose ging mit Gott nicht alltäglich um, aber wir versuchen gerade dies, den alltäglichen Umgang mit Gott. Selbst, dass Gott durch seine Wende im Alltag den Alltag total veränderte, stört uns nicht.

Wie kommt es, dass wir so völlig anders mit Gott umgehen? Aus der Bibel können wir den Umgang nicht haben. Dort lesen wir von dem anderen Umgang des Mose mit Gott.

Der Wechsel im Umgang mit Gott ist relativ neu. Die Wurzeln des Umgangs liegen erst ca. 200 Jahre zurück. Das ist eine kurze Zeitspanne, verglichen mit den mehr als 3000 Jahren unserer Erzählung. Vor 200 Jahren begannen wir als Folge der Aufklärung und der Entdeckung der Geschichte, unseren Umgang mit der Bibel zu verändern. Seit dieser Zeit lassen wir uns bei der Lektüre der Bibel von der geschichtlichen Frage leiten: Stimmt das, was wir dort lesen? Ist es wirklich so gewesen, wie die Bibel es berichtet? Mit der Veränderung unseres Umgangs mit der Bibel veränderte sich auch unser Umgang mit Gott.

Damals begann man, die Bibel anders zu lesen. Nun wurde die Bibel nicht mehr gelesen, um erklärt, aus sich heraus erklärt zu werden. Bis dahin galt die Bibel als verständlich. Wenn einmal ein Bibelleser etwas doch nicht verstand, suchte er die Erklärung in der Bibel selbst zu finden. Diese Art und Weise, die Bibel zu lesen, nämlich das Gelesene zu erklären, war zum Beispiel die Art, in der Luther die Bibel las. Als Professor der Bibelwissenschaften hielt er seine Vorlesungen über biblische Bücher auf dieser Basis.

Nun, vor 200 Jahren, wollte man die Bibel verstehen. Erklären und verstehen ist nicht dasselbe. Der große Unterschied zwischen Erklären und Verstehen zeigt sich heute in der Wissenschaft. Die Geisteswissenschaften wollen verstehen, die Naturwissenschaften wollen erklären. Wer verstehen will, der muss immer auch durch innere Erfahrungen ein Wissen von dem haben, was der Gegenstand der Erfahrung ist, sagt Heidegger. Wie kann ich von Gott ein Verstehen in mir haben? Gott ist herrlich, gewichtig. Ich bin ein Mensch unter Menschen. Unser Wissen ist kümmerlich. Darum weiß Mose das, was er weiß, von Gott. Gott sagt ihm, dass er die Schuhe ausziehen soll. Gott nennt den Grund dafür. Der Boden, auf dem Mose steht, ist heilig, ist durch die Nähe Gottes geprägt, bestimmt. Die Wüste beim brennenden Busch ist nicht die Wüste, wie sie ringsherum begegnet. Wer diesen Unterschied zwischen Gott und uns Menschen übersieht, der meint, in Gott einen von uns zu sehen, meint, mit Gott demokratisch umgehen zu können, selbst wenn die Demokratie im Staat wie vor 200 Jahren noch gar nicht eingeführt war.

Indem der Predigttext uns die unglaubliche Wende mitten im Alltag des Mose zeigt, zeigt er uns die Macht, die Herrlichkeit oder, wie das Alte Testament sagt, die Gewichtigkeit Gottes. Dieser Text wurde darum von der lutherischen liturgischen Konferenz als Predigttext für den letzten nach dem Epiphaniasfest, vorgeschlagen. Das Epiphaniasfest, das am 6. Januar gefeiert wird, zeigt uns das Erscheinen der Herrlichkeit Gottes, speziell das mit der Geburt Jesu. Um die Herrlichkeit Gottes geht es in unserem Text. Gott ist so gewichtig, dass er Mose mit einer schier unlösbaren Aufgabe betrauen kann, und, wie wir aus dem Fortgang der Geschichte wissen, dieser die Aufgabe auch löst.

Zweitens wird uns nicht nur die Herrlichkeit, Gewichtigkeit Gottes gezeigt, sondern wir erfahren auch, lernen auch, dass wir Gott nicht verstehen können, mit ihm nicht wie mit einem Menschen in einer Demokratie umgehen können. Die Demokratie ist die angemessene Umgangsform der Menschen untereinander, weil alle gleich sind. Gott und Mensch sind aber verschieden. Sie sind so verschieden, dass Mose seine Schuhe ausziehen muss, wenn er vor Gott tritt. Wenn wir das begreifen, dann begreifen wir den zweiten Teil dieses Sonntags. Dieser Sonntag ist nicht nur am Epiphaniasfest orientiert, sondern auch der Bibel gewidmet. Unser Text lehrt uns den rechten Umgang mit der Bibel. Wir erfahren dort von Gott, der Menschen in eine schier unmögliche Wende schicken kann, und von Gott, dass er, der das kann, anders als wir, nämlich gewichtig ist, und dass wir ihn nicht verstehen können. Moses Arbeit als Kleinviehhirte in der Wüste war keine hochbezahlte Tätigkeit, aber in der Situation redete Gott mit ihm. Dort nahm die unglaubliche Wende für das Volk im Politischen, der Auszug aus Ägypten, und im Geistigen, die Erkenntnis, Gott nicht verstehen zu können, ihren Anfang.

Das heißt Epiphanias, Erscheinung der Herrlichkeit Gottes, und sie erklärt uns die Bibel; verstehen, im Sinne von begreifen, können wir die Herrlichkeit jetzt nicht. Amen[272].

7.4.2 Ad fontes

Wenn die Forderung „Ad fontes" (= zu den Quellen) zur Klärung christlicher Fragen gilt, betrifft sie in besonderem Maße die Predigt als wesentlichen Teil des christlichen Gottesdienstes.

Luthers reformatorische Bemühungen gelten – wie auch die der anderen Reformatoren – der Erneuerung der Kirche in deren Wesen. Dies soll auf dem Wege des Rückgriffs auf deren Ursprünge geschehen, weshalb ein möglichst weites Zurückgehen notwendig ist. Dabei wird vorausgesetzt, dass die Nachrichten möglichst zuverlässig überliefert sind. Beide Forderungen sind in der Bibel mit deren Altem und Neuem Testament weitgehend erfüllt. Optimal, soweit wie im 16. Jahrhundert erreichbar, sind die Informationen, wenn sie in den Sprachen gelesen werden können, in denen sie geschrieben worden sind.

Die Forderung nach einer Reformation im Sinne einer Erneuerung der Kirche wird schon im Mittelalter immer wieder erhoben. Drei Reformkonzile

---

272 Die Nicht-Dramatik des Alltags und die Dramatik des Gesprächs zwischen Gott und Mose gehen verloren, wenn Grözinger „die kunstvolle Zusammenfügung verschiedener Traditionsteile zu einem neuen Ganzen" als ästhetisches Faktum analysiert (Albrecht Grözinger, Praktische Theologie und Ästhetik, S. 92). Dass er letztlich zwischen Natur und Gnade unterscheidet und sich gegen eine Vermengung beider wehrt (a.a.O., S. 213f.), ändert an seinem faktischen Vorgehen, und damit an der Praxis seiner Praktischen Theologie als Ästhetik, nichts.

belegen die Intensität der Bemühungen, aber auch mehr oder weniger deren Scheitern. Neu ist nun bei Luther und den anderen Reformatoren nicht nur der Erfolg, sondern auch die Intensität des Strebens nach den Ursprüngen, nämlich nach der Schrift, und zwar in deren Ursprachen. Die Idee und deren Realisierung werden möglich durch den zeitgeschichtlichen Kontext der Reformation. Renaissance und Humanismus treffen sich in diesem Punkt mit der Reformation und bereiten ihr den Weg[273].

Die reformatorischen Bemühungen um einen frühen und möglichst sicheren Text als Grund christlichen Denkens und Redens korrespondieren mit denen der frühen Kirche, als diese den neutestamentlichen Kanon festlegt, um eine sichere, und das heißt auch zeitlich möglichst frühe Basis für ihre Arbeit zu haben[274]. Noch einen Schritt weiter gehen später die Verfasser der Konkordienformel. Sie schreiben, und zwar gleich in deren Einleitung:

> „Wir glauben, lehren und bekennen, daß die einige Regel und Richtschnur (unica regula et norma), nach der in gleicher Weise alle Lehren und Lehrer gerichtet und beurteilt werden sollen, alleine die prophetischen und apostolischen Schriften des Alten und Neuen Testamentes sind, wie geschrieben steht: 'Dein Wort ist meines Fußes Leuchte und ein Licht auf meinem Wege', Ps. 119. Und der hl. Paulus: 'Wenn ein Engel vom Himmel käme und predigte anders, der soll verflucht sein', Gal. 1".

Die Formulierung vollzieht mit ihrer Betonung der Schrift als Quelle eine Abgrenzung gegenüber der römisch-katholischen Kirche. Das tridentinische Konzil erkennt neben der Schrift ausdrücklich ungeschriebene Traditionen als Quellen an:

> „... hanc veritatem et disciplinam contineri in libris scriptis et sine scripto traditionibus, quae ab ipsius Christi ore ab Apostolis acceptae, aut ab ipsis Apostolis Spiritu Sancto dictante quasi per manus traditae ad nos usque pervenerunt ... pari pietatis affectu ac reverentia suscipit et veneratur" (= ... diese Wahrheit (= die von Jesus Christus) und Ordnung ist enthalten in geschriebenen Büchern und ungeschriebenen Überlieferungen, die aus Christi Mund selbst von den Aposteln empfangen worden sind oder von den Aposteln selbst auf Eingebung des Heiligen

---

273 Die inzwischen zum Allgemeingut gewordenen Erkenntnisse von der Gemeinsamkeit der Ziele und partiellen Zusammenarbeit der Genannten lässt oft die Schwierigkeiten bei der Realisierung der Ziele, ja, selbst bei deren Formulierung vergessen. Ein Beispiel soll deshalb die Probleme veranschaulichen. Erasmus steht bei der Edition des NT vor der für ihn unlösbaren Aufgabe, eine Textausgabe in Griechisch zu finden, die auch das letzte Kapitel der Apk., und damit des NT überhaupt, enthält. Er ist darum gezwungen, sich zu behelfen und tut das, indem er den lateinischen Text ins Griechische zurückübersetzt. Dabei unterlief ihm ein Fehler, zur Freude der Historiker – und des Homileten -, die dadurch einen weiteren Beweis für das Problem des Erasmus und seine Bemühung, das Problem zu lösen, gefunden haben.

274 Zur Frage, ob und wenn ja, inwiefern jüngeren Texten Relevanz für das christliche Zeugnis zukommt, vgl. Klaus Berger, Exegese des Neuen Testaments, S. 172ff.

Geistes gewissermaßen von Hand zu Hand weitergegeben worden und auf uns gekommen sind ... mit gleicher frommer Hingabe und Ehrfurcht anerkennt und verehrt)[275].

So steht also neben dem überlieferungsgeschichtlichen Problem als Grund für die Forderung „Ad fontes" ein theologischer, der der Norm. Die Schrift ist zur alleinigen Norm allen Lehrens und aller Lehrer geworden und damit das reformatorische „Ad fontes" als Schriftprinzip fixiert.

Der Grundsatz „Ad fontes" knüpft in einer noch weiteren Hinsicht theologisch an historische Ereignisse an, die in der Geschichte tradiert werden. Gott selbst ist erfahren worden als Ursache, Quelle des gegen alle äußeren Widerstände doch möglichen Auszugs Israels aus Ägypten. Gott greift im Lande am Nil ein, stellt schon lange vor den dort erst später stattfindenden Ereignissen die Weichen. Er wählt Mose aus und überzeugt ihn von seinem Auftrag[276]. An anderer Stelle wird Gott als Ursache der ganzen Welt, des Universums, gesehen[277]. Paulus verweist immer wieder auf Jesus Christus als Grund seines Apostolates[278] und seiner Predigt[279]. Er ist durch Jesus Christus und – so Gal. 1,1 – durch den Vater, der Jesus Christus auferweckt hat, als Apostel berufen. Paulus verweist auf seine Berufung gleich zu Beginn von Röm. und Gal., wie später dann die Verfasser der Konkordienformel zu Beginn die Schrift als Norm nennen.

Von der Basis dieses reformatorischen Schriftprinzips her gesehen, erübrigt sich eine Diskussion der Frage, ob nun ein biblischer Text oder ein Thema einer Predigt zugrunde liegen soll, wie mit Recht Wintzer feststellt[280]. Schon die alte Kirche kennt die Praxis der Schriftlesung im Gottesdienst. Luther berichtet von dem Brauch von Textpredigten über im Voraus festgelegte Texte in Wittenberg und regt in seiner „Deutschen Messe" an, diesem Brauch zu folgen[281]. Aktuell gibt es 3 Formen. Sie alle gehen vom biblischen Text aus- Eine geht vom vorher von der jeweiligen Kirche festgelegten Text aus. Eine andere basiert ebenfalls auf dem festgelegten Text. Hier wird der Text ausgelegt und erhält anschließend

---

275 Sessio IV des ökumenischen Konzils von Trient, 8. April 1546 (Conciliorum Oecumenicorum Decreta. Josepho Alberigo, Hg. u.a., Ed. 3, Bologna 1973, S. 663-665; Josef Neuner u.a., Der Glaube der Kirche in den Urkunden der Lehrverkündigung, S. 76-80). – Das Zweite Vatikanische Konzil hat diesen Satz ausdrücklich übernommen (Const. de div. relevatione). Damit ist eine Korrektur kirchlicher Traditionen durch die Schrift ausgeschlossen und somit der Normcharakter der Schrift nicht unerheblich reduziert.

276 Ex. 3,1-14.

277 Gen. 1 und 2; Ps. 104; Joh. 1,1-3 u.ö.

278 Vgl. Röm. 1,1; Gal. 1,1.

279 Röm. 10,17 in Verbindung mit Röm. 1,1; vgl. dazu Luthers Übersetzung und die in diesem Abschnitt unten unter 4.1. angestellten Vorüberlegungen zu einer Predigt über Röm. 10,17.

280 Vgl. Friedrich Wintzer, Zur Homiletik, in: ders. (Hg.), Praktische Theologie, Neukirchen-Vluyn 1982, S. 83.

281 Vgl. dazu und zu weiteren Details Wintzer, ebd.

eine Überschrift als Zusammenfassung bzw., bringt das Ganze auf den Punkt.[282] Die dritte schließlich wählt sich eine aktuelles Thema und sucht dazu einen passenden biblischen Text. Dieses Form wählen gegenwärtig beispielsweise die vom Fernsehen in Deutschland übertragenen Predigten.[283] Die Arbeit an diesen Predigten ist sehr aufwendig. Das Internet kann und ist hier eine Hilfe, die aber nur begrenzt wirkt. Allein die aktuelle, spezezielle Situation der jeweiligen Gemeinden schafft Grenzen.

Als Bestreben, den Aufruf „Ad fontes" über den normativen Bereich hinaus zu verstehen, nämlich auch im *sprachlichen* Bereich „ad fontes" zu arbeiten, lassen sich Luthers Bemühungen um die deutsche Sprache begreifen. Wenn diese Arbeiten bislang nur beschrieben, aber noch kaum genügend pointiert gewürdigt worden sind, spiegelt sich darin nur das noch immer bestehende Defizit im Umgang mit diesem Faktum. Luther verzichtet auf eine detaillierte Darlegung seines Sprachverständnisses und seines Umganges mit diesem Medium genauso, wie er keine Homiletik und keine Systematik schreibt. Er betätigt sich auch hier nur als Gelegenheitsschriftsteller. Die sich ihm für eine Skizze seiner Sprachvorstellungen bietende Gelegenheit ist die Kritik an seiner Übersetzung des Neuen Testaments. Er greift diese Kritik auf und legt bei seiner Gegenkritik seine Auffassung knapp formuliert vor. Er will sich orientieren an der „Mutter im Hause", den „Kindern auf den Gassen", dem „gemeinen Mann auf dem Markt"; kurz, er will ihnen „aufs Maul sehen, wie sie reden und entsprechend dolmetschen"[284]. Mit dieser Sprache übernimmt Luther zugleich die hinter ihr stehenden Lebenserfahrungen und Denkstrukturen. Diese unterscheiden sich von denen anderer Völker und Zeiten. Der Rezeptionsvorgang als Übertragung von einer Vorstellung in die andere wird anschaulich in dem Beispiel, das Luther selbst zu seinen Ausführungen gibt. Er zitiert die lateinische Fassung von Mt. 12,34b: „Ex abundantia cordis os loquitur", und bemerkt dazu, die wörtliche Wiedergabe, „aus dem Überfluß des Herzen redet der Mund", werde im Deutschen missverstanden, entweder als: einer habe ein zu großes Herz, oder: einer habe zu viel Herz. Luther bezeichnet in der ihm eigenen Sprache die „lateinischen Buchstaben"[285] als Grund des Missverstehens. Was er mit den Buchstaben der anderen Sprache meint, sind die der Sprache zugrunde liegenden anderen Lebenserfahrungen und Denkstrukturen. Die „Überfülle" als Überfluten bezeichnet „abundantia". Reichtum, der ebenfalls mit „abundantia" wiedergegeben wird, ist darum das Gut, das zum Leben nicht gebraucht wird, „überflüssig" ist. Luthers Übersetzung von Mt. 12,34b hebt dagegen die Fülle auf, im Gegensatz

---

282 So verfahren seit Jahren die Göttinger Predigten im Internet (http://www.theologie.uzh.ch/predigten/aktuell.php 19.08.2019).

283 Siehe: https://www.daserste.de/information/politik-weltgeschehen/kirchliche-sendungen/index.html (19.08.2019)
http://www.zdf.fernsehgottesdienst.de/archiv/2003 (19.08.2019)

284 Sendbrief vom Dolmetschen, 1530, WA 30 II, 637,19-21.

285 Ebd., S. 23-35.

zur Überfülle in der lateinischen Version. Der Text ist ein Unterstreichen des im Kontext zuvor Gesagten. Jesus kritisiert seine Gegner hart, weil sie „Schlangenbrut" sind und Böses hervorbringen, wie auf der anderen Seite ein guter Baum gute Früchte bringt. „Ihre Worte können nicht gut sein, weil sie böse sind, denn was das Herz erfüllt, enthüllt sich im Wort und qualifiziert es", kommentiert Grundmann den Text[286]. Die lateinische Wiedergabe mit ihrer Akzentuierung der Überfülle meint ebenfalls die Fülle, doch sie betrachtet das Ganze von außen, wohin der Inhalt des übervollen Herzens fließt. Luther dagegen – und wohl auch Matthäus – sehen die Fülle im Herzen.

Die Herkunft der unterschiedlichen Denk- und Vorstellungsweisen braucht hier nicht untersucht zu werden, wo es um homiletische Fragen geht, aber das Faktum muss als Basis für Weiterungen festgehalten werden.

Sie bestehen darin, dass der Mensch mit seiner ganzen Erlebniswelt in den Blick gerät, ja, zur Quelle wird, um die biblische Quelle zu artikulieren. Luther illustriert das von ihm Gemeinte mit dem Hinweis auf die Sprache der Mutter, der Kinder, des Mannes. Er gibt zugleich ein zeitgemäß konkretes Beispiel: „Der Bauer bringt Korn und kein Geld"[287]. Damit bezieht er sich, seiner Zeit und ihrer Erfahrungswelt entsprechend, auf den größten Teil der damaligen Bevölkerung, die zu ca. 90% von der Landwirtschaft lebt und dem kleinen Rest aus alltäglicher Anschauung bestens vertraut ist. Bauer und Korn sind bekannte Größen des Alltags. Indem Luther auf sie zurückgreift, verfährt er hier genauso, wie er kurz zuvor im Kleinen Katechismus und davor in den dem Katechismus vorausgehenden Predigten verfahren ist. Dort erklärt er den 1. Artikel des Credo mit Hilfe eines Bauern. Er lässt ihn bekennen:

> „Ich gläube, daß mich Gott geschaffen hat ... und noch erhält, dazu Kleider und Schuh, Essen und Trinken, Haus und Hofe, Weib und Kind, Acker, Viehe und alle Güter, ..."[288]

Luther erklärt damit de facto und ganz selbstverständlich, nämlich ohne jegliche Begründung, den Alltag zur Quelle, aus der Bilder geschöpft werden, um sich verständlich zu machen. D.h. anders gesagt: Luther gibt Menschen Anteil an dem, was er sagen will, durch deren Alltag. Der Alltag ist der Teil, der Redenden und Hörenden gemeinsam ist, und kann so zur Basis für weiteres gemeinsames Teilhaben werden. Der Modus, der dafür gewählt wird, auch innerhalb eines Argumentationsganges wie im Sendbrief vom Dolmetschen, ist der der Erzählung. Luther erzählt den Alltag, und mit der Erzählung wird das Gemeinte deutlich und zugleich plausibel.

Im 21. Jahrhundert sind nur noch wenige Mitglieder der arbeitenden Bevölkerung in der westlichen Welt in der Landwirtschaft beschäftigt. Der Bauer ist aus dem Bild der Städte verschwunden und in den Dörfern zu einer Randfigur

---

286 Walter Grundmann, Das Evangelium nach Matthäus, ThHK 1, 7. Aufl., Berlin 1990, S. 331.

287 WA 30 II, 637, 14-19.

288 Die Bekenntnisschriften der evangelisch-lutherischen Kirche, S. 510; vgl. auch S. 648.

der Gesellschaft geworden. Korn wird weitgehend nur im Ökoladen sichtbar und allenfalls im Blick aus dem Auto- oder Bahnfenster flüchtig, distanziert registriert. Leid und Freud werden immer noch erlebt. Sie stehen auch hinter der Erzählung des Bauern, mit dessen Hilfe Luther das Credo erklärt[289].

Sprachlich werden Leid und Freud heute im Alltag in den Sozialnetzen gebraucht und damit beschrieben. Selbst Studierende, die in einer Gruppe über den Campus ihrer Universität gehen, beschäftigen sich mit ihrem Mobilfunkgerät, wenn es klingelt. Pärchen sitzen sich im Lokal gegenüber, und beide hantieren an ihren Smartphones. Die dabei benutzte Sprache ist nicht die der Theologen, und zwar weder die im Hörsaal noch auf der Kanzel oder in der Literatur gebrauchte. Es ist die Sprache des Alltags und nicht die distanzierte der Wissenschaft.

7.5. Der Text als Erzählung

7.5.1 Das Problem

Angesichts der Problematik systematisch-theologischer Prämissen gegenüber der Predigt folgert Trillhaas, dass die Predigtlehre frei von der Dogmatik entwickelt werden muss[290]. Ähnlich denken die Herausgeber der von Lange initiierten „Predigtstudien", wenn sie deren Arbeitsschema dergestalt ändern, dass sie

---

289 Anders geht z.B. Jaspers in seiner Philosophie vor, wenn er Leid und Freud weiter zugespitzt betrachtet. Jaspers sieht in Kampf, Tod, Leid etc. „Grenzsituationen". Hier, an der Grenze des Daseins, sieht sich der Mensch Unvereinbarkeiten gegenüber. Sie machen ihm das Leben unerträglich. Damit wird ein Punkt erreicht, an dem Existenz erweckt wird oder es zum Selbstverlust kommt (vgl. Karl Jaspers, Psychologie der Weltanschauungen, 5., unveränd. Aufl., Berlin u.a. 1960).
„In den Grenzsituationen zeigt sich entweder das Nichts, oder es wird fühlbar, was trotz und über allem verschwindenden Welt sinn eigentlich ist. Selbst die Verzweiflung wird durch ihre Tatsächlichkeit, dass sie in der Welt möglich ist, ein Zeiger über die Welt hinaus. Anders gesagt: der Mensch sucht Erlösung. Erlösung wird geboten durch die großen, universalen Erlösungsreligionen" (ders., Einführung in die Philosophie. 12 Radiovorträge, München 1953, S. 24).
Soweit vermag die Philosophie hinsichtlich des Leides zu gehen, nur ist einzuwenden, dass die eingangs zitierte Witwe Trost suchte, forderte. Auch ist Leid im Alltag – Gott sei Dank – oft nicht so extrem, und Freude hat ebenfalls im Leben Platz.

290 Trillhaas formuliert hier sehr scharf, wenn er, die Unabhängigkeit von der Dogmatik für die Homiletik fordernd, in seinen Ausführungen zusammenfassend schreibt, „dass die Predigtlehre aus der Diktatur eines einheitlichen dogmatischen Prinzips losgekettet werden muss" (Wolfgang Trillhaas, Einführung in die Predigtlehre, S. 4). Noch schwerer als die Schärfe der Formulierung wiegt die Tatsache, dass Trillhaas, von der Praktischen

auf systematisch-theologische Diskussionen im Hinblick auf die Predigt verzichten[291]. Ihre Begründung ist vage, allgemein gehalten, indem Roman Roessler für sie schreibt, dass „wichtige Schritte stärker zentralisiert" werden und systematische Überlegungen, die bisher einen eigenen Schritt bildeten, ... nicht mehr gesondert, sondern in den Arbeitsschritten selbst expliziert werden"[292]. Entsprechend diesem Arbeitsschema erscheinen daraufhin jahrelang Predigtstudien. Was stets dabei sein soll, pflegt de facto wegzufallen, und so ist es auch hier. 1990 ändern die Herausgeber erneut ihre Arbeitsweise. Roman Roessler begründet diese Änderung: „Als ein besonderes Defizit wird heute das Fehlen einer expliziten systematisch-theologischen Reflexion empfunden, deren Aufgabe es ist, sich selbst und den Predigthörern und -hörerinnen Rechenschaft zu geben, wie das zur Predigt Gesagte mit dem Grundverständnis des christlichen Glaubens zusammenhängt"[293]. Wenig später nimmt Gräb diesen Gedanken auf und diskutiert ihn unter dem Gesichtspunkt, „wofür das Christentum heute steht"[294]. Seine Antwort wird von der Systematik und vom Verständnis der heutigen Predigt her entwickelt, wobei letzteres von systematisch-theologischen Vorgaben geprägt ist. Gräb beruft sich u.a. auf Ernst Lange, den Initiator der Predigtstudien, der sich von einem „dogmatischen Predigtverständnis" leiten lässt, insofern als er der Predigt die Aufgabe zuweist, „in der Vermittlung von Text und Situation die Relevanz der Christusverheißung für die gegenwärtigen Hörer der Predigt herauszustellen"[295]. Gräb sieht diese Intention Langes für dessen Arbeit in dessen „dialogische(m) Konzept der Predigstudien"[296]. Hier – wie generell im homiletischen Akt – findet Gräb auch die Grundstruktur der Arbeit Langes, nämlich eine „rechtfertigungstheologische". Ob dieses Konzept letztlich wirklich dialogisch ist, kann hier dahingestellt bleiben wie auch die Frage nach der „rechtfertigungstheologischen Grundstruktur" des homiletischen Aktes, wie Ernst Lange ihn verstand, denn entscheidend ist in diesem Zusammenhang, dass Gräb die Predigt und die Arbeit an ihr durch dogmatische Vorgaben bestimmt sieht. Auf Trillhaas gehen weder Gräb noch vor ihm Roman Roessler ein.

Theologie, speziell der Homiletik, kommend, zur Dogmatik überwechselte und danach, zur Homiletik zurückkehrend, seine Forderung erhob.

291 Roman Roessler, Für den Kreis der Herausgeber, in: Predigtstudien, Bd. II/2, Stuttgart 1980, S. 9-15.

292 Roman Roessler, a.a.O., S. 10.

293 Roman Roessler, Vorwort, in: Predigtstudien, Bd. I/1, Stuttgart 1990, S. 7.

294 Wilhelm Gräb, Wofür das Christentum steht. Überlegungen zum Stellenwert systematisch-theologischer Reflexion in der Predigtvorbereitung, in: Predigtstudien, Bd. II/1, Stuttgart 1991, S. 7-16.

295 Gräb, a.a.O., S. 14.

296 Gräb, ebd.

Dieses Wechselbad gegenwärtiger Meinungen zeigt, dass in der Frage nach dem Verhältnis von Predigt und Dogmatik eine heute aktuelle homiletische Frage liegt.

Als Konsequenz daraus stellt sich die Frage nach der Predigt generell sowie speziell nach deren Verhältnis zur Dogmatik. Diese Richtung des Fragens – und nicht die von der Dogmatik ausgehende nach der Predigt – ist zunächst homiletisch bestimmt. Diese Frage stellt nämlich auch die nach dem Text als der Basis allen theologischen Redens und der Grundlage für die meisten heute gehaltenen Predigten.

Von der Erzählung zur Dogmatik Von der Rede im Alten und Neuen Testament zur verfestigten Lehre

Das Alte und Neue Testament enthalten zahlreiche Erzählungen. Sie werden im Laufe der Zeit zunehmend zu Lehraussagen formuliert, so dass die Rede im Leben der Kirche, aber zum Teil schon in den Testamenten selbst zurücktritt. Die Gründe dafür liegen in den Umständen sowie in der Erzählung als Redeform.

Das Zurücktreten der Erzählung als Redeform

Jesu Reden sind oft Erzählungen, aus denen schon bald im Laufe der Geschichte der Kirche andere Sprachformen werden. Dieser Vorgang ist hinlänglich erforscht und wird weiter analysiert, jedoch bleiben seine Hintergründe oft außer Betracht. Dabei sind sie, homiletisch – und nicht nur homiletisch – gesehen, höchst interessant. Sie sollen darum hier untersucht werden.

Die formgeschichtliche und die ihr konsequenterweise folgende redaktionsgeschichtliche Erforschung des Alten und Neuen Testaments weist zum einen eine Fülle von Formen nach, zum anderen neben der Erzählung eine unterschiedliche Zusammenfassung, Redaktion dieser Formen.

Die Formen sind durch den Gebrauch im täglichen Leben, ihren Sitz in diesem Leben, geprägt. Dem Alltag korrespondierend, ihm antwortend, ihn gestaltend, verändern wollend, werden Aussagen formuliert. Das gilt bereits für die vorliterarischen Formen. Bevor die Aussagen des Neuen Testaments literarisch verarbeitet werden, werden sie im Alltag der Gemeinde benutzt. Folglich erfahren sie eine dem Alltag entsprechende Gestaltung. Vielhauer[297] zählt sechs Grundtypen verschiedener Formen auf, die sich ihrerseits in jeweils mehrere Untergruppen gliedern lassen. Insgesamt unterscheidet er zwischen 27 Formen. Der größte Teil von ihnen ist auf den Gottesdienst bezogen, so auf die Liturgie, auf die Lieder der Gemeinde und die Predigt. Die Rede der Gemeinde bei ihren

---

[297] Philipp Vielhauer, Geschichte der urchristlichen Literatur. Einleitung in das Neue Testament, die Apokryphen und die Apostolischen Väter, Berlin u.a. 1975; 4. Dr. 1985, S. 9ff.

Zusammenkünften, die Gemeindepredigt, und die für die Gemeinde werbende Rede, die Missionspredigt, haben großen Anteil an den vorliterarischen Formen. Sie gestalteten die Rede mit und werden zugleich Anlass für deren Bildung.

Dass der Gottesdienst als Treffen der Gemeinde für deren Leben bedeutsam ist, überrascht so wenig wie die Tatsache, dass innerhalb des Gottesdienstes Predigten eine große Relevanz besitzen[298]. Die Predigten ihrerseits wählen vermutlich die Erzählung als Form, wenn sie von Jesus sprechen, weil diese Form des Redens dem Orient entspricht, wie Ulrich Luz für die Gestalt des Matthäus-Evangeliums zeigt[299], sie laut Peter Müller das Markus-Evangelium prägt[300] und wie es, nicht zuletzt, der antiken Rhetorik entspricht[301]. Heute wird die Erzählung als Form der Predigt wieder mühsam theologisch durch die „narrative Theologie" und homiletisch durch „erzählende Predigten" entdeckt.

Der erste, 1976 erschienene Band mit dem Titel „Erzählende Predigten" kommt daher einer Nachfrage entgegen[302]. Klaus-Peter Hertzsch begrüßt ihn als Rezensent und klagt zugleich, dass die Theologie einer brauchbaren homiletischen Theorie des Erzählens ermangelt. Er bedauert, dass selbst die Predigten des von ihm zu besprechenden Bandes häufig, zu häufig erklären[303]. Der Herausgeber des 2. Bandes der „Erzählenden Predigten" zeigt sich von dieser Kritik betroffen und muss zugeben, auch in diesem Band hinter der Forderung von Hertzsch zurückzubleiben. Darum will er mit dem 2. Band allein eine „Ermutigung zum Versuch mit dem Erzählen im Dienst der Hilfe zum Predigen" geben[304].

Die Gemeinde Jesu kann in ihren ersten Tagen und Jahren das, was ihre Theologen Jahrhunderte später kaum schaffen. Darum muss nach dem Grund für diese Entwicklung gefragt werden.

Die Redaktionsgeschichte zeigt durch die Analyse der Rahmung, der Zusammenstellung und Verbindung der in vorliterarischen und z.T. literarischen Formen überlieferten Reden und Handlungen Jesu und seiner Umwelt, wie

---

298 Philipp Vielhauer, a.a.O., S. 9ff.

299 „Das Matthäusevangelium erzählt die Geschichte des Gottessohnes Jesus" (Ulrich Luz, Das Evangelium nach Matthäus, EKK 1, Bd. 1: Mt. 1-7, 3. durchges. Aufl., Zürich u.a. 1992, S. 26). Gattungsgeschichtlich gesehen, orientiert sich Mt. bei seinem Vorhaben am Markus-Evangelium (Luz, a.a.O., S. 27f.).

300 Peter Müller legt dar, dass Bericht und Deutung miteinander verbunden sind; „wer die Erzählung liest und hört, soll sich selbst angesprochen und in seiner Beziehung zum Erzählten erkennen" (Peter Müller, „Wer ist dieser?" – Jesus im Markusevangelium; Markus als Erzähler, Verkündiger und Lehrer, Neukirchen-Vluyn 1995, S. 14 – 17).

301 „Es ist ganz und gar natürlich und muss am häufigsten geschehen, dass, wenn der Richter .... in den Fall eingeführt ist, ihm der Sachverhalt vorgetragen wird: das ist die Erzählung" (Marcus Fabius Quintiliani, Institutionis oratoriae Libiri XII, IV 2,1).

302 Horst Nitschke, Hrsg., Erzählende Predigten. Gütersloh 1976

303 Klaus-Peter Hertzsch, Rezension zu Horst Nitschke, Hg., Hertzsch, Klaus-Peter, Rezension zu Nitschke Horst, Erzählende Predigten Bd. 1, Gütersloh 1976, in: ThLZ 103, 1978, Sp. 301

304 Horst Nitschke, Hg., Erzählende Predigten 2, Gütersloh 1981, S. 9.

einzelne Glieder der Gemeinde die Reden und Handlungen weitergeben. Die Evangelisten führen diese Arbeit fort und bauen sie zugleich aus, indem sie das, was sie erfahren, zur literarischen Form des Evangeliums verdichten. Sie schaffen und gestalten dieses neue Formwerden. Indem sie die vorliterarischen Formen aufnehmen, ohne diese zu zerstören – sonst ließen sie sich heute nicht mehr kritisch erheben -, werden diese innerhalb der neuen Form der Evangelien tradiert. Die erzählende Predigt wird als solche weitergegeben. Sie bleibt erhalten und erfährt eine Aktualisierung durch ihre Rahmung im Kontext des jeweiligen Evangeliums. Damit wird die erzählende Predigt nicht nur überliefert, sondern auch in ihrem ursprünglichen Stand – mindestens partiell – bewahrt. Dieser Vorgang verdeutlicht zugleich, dass erzählende Predigten zur Zeit der Entstehung der Evangelien für diese nicht nur historische Relevanz haben, sondern auch innerhalb des aktuellen Geschehens relevant sind[305].

Diese Beobachtung ist homiletisch bedeutsam, weil sie die Frage nach dem Grund für die Probleme der erzählenden Predigt im 20. und auch im 21. Jahrhundert um so dringender stellt. Was am Anfang der Gemeinde und später möglich war, müsste doch heute ebenfalls zu verwirklichen sein.

Etwas anderes hätte zumindest in den reformatorischen Kirchen niemals Praxis werden dürfen, weil anderenfalls die Schrift als Basis der Gemeinde aufgegeben wird. Das gilt für die Form, aber auch für deren Inhalt, weil Form und Inhalt nicht zu trennen sind. Das Unvermögen, heute erzählend zu predigen, ist demnach ein Beleg für einen problematischen Umgang der Gemeinde mit der Schrift.

Zu ähnlichen Konsequenzen führt letztlich eine Beobachtung, die Ingo Baldermann macht, obwohl er selbst in seinen Folgerungen nicht so weit geht. Baldermann plädiert dafür, die Bibel als Buch des Lernens zu begreifen[306]. Ihm geht es einmal um das Lernen, sodann um die Bibel und schließlich drittens um eine Verknüpfung von beiden. Er verweist in diesem Zusammenhang auf das Judentum, wo der Gelehrte – im Gegensatz zum abendländischen – stets ein „Lerner“ ist[307]. Das Neue Testament mit seinen Erzählungen will dazu anregen, anleiten, eine Beschäftigung mit dem Glauben zu ermöglichen und durchzuführen. Baldermann findet sogar „genaue Entsprechungen zwischen den ... elementaren Strukturen biblischer Sprache und den einfachen Formen biblischer Erzählung“[308]. Die zum Teil komplizierten Erzählformen in biblischen Texten widerlegen diese These nicht, weil sie die einfachen voraussetzen. Baldermann ist auch nicht wissenschaftsfeindlich, setzt vielmehr wissenschaftliche Arbeit voraus, indem er seine Ergebnisse aus dieser Art des Arbeitens folgert. Ein

---

305 Vgl. auch Lk. 1,4.

306 Ingo Baldermann, Die Bibel – Buch des Lernens. Grundzüge biblischer Didaktik, Göttingen 1980.

307 Baldermann, a.a.O., S. 9f.

308 Baldermann, a.a.O., S. 119.

Missverständnis entdeckt er in der Selbsteinschätzung heutiger Wissenschaftler, wenn sie Wissen als Besitz begreifen, der erworben und an andere weitergegeben wird[309].

Die Gründe für das Zurücktreten der Erzählung als Redeform

Mehrere Gründe bedingen das Zurücktreten der Erzählung als Redeform[310]. Die Gründe sind unterschiedlicher Natur und lassen sich dementsprechend an verschiedenen Punkten festmachen. Die Entwicklung beginnt bereits im Neuen Testament. Diese Tatsache lässt sich anhand der neutestamentlichen Schriften zeigen, ebenso die dafür kausalen Gründe. Sie liegen einmal in der geschichtlichen Entwicklung, oder sie sind theologisch oder sprachlich motiviert.

Die kausalen Umstände

Die redaktionsgeschichtliche Forschung erbringt neben den Elementen der redaktionellen Gestaltung auch die der dafür kausalen Gründe. Die Motive der Evangelisten und anderer alt- und neutestamentlicher Autoren sind mehr oder weniger deutlich erkennbar.

Das Evangelium des Mt. will – Kilpatrick zufolge – ein gottesdienstliches Perikopenbuch sein[311]. Stendahl versteht es als „Handbuch und Materialsammlung für Lehre, Predigt und Kirchenleitung“[312]. Strecker und, ihm folgend, Vielhauer meinen, dass Mt. die „kerygmatische Aufgabe des christlichen Lehrers“ erfüllen

---

309 1. Wissenschaftstheoretisch gesehen, dürfte dies der Punkt sein, an dem Humboldts Vorstellung von der Universität als Stätte der Einheit von Forschung und Lehre zu deren voller Entfaltung kommen oder gänzlich pervertiert werden kann. Die Einheit von Forschung und Lehre, wie sie Humboldt vor Augen schwebt, kann eine Gemeinschaft von Lernenden im von Baldermann beschriebenen Sinn sein, sie kann aber auch als Einrichtung verstanden werden, in der das Gelernte auf kurzem Weg weitergegeben wird.
2. Die Forderung nach besonderen Einrichtungen für die Forschung und für die Weitergabe ihrer Ergebnisse an Eliten resultiert aus einem Missverständnis. Die Entdeckung einer neuen medizinischen Methode und ihre Weitergabe lässt z.B. die Frage offen, ob die wissenschaftliche Entdeckung ethisch sinnvoll ist. Diese Frage zu erkennen und zu beantworten zu suchen, meint ein gemeinsames Lernen.

310 Wenn Hertzsch (a.a.O., Sp. 301) sich darauf beschränkt, die Unfähigkeit zum Erzählen heutiger Prediger mit deren Ausbildung zu begründen, die „auf Interpretation und Reflexion ausgerichtet“ ist, so trifft das zu, greift aber zu kurz. Hertzsch fragt nicht, wie es zu dieser einseitigen Ausrichtung gekommen ist.

311 Vgl. George D. Kilpatrick, The Origins of the Gospel according to St. Matthew, Oxford 1950.

312 Krister Stendahl, The School of St. Matthew, and its use of the Old Testament, Uppsala 1954, S. 39ff.

will[313]. Für Wikenhauser ist der matthäische Leitgedanke „systematischer“ Natur[314]. Die Christologie sei der „wichtigste“ Charakterzug. „Das ganze Buch ist zu dem Zweck geschrieben, zu beweisen, dass Jesus von Nazareth der Messias ist“[315]. Wikenhauser belegt seine These durch den Hinweis auf die Mitteilung von Jesu Stammbaum zu Beginn des Evangeliums, durch die zahlreichen Reflexionszitate in dessen Verlauf und durch weitere Beobachtungen, etwa zum Gesetzesverständnis. Jesu Tod und seine Auferstehung treten demgegenüber zurück. Der Missionsbefehl in Mt. 28,19f. wird zum Hauptbeleg für die „universalistische“ Tendenz des Evangeliums trotz seiner starken jüdischen, judenchristlichen Färbungen[316]. Luz meint, dass Mt. im Gottesdienst verwurzelt ist. Als Belege führt er die Sprache des Vaterunsers, die Abendmahlsworte und den Missionsbefehl an, den er mit der Taufliturgie in Verbindung bringt[317]. Das Evangelium wird sprachlich und theologisch durch die Gemeinde bestimmt. Luz behandelt in diesem Zusammenhang zwar nicht die Predigt, aber die gemeinsame Auswirkung von Sprache und Theologie der Gemeinde auf das Evangelium. Darum muss, wenn Luz auf die Predigt bezogen weitergedacht wird, dasselbe auch, wenn nicht gar erst recht, für die Predigt in der Gemeinde gelten.

Wie auch immer die unterschiedlichen Erklärungsversuche verschiedener Exegeten zu bewerten sein mögen, die getroffenen Feststellungen kreisen erstens um praktisch-theologische, teils indirekt, teils direkt um homiletische, und zweitens um systematische Probleme. Auch die Unsicherheit der Exegeten insgesamt gesehen – so sicher der einzelne auch seiner selbst sein mag – bestätigt nochmals die Verknüpfung verschiedener Probleme. Da eindeutige Befunde nicht zu erheben sind, ist eine letzte Eindeutigkeit nicht zu gewinnen. Die Exegeten bleiben auf eine subjektive Bewertung einzelner Beobachtungen angewiesen. Genau dies tut eine Gemeinde, ein Prediger, wenn er eine Aussage macht. Dabei gewinnt diese ihre Gestalt durch die Sprache der Redenden. Die Sprache wiederum formuliert den Inhalt, formt ihn.

Eine weitere neutestamentliche Schrift sei als Beispiel herausgegriffen, um das Dargelegte zu bestätigen oder zu widerlegen. Der 1. Petr., aus dem ein Abschnitt bereits einer Predigt zugrunde gelegt wurde[318], sei als Beispiel gewählt, zumal auf diese Weise die oben nicht ausgeführte Exegese wenigstens zum Teil nachgeholt werden kann.

---

313 Vgl. Georg Strecker, Der Weg der Gerechtigkeit. Untersuchung zur Theologie des Matthäus, 2. durchges., um einen Nachtrag erw. Auflage Göttingen 1971, S. 41; Philipp Vielhauer, a.a.O., S. 364f.

314 Alfred Wikenhauser; Josef Schmid, Einleitung in das Neue Testament, 6., völlig neu bearb. Aufl., Freiburg u.a. 1973, S. 237.

315 Alfred Wikenhauser; Josef Schmid, a.a.O., S. 241.

316 Vgl. Alfred Wikenhauser; Josef Schmid, a.a.O., S. 241ff.

317 Ulrich Luz, Das Evangelium nach Matthäus, a.a.O., S. 59f.

318 S. oben I.3. 1. Petr. 5,5c-11 – ein Anstoß zur Predigt durch Leid zur Freude.

Der 1. Petr. ist hinsichtlich seines Zweckes, seiner Einheitlichkeit usw. umstritten. Wikenhauser hält ihn für ein Mahnschreiben in Gestalt eines Briefes, das nicht von Petrus selbst, sondern erst nach dessen Tod geschrieben worden ist[319]. Demgegenüber meint Vielhauer u.a., „daß dieser (Teil) seinen 'Sitz im Leben' in einer Tauffeier hat und eine Ansprache bei ihr darstellt, die feierlich mit Doxologie und Amen schließt". 1,1f. und 5,12-14 dienen nur der „Firmierung" als Brief[320]. Zwischen beiden Positionen stehend, erklärt Kümmel den 1. Petr. als Schrift, die eine „mit überliefertem paränetischem und möglicherweise liturgischem Stoff gestaltete Mahnschrift an jüngere Christengemeinden" darstellt[321]. Die auch bei dieser neutestamentlichen Schrift begegnende Unsicherheit der Exegeten in ihrer Auslegung geht über die Beobachtung bei Mt. hinaus, was den Übergang von der Erzählung zur Systematik betrifft. Alle drei Auslegungen kommen zu dem Ergebnis, dass der 1. Petr. eine praktisch-theologische Zielsetzung hat. Unterschiede bestehen nur insoweit, als man sich fragt, ob der 1. Petr. innerhalb der praktischen Theologie den Kasualpredigten, hier der Taufe, oder der Seelsorge, hier der Ermahnung, zuzuweisen sei.

Einigkeit besteht bei allen drei genannten Autoren ferner in der Einschätzung, dass der Verfasser „mit einem reichen traditionellen Material arbeitet"[322]. Der biblische Autor verwendet dieses ihm bereits überlieferte Material für eine Taufpredigt bzw. für ein Mahnschreiben.

Daraus folgt, dass der Verfasser des 1. Petr. diese überlieferten Aussagen für die Praxis verwendet. Die unterschiedliche Deutung der im 1. Petr. vorausgesetzten Praxis belegt, dass hier bereits inhaltliche Aussagen, in generalisierender Form getroffen, überwiegen, d.h. im Laufe der Geschichte der Kirche hat eine Bewegung zur Dogmatik hin stattgefunden. Konnte nach der Analyse des Mt. noch fraglich sein, ob ein Übergang zur *praktischen Theologie* stattfand, ist anhand des 1. Petr. bereits in den frühen Gemeinden ein solcher zu konstatieren. Dieser konkrete Gebrauch im 1. Petr. ist gelöst von der Erzählform. Die tradierten Aussagen werden zu Mahnungen gestaltet. Dass sie zu Mahnungen werden können, ist das Ergebnis eines Reflexionsprozesses. Die Situation, in der die Angesprochenen leben, erfordert Ermahnungen. Das nur von Wikenhauser konstatierte und von den anderen genannten Exegeten des Mt. implizit vorausgesetzte systematisch-theologische Interesse – explizit gehen sie von einem praktisch-theologischen aus – ist im 1. Petr. nach allgemeiner Auffassung implizit vorhanden. Es ist die Voraussetzung für die praktisch-theologische Reaktion auf die konkrete Lage.

---

319 Alfred Wikenhauser; Josef Schmied, a.a.O., S. 594-602.

320 Vgl. Vielhauer, S. 585.

321 Werner Georg Kümmel, Einleitung in das Neue Testament, 21., erneut erg. Aufl., Heidelberg 1983, S. 371.

322 Vielhauer, S. 583.

Die Erzählung ist somit in der Systematik aufgegangen. Traditionelles Material kann trotzdem verwendet werden und wird es. Die Erzählungen sperren sich gegen einen solchen Gebrauch nicht. Dass sie dabei ihren Charakter verlieren, ist ein anderes Problem, das allerdings als hoch bedeutsam festzuhalten ist, wie gleich deutlich werden wird.

Das Selbstverständnis christlicher Rede

Horst Hirschler nennt seinen bereits vorgestellten Band zur Predigtanleitung „konkret predigen"[323]. Dort fordert er u.a., dass „die Lebenswirklichkeit des Hörers ... in der Predigt direkt aufgenommen werden (muss), wenn das durch eine bestimmte Situation gefordert ist. ... Die Predigt im Gottesdienst bekommt dann eine Nähe zur Kasualie"[324]. Eine solche Situation liegt nach Hirschler dann vor, wenn größere oder kleinere Ereignisse die Gemeinde treffen.

Genau so verhält sich der Verfasser des 1. Petr. Sein Schreiben gerät in die Nähe zur Kasualie oder ist – je nach Auffassung – sogar selbst eine Kasualrede, eine Taufansprache. Matthäus geht mit seinem Evangelium nicht so weit, hat aber ebenfalls die Situation seiner Leser im Blick; er ist von ihnen in seiner Sprache und seiner Theologie bestimmt[325].

Es lässt sich somit ein common sense über die Jahrhunderte hinweg konstatieren, wonach christliche Reden nicht an der Situation ihrer Adressaten vorbeigehen können, sondern durch die Situation geprägt sind. Selbst ein Mahnschreiben möchte erreichen, die bedrohliche Lage zu bestehen und sich nicht von ihr überwältigen zu lassen. Der Adressat ist die Gemeinde, nicht beispielsweise eine mehr oder weniger zufällige Leser- bzw. Hörerschaft.

Dieses Selbstverständnis christlichen Redens in Gestalt der Predigt ist in der urchristlichen Umwelt singulär. Das wird besonders deutlich an der Missionspredigt. Die Synagoge nimmt neue Mitglieder auf. Dafür wirbt sie, ohne freilich dafür eine besondere Redeweise auszubilden. Die Bemühungen um die Ausbreitung der Popularphilosophie z. Zt. der Entstehung des Neuen Testaments sind von denen umherziehender christlicher Prediger, formal gesehen, nicht wesentlich unterschieden. Beide reisen durch die Lande. Beide benützen als Redeform die Diatribe. Das Ziel beider ist jedoch verschieden. Die Vertreter heidnischer Philosophien zielen nicht in derselben Weise auf Gemeindebildungen wie die Christen, die mit ihrer Verkündigung gerade die Gründung bzw. den Ausbau von Gemeinden erreichen wollen. Ohne diese Zielsetzung ist christliche

---

323 Horst Hirschler, Konkret predigen. Anleitungen und Beispiele für die Praxis, Gütersloh 1977

324 Hirschler, a.a.O., S. 23.

325 Vgl. Luz, S. 62f.

Predigt nicht möglich. Darin unterscheidet sie sich von allen anderen Lehren der Antike[326].

Damit gerät bei aller Konkretheit der christlichen Predigt ein dogmatisches Element in diese hinein. Dass die Gemeinde ein Teil christlichen Lebens ist, ist eine Lehraussage. Paulus schreibt, dass wir alle durch einen Geist zu einem Leib getauft sind (1. Kor. 12,13). Wenige Verse später redet er die Korinther direkt an: „Ihr seid ein Leib Christi" (V. 27). 1. Petr. 2,5 fordert die Leser auf: „Und baut auch ihr euch als lebendige Steine zum geistlichen Hause und zur heiligen Priesterschaft." Christsein ist kein Einzelgeschehen. Der Gemeinde liegt ebenso daran, die einzelnen zu Gemeinde zusammenzufassen, wie sie möchte, dass neue Mitglieder hinzukommen. Solche Aussagen stellen Teile einer Lehre, einer Dogmatik, dar. Als Lehre üben diese Aussagen keinen Zwang aus, wie sich bereits oben zeigte[327], aber diese Lehre hat Konsequenzen für die Übermittlung, das Weitersagen, das Predigen der Reden Jesu.
Sie entwickeln sich von der Redeform hin zu dogmatischen Aussagen. Die Rede und die in ihr enthaltene Erzählung verwandeln ihren Charakter. Sie werden zur Lehre.

Dieser Vorgang scheint im Widerspruch zu Jesu Reden zu stehen. Jesus redet konkret. Er spricht die Menschen in ihrer konkreten Lage an. Er redet sie direkt auf sie hin an. Das gilt für Streitgespräche und trifft auf Lehrgespräche zu. Die Situation gerät in die Nähe zum casus, wie Hirschler meint, ja, wird selbst zum casus, der eine Antwort verlangt. Über Hirschlers „Nähe zur Kasualie"[328] hinaus wird in Jesu Reden alles zum konkreten Fall. Hirschler schränkt von der heutigen Praxis her mit ihren Kasualien als Sonderfällen die üblichen casus des alltäglichen Geschehens ein. Alle Fälle, in denen Jesus Stellung nimmt, sind vergleichsweise nicht so gemeindebezogen wie die späteren Reden der Gemeinde. Wohl sammelt Jesus Jünger um sich, aber sein Reden war nicht ausschließlich gemeindebezogen wie das der zitierten Stellen aus dem 1. Kor. und 1. Petr.

Die Gründe für diese Entwicklung innerhalb der urchristlichen Gemeinden liegen in den Gemeinden. Sie treiben Mission, worauf hingewiesen wurde. Zunächst überwiegt die Mission, mit der Zeit lässt sie nach. Ferner sind die Gemeinden bald gezwungen, sich von ihrer Umwelt abzugrenzen. Die jüdische Gemeinde bleibt bei ihrem herkömmlichen Bekenntnis. Sie grenzt sich von den Reden Jesu ab. Die christliche Gemeinde ihrerseits tut dies dann auch der römischen Besatzungsmacht und deren Bekenntnis gegenüber. Später vollziehen die Römer ihrerseits ebenfalls eine Abgrenzung, bis hin zur Unterdrückung, als sie begreifen, dass die Christen keine Juden mehr sind und damit nicht Angehörige einer erlaubten Religion.

---

326 Vgl. zu den Einzelheiten Werner Schütz, Geschichte der christlichen Predigt, S. 5ff.

327 Vgl. II.1. Von Leid und Freud der Hörer und Prediger

328 Horst Hirschler, a.a.O., S. 23.

Das Zusammengehörigkeitsgefühl, ein weiteres Element der Gemeinden, die Erkenntnis der Untrennbarkeit der Christen, folgt nicht aus Jesu Reden. In ihnen findet sich darüber nichts. Diese Erkenntnis resultiert möglicherweise aus dem Begreifen des Petrus, dass seine Behauptung, Jesus nicht zu kennen[329], eine Verleugnung, eine Absage an Jesus ist. Das Nein zu seiner Person vollzieht eine Trennung von ihm, die nicht gewollt ist.

Das Werben um neue Mitglieder zu dieser Gemeinschaft ist damit nicht erklärt. Eine Gemeinschaft muss nicht Mission treiben, wie die Antike zeigt. Heute meinen manche Christen, Mission sei nicht notwendig, nicht integraler Bestandteil christlichen Lebens. Das Begreifen des Missionsauftrages ist nachösterlich. Zu Jesu Lebzeiten warben Jesus und seine Jünger in dieser Weise nicht, vielmehr kamen Menschen zu ihnen.

Wenn nun Werben um Gemeinschaft und deren Gestalten zum christlichen Selbstverständnis ebenso wie die Weitergabe der Reden Jesu gehört und diese Reden konkret in die jeweilige Situation gesprochen werden sollen, werden Jesu Reden auch aus diesem theologischen Grund in Richtung Dogmatik bewegt. Das neue Selbstverständnis der Gemeinde lässt Jesu Reden zu Lehraussagen werden. Nicht nur neue Lehraussagen kommen hinzu, treten neben die Reden Jesu, sondern lassen diese selbst zu dogmatischen Aussagen werden. Jesu Reden werden weitergegeben, aber sie werden in neuer, anderer Form tradiert[330].

Die Rede in Erzählform als Grund

„Es war ein Mann im Lande Uz, der hieß Hiob; und dieser Mann war gottesfürchtig und dem Bösen feind.“ Mit diesen Worten illustriert Wayne C. Booth gleich auf der ersten Seite seiner Ausführungen über „Die Rhetorik der Erzählkunst“ – sein Übersetzer greift auf die Übersetzung der Zürcher Bibel von 1966 zurück – ein grundlegend bedeutsames Phänomen der Kunst des Erzählens[331].

Das Zitat aus Hiob ist eine Rede, die von einem Erzähler geboten wird. Er bedient sich dabei eines Kunstgriffs. Er beleuchtet die Szenerie hinter der Handlung. Der Erzähler redet nicht einfach los. Er teilt nicht bloß die Aktionen der beteiligten Personen mit. Der Erzähler informiert seine Zuhörer auch über Ereignisse und Motive, die über die bloße Darstellung der Handlungen hinausgehen. Der Leser erfährt, was vor Beginn der Handlungen, die geschildert werden, bereits geschehen ist. Auch werden die Beweggründe der agierenden Personen genannt. Die Art des Erzählens vermittelt dem Leser des Hiob Buches gleich zu Beginn, schon im 1. Vers der endredaktionellen Fassung, einen

---

329 Vgl. Mt. 26,69ff. par.

330 Selbst die Streitgespräche Jesu mit den Juden zeigen wohl unterschiedliche Auffassungen, aber 1. keine Tendenz zu einer neuen, festen Gemeinschaft und 2. keine Werbung für diese.

331 Wayne C. Booth, Die Rhetorik der Erzählkunst, Bd. 1, S. 11.

Eindruck der Person, von der das Buch handelt. Die Beschreibung Hiobs wird durch die Mitteilung einer Information erreicht. Hiobs Geschlecht, sein Name, sein Herkunftsland und sein Verhältnis zu Gott werden dem Leser übermittelt. Die ersten drei Details der Information sind jedermann leicht zugänglich. Geschlecht, Name und Heimatland einer Person lassen sich relativ leicht ermitteln, exakt festhalten und weitergeben. Die Mitteilung dieser Daten wird darum im Alltag in der Regel vorbehaltlos hingenommen. Dagegen ist die Information über die Gottesfürchtigkeit eines Menschen mit letzter Sicherheit nie zu erhalten. Booth bemerkt darum dazu: „Mit einem einzigen Satz hat uns der unbekannte Autor in einer Weise informiert, wie wir es über reale Personen, ja selbst über unsere eigenen Freunde nie sein können"[332].

Diese qualitativ von jeder konkreten Alltagserfahrung getrennte Mitteilung tritt mit einem hohen Anspruch auf. Der Leser bzw. Hörer muss die Gottesfrömmigkeit Hiobs als tatsächlich gegeben hinnehmen. Es gibt nicht die Möglichkeit der Überprüfung, nicht einmal die des Zweifels. Die Akzeptanz der Gottesfrömmigkeit Hiobs durch den Leser ist die Basis, auf der dieser die folgenden Geschicke jenes Mannes aus dem Land Uz verfolgen kann. Booth schreibt dazu u.a.: Es handelt „sich hier um eine Information, die wir nicht in Frage stellen dürfen, wenn wir den Fortgang der Geschichte begreifen wollen ..., selbst dem glaubwürdigsten Zeugen würden wir (im wirklichen Leben) nicht ebenso uneingeschränkt wie jenem Autor vertrauen, aus dessen Feder die einleitenden Worte über Hiob stammen"[333].

Ein solcher Autor, der 1. im Alltag Unbekanntes mitteilt und 2. dies mit unwidersprechbarer Autorität tut, wird, wenn er in der dritten Person erzählt, „auktorial" genannt. Er wird durch sein Handeln zum auctor [Urheber] für das folgende. Diese Erzählweise ist alt und weit verbreitet[334]. Sie ist bereits in der Antike Gegenstand von Diskussionen. So lobt Aristoteles Homer, weil dieser sich weniger als andere Dichter einmische. Dabei gibt es in der Ilias und der Odyssee kaum eine Seite, auf der nicht erläutert wird[335].

Diese Art der Vorführung von Wirklichkeit veranlasst 1910 Käte Friedemann zu der Bemerkung, dass der Erzähler „der Bewertende, der Fühlende, der Schauende" sei, der ein Weltbild vermittelt, das seinem Erleben, aber nicht der

---

332 Booth, a.a.O., S. 11.

333 Booth, ebd.

334 Sie findet sich durchgehend dargestellt als gestalterisches Element in der Erzählliteratur. Da der personale Erzähler aus dem Roman und der Kurzgeschichte erst seit dem Ende des 19. Jahrhunderts auszog, beschäftigte der auktoriale Erzähler die Erzähltheorie mehr als andere Phänomene (vgl. Franz K. Stanzel, Theorie des Erzählens, S. 24ff. und 242ff.).

335 Vgl. Booth, a.a.O., S. 12.

Wirklichkeit entspricht[336]. Franz Stanzel meint unter Bezug auf Jürgen Habermas[337], „dass eine grundlegende Eigenart unserer Wirklichkeitserfahrung auch für die fiktive Erzählung gilt." Diese unterliege „der Vorurteilsstruktur des Verstehens"[338].

Der auktoriale Erzähler als Figur des Erzählens wird in der homiletischen Literatur bislang nicht wahrgenommen, obwohl selbst biblische Texte, wie das Beispiel Hiob 1,1 zeigt[339], sich seiner bedienen.
Ebenso verzichtet die Exegese weitgehend darauf, den auktorialen Erzähler herauszuarbeiten. Die alt- wie die neutestamentliche Exegese stellt die theologischen Konzeptionen der Redaktoren von einzelnen biblischen Schriften heraus. Die Vorurteilsstruktur der Erzählung selbst legt sie nicht dar. Die Exegeten haben höchstens darin den *theologischen* Gehalt eines Textes gesehen. Von daher klassifizierten sie die einzelnen Geschichten als Gattungen im Sinne von Geschichtserzählungen, ätiologischen Kultlegenden usw. Vielhauer, der sich Bultmann und Dibelius anschließt, sieht sich gezwungen, weitere Beschreibungen der Gattungen anzuführen, ohne den vorgegebenen Rahmen zu verlassen[340]. Die Exegeten sehen nicht, dass unabhängig von der Wahl von Gattungen die Form der Erzählung als solche einen auktorialen Erzähler und damit dogmatische Aussagen bedingt. Indem Markus sein Evangelium mit den Worten einleitet: „Anfang des Evangeliums Jesu Christi" und dann über den Täufer erzählt, bestimmt Markus das Evangelium. Matthäus und Lukas wollen, wenn sie Markus aufnehmen, nicht nur mit ihren Werken eine dogmatische Lehr- oder Streitschrift verfassen, sondern auch erzählen. Sie tun dies notwendigerweise aus ihrer Sicht. Das beginnt bereits damit, dass sie anders einsetzen. Die so gemachten Aussagen sind auktorial, aber noch nicht dogmatisch verfestigt wie in 1. Petr. oder gar im heutigen Sinn. Die Rede des auktorialen Erzählers bewegt sich in Richtung auf eine Dogmatik, ohne diese schon zu erreichen. Eine Erzählung ist keine Dogmatik. Die Redeweise der Erzählung bedingt kein

---

336 Käte Friedemann, Die Rolle des Erzählers in der Epik, (unveränd. reprograph. Nachdr. d. Ausg. Berlin 1910), Darmstadt 1965, S. 26.

337 Jürgen Habermas, Der Universalitätsanspruch der Hermeneutik, in: ders. (Hrsg.) u.a., Hermeneutik und Ideologiekritik, Frankfurt am Main 1971, S. 156.

338 Stanzel, a.a.O., S. 24.
Die Frage, ob auch biblische Texte versteh- oder erklärbar sind, ist für die Bedeutung und Rolle des auktorialen Erzählers nur insoweit relevant, als es um deren Verstehen geht.

339 Desgleichen ist für die Theologie insgesamt das Problem eines Vorverständnisses seit längerem bekannt. Unbekannt ist, dass die Erzählung als solche vorurteilsstrukturell geprägt ist, geprägt sein muss. Der von Horst Nitschke herausgegebene Band „Erzählende Predigten 2" enthält Reflexionen zu dieser Form der Predigt (a.a.O., S. 9ff. und S. 143), ohne den Erzähler und sein Vorverständnis zu thematisieren. Nur einmal wird das Problem gestreift, und auch dies geschieht nur in Form einer Einleitung zu verschiedenen Berichten (S. 147).

340 Vielhauer, a.a.O., S. 309f.

Interesse an klaren Definitionen, Abgrenzungen, logischen Richtigkeiten und dgl. mehr wie die Dogmatik.

Dass die Evangelisten und auch andere biblischen Schriftsteller ihre Arbeit so verstanden, zeigt die Aufnahme der Erzählung als Redeform. Dementsprechend wird die Theorie des Messiasgeheimnisses von Markus nirgends dargelegt und begründet. Sie steht vielmehr hinter allen Auffassungen und findet ihren Niederschlag etwa in den Schweigegeboten (Mk. 1,25.34.44. u.ö.) oder in den Worten von der Verstockung (Mk. 4,10ff. 34). Vielhauer sieht dies, denn er schreibt, dass die Geheimnistheorie des Markus sich weder um eine historische noch um eine apologetische „Erklärung der Vergangenheit" bemühe. Dennoch kann sich Vielhauer nicht dazu durchringen, das Markusevangelium als Erzählung zu begreifen. Wohl weist Vielhauer auf die Überschrift „Anfang des Evangeliums Jesu Christi" hin und deutet sie, dass Mk. darbieten und nicht illustrieren will, dennoch beschreibt der Exeget Vielhauer das Vorgehen des Evangelisten nur eingeschränkt als Erzählung. Er benützt diesen Begriff, setzt ihn aber in Anführungszeichen[341].

Mk. hat ein Ziel und verwirklicht es mit den Methoden der Erzählung. Er wird zum Erzähler, muss erklären und verknüpfen. Die Voraussetzung dafür ist seine Theologie, seine Vorstellung von Jesus Christus, den er als Evangelium sieht und entsprechend darstellt, sein Reden und Handeln in diesem Sinne erzählt.

Die Übernahme der Darstellungsform macht eine Dogmatik *im*-plizit notwendig, ohne diese *ex*-plizit werden zu lassen. Eine Dogmatik im späteren Sinn, wie sie z.B. Thomas von Aquin oder Schleiermacher im Anschluss an ihre jeweiligen Zeiten vorlegen, bietet Mk. nicht. Thomas und Schleiermacher wechseln die Paradigmen. Der eine nimmt den wiederentdeckten Aristoteles auf, der andere die Hermeneutik. Der Weg dahin ist – nicht nur aus Gründen des Selbstverständnisses der Gemeinde, ihrer Mission und ihrer Abgrenzung, sondern auch durch die Wahl des sprachlichen Instrumentariums der Evangelisten, nämlich der Erzählung, – vorgezeichnet. Einen anderen Weg hätten die Evangelisten theoretisch gehen können, jedoch wäre der wohl eher ein dogmatischer geworden. Das liegt an der Erzählung, die vorgegebene, überlieferte Teile direkt übernehmen kann, aber diese verbinden, ordnen, gestalten muss. Was Form- und Redaktionsgeschichte mühsam entdeckten, ist aufgrund der Analyse der Sprache, der Redeform der Evangelien als Erzählung, nun offensichtlich.

Die andersgeartete Briefliteratur des Neuen Testaments belegt die geschilderte Tatsache historisch. Paulus verweist auf seine Glaubensgeschichte, erzählt sie den Galatern (Gal. 1,11-2,14). Der Rahmen, die argumentative Auseinandersetzung mit jener Gemeinde, wird für Hörer heute ebenfalls zur Erzählung, denn was damals geschrieben wurde, kann nur, in den zeitgenössischen Kontext eingebettet, ausgesprochen werden, wenn es heute verstanden, ja, darüber

341 Vielhauer, a.a.O., S. 343ff.

nachgedacht werden soll. Lehre quasi direkt über die Zeiten hinweg zu übernehmen, ist nicht möglich und führt zu Fehlschlüssen. Die Orthodoxie hat den Versuch unternommen, dies für Luthers Werk zu tun. Sie ist später von der Hermeneutik, dem Pietismus und anderen Entwicklungen überholt worden. Der daraus resultierende Schaden für das Werk und die Gemeinden wäre zu vermeiden gewesen, wenn man erzählt und nicht Lehre pur, direkt gepredigt hätte.

Die Konsequenzen für die Predigt aus dieser Entscheidung der Evangelisten sind bei der konkreten Predigtarbeit Jahrhunderte später zu ziehen.

7.5.2 Wiedergewinnung des Erzählcharakters

Vorüberlegungen zu einer Predigt über Röm. 10,17

Um die Notwendigkeit der Vorarbeiten für eine Predigt schon hier zu unterstreichen, wo es um die Gewinnung eines Predigtverständnisses einschließlich der für die Predigt notwendigen Teile geht, sollen nun Vorarbeiten und nicht bereits gehaltene Predigten geboten werden. Die Vorarbeiten unterscheiden sich von heute üblichen Predigthilfen, indem sie, die konkrete Predigt für eine konkrete Gemeinde zu einer konkreten Zeit im Blick habend, einen Essay zur Analyse des Textes und der Hörer schreiben. Der Prediger ist selbst auch ein Hörer.

Text Röm. 10,17: So kommt der Glaube aus der Predigt, das Predigen aber durch das Wort Christi (Luther)[342]

Predigtüberlegungen

Der Text meint uns, die wir zum Gottesdienst, zur Predigt zusammengekommen sind, und er betrifft zugleich alle die, die ihn nicht hören wollen. V. 17 ist der Schlussvers einer langen Argumentationskette, in der Paulus über sein Leiden klagt. Er leidet daran, dass die Juden nicht an Christus glauben. Er ist schier verzweifelt. Er wünschte, von Christus getrennt zu sein, wenn dies den Juden, seinen leiblichen Verwandten, helfe (Röm. 9,3).

Was würde Paulus über uns schreiben? Wie gehen wir mit dem Glauben, mit der Predigt um?

---

342 Eigentlich lautet der Text: So kommt der Glaube aus dem Gehörten, Gehörtes aber aus Christi Wort.

„Der Glaube kommt aus der Predigt.“ Beide Substantive bezeichnen zentrale Inhalte evangelischen Lebens. Bei der Vorbereitung der Predigt kommt mir deshalb spontan der Gedanke, über Glaube und über Predigt zu predigen, also eine Predigt, aus zwei Teilen bestehend, zu halten. Der Autor einer Predigthilfe zu unserem Predigttext beginnt mit einer Reflexion über die Predigt, einer Predigt *über* die Predigt[343], und ein anderer verweist auf den Glauben[344]. Ich habe beide Gedanken verworfen.

Der Predigttext redet nicht vom Glauben und der Predigt an sich, sondern er schafft eine Verbindung zwischen beiden. Ja, er redet von beiden nur wegen dieser Verbindung. „Der Glaube kommt *aus* der Predigt.“ Predigt ist wie eine Regenwolke, aus der Wasser kommt, Wasser, das Felder, Wiesen, ja Wüsten Leben bringt. In unseren Breiten schätzen wir Regen nur in heißen Sommern, wenn wir uns Abkühlung wünschen. Oft ärgern wir uns sogar, dass es schon wieder oder gar immer noch regnet.

Der Text beschreibt den Vorgang des Glaubens. Die Bewertung des Geschehens geschieht in den Versen davor und danach.

Einen Vorgang zu beschreiben, ist in der Regel nicht Sache von Theologen und Predigern. Wir überlassen das der Naturwissenschaft und der Medizin. Chemiker interessieren sich dafür, wie aus einem Stoff etwa durch Zufuhr von Wärme etwas anderes wird. Mediziner fragen, wie durch ein Medikament ein krankes Herz wieder zum Funktionieren gebracht wird. Wir Theologen reden dagegen über das Herz und das Medikament an sich. Paulus tut Vergleichbares nicht. Der Vorgang ist für ihn wichtig, nämlich dass der Glaube *aus* der Predigt kommt. Diese andere Sicht verändert den Blick auf die Predigt. Nicht eine Predigt *über* die Predigt ist zu halten, weil Predigt ein Geschehen, ein Vorgang ist. Predigt kann nur in ihrer Relation, und das heißt für Paulus: in ihrem Bezug auf den Glauben, gesehen werden.

Das griechische Wort ἀκοή, das Luther mit „Predigt” übersetzt, macht den Vorgang deutlich. Ἀκοή ist abgeleitet von dem Verb ἀκούειν hören, erfahren, von etwas Kunde erhalten, auf jemanden hören. Das Substantiv ἀκοή, das Paulus benutzt, bezeichnet erstens das, was, und zweitens das, wodurch etwas gehört wird. Predigt im Sinne von Paulus meint den Inhalt. Er ist derjenige, aus dem der Glaube kommt.

Luther stützt sich bei seiner Wahl des Wortes „Predigt“, inhaltlich gesehen, auf das griechische Wort in unserem Predigttext: ἀκοή, das „Gehörte“. Sprachlich gesehen, folgt Luther der Geschichte des Begriffs „Predigt“, die schon lange von dem lateinischen Wort „praedicare“ ausgeht[345].

---

343 Gottfried Brezger, 17. Sonntag nach Trinitatis, in: Gottesdienstpraxis, Serie A, Bd. II/3, Gütersloh 1992, S. 106-111.

344 Vgl. Martin Dutzmann, 17. Sonntag nach Trinitatis, in: Predigtstudien, Bd. II/2, Stuttgart 1992, S. 228-231. Zustimmend Renate Gerhard, 17. Sonntag nach Trinitatis, in: Predigtstudien, Bd. II/2, Stuttgart 1992, S. 231.

345 Die Vulgata übersetzte ἀκοῆς noch mit auditus („fides ex auditu“ Röm. 10,17).

Das griechische Wort ἀκοή macht den Vorgang deutlich. ἀκοή ist abgeleitet von dem Verb ακουειν hören, erfahren, von etwas Kunde erhalten, auf jemanden hören. Das Substantiv ἀκοή, das Paulus benutzt, bezeichnet erstens das, was gehört wird, und zweitens das, wodurch etwas gehört wird. Predigt im Sinne von Paulus meint den Inhalt. Er ist derjenige, aus dem der Glaube kommt.

Anders ausgedrückt heißt das: Die Vokabel meint: bekannt machen, ankündigen; wir verwenden dafür heute das Wort: ansagen. Das Angekündigte folgt unmittelbar „aus" der Ansage. Ohne das Folgende verliert die Ansage ihren Sinn. Hörende haben bereits An-teil an dem, was erst später kommt.

Ohne Ansagen in Fernsehen und Radio kommt es zu Irritationen bei der Hörer- bzw. Zuschauerschaft. Das Phänomen ist bekannt vom Hin- und Herschalten beim Fernsehen. Wenn sich jemand in eine laufende Sendung einklinkt, braucht er Zeit, bis er sich zurechtfindet; er versteht erst nach einigen Minuten, um was es geht, wer wer ist usw. Wenn die Ansage keine Bedeutung hätte, wären längst Versuche gemacht worden, auf sie zugunsten von geldschwerer Werbung zu verzichten.

Obwohl also das Ansagen uns vertraut ist, erscheint uns Predigen als ein Vorgang des Hörens, des Geteilt-Werdens fremd. Dabei ist auch das Ansagen, Teilen in der Kirche ein kaum zu überschätzender Vorgang. Paulus sieht in ihm den Höhepunkt seiner Argumentationskette. Alles weitere, das er schreibt, zieht bereits Konsequenzen aus dem in Röm. 10,17 Gesagten.

Umso erstaunlicher ist es darum, wie wir in der Kirche mit der Predigt umgehen. In Deutschland, ja in ganz Westeuropa hört nur eine Minderheit die überall und auch leicht zu erreichenden Predigten. Selbst die Zahl der in der Woche in Gemeindekreisen Aktiven ist höher als die derjenigen, die am Sonntag die Predigt hören[346]. So verwundert es schon fast gar nicht, wenn Theologen und die für die Auswahl der Predigttexte Verantwortlichen lange Zeit einen großen Bogen um unseren Text gemacht haben. Erst seit 1978 wird regelmäßig über diesen Text vom Glauben aus dem Hören gepredigt. Davor ist der Text als Marginaltext, d.h. als zusätzlicher, nur eventuell zu nehmender Text vorgesehen gewesen[347].

„So kommt der Glaube aus der Predigt, *das Predigen aber durch das Wort Christi.*" Auch hier steht eine Präposition, das „Durch", zwischen der Predigt und dem Wort Christi. Das Predigen als das Hören kommt durch das Wort Christi. Paulus schreibt dies aus seiner eigenen Erfahrung heraus.

---

346 Vgl. Ulrich Nembach, Gruppe: Chance der Gemeinde. Zur Theologie und Empirie lebendiger Gruppenarbeit, Frankfurt am Main u.a. 1989

347 Zu den Einzelheiten und deren homiletischen und liturgischen Implikationen vgl. etwa Friedemann Merkel, 17. Sonntag nach Trinitatis – 21.9.1986, in: GPM 1985/86, S. 431f.; Hans-Rudolf Müller-Schwefe, Was heißt, heute sich an der Bibel orientieren? in: Hamburger Universitäts-Predigten, Kassel 1983, S. 179-187. Müller-Schwefe verbindet Röm. 10,17 mit 1. Sam 3,10: „Rede, Herr, denn dein Knecht hört".

Er hat gelernt, dass Christus ihn anspricht und dass er, Paulus, diese Ansprache hört. Vordem ist er ein Gegner der Christen gewesen. Diese Tatsache hat er Zeit seines Lebens nicht verschwiegen. Christus hat die Gegnerschaft dann durch sein Wort an Paulus in dessen Anhängerschaft verwandelt.

Die Apostelgeschichte berichtet wiederholt darüber (Act. 9 und 26). Auch Paulus selbst erzählt in einem Brief sein Erlebnis. Er schreibt an die Galater im 1. und 2. Kapitel ausführlich von dem Erlebnis und dessen Auswirkungen in seinem Leben. Paulus erfährt das Evangelium durch Jesus Christus selbst. Das Evangelium hört er, und er gibt das Gehörte dann seinerseits weiter, etwa an die Galater. Aus dem Hören kommt der Glaube.

Das Weitergeben des Gehörten ist deshalb für Luther Predigt, der darum *das Gehörte* mit *Predigt* übersetzt.[348] . Das Ineinander von Wort Christi und dem anschließenden Weitergeben des Gehörten wird im Galaterbrief deutlich bis in die Wortwahl. Paulus schreibt dort, das Evangelium, das er verkündige (=„evangelisiere"), habe er nicht von Menschen (Gal. 1,11). Luther übersetzt auch hier mit Predigt. Das Gehörte weiterzugeben, ist evangelisieren, ist Predigt. „*Das Predigen kommt durch das Wort Christi.*"

Luther wählt damit eine Form des Redens, die das Erlebnis als solches weitergibt. Wer etwas erlebt hat und es weitererzählt, schildert es, und zwar auf eine lebendige Art und Weise. Das Ganze wird noch einmal erlebt. Dabei werden mehr oder weniger umfangreiche Erläuterungen eingefügt, weil die Hörer nicht dabei waren und doch möglichst viel von dem Erlebnis mitbekommen sollen. Zu den Erläuterungen kann auch eine Bewertung gehören[349].

Die biblischen Erzählungen fangen häufig ähnlich an. So wird gleich zu Beginn des Buches Hiob, bevor noch die eigentliche Erzählung beginnt, Hiob und das, was er dann erleiden wird, vorgestellt und bewertet. Hiob wird nicht durch Leid, nicht durch vermeintlich gute Ratschläge seiner Freunde usw. von seinem Wege abweichen.

In Röm. geht Paulus anscheinend anders vor, aber um Erfahrungen, Erlebnisse geht es auch hier. Paulus schreibt von seinen Erfahrungen mit dem Unglauben. Dass gerade seine Brüder nach dem Fleisch, die Juden, nicht an Christus glauben, schmerzt den Juden Paulus. Er leidet daran, und zwar so sehr, dass er selbst gern verflucht sein würde, wenn sie glaubten (Röm. 9,1-5). Mit dieser Feststellung beginnt er. Unser Predigttext kommt erst später. Paulus verbindet beide Erlebnisse, das Hören des an ihn gerichteten Wortes Christi und das Leiden an seinen Brüdern, wenn er den Römern erzählt, wie er mit beiden Erlebnissen umgeht, zu leben gelernt hat. Sein Leben mit den beiden Erlebnissen

---

348 ἄρα ἡ πίστις ἐξ ἀκοῆς, ἡ δὲ ἀκοὴ διὰ ῥήματος Χριστοῦ. (Röm 10,17)

349 Oft beginnt eine Erzählung sogar damit. Aus einem Urlaub zurückgekehrt und nach den Erlebnissen befragt, beginnt deren Schilderung häufig etwa so: „Also, was mir da gleich am zweiten Tag passiert ist, das könnt ihr euch nicht vorstellen. Ich habe so etwas auch noch nicht erlebt."

ist einmal geprägt von seinem Verstand, denn Paulus argumentiert, und zweitens von seinen Gefühlen. Er leidet an seinen Brüdern, und er ist ganz gefangen von dem gehörten Wort Christi. Er beginnt deshalb seine Erzählung – in der Übersetzung Luthers:

> „Ich sage die Wahrheit in Christus und lüge nicht, wie mir mein Gewissen im Heiligen Geist bezeugt, daß ich große Traurigkeit und Schmerzen ohne Unterlaß in meinem Herzen habe. Ich selber wünschte, verflucht und von Christus getrennt zu sein für meine Brüder, ...“[350]

Paulus muss sehr gelitten haben. So weit geht selten ein Mensch, dass er sich ganz für andere opfern will. Wir drücken uns oft sogar, wenn es bloß ums Helfen geht. Paulus schreckt davor nicht zurück und verweist selbst in dieser Situation auf Christus, d.h. auf dessen Wort.

Deshalb fasst er in seiner Erzählung die Verarbeitung der beiden Erlebnisse in unserem Predigttext zusammen:

> „So kommt der Glaube aus dem Hören der Predigt, das Predigen aber durch das Wort Christi.“

Alternative Vorüberlegungen für den zweiten Teil einer Predigt

Wenn auch eine Predigt schon aus zeitlichen Gründen nur einen Ausschnitt des zu Sagenden umfassen kann, soll hier in den Vorüberlegungen auf weitere Gedanken zum Text hingewiesen werden. Die Entscheidung darüber, was aus den Vorüberlegungen in die Predigt konkret aufzunehmen ist, muss später fallen.

„So kommt der Glaube aus der Predigt, *das Predigen aber durch das Wort Christi.*“ Auch hier steht eine Präposition zwischen der Predigt und dem Wort Christi. Das Wort ist der Predigt, des Hörens, Basis.

Evangelische betonen gern diese Seite ihres Glaubens. Sie gehen dabei so eifrig zu Werke, dass sie nicht einmal bemerken, dass Christi Wort die Basis von allem ist. Das Wort wird vielmehr nur zu einer Seite des Glaubens. Wer eben die Predigt geringschätzt, achtet auch das Wort nicht.

Nun wäre es aber falsch, diesen Fehler als Defizit zu werten und dementsprechend zu handeln. Zwar hat es sich eingebürgert, Defizite als Fehler anzusehen. Fehler in der Schule, im Vikariat, in der Wirtschaft werden den Beteiligten angelastet. Sie bekommen dafür schlechte Noten, werden eventuell gar entlassen. Leere Kirchen gelten ebenso als Ausdruck von Versagen. Die Beteiligten, besonders die Prediger haben zu wenig gearbeitet, zu wenig gepredigt. Schon Paulus kennt diese Einwände und bringt sein Problem, sein Leiden an und mit dem Volk, vor Gott[351]. Er fragt darum in den nächsten Versen, ob die Predigt

---

[350] Röm. 9, 1-3.

[351] Vgl. dazu Klaus Berger, Gottes einziger Ölbaum. Betrachtungen zum Römerbrief, Stuttgart 1990, S. 212ff.

nicht gehört wird, weil sie zu wenig verbreitet, oder weil sie, wenn sie gehört wird, nicht verstanden werde. Beide Fragen muss er verneinen. Anschließend diskutiert er zahlreiche weitere theoretisch denkbare Gründe dafür, dass die Predigt und damit das Wort nicht gehört wird. Alle Gründe verwirft Paulus, weil er hinter dem Nicht-Hören Gott am Werk sieht. Indem er sein Leiden mit dem Volk vor Gott bringt, wird ihm klar: Gottes Handeln ist groß, gewaltig, unverständlich für uns. Paulus ist die ganze Zeit, in der er sein Leiden beklagt, mit Gott im Gespräch. Ein Eingreifen Gottes nach dem anderen, von dem das Alte Testament berichtet, fällt Paulus ein. Das Ganze (Röm. 11,1-33) liest sich fast wie eine kurze Zusammenfassung des Alten Testaments. Angesichts dieser Fülle von Ereignissen des Handelns Gottes bleibt Paulus nur, seine zahlreichen Überlegungen, einschließlich der Klage seines Leidens mit dem Volk, mit einem Lobpreis abzuschließen. Dabei bricht es förmlich aus ihm heraus, indem er ruft:

> O welch eine Tiefe des Reichtums, beides, der Weisheit und der Erkenntnis Gottes! Wie unbegreiflich sind seine Gerichte und unerforschlich seine Wege! (Röm. 11,33).

Gottes Wort lässt Predigt, lässt Hören werden, und Gottes Wort nimmt das Leid auf. Selbst verzweifelndes Leiden an Menschen (Röm. 9,3) nimmt Gott auf. Er schweigt nicht, wenn es uns auch manchmal so erscheint, wie Röm. 11, 33 zeigt.

Ein solches Wort ist schwer zu verstehen, zu hören. Im Alltag, auf der Straße, in der Schule, am Arbeitsplatz, in der Partnerschaft hören wir ein solches Wort nicht. Weil uns das Wort so fremd ist, hören wir es kaum oder, wenn wir es hören, tun wir es ab, schieben wir es beiseite als nicht uns betreffend. Unsere Wirklichkeit sei eine andere, nämlich die, die wir im Alltag erleben. Dass trotzdem sich dieses Wort Gehör verschafft, lässt uns erstaunen.

Das Erstaunen wird uns dabei oft erneut zum Anlass, uns zu fragen: Kann die Tiefe von Gottes Reichtum wirklich so tief sein? Diese Frage wird oft skeptisch beurteilt und damit letztlich Anlass für ein erneutes Leid. Die Adressaten des Briefes, die Mitglieder der Gemeinde in Rom, hatten Probleme. Manche kamen aus jüdischen Familien und manche aus heidnischen. Das Zusammenleben war nicht einfach. Verschiedene Traditionen und Kulturen, unterschiedliche Vorstellungen über ein Leben vor Gott prallten zum Teil hart aufeinander. In Jerusalem, in der dortigen christlichen Gemeinde, lagen die Dinge nicht viel anders. Kontakte bestanden vermutlich zwischen beiden Gemeinden. Paulus hatte beim Schreiben darum auch wohl beide vor Augen[352]. An den Konflikten hat sein Brief nach Rom nichts geändert und auch später nicht die persönliche Reise nach Jerusalem. Im Gegenteil, während seines Aufenthaltes in Jerusalem kam es zum Streit.

Der Skepsis, der Ablehnung kann das Wort Gottes trotzdem begegnen. Wir können nur das Wort hören, Predigt erleben. An ihr Teil haben, und Gott an unserem Leid Teil geben. Ein Zeichen dafür, dass es so ist und dass die Skepsis mit

---

352 Vgl. Ulrich Wilckens, Der Brief an die Römer, S. 33-48, besonders S. 46.

ihrer Alltagsklugkeit nicht recht hat, ist die Predigt, das Hören des Wortes. Ein Zeichen ist auch das Teilnehmen am Leid. Paulus kennt das Leid der Gemeinde, leidet selbst und gibt das Leid weiter. Wenn wir darum predigen, ist Hoffnung da, freudiges Staunen.

Mehr kann ich nicht sagen, aber weniger auch nicht!

Vorschlag für den Anfang einer Predigt über Röm. 10,17

> „Nicht alles, was glänzt, ist Gold", sagt ein Sprichwort. Ein Sprichwort, das den umgekehrten Sachverhalt meint, gibt es nicht. Ich versuche darum einmal, das fehlende Sprichwort zu erfinden: „Das vor dir liegende Gold siehst du oft nicht".

So dumm ist aber niemand, dass er vor ihm liegendes Gold nicht sieht. Darum gibt es das Sprichwort nicht.

Wenn ich mir unseren Predigttext anschaue, muss ich allerdings sagen, das Sprichwort gibt es nicht, weil wir so dumm sind. Wir sehen das Gold nicht; ja, wir merken nicht einmal, dass wir es nicht sehen.

Paulus schreibt im Text von Glauben, Hören, Predigt und Christi Wort. Alles dies ist für ihn sogar wichtiger als Gold. Paulus kommt zu seiner Meinung, weil er den Wert der Predigt selbst erfahren hat. Das Hören hat sein Leben grundlegend verändert. Wir dagegen schätzen die Predigt nicht sehr. Jeden Sonntag bleiben in unseren Kirchen zahlreiche Plätze leer ...

Erzählungen brauchen Erzähler und Hörer

Weisheiten, die so plausibel sind, dass sie keiner besonderen Erwähnung bedürfen, werden gern abschätzig „Binsenweisheiten" genannt. Um eine solche Weisheit handelt es sich anscheinend auch bei dem Satz: Erzählungen brauchen Erzähler und Hörer. Diese Bewertung erscheint insbesondere dann angebracht, wenn mit Erzählungen biblische Texte und Predigten über sie gemeint sind. Schließlich ist die Klage über fehlende Predigthörer allgemein und oft genug auch laut geworden. Diese Klage meint aber nur eine Seite, eine Hälfte des Satzes. Die andere ist die Forderung nach Erzählern. Auch sie fehlen; ihr Fehlen ist sogar primär entscheidend.

Heute gehaltene Predigten sind kaum Erzählungen, allenfalls Aufzählungen von Beispielen. Sie pflegen intellektuelle Reden zu sein. Anklänge an wissenschaftliche Kommentare und dogmatische Reflexionen bestimmen Gedankengang und Wortwahl. Der gegenwärtig übliche universitäre Lehrbetrieb einschließlich seiner Publikationsfrüchte kommt zum Tragen. In der Regel werden andere Arten des Redens auch in homiletischen Seminaren nicht vorgestellt oder gar geübt. Diese theologische Praxis hat sich in Deutschland bereits seit längerem eingebürgert. Die inzwischen weitgehende Beachtung rhetorischer Regeln bei der Predigt änderte daran nur partiell etwas, beispielsweise im

Aufbau der Predigten. Die Wortwahl ist weitgehend abstrakt. Dabei stellen die Evangelien über weite Strecken Erzählungen dar. Die Apostelgeschichte ist beinahe eine einzige Erzählung. Ähnlich häufig findet sich diese Form der Darstellung in alttestamentlichen Texten. Selbst die paulinischen Briefe bieten immer wieder Erzählungen, so in Gal. 2,11ff. Wenn angesichts dieses textlichen Befundes heute kaum Erzähler begegnen, so ist dies schon beachtlich. Die Folgen liegen auf der Hand. Wie sollen Hörer hören, wenn niemand erzählt?

Dabei erfreuen sich Erzählungen in der ganzen Gesellschaft großer Beliebtheit. Fernsehserien sind nichts anderes als in Szene gesetzte Erzählungen. Die hohen Einschaltquoten der Serien und ihre große Zahl im täglichen Angebot spiegeln ihre Attraktivität. Darin folgen die Fernsehserien dem älteren Erfolgsrezept Hollywoods, das mit seinen Filmen meistens ebenfalls bebilderte Erzählungen bot.

So gesehen, fehlen heute Erzähler; Hörer werden sich bei der Predigt schnell darauf einstellen.

8 Der Text – Anstoß zur Predigt

Der Text ist als Predigttext für den Sonntag Judica in der 3. Predigtreihe vorgeschlagen. Die 1. Reihe bietet die Evangelien Texte, die 2. die Episteln und die 3., erstmals in den Reihen, alttestamentliche Texte[353].

8.1 Genesis 22

8.1.1 Exegese des Textes

Die Erzählung von Isaaks Opferung reizte Exegeten immer wieder. Zahlreiche Einzeluntersuchungen liegen vor[354].

353 Gen. 22 ist innerhalb des Judentums ein Schlüsseltext für das Leiden des Volkes, das sich in Isaak verkörpert sieht (vgl. Willem Zuidema (Hrsg.), Isaak wird wieder geopfert. Die „Bindung Isaaks“ als Symbol des Leidens Israels; Versuche einer Deutung, Neukirchen-Vluyn 1987).

354 Erhard Blum, Die Komposition der Vätergeschichte, Neukirchen-Vluyn 1984, S. 320-331.
Renate Brandtscheidt, Glaubenswanderschaft und Opfergang des von Gott Erwählten, Würzburg 2009.
Evans Craig, the book of Genesis, composition, reception and interpretation, Leiden 2014.
Frank Crüsemann, Judica: 1. Mose 22,1-13, in: Gottesdienstpraxis, Serie A, Bd. III/4, Gütersloh 1992, S. 75-77.
Eugen Drewermann, Abrahams Opfer, in: BiKi 41, 1986, S. 113-124.
Heinrich Jürgenbehring; Günter Ruddat, Judika, 1. Mose 22,1-13: Gott würfelt nicht, in: Predigtstudien, Bd. III/1, Stuttgart 1992, S. 213-222.
Christof Hardmeier, Realitätssinn und Gottesbezug, geschichtstheologische und erkenntnisanthropologische Studien zu Genesis 22 und Jeremia 2 – 6, Neukirchen 2006
Rudolf Kilian, Isaaks Opferung. Zur Überlieferungsgeschichte von Gen. 22, Stuttgart 1970.
Heinz-Dieter Neef, Die Prüfung Abrahams, eine exegetisch-theologische Studie zu Gen. 22,1-19, 2., durchgesehene Aufl., Tübingen 2014.
Edward Noort, Iudica, 1. Mose 22,1-13, in: GPM 1987, S. 176-182.
Eckart Otto, Gen. 22,1-13, in: Gottesdienstpraxis, Bd. III/4, ErgBd. Exegesen, Gütersloh 1986, S. 62-64.
Gerhard von Rad, Das Opfer des Abraham. Mit Texten von Luther, Kierkegaard, Kolakowski und Bildern von Rembrandt, 2. Aufl., München 1976
Henning Graf Reventlow, Opfere deinen Sohn – eine Auslegung von Genesis 22, Neukirchen-Vluyn 1968.
Milton Schwantes, „Lege deine Hand nicht an das Kind.“ Überlegungen zu Genesis 21 und 22, in: Was ist der Mensch? Beiträge zur Anthropologie des Alten Testaments. Hans Walter Wolff zum 80. Geburtstag, München 1992, S. 164-178.
Horst Schwebel, Judika, 5. April 1987, Genesis 22,1-14, in: DtPfrBl 87, 1987, S. 109.

Das Ergebnis aller Bemühungen besteht in weitgehender Uneinigkeit. Hardmeier erklärt das Ganze mit einem „Ver-Sehens“ Abrahams, der den Widder nicht sah, bevor der Engel ihn anrief. Die Basis für seine Argumentation sieht Hardmeier in Gen. 22, 13ab. „Nur wenige masoretischen Handschriften bezeugen eine präsentische Lesart“ [355].

Anders interpretiert Moberly Gen. 22, indem er am Ende seiner Exegese der Genesis auf Gen 22 zurück kommt und seinen Ausführungen „A Christian Epilogue“ hinzufügt[356]. Dort heißt es u.a.;

> „When all is said and done, Genesis 22 remains a demanding and unsettling text, not least because it will not neatly fit into our preferred tidy categorizations. It is surley in this respept that, for the Christian reader, an imiginative and existential linkage between Genesis 22 and the passion of Jesus...becomes appropriate."

Brandscheidt verknüpft ebenfalls Gen. 22 und auch die anderen Erzählungen von Abraham mit dem Neuen Testament[357]. Sie sieht den „zeitgeschichtlichen Hintergrund von Genesis 22“ in der Zeit nach der Religionsverfolgung unter Antiochus IV im 2. Jahrhundert v.Chr.“, als „die Versuchung zum Zweifel – nicht zum Zweifel an der Existenz Jahwes, sondern an dessen Bereitschaft, seine Geschichte mit Israel wie bisher fortzusetzen“ bei vielen frommen Juden wuchs.[358]

Von einer Kultätiologie spricht Kilian. Graf Reventlow deutet den ursprünglichen Kern der Geschichte als eine Vätererzählung von der Rettung des zum Opfer bestimmten Sohnes. Westermann meint, dass der jetzigen Geschichte eine Familienerzählung von der Rettung des Sohnes zugrunde liegt. Crüsemann verweist auf die Umwelt des Textes, in der das Opfer des erstgeborenen Sohnes „nichts Einmaliges“ ist, und bietet dafür eine Reihe von Belegen[359].

Die heutige Endfassung der Geschichte erzählt eine Theologie von Gottes Prüfung. Dieses Motiv bestimmt auch den Aufbau der Geschichte. Crüsemann, Westermann u.a. legen den Schwerpunkt ihrer Auslegung auf die Endfassung. Die Geschichte erhält in dieser Fassung eine Nähe zur Endfassung des Buches Hiob, worauf Westermann hinweist. Die Nähe betrifft neben der inhaltlichen Seite, dem Prüfungsmotiv, den Aufbau und die Art des Erzählens. In Gen. 22 und

---

Timo Veijola, Das Opfer des Abraham – Paradigma des Glaubens aus dem nachexilischen Zeitalter, in: ZThK 85, 1988, S. 129-164.
Claus Westermann, Genesis, BK 1, Bd. 2: Gen. 12-36, Neukirchen-Vluyn 1981, S. 436.
Einen breiten Querschnitt der Interpretationen der Erzählung von Isaaks Opferung bietet der Sammelband Johann Anselm Steiger und Ulrich Heinen, Hrsg., Isaaks Opferung (Gen22) in den Konfessionen und Medien der Neuzeit, Walter de Gruyter Berlin und New York, 2006

355 Hardmeier, a.a.O., S. 33. Vgl. auch Hardmeier, a.a.O. S. 33-37.

356 Moberly, a.m.., S. 198f.

357 Brandscheid, a.a.O. S. 276f.

358 Brandscheid, a.a.O. S. 273f.

359 Crüsemann, a.a.O., nennt verschiedene alttestamentliche Texte, aber nicht Lk. 2,22f. mit ihren Bezügen auf Ex. 13,2.15 und Lev. 12,6-8.

im Buch Hiob erzählt ein sog. auktorialer Erzähler, d.h. jemand, der erstens den Hintergrund des Geschehens kennt und zweitens diesen den Hörern so mitteilt, dass diese mehr als die Akteure des Geschehens wissen[360].

Gerhard von Rad – und auch Drewermann – stellen einen weiteren Aspekt der Geschichte heraus. Geht es in Gen. 12,1f. für Abraham um die Trennung von seiner eigenen Vergangenheit, so hier um die von seiner Zukunft. Isaak ist der Träger von Abrahams Hoffnung und von Gottes Verheißung an Abraham, ihn zum großen Volk zu machen (Gen. 12,3; 18,10ff.).

Manche Exegeten verweisen auch auf Ex. 22,28f., wo das Opfer des erstgeborenen Sohnes geboten, und auf Ex. 34,19f., wo das Sohnesopfer durch ein Tieropfer abgelöst wird.

Noort schließt seine Literaturübersicht zu Gen. 22 mit einem Zitat aus von Rads Studie: „..., weil Menschen und Dinge dem Handeln eines sich von Mal zu Mal tiefer verbergenden Gottes preisgegeben sind. Darum wird auch die Auslegung in ihrem Ringen um den Gehalt der Erzählung von Abrahams Opfer nie ein Ende finden. Immer neue Gesichtspunkte werden sich aufdrängen und immer neue Grenzen werden sich ihr in den Weg stellen." D.h. nicht, dass exegetische Unzulänglichkeiten keine überzeugende Erklärung des Textes bieten, sondern dass Gottes Verborgenheit ihn den menschlichen Blicken entzieht.

Diese Aussage weist über die Exegese hinaus. Es geht ihr zufolge nicht mehr allein um den Text von Gen. 22; von Rad spricht hier grundsätzlich von Gott. Er lässt damit die Zeiten mit ihren jeweiligen Horizonten verschmelzen. Er redet systematisch-theologisch.

Hilde Burger fasst in ihrer Dissertation über die Sicht des jüdischen Auslegers *Benno Jacob* von Genesis 22 in den Worten zusammen:

> It is clear that anyway Abraham´s position will have to be probed permanently by anyone who appeals to him.[361]

8.1.2 Theologische Reflexion des Textes im Horizont der Zeiten

Die Aussage von Rads ist letztlich die: Gott ist ohne Begrenzung, der Mensch endlich.

---

360 Zu dieser Art des Erzählens vgl. Wayne C. Booth, Die Rhetorik der Erzählkunst, 2 Bde., Heidelberg 1974. Booth verwendet sogar Hiob 1,1ff. als Musterbeispiel für diese Art des Erzählens innerhalb der Erzähltheorie, Bd. 1, a.a.O. S. 11. Vgl. auch Franz K. Stanzel, Theorie des Erzählens, 2., verb. Aufl., Göttingen 1982; 6. Aufl. 1995, S. 21ff., 242ff. u.ö.

361 Hilde Burger, De zandloper von Genesis, Zoetemeer: Boekencentrum, 2002, 235.

In dieselbe Richtung denkt Scholz[362], wenn er auf seine Gemeinde verweist, in der Leute leben, die leiden, die Gottes Gnade nicht einholt, und an die Passionszeit erinnert, für die der Text zur Predigt vorgeschlagen wird. Scholz kommt schließlich zu einem Vergleich von Isaak, Abraham, Christus und Bonhoeffer. Das Ergebnis führt seine Ausführungen in den Gegensatz zu dem, was von Rad schreibt. Jesus und Bonhoeffer werden anders als Isaak nicht vor dem Tode gerettet[363].

Ebenfalls Gott und Mensch werden von Ruddat zusammengesehen. Er spricht vom „Glauben um Gottes und der Menschen willen". Der Glaube wird „immer wieder entsichert" und teilt „mit Abraham (Sara und Isaak eingeschlossen) die unsägliche, zuerst unvorstellbare Erfahrung", „daß wir in unserem Leben das Liebste hergeben müssen und dabei entweder alles verlieren können, wenn wir uns wehren ... oder in einer manchmal überraschenden Weise 'behalten', auf was wir zu verzichten bereit waren"[364]. Ruddat verweist dabei auf Sölle, die davon spricht, dass Abraham Gehorsam um der Menschen willen lernen muss[365]. Ferner verweist Ruddat auf Auschwitz und die Wende.

Die hier wie bei von Rad gesehene Relation von Gott und Mensch – so unterschiedlich sie auch konkret gefasst wird – geht letztlich von Gott aus. Wenn Abraham „lernen muß", stellt sich die Frage nach dem Grund dafür. Wenn die Endlichkeit des Menschen mit der Unendlichkeit Gottes konfrontiert wird, fragt der Mensch nach Gott, weil er die Grenze des Menschen überwindet.

Wer ist Gott? Er wird in jedem christlichen Gottesdienst als der Herr, der Allmächtige und Schöpfer Himmels und der Erde bekannt.

Predigten werden ebenfalls in Gottesdiensten gehalten. Der Text von Gen. 22,1-13 setzt Gott als Verursacher von Abrahams Auszug aus Haran voraus. Abraham, ein Orientale, gibt seine Bindungen an Familie und Freunde auf. Er verzichtet auf alle Sicherheiten, die ihm sein Familienverband und seine Freunde geben, und vertraut ganz auf Gott. Der verspricht ihm seinerseits eine Zukunft, einen Sohn, ein Volk. Nimmt Gott nun nicht alles zurück, wenn er Abraham den Sohn nimmt?

Eckart Otto[366] hat diese Fragen im Blick und verweist auf V. 8: Abraham vertraut Gott. D.h.: Abraham ist der Überzeugung, Gott werde, wird helfen. Eckart Otto nennt ein solches Vertrauen auf Gott: ein Gott gegen Gott aufrufendes Vertrauen auf Gott. Die Frage, wer Gott ist, wird nicht gestellt, sondern es wird

---

362 Günter Scholz, 1. Mose 22,1-13, in: Gottesdienstpraxis, Bd. III/2, Gütersloh 1987, S. 26f. Vgl. auch: Rainer Lachmann, Judica, 1. Mose 22,1-13, in: Predigtstudien, Bd. III/1, Stuttgart 1986, S. 194f.

363 Hier wäre freilich zu fragen, ob Bonhoeffer sich so verstanden hat.

364 Heinrich Jürgenbehring; Günter Ruddat, a.a.O., 217.

365 Dorothee Sölle, Phantasie und Gehorsam. Überlegungen zu einer künftigen christlichen Ethik, 12. Aufl., Stuttgart u.a. 1988.

366 Eckart Otto, Gen. 22,1-13, in: Gottesdienstpraxis, Bd. III/4, ErgBd. Exegesen, Gütersloh 1986, S. 62-64.

nach dem Menschen und dessen Vertrauen auf Gott gefragt. Exegetisch gesehen ist diese Auslegung nicht zu halten, wie Text und Kontext zeigen. Abraham täuscht mit den Worten von Vers 8 seinen Sohn. Vers 9 lässt die Täuschung auffliegen. Beide Verse nennen Gott „Elohim“, gehören vermutlich auch ursprünglich zusammen.

Dennoch trifft die Aussage Eckart Ottos den Kern. Die Tatsache, um die es geht, beschreibt Luther in seiner Antwort an Erasmus von 1525[367]. Wir kennen von Gott nur so viel, wie er uns offenbart. Alles andere ist uns verborgen. Dabei ist, war und bleibt er unser Herr, bestimmt unseren Willen. Gott tritt hervor, wann und wo und inwieweit er will.

Diese Erkenntnis von den Grenzen menschlichen Erkennens auf die ganze Bibel – und mit ihr auch auf den Text von Gen. 22,1-13 – bezogen, könnte bedeuten, dass die ganze Schrift als solche in Frage gestellt wird. Bietet die Schrift die Erkenntnis Gottes, wenn er sich uns nur offenbart, wann, wo und inwieweit er will? Luther sieht diesen Einwand und nimmt ihn auf. Er trifft eine Unterscheidung, indem er zwischen der Klarheit der Schrift differenziert. Sie besitzt für ihn eine doppelte Klarheit, eine äußere und eine innere[368]. Die äußere ist allen zugänglich und für alle verständlich, so dass die Schrift interpretiert werden kann. Unsere Exegese und die Predigt beziehen sich darum auf die äußere Klarheit[369].

---

367 De servo arbitrio, WA 18, S. 600-787.

368 „*... Duplex et claritas scripturae, sicut et duplex obscuritas, Una externa in verbi ministerio posita, altera in cordis cognitione sita, Si de interna claritate dixeris, nullus homo unum iota in scripturis videt, nisi qui spiritum Dei habet, omnes habent obscuratum cor, ... Si de externa dixeris, Nihil prorsus relictum est obscurum aut ambiguum, sed omnia sunt per verbum in lucem producta certissimam et declarata toto orbi quaecunque sunt in scripturis*“, a.a.O., S. 609,4-14 (= Es gibt eine zwiefache Klarheit der Schrift, so wie auch eine zwiefache Dunkelheit, eine äußerliche, im Dienst des Wortes gesetzte und eine andere, in der Erkenntnis des Herzens gelegene. Wenn du von der inneren Klarheit sprichst, nimmt kein Mensch auch nur ein Jota in der Schrift wahr, wenn er nicht den Geist Gottes hat. Alle haben ein verfinstertes Herz, ... Wenn du aber von der äußeren Klarheit sprichst, so bleibt ganz und gar nichts Dunkles und Zweideutiges übrig, sondern alles, was auch immer in der Schrift steht, ist durch das Wort ins gewisseste Licht gerückt und der Welt öffentlich verkündigt; Bruno Jordahn (Übers.), Martin Luther, Daß der freie Wille nichts sei, in: Martin Luther, Ausgewählte Werke, hrg. v. H. H. Borcherdt und Georg Merz, Ergänzungsreihe, Bd.1, München 1954, S. 17f.).

369 Vgl. dazu: Friedrich Beisser, Claritas scripturae bei Martin Luther, Göttingen 1966, insbesondere S. 82-122, und Ulrich Nembach, Predigt des Evangeliums. Luther als Prediger, Pädagoge und Rhetor, Neukirchen-Vluyn 1972, besonders S. 45-59.

Kurzer Exkurs:

Für Karl Barth existiert das Problem letztlich gar nicht, denn jedes Wort Gottes ist Evangelium und die Schrift redet von ihm. Der qualitative Unterschied zwischen Gott und Mensch, den Barth stets hervorhebt, wird von Gott her durchbrochen, der so jedes Wort an den Menschen für diesen zur Gnade werden lässt[370].

Die katholische Kirche, einschließlich deren Theologie, kennt den Unterschied ebenfalls nicht. Von ihrem Ansatz her wird der Mensch nicht als unfreier verstanden. Er nennt einen Rest von Freiheit sein eigen, der immerhin so groß ist, dass er Gott erkennen und sich ihm zuwenden kann, weshalb eine analogia entis möglich ist.

Die orthodoxe Kirche kennt die heilige Liturgie als Geschehen der Begegnung.

Luthers Erkenntnis auf Gen. 22,1-13 und dessen Verständnis bezogen, bedeutet, dass wir den Text verstehen, aber ihn möglicherweise nicht begreifen. Konkret gesagt, wissen wir nicht, ob wir letztlich wissen, was es heißt, vor Gott zu Gott zu fliehen. Abraham geht seinen Weg im buchstäblichen und übertragenen Sinn des Wortes. Er geht ihn in einer Art und Weise, die fast schon stur zu nennen ist. Er gleicht darin Hiob, der aber im Unterschied zu Abraham klagt und anklagt. Hiob 1,1-12 ist Hiob und Gen. 22,1 Abraham unbekannt. Anders ausgedrückt: Gen. 22,1-13 geht davon aus, dass Abraham, um Gott wissend, nicht alles von Gott weiß, nicht einmal alles das kennt, was Gott mit ihm vorhat. Damit legt sich die Annahme nahe, dass auch wir nicht alles von Gott wissen, wie Luther im Hinblick auf die Schrift darlegt. Wir müssen darum „einfach" vor Gott zu Gott fliehen.

Gegen diese Auslegung der Schrift generell und speziell Gen. 22,1-13 einzuwenden, dass der Text in Gestalt von Gen. 22,1 – entsprechend Hiob 1,1-12 – nicht ernst genommen werden muss, verwehrt folgende Überlegung: Gen. 22,1 teilt eine Information mit, die die Leser zu Zuschauern macht. D.h. diese können, sie sollen mit ansehen, wie Abraham und Isaak sich quälen (Vers 8!). Sie bekämen, so verstanden, also quasi einen „telegenen Spaß" serviert, der von Gott ausgedacht und geboten würde. So grausam sind wohl Menschen, aber nicht Gott[371].

---

370 Konsequenterweise behandelt darum Barth das Problem des menschlichen Erkennens nicht in seiner Darstellung der Predigt und der Arbeit an ihr (Karl Barth, Homiletik. Wesen und Vorbereitung der Predigt, (Nachschr. d. homilet. Seminars „Übungen in der Predigtvorbereitung" im Wintersemester 1932 und Sommersemester 1933 in Bonn. Die Bereinigung des Manuskriptes und Bereitstellung zum Druck besorgte Günter Seyfferth), Zürich 1966; 2. Aufl. 1985; 3. Aufl. 1986).

371 Ein Krimi heute braucht zumeist gleich zu Beginn einen Mord, um die Zuschauer „in Stimmung" zu bringen. Es genügt nicht beispielsweise ein Fahrraddiebstahl, obwohl Italiens

Vers 1 ernst zu nehmen und das hier im Piel gebrauchte Verb mit „auf die Probe stellen" zu übersetzen, meint im modernen Sprachgebrauch „testen". Die anschließende Erzählung meint etwas anderes als einen Test, sofern dieser nicht im gerade abgelehnten Sinn verstanden werden soll. Auch ist ein Test vor dem Hintergrund der der Abrahamerzählung zugrunde liegenden Gottesvorstellung undenkbar. Gott, der Abraham einen Sohn und ein Volk verheißt, tut dies (Gen. 15 u. 17) lange vor dem Eintritt der hier berichteten Ereignisse. Dieser Einwand würde seinerseits hinfällig, wenn die Kap. 15 und 17 der Genesis spätere Nachträge wären. Denkbar ist aber auch, dass Gen. 22,1 ein Nachtrag ist, der etwa eingefügt wurde, als, um die Härte des Textes zu mildern, das Erzählte als ein Versuch deklariert wurde. Ähnliches begegnet in Hiob 1,1ff., wo sogar einer Versdichtung eine Prosaerzählung vorgeschaltet wird.

Die Aussage von Gen. 22 ist folglich die: Abraham hat gelernt, auf Gott zu vertrauen, als er aus seiner Heimat auszog und damit auch seine Familie aufgab. Gott ist ihm zu seinem einzigen Zufluchtsort geworden. Nun wird dieser Ort in Frage gestellt. Abraham muss eine neue Erfahrung machen. So gesehen, geht es in diesem Text nicht um eine Absage an die Zukunft Abrahams, nachdem die Absage an dessen Vergangenheit bereits erfolgte, sondern es geht um die *Weiterentwicklung der Beziehung zwischen Gott und Abraham.*[372]

8.1.3 Reflexion des Textes im Hinblick auf die Kirchengemeinde – wie sagt ein Prediger ihr den Text?

Die Gemeinde wird über den Text nicht weniger erschrocken sein als ein Prediger. Das Erschrecken der Gemeinde ist wahrscheinlich sogar noch größer. Der Text passt gar nicht in ihr Bild von Gott. Betroffen wird die Gemeinde ferner davon sein, dass ein solcher Text in der Bibel steht, und mehr noch davon, dass er, selbst wenn er dort steht, heute gepredigt wird.

Filmindustrie nach 1945 durch die Darstellung eines Fahrraddiebstahls, einschließlich dessen Voraussetzungen und Konsequenzen, mit Recht Weltruhm erlangte; Lurdi di biciclette = deutsch: Fahrraddiebe, Italien 1948, Regisseur und Produzent: Vittorio De Sica; vgl. dazu die Kapitel in: Liz-Anne Bawden (Hg.), rororo Filmlexikon, Filme K-S, Hamburg 1978, S. 367f.

372 Hardmeier fügt eine weitere Interpretationsvariante hinzu. Es geht ihm zufolge um Abrahams „Tunnelblick". Was das heißt, beschreibt Hardmeier in einer beigefügten Predigt so: „..Gott prüft in dieser Erzählung nicht Abrahams Kadavergehorsam, ob er auxh zum Töten seines Liebsten bereit wäre....Und so sehr dieser Aufbruch im Gottvertrauen anfänglich gelingt, so liegt das ganez Schwergewicht der Erzählung auf der lebensbedrohlichen Verblendung, in die Abraham hineingerät. Selbst er hätte in seinem Tunnelblick seinen Sohn umgebracht,..." (Christof Hardmeier, Realitätssinn und Gottesbezug, geschichtstheologische und erkenntnisanthropologische Studien zu Genesis 22 und Jeremia 2, – 6, Neukirchener Verlag, Neukirchen 2006, S. 87)

Wie kann hier ein Prediger helfen? Es gibt die Möglichkeit, auf den Text zu verzichten oder ihn wenigstens abzuändern.
Lachmann schlägt letzteres vor und liefert gleich eine abgeänderte Fassung, aber er verwirft seinen eigenen Vorschlag und begründet seine Ablehnung:

> „Eine glatt gehobelte Geschichte; archaische Ecken und Kanten sind weggefallen, anstößige Unebenheiten beseitigt, später ausgemerzt. Aufklärerischer Moralismus und Rationalismus scheinen einmal mehr fröhliche Urständ zu feiern, harmonisch – humanistischer Bildungsgeist schimmert durch. Die Geschichte ist nicht mehr das, was sie war und sein wollte. Entschiedener Protest von Alttestamentlern und Theologen ist vorprogrammiert. Lieber eine provozierende Skandalgeschichte mit Happy-End als eine derart nivellierend entschärfte und verfälschte flach fade Erzählung ...“[373]

Günter Scholz macht einen anderen Vorschlag. Seine Linie von Abraham, Isaak, Christus zu Bonhoeffer zeichnet er vom vertrauensvollen Kinderglauben her. Erwachsenen ginge solcher Glaube verloren. Dagegen ist einzuwenden, dass Abraham, Christus und Bonhoeffer erwachsen waren. Scholz erzählt darum eine eigene Geschichte. Ein Kind malt seiner schwer erkrankten Großmutter ein Bild. Darauf ist ein Kreuz zu sehen, unter dem die Worte stehen: „Gott wird helfen“. Die Großmutter wird in der Tat gesund. Diejenigen, die nicht gesund werden, sollen nach Scholz getröstet werden. Dass ein solcher Trost selbst Abraham in dessen Leid nicht geholfen haben dürfte, setzt auch Scholz voraus und fügt darum Gen. 22 als neuen, zusätzlichen Vers die Worte hinzu: „Abraham betet zu Gott, indem er spricht: Herr, in deine Hände befehle ich meinen Sohn“[374].

Der Prediger einer unveröffentlichten Predigt über Gen. 22 schließt seine Predigt mit dem Hinweis auf das in seiner Gemeinde bei Beerdigungen gern gesungene Lied: „So nimm denn meine Hände“[375]. Dieses Lied der Erzieherin und Musiklehrerin Julie Hausmann hätte die eingangs geschilderte Witwe in deren Leid nicht getröstet – und vermutlich nicht nur sie -, obwohl die Verse nur wenige Jahre vor dem Tod ihres Mannes gedichtet worden sind.

Horst Schwebel[376] schlägt einen anderen Weg zur Predigt vor. Er orientiert sich nicht an heutigen Gemeinden, sondern verweist auf Kierkegaard, der in Abraham einen Glaubenszeugen sieht. Dieser besteht 1. die Versuchung, bewahrt 2. den Glauben und erhält 3. seinen Sohn zum zweiten Mal geschenkt. Überlegungen, denen zufolge sich Abraham seines Auftrages hätte entziehen können, sind laut Kierkegaard Versuche eines Erzählers, der sich den Vorgang vorstellen will. Schwebel zitiert ferner Kolakowski, einen polnischen Philosophen, der die im Text wiedergegebene Gottesvorstellung kritisiert, weil sie Gott zu jemandem mache, der den Menschen in größtes Entsetzen führe, um ihm dann auf die Schulter klopfend zu sagen, dass alles nur ein Spaß gewesen sei.

---

373 A.a.O., S. 195.
374 A.a.O., S. 29.
375 EG 376.
376 Horst Schwebel, Judika, 5. April 1987, Genesis 22,1-14, in: DtPfrBl 87, 1987, S. 109.

Schwebel neigt zu Kolakowskis Vorstellung, meint aber, auch im Glauben dürfe gelacht werden, „über die Belanglosigkeit hinterher“. Sicherlich gehört das Lachen, die Freude zum Glauben wie auch das Leiden. Nur ist das Lachen nicht Ausdruck eines makabren Scherzes mit menschlichem Leid, wie sich gezeigt hat. Kierkegaards Auslegung von Gen. 22 trifft eher den Text[377]; doch ist zu fragen, ob Glaubensheroen heute Gemeinden und Predigern helfen, die kleingläubig sind.

Neben dem Kleinglauben ist das Umfeld der Gemeinde, ihre Umwelt ernst zu nehmen. Eine Übersetzung des Textes in die heutige Zeit besagt nicht weniger als das: Abraham soll im Auftrag Gottes das Werk zerstören, das Gott für Abraham geschaffen hat. Das Instrument dazu soll der Tod sein. Der Tod ist das Mittel zur Beendigung von Zukunft. Der Schöpfer befiehlt die Vernichtung des Geschaffenen ohne jeglichen Rest, ohne jede Hoffnung. Das besagt, auf heutige Verhältnisse übertragen, nicht die Bewahrung der Schöpfung, sondern ihr Ende ist angesagt, und dieses Ende wäre durch uns heraufzuführen!

Wer sich diesem Problem nicht stellt, der nimmt die Gemeinde und den Text letztlich nicht ernst oder lässt Text und Alltag auseinanderfallen. Die biblischen Erzähler und Redaktoren erzählten für das Leben, d.h. für den Alltag. Die für die Auswahl von Predigttexten zuständige Kommission weicht nicht auf einen anderen Text aus. Sie versucht nicht einmal, ihn anders zu akzentuieren, etwa indem sie eine andere Abgrenzung wählt.

Könnte der Gemeinde wenigstens der Zugang zu der Geschichte erleichtert werden? Sollte nicht wenigstens eine längere Einleitung den Einstieg erleichtern? Könnte die folgende Geschichte, die vor einiger Zeit durch die Zeitungen ging, eine Hilfe sein?

Ein junges Paar lebt glücklich. Beide wollen an ihrem Glück festhalten. Darum kam die Frau eines Tages auf folgende Idee. Sie kommt regelmäßig abends eher als er nach Hause. An einem Abend schreibt sie einen Brief. „Liebster“, so schreibt sie, „ich bin glücklich und möchte es stets bleiben. Wecke mich darum, wenn du mit mir glücklich bleiben willst. Wenn nicht, lass mich schlafen. Ich bin dir nicht böse. Ich kann dir gar nicht böse sein. Ich nehme jetzt die Schlaftabletten“. Als der Mann nach Hause kommt, findet er den Brief. Er ist verspätet heimgekommen. Äußere, nur äußere Umstände haben ihn aufgehalten. Er versucht alles, um die geliebte Frau zu retten. Die Mediziner können aber nur den Tod feststellen.

Die Predigt könnte dann den Text etwa so einleiten: Liebe Gemeinde, was heißt „Prüfung“? Der Unterschied zwischen dem Bericht aus unseren Tagen und dem aus der Zeit Abrahams ist frappant, und doch gleichen sich die Berichte. Gott und die Frau lieben …

---

377 Zu Kierkegaards Auslegung vgl. auch Peter Tschuggnall, Das Abraham-Opfer als Glaubensparadox. Bibeltheologischer Befund – literarische Rezeption – Kierkegaards Deutung, Frankfurt am Main u.a. 1990, und Eugen Drewermann, a.a.O.

Spätestens hier wird deutlich, dass die Erzählung von dem liebenden Paar letztlich ein Versuch ist, dem Text einen weiteren Vers 1 vorzuschalten. Auch würde die Gemeinde durch ihre emotionale Teilnahme an dem Paar noch ein weiteres Mal vom Text abgelenkt.

8.1.4 Predigt zu Genesis 22,1-13

Liebe Gemeinde[378]

1. Diesen Text predigen, kann man das, darf man das?

Zum Tod wird hier aufgerufen, zum Tod durch des Vaters Hand. Der Aufrufer ist Gott! Gott, der Vater Jesu Christi, soll zum Tod aufrufen? Das kann doch nicht wahr sein. Und sollte es wahr sein, darf das doch nicht gepredigt werden!

Diese und ähnliche Gedanken schossen mir, tief erschrocken, durch den Kopf, als ich diesen Text las. Nicht anders ging und ergeht es den verschiedenen Autoren, die sich zu diesem Text äußern. Einer schlägt gar vor, den Text umzuschreiben, neu zu überarbeiten. Eine entschärfte Neufassung kann aber nicht der Sinn sein. Eher könnte der Sinn in der Passionszeit zu suchen sein. Wir erinnern uns an Jesu Leiden und Sterben. Jesus stirbt. Er leidet. Er ringt in Gethsemane mit dem Tod. Isaak aber bleibt am Leben.

1.1. Ich möchte mit V. 8 beginnen. Auf Isaaks Frage, wer das Brandopfer sei, antwortet Abraham:

> Mein Sohn, Gott wird sich ein Schaf zum Brandopfer erwählen.

Der Junge gibt sich mit der Antwort zufrieden. Beide, Vater und Sohn, gehen weiter. Abrahams Antwort erfüllte ihren Zweck.

1.2. Was kann das für eine Antwort sein?

Von ihrer Absicht her gesehen, ist sie eine Beruhigungspille. Von ihrem Inhalt her gesehen und aufgrund der Abraham bekannten Vorgeschichte, ist die Antwort eine Lüge. Gott hat sich ein Opferlamm ersehen, Isaak. Abraham verschiebt das Tempus. Aus der Vergangenheit wird Zukunft. Ein kleiner, aber effizienter Trick! Objektiv gesehen, ist die Antwort allerdings richtig. Gott wird sich in der Tat ein Lamm, ein Tier, als Opfer auswählen.

1.3. Auffällig ist an der Antwort, dass Abraham Gott als Handelnden nimmt. „Gott wird sich ein Schaf ersehen."

Abraham schiebt Gott die Initiative zu, obwohl Gott bereits gehandelt hat. Abraham sagt nicht etwa: „Lass mal, wir werden ein Lamm finden. Isaak, wenn

---

[378] Die Predigt wurde 1992 einer Stadtgemeinde gehalten, wie Inhalt, Aufbau und sprachliche Gestaltung zeigen.

du schon danach fragst, so fang schon einmal an zu suchen!". Abraham bringt Gott ins Spiel; und wie er das tut! Gegen Gott, nämlich gegen Gottes Auftrag redend, verweist Abraham auf Gott. Ein Ausleger sagt dazu: Das ist ein Gott gegen Gott aufrufendes Vertrauen auf Gott. Der Ausleger sagt „Vertrauen", und zwar ein Gott gegen Gott aufrufendes Vertrauen auf Gott. Ein anderer Ausleger, der ebenfalls in V. 8 das Zentrum der Erzählung sieht, schreibt: Der Schwerpunkt der Erzählung wurde verschoben; er wurde von der Erprobung Abrahams in Richtung einer Erprobung Gottes geschoben.

Wenn man diese unterschiedlichen Meinungen hört, muss man sich fragen, ob sich wieder einmal Theologen nicht einig sind oder ob gar die Geschichte mehrdeutig ist. Wer soll das verstehen? Ja, wer soll Gott in dieser Geschichte verstehen?

2. Luther trieb das Problem um, mit Gott klarzukommen. Kaum ein anderer Theologe wurde so wie er von dieser Aufgabe erfasst, gepackt, geplagt. Um mit Gott leben zu können, muss man ihn erst einmal kennen, verstehen lernen.

2.1. Nur in der Schrift können wir Gott erkennen. Das wusste Luther. Aber wie ist Gott dort zu erkennen? Wir lesen die Schrift, wenn wir in 1. Mose 22 von Isaaks Opferung lesen. Das Problem ist darum, Gott in der Schrift kennenlernen zu können. Lange brauchte Luther, bis er verstand, dass die Gerechtigkeit Gottes, von der er in Röm. 1,17 las, nicht die ist, die Gott von uns fordert, sondern die er uns schenkt. Der Genitiv „Gottes" – Gottes Gerechtigkeit – musste richtig verstanden werden. Rein grammatikalisch gesehen, ist der Genitiv als subjektivus und als objektivus zu verstehen. Aber: Wie ist er richtig zu begreifen? Er ist mehrdeutig. Allein die Mehrdeutigkeit als solche zu erkennen, ist ein erster Schritt über die Jahrhunderte übliche Interpretation hinaus. Gottes Gerechtigkeit ist verstanden worden als die, die Gott von den Menschen fordert. Luthers neue Erkenntnis ist, dass Gottes Gerechtigkeit die ist, die er den Menschen schenkt.

2.2. Die gewonnene Erkenntnis konnte Luther später als Antwort an Erasmus weitergeben, als dieser ihn kritisch befragte.

Luther gab die Antwort in theologischer Breite, worauf schon oben kurz hongewiesen wurde[379]. Er unterschied zwischen einer äußeren und einer inneren Klarheit der Schrift. Die äußere Klarheit ist die, die wir kennen, wenn wir die Schrift lesen. Der Sinn der Sätze, die wir vor Augen haben, macht die äußere Klarheit aus.

Auf unseren Text bezogen heißt das, Abraham beruhigt den Jungen mit einer Lüge. Abraham verschiebt das Tempus.

---

[379] Wegen der grundlegenden Bedeutung dieser Unterscheidung wurde schon wiederholt hingewiesen (Siehe oben 1.1. und 8.1.).

Anders verhält es sich mit der inneren Klarheit. Durch die äußere Klarheit der Schrift hindurch, und nicht außen herum oder sonst vorbei, geht der Weg zur inneren Klarheit. Sie ist, wenn Sie wollen, die Tiefe und eigentliche Schicht des Verstehens der Schrift. Hier, erst hier wird deutlich, was alles die Schrift meint, sagt. Überlieferung der Schrift, ihre Werte, alles das ist richtig. Es gibt sonst keinen anderen Weg zur Erkenntnis Gottes als den der Schrift. Aber: Das eigentliche Erkennen liegt tiefer.

Mit unserem Text gesprochen: Abraham weiß gar nicht, dass und wie recht er hat, als er Isaak antwortet. Abraham kann es gar nicht wissen. Auch der Leser weiß es nicht. V. 1 muss ihm und nur ihm, dem Leser, vorab mitteilen, dass Abraham auf die Probe gestellt werden soll.

3. Die Mitteilung von der Probe ist ihrerseits auch ein Stück äußerer Klarheit. Der Erzähler, der Berichterstatter, schreibt „prüfen", obwohl Gott eine Prüfung nicht braucht. Er weiß ohnehin, was herauskommen wird. So gesehen ist die ganze Geschichte eigentlich unnötig.

3.1. Nötig ist sie allerdings unter einem anderen Gesichtspunkt. Abraham soll sich bewähren. Abraham hatte sich ganz auf Gott verlassen, als er, der Orientale, seine ganze Verwandtschaft aufgab und, Gottes Auftrag folgend, in ein fremdes Land zog. Nun geht es darum, dass Abraham auch seine Zukunft auf Gott baut. Isaak, sein Sohn, ist die Zukunft Abrahams; er ist die von Gott Abraham ausdrücklich zugesagte Zukunft. Nun geht es um das Ende dieser, seiner Zukunft.

Wie wird Abraham nun reagieren? Wird er wieder auf Gott vertrauen? Und das heißt nun: gegen Gott auf Gott als Gott zu vertrauen. Gott ist es nämlich, der Abraham veranlasst, seine Zukunft aufzugeben. Das ist neu. Diese Erfahrung hatte Abraham noch nicht mit Gott gemacht. Abraham lernt nun, gegen Gott an Gott als Gott zu glauben.

3.2. Das ist schwer, sehr schwer. Diese Erkenntnis ist nicht leicht, oberflächlich zu gewinnen.

Wir, wenn wir auf uns blicken, wissen das selbst zu gut, wenn wir leiden, sinnlos leiden, wie wir meinen. Sei es auf der Krebsstation; sei es auf dem Arbeitsamt. Im sinnlosen Leid auf Gott zu vertrauen, ist schwer, schier unmöglich.

Wir rechnen nicht mit der Größe Gottes, die ihn für uns unberechenbar macht. Wir sprechen von Weltraumfahrt und der ständigen Erweiterung unserer Grenzen. Dabei bleiben wir bei unseren Flügen meistens in unserem Sonnensystem und oft nur in Erdnähe. Die Teleskope unserer großen Sternwarten sehen weiter ins All, aber das sind keine Flüge. Was wir Weltraumfahrt nennen sind Ausflüge vor der Haustür unserer Erde. Sie Weltraumfahrt zu nennen, ist Kurzsichtigkeit, nichts weiter. Das Schlimme dabei ist, dass wir diese Kurzsichtigkeit auch auf unsere Erkenntnis von Gott anwenden. Seine Größe sehen wir nicht. Die Tiefe seines Verstehens begreifen wir nicht.

3.3. Luther nennt, wie in seiner Antwort an Erasmus, Gott deus absconditus, den verborgenen Gott. Wir wissen nur so viel, oder richtiger, so wenig von Gott, wie er uns von sich zeigt. Dieses Wenige ist dabei schon fast ein Zuviel für uns.

3.4. Gott weiß auch das. Er geht darum schrittweise bei Abraham vor. Zunächst lehrte er ihn beim Auszug mit der Trennung von der Familie auf ihn, auf Gott, zu vertrauen.

4. Wie weit Gott denkt, aufgrund seiner Größe und Tiefe denkt, lernt Abraham, ohne aber selbst Gott ganz kennenzulernen. Gott lässt es mit dieser Erkenntnis des Abraham bewenden. Der Schluss des Textes deutet die viel weiterreichende Größe Gottes an. Abraham nennt den Ort von Israels Rettung „der Berg, auf den der Herr sieht“ (V. 14). Später, viel später, wird Salomo Gott auf diesem Berge den Tempel bauen, wie die Chronik (2. Chron. 3,1) erzählt. Der Berg trägt den Namen: Der Herr sieht.
Der Psalmist singt darum (Ps 139,5f.):

> Herr, von allen Seiten umgibst du mich
> und hältst deine Hand über mir.
> Diese Erkenntnis ist mir zu wunderbar und zu hoch,
> ich kann sie nicht begreifen.
> Paulus bricht viel später in denselben staunenden Jubel aus (Röm. 11,33):
> O welch eine Tiefe des Reichtums,
> beides der Weisheit und der Erkenntnis Gottes!
> Wie unbegreiflich sind seine Gerichte
> und unerforschlich seine Wege!

Liebe Gemeinde, ich gestehe, dass ich mich freue, nicht aufgegeben zu haben. Gegen Gott an Gott zu glauben, heißt zu sehen. Amen.

8.1.5 1.Petr. 5,5c-11 – ein Anstoß zur Predigt durch Leid zur Freude.

Der nächsten Predigt gehen keine Vorarbeiten voraus, weil die Situation der Hörer zur Geltung kommen muss. D.h. hier soll nacherlebt werden, dass und wie die Hörer die Predigt ohne deren Vorarbeiten erleben.

Der Text wurde aus dem Neuen Testament, und hier aus einem nicht häufig zitierten Buch gewählt, weil die Texte der verschiedenen Predigtreihen sich nicht nur auf einige bekannte beschränken.

Übersetzung

5c: Gott stellt sich denen entgegen, die sich selbst hoch einschätzen, aber denen, die sich erniedrigen, gibt er Gnade.

6: Erniedrigt euch also unter die kräftige Hand Gottes, damit er euch nach seinem Zeitplan erhöht.
7: Jede eurer Sorgen legt auf ihn, weil er um euch herum sein wird.
8: Seid nüchtern, wacht! Euer Gegner, der Teufel, läuft wie ein brüllender Löwe herum und sucht jemanden, um ihn zu reißen.
9: Ihm stellt euch entgegen mit der Kraft des Glaubens. Ihr wisst doch, dass dieselben Leiden in der ganzen Welt euren Brüdern aufgeladen worden sind.
10: Aber Gott ist voller Gnade. Er beruft euch in seine Herrlichkeit durch Christus. Die Herrlichkeit ist zeitlich nicht begrenzt. Gott wird euch, die ihr nur eine begrenzte Zeit leidet, mit allem ausstatten, wiederherstellen, euch einen festen Stand bereiten und euch stärken.
11: Ihm gehört die Macht ohne zeitliche Begrenzung. Amen.

8.1.6 Predigt

Liebe Gemeinde[380],
Einleitung: „Sorge dich nicht, lebe!", so lautet der Titel eines Bestsellers, genaugenommen eines Megabestsellers.

Das Buch steht schon seit Wochen, ja Jahren auf der Bestsellerliste, und oft weit oben. Beim Verlag, der das Buch in Deutschland verbreitet, musste die zuständige Mitarbeiterin erst im Archiv nachsehen, um mir meine Frage beantworten zu können, wann das Buch zum ersten Mal in Deutschland erschienen ist. Es war im Oktober 1949. In den USA kam es 1944 auf den Markt. „Sorge dich nicht, lebe!" brauchen viele Menschen als Imperativ.

Unser Predigttext bleibt beim gut gemeinten Imperativ nicht stehen. V. 7 sagt auch, *wohin* die Sorgen gebracht werden sollen und warum. Die anderen Verse vertiefen das Ablegen von Sorgen noch weiter. Unser Predigttext erscheint darum als schwierig, vielleicht sogar disparat. Sein Schreiber macht sich breit angelegt Sorgen um die menschlichen Sorgen.

a. Die Sorgen ab- und Gott aufzulegen, müsste eigentlich Anlass zur Freude sein. Seine Sorgen abgeben zu können, ist schön, wundervoll. Der Verkauf von über 1,5 Mill. Exemplaren eines einschlägigen Buches allein in Deutschland zeigt, wie sehr Menschen danach streben, ihre Sorgen loszuwerden, aber diese Tatsache zeigt auch, wie schwer das ist, zumal noch weitere Faktoren hinzukommen, die menschliche Sorgen auffangen sollen. Zahlreiche Beratungsstellen, Psychotherapeuten, Pfarrer und andere bemühen sich um menschliche Lasten. Die Sorgen sind unterschiedlich. Der Text spricht zunächst von Sorgen allgemein, wie auch der Megabestseller, und differenziert erst später.

---

[380] Die Predigt wurde 1993 einer Stadtgemeinde gehalten, wie auch hier der Aufbau und die sprachliche Gestaltung zeigen. Die Gemeinde wurde gewählt, um zu zeigen, dass beide Predigten in ähnlichen Situationen gehalten werden können.

Er fragt: Wie kommt es, dass Menschen ihre Sorgen loswerden wollen, sie aber nicht loswerden? Der Text redet von dem Leiden, das Christen und ganzen christlichen Gemeinden begegnet. Der Text spricht zu uns, wendet sich an uns. Christen, wir, werden oft unsere Sorgen nicht los. Deshalb kaufen auch Christen das Buch mit dem eindeutigen Titel: „Sorge dich nicht, lebe!"

Wie kommt es, dass auch Christen, dass auch wir unsere Sorgen nicht loswerden?

Ich stelle eine These auf: wir – wie auch manche anderen – wollen unsere Sorgen loswerden und wollen auch wieder nicht. Bei uns besteht eine Tendenz, eine Neigung, unsere Sorgen zu behalten.

b. Als Begründung verweise ich auf V. 5c. Gott stellt sich denen entgegen, die sich selbst hoch einschätzen, und gibt Gnade, hilft denen, die sich erniedrigen. Nur: Wer erniedrigt sich schon gern in der Kirche und in der Welt?

Luther übersetzt: sich demütigen. Wir verstehen heute unter Demut den gebückten Gang, mindestens den nach unten gerichteten Blick. Beides meint der Text nicht. Nämlich auch wer den Blick nach unten richtet oder sich bückt, kann gerade dadurch Blicke auf sich lenken und auf diese Weise sich selbst herausstellen. Der Papst gibt dafür ein Beispiel alle Jahre. Am Gründonnerstag wäscht er einigen Bürgern Roms die Füße. Fernsehkameras sind dabei, richten ihre Objektive auf diese Fußwäsche. Die Bergpredigt ruft uns auf, unsere Gerechtigkeit nicht zur Schau zu stellen, gegebene Spenden nicht zu benutzen, um über unsere guten Taten zu reden (Mt. 6,1f.). Der Papst will mit seiner Fußwaschung an die Jesu erinnern. Damals, als Jesus dem Petrus die Füße waschen wollte, weigerte der sich zunächst, sich die Füße waschen zu lassen, weil er es nicht ertrug, dass Jesus als sein Meister ihm die Füße wäscht (Joh. 13,5ff.). Füße anderen zu waschen, ist eben eine niedrige Arbeit, aber sobald andere zuschauen, wie jemand anderen die Füße wäscht, wird eine Selbsterhöhung daraus.

Diese ist bei uns gefragt, und nicht die Selbsterniedrigung. Wir denken lieber hoch als niedrig von uns selbst. Ein solches Denken hat Konsequenzen. Wer hoch von sich denkt, der hat keine Sorgen bzw. darf keine haben. Der Reiche kann sich alles kaufen. Die Mächtige hat ihre Angestellten im Büro und zu Hause. Ein solches sorgenfreies Leben wünschen wir uns alle. Indem wir uns so ein Leben wünschen, wünschen wir uns genaugenommen die dahinterstehende Macht, den Reichtum, kurz: eine so imposante Höhe, dass sie uns aller Sorgen enthebt.

Die Kehrseite eines solchen Denkens ist, dass, wenn wir unsere Sorgen los wären, wir uns unsere Ohnmacht, unsere Schwäche, unsere Niedrigkeit eingestehen müssten. Ehe wir aber das tun, behalten wir lieber unsere Sorgen.

c. Unser Text nennt noch einen weiteren Grund für unseren Wunsch, unsere Sorgen behalten zu wollen. V. 8 fordert uns auf, nüchtern und wach zu sein.

Wenn so eine Aufforderung nötig ist, lässt diese Tatsache nur den Schluss zu, dass wir gern und viel schlafen, nicht oft nüchtern sind.

Damit ist nicht nur steigender Bier- und Weinkonsum einschließlich der entsprechenden Werbung gemeint, sondern wesentlich mehr, nämlich: der Predigttext verwendet dafür das Bild vom brüllenden Löwen. Der Löwe ist nicht das friedlich steinerne Tier, das vor Schlössern steht, sondern er ist die kräftige Großkatze, die wegen ihrer Stärke keine anderen Tiere zu fürchten braucht, keine tierischen Feinde hat. Ich habe deshalb in der Übersetzung gesagt, dass der Löwe jemanden sucht, um ihn zu „reißen". Ein anderer Übersetzer schlug vor, lieber zu sagen: um ihn „anzufallen". Ich meine, das Bild vom brüllenden Löwen will mehr aussagen. Nicht ein kläffender Hund fällt uns an, den wir abschütteln können, wenn wir auch dabei vielleicht Schrammen bekommen. Wenn der Löwe brüllt, dann geht es um Sein oder Nichtsein (vgl. Am. 3,8). Darum darf, kann niemand schlafen oder trunken sein.

d. Neben der Neigung, unsere Sorgen zu behalten, und dem Wunsch nach Schlaf gibt es noch ein Drittes, das uns davon abhält, Gott unsere Sorgen zu überlassen. Sie fragen vielleicht: Geht das überhaupt noch?

Die Verse 9 und 10 sprechen vom Leid in der Welt und dem der Christen. Dieses Leid werden wir nicht los. Es ist ein Teil von uns Christen, aber es ist zeitlich begrenzt, und Gott wird uns wiederherstellen, stärken. Für die Zwischenzeit ist das Leid hinzunehmen, zu ertragen, aber das wollen wir nicht. Der Grund dafür erscheint uns möglicherweise ebenfalls als nicht akzeptabel. Wenn wir das Leid hinnehmen, akzeptieren wir Gottes Macht und unsere Ohnmacht.

Vielleicht meinen nun manche unter uns Kirchgängern heute Morgen, dass andere, die Nicht-Gekommenen, Gottes Macht nicht akzeptieren. Das kann ich verstehen, ja, erlebe ich täglich. Anders ist es jedoch mit den Christen. Sie bekennen sich deshalb sogar in jedem Gottesdienst ausdrücklich zu Gott. Ich fürchte aber, diese Argumentation ist etwas vorschnell.

Immer wieder hören wir auch von Christen eine Anklage Gottes, weil er Leid in der Welt zulässt. Wir klagen ihn oft zusammen mit anderen an, weil er die Verbrechen an der Mauer in Deutschland zuließ, wegen der Schüsse und Granaten in Bosnien, der Toten durch Wassermassen und Vulkanausbrüche. Die Anklageschrift lautet dabei stets so oder ähnlich: Wenn Gott so etwas zulässt, zumal er die Liebe in Person ist, dann ... Hier wird meistens der Anklageschrift gleich das Urteil hinzugefügt: *dann will ich mit diesem Gott nichts zu tun haben* – oder es wird gesagt: *dann gibt es gar keinen Gott*.

Was tun *wir* eigentlich, wenn wir so anklagen und urteilen? Wir machen uns zum Richter über Gott. Mit Selbsterniedrigung hat das nichts zu tun. Die Art und Weise, in der wir dabei vorgehen, gleicht der, die der Teufel bei Jesus ausprobiert – unser Predigttext spricht nicht zufällig vom Teufel. Er stellt Jesus oben auf den Tempel und fordert ihn auf, hinunterzuspringen, weil ihm dabei nichts passieren werde. Zum Beleg für seine Behauptung zitiert der Teufel Ps.

91 (V. 11f.). Wenn wir uns zu Richtern machen und auf Gottes Liebe verweisen, zitieren wir mit dem Verweisen ebenfalls die Bibel.

Das Richten über Gott, das Fragen, wo seine Liebe bleibe, wird in der theologischen Fachsprache die Theodizeefrage genannt. Die Frage kann auch so formuliert werden, um Gott mit der Frage zu rechtfertigen. Ein Urteil bleibt es. Gott rechtfertigen zu wollen, klingt freundlicher und ist in der Tat freundlicher, als ihn zu verurteilen. Nur: Auch wer ihn rechtfertigen will, urteilt, richtet über ihn. Es ist darum wohl nicht zufällig, dass die Bemühungen, Gott zu rechtfertigen, keine überzeugenden Antworten sind.

Leibniz, der einen Versuch zur Rechtfertigung unternahm, schaffte keine überzeugende Lösung, obwohl er eine Zierde der Wissenschaft zu seiner Zeit war und zum Vorbild für die folgenden Generationen wurde. Leibniz meinte, die Welt sei die beste der denkbaren. Angesichts der Leiden in der Welt, können wir uns alle bessere Welten vorstellen.

Vielleicht ist die Theodizeefrage eine – gar die – sublime Form raffinierter Methoden, Gottes Ansprüchen gegen uns zu entgehen und zugleich auf seine Hilfe zu verzichten.

Gibt es überhaupt Menschen, die leiden und dennoch nicht die Theodizeefrage stellen, ihr Leid annehmen? Ja, sie gibt es. Bonhoeffer trat bewusst den Nazis gegenüber. Er wusste genau, dass diese Leute keine Kritik dulden. Er musste dafür im Gefängnis leiden und schließlich sterben. Während seiner Gefängniszeit war er gelassen, so ruhig, dass seine Gefängniswärter sich wunderten.

Unterdrückte Gemeinden in der DDR, in der UdSSR, ja im ganzen Ostblock überlebten. Genauso war es bei früheren Verfolgungen. Während der harten Verfolgungen der Hugenotten, der Evangelischen in Frankreich, war eine Frau, Marie Durand, 38 Jahre lang eingesperrt. Schließlich ließ ihr Unterdrücker sie frei, weil ihr Widerstand ihn sehr beeindruckte. Sicher, 38 Jahre sind eine lange Zeit, aber gerade dadurch beeindruckte sie ihren Unterdrücker. Auch gehen Gottes Uhren anders. Seine Macht kennt „keine Begrenzung".

Die uns seit Luther vertraute Übersetzung „ewig" für „ohne zeitliche Begrenzung" sagt uns nicht mehr das eigentlich Gemeinte. Unsere Sprache hat sich gewandelt. Manche beklagen sich, weil der oder die Freund(in) ihn bzw. sie „ewig" warten ließ, nämlich sich ganze 5 Minuten verspätet hatte.

e. Noch ein Letztes, zur Aufgabe der Sorgen. Oft ergeht es uns im Leben so, dass wir erst zur Sache kommen, wenn wir viele Fragen, Probleme weggeräumt haben. Genauso erlebe ich den Predigttext. V. 7 und alle anderen Verse sollen auch gepredigt, müssen besprochen werden.

V. 7 fordert uns auf, Gott die Sorgen aufzulegen. Wie macht man das? Für den Schreiber des Textes scheint das ganz einfach, kein Problem zu sein. Er schreibt nur: Legt Gott die Sorgen auf, denn er ist ständig um euch.

Im griechischen Text steht wörtlich: „um euch herum“. Wir können uns nur schwer darunter etwas vorstellen. Eine Mauer umgibt eine Burg ringsherum, um Schutz gegen alle Seiten zu ermöglichen. Der Text will das und mehr sagen. Es geht ihm nicht nur um Schutz, um Abwehr. Luther übersetzte deshalb: „Alle eure Sorgen werft auf ihn, denn er sorgt für euch.“ Gegen diese Formulierung ist zu fragen: Wo finde ich Gott? Genau darauf will der Text mit dem „Um-Herum“ antworten. Luthers sprachlich schöne Übersetzung lässt die Antwort des Textes weg. Ein Student schlug deshalb vor, „vor der Haustür“ zu sagen. Was nämlich vor unserer Haustür geschieht, ist uns nahe. Nur ist auch dagegen einzuwenden: Wie viel Leid geschieht innerhalb der eigenen vier Wände? Hilft Gott nicht auch in diesem Leid? Ein Kollege, er beschäftigt sich insbesondere mit der griechischen Sprache, regte an zu sagen: „kümmern“. Gott kümmert sich um uns. Ich meine, Gott tut mehr. Eltern kümmern sich um ihr kleines Kind, wenn sie vor dem Schlafengehen noch einmal ins Kinderzimmer gehen und nach dem Kind sehen. Gott tut mehr als Kinder, die, selbst erwachsen geworden, bei ihren alten Eltern vorbeischauen. Kümmern meint, sich um jemanden zu sorgen, eben ab und zu nach ihm zu sehen. Gott tut mehr. Er ist ständig um uns herum.

Da mir und anderen keine treffenden deutsche Worte einfallen, nehme ich die wörtliche Übersetzung. Ich muss gestehen, der Verzicht, nach einem zutreffenden Wort zu suchen, fiel mir solange nicht leicht, bis mir der folgende Gedanke kam: V. 7 gilt für Sie und mich, für diese Predigt, für die Hörer und für mich als Prediger.

Ich darf meine Sorgen Gott auferlegen und damit auch die, dass Sie den Text verstehen werden.

Schluss: Ich gestehe, als mir dieser Gedanke gekommen war, war ich erleichtert; ja, ich freute mich richtig über diesen Text. Diese Freude wünsche ich auch Ihnen bei Ihrem Gott-die-Sorgen-Überlassen. Zum Tragen der Sorgen hat er die Macht, und zwar ohne zeitliche Begrenzung, V. 10.
Amen.

9 Die heutige Diskussionslage der Predigtprobleme

9.1 Die Rede von der Predigt

„Predigt" erscheint als ein eindeutiger Terminus. Er wird verwendet im Leben der Gemeinden und auch in der Öffentlichkeit für die Rede im Gottesdienst, die traditionell von der Kanzel aus gehalten wird. Schon der notwendige Zusatz „traditionell von der Kanzel aus" zur Kennzeichnung des Gemeinten zeigt das hier liegende sprachliche Problem. Andere Vokabeln als Bezeichnung für die Predigt bzw. das damit gemeinte Geschehen erschweren die Diskussion, lassen sie oft leidvoll werden.

Auf der anderen Seite wird durch die verschiedenen Vokabeln zur Bezeichnung der Rede deutlich, welche Möglichkeiten die Predigt Hörern und Predigern bietet. Die Jahre, Jahrhunderte des Predigens bringen so viele Varianten christlichen Redens in der Gemeinde hervor, dass die Formen einer Generation dagegen zwangsläufig auf wenige Formen beschränkt bleiben müssen. Die Fülle sich zu erschließen, sie zu nutzen, bringt Hörern und Predigern Gewinn, lässt Freude aufkommen. „Abwechslung ist immer angenehm" lässt Euripides Elektra ihrem kranken Bruder raten[381]. Die Erfahrungen in heutigen Gottesdiensten lassen die Fülle dagegen oft nur als Leid erleben. Prediger greifen vielfach mehr oder weniger zufällig eine Möglichkeit auf und bleiben dann manchmal gar über Jahre dabei.

Folgende, in alphabetischer Reihenfolge aufgelistete Wörter werden insbesondere für die Predigt verwendet: Botschaft, Information, Mitteilung, Verkündigung. Diese Wörter werden ihrerseits mit unterschiedlichen Zuspitzungen gebraucht. Das Deutsche Wörterbuch von Jacob und Wilhelm Grimm nennt allein drei Bedeutungen mit jeweils mehreren Unterteilungen für „predigen", nämlich:

1. Gottes Wort, die göttliche, besonders christliche Lehre öffentlich zu verkünden;
2. die Weise und den Ton etwas vorzubringen, die der eines Predigers entspricht;
3. verallgemeinernd, d.h. ausrufen, laut verkündigen[382].

---

381 Euripides, 480 bis 406 v. Chr., Orestes 234. Heute wird meistens die lateinische Fassung, „variatio delectat" (Abwechslung erfreut), zitiert.

382 Jacob und Wilhelm Grimm, Deutsches Wörterbuch, Bd. 7, bearbeitet von Matthias von Lexer, München 1984, Sp. 2079ff.

Die sprachliche Beziehung der verschiedenen Vokabeln im Alltagsgebrauch unterscheidet Løgstrup, von der "Anrede" ausgehend, wie folgt[383]:

- „Botschaft“ ist die Anredeform, die „stets etwas Gewichtiges bringt, das den Empfänger stark betrifft“[384].
- „Mitteilung“ ist die Anredeform, die „ihrem Charakter nach nicht in das Dasein des Empfängers eingreift“[385].
- „Verkündigung“ ist eine Anredeform wie Frage, Befehl, Bitte, Versprechen usw., deren Inhalt zwar objektiv formulierbar ist, doch nur unter Entstellung ihrer selbst als Anrede“[386].

Von diesem Verständnis verschieden sei der Begriff „Verkündigung“, der – so Løgstrup – ausschließlich in die Dogmatik gehöre. Verkündigung in diesem Sinne sei immer aktuell und erzeuge ihre eigene Welt und ihr eigenes Verständnis, das immer im Konflikt mit dem immanenten Selbstverständnis des Zuhörers stehe und deswegen dauernd wiederholt werden müsse.

Diese Unterscheidungen sind zeit- und positionsgebunden. Løgstrup vertritt eine lutherische Position. Schleiermachers Begriffe von Predigt und Rede meinen etwas anderes; die Diskussion darüber ist neu in Gang gekommen. Schleiermacher galt lange Zeit als derjenige, der ein neues Predigtverständnis jenseits von pädagogisch-missionarischem und kerygmatischem Anspruch vertreten habe. Heute wird, ausgehend von Schleiermachers Begriff der „religiösen Mitteilung“, in dessen dogmatischen und ethischen Arbeiten die Absicht des Predigers gesehen, „die dargestellte Geschichte zum anregenden Angebot werden zu lassen, das auch die Hörer sich als durch die Geschichte identifiziert verstehen lässt.“ Die Predigt hat – anders ausgedrückt – die Aufgabe, „die geschichtliche Realisation der in der Person Jesu grundgelegten Einheit von Individualität und Universalität durch fortgesetzte Mitteilung zu befördern“[387].

Dieses aus dogmatischen und ethischen Aussagen Schleiermachers erhobene Verständnis von „Mitteilung“ ist anhand von Schleiermachers Praxis selbst zu analysieren, denn Predigt ist letztlich ein praktisches Geschehen.
Aber selbst die Erweiterung der Bedeutung des Wortes „Mitteilen“ umfasst noch nicht die Fülle der Vokabel. Das Deutsche Wörterbuch zählt sechs verschiedene Bedeutungen auf. Es genügt, zum Verständnis des Gemeinten nur drei von ihnen vorzustellen:

---

383 Knut E. Løgstrup, Art. „Verkündigung“, in: RGG 6, 3. Aufl., Tübingen 1962, Sp. 1358ff.

384 Ebd., Sp. 1358. Diese Terminologie ist inzwischen durch den Gebrauch der Vokabel „Botschaft“ in der Kommunikationsforschung überholt, was die Schnelllebigkeit heutigen Wortwandels zeigt, die die gegenwärtige Diskussion prägt und erschwert.

385 Ebd. Dasselbe ließe sich von der „Information“ sagen, die Løgstrup freilich nicht erwähnt.

386 Ebd.

387 Wilhelm Gräb, Predigt als kommunikativer Akt. Einige Bemerkungen zu Schleiermachers Theorie religiöser Mitteilung, in: Schleiermacher-Archiv 1, 2. Teilbd., Berlin u.a. 1985, S. 659; vgl. auch ders., Predigt als Mitteilung des Glaubens. Studien zu einer prinzipiellen Homiletik in praktischer Absicht, Gütersloh 1988.

1. aus eigenem Besitz einem etwas geben;
2. sich anderen durch Gefälligkeit und Wohltun zu verbinden;
3. Mildtätigkeit[388].

Der in dieser Perspektive liegende Gebrauch von "mitteilen" meint "teilend einem etwas mit- oder hingeben, zu Teil werden zu lassen"[389]. Lateinische Äquivalente sind impertire, conferre, participare usw. "Mitteilen" in diesem Sinn, verbunden mit "Rede" zur Bezeichnung der Predigt, wird in der vorliegenden Arbeit wiederholt gebraucht.

Die skizzierte sprachliche Vielfalt des mit "Predigt" Gemeinten lässt in der Tat sowohl die Fülle verwirrend und darum zum Leiden an der Sprache werden als auch Hoffnung und damit Freude aufkommen, was sprachlich alles möglich und zum Nutzen der Predigt zu verwenden ist.

9.2 Die homiletische Diskussion im 20. Jahrhundert

Schleiermacher hat drei Faktoren für die Predigt und die Arbeit an ihr betont: den biblischen Text, die Gemeinde als die Hörenden und den Prediger[390]. Schleiermacher leitet zu Beginn des 19. Jahrhunderts eine neue Theologie ein, die für Homiletik, Exegese und Systematik bestimmend wird. Die genannten drei Faktoren basieren auf dieser neuen Theologie und dominieren die Homiletik des 19. und weitgehend des 20. Jahrhunderts.

Unbestritten ist stets die zentrale Stellung der Predigt innerhalb des Gottesdienstes seit den Tagen der Reformation. Dabei macht es keinen Unterschied, ob die Predigt innerhalb eines Sonntags-, Feiertags- oder Kasualgottesdienstes stattfindet. Daran ändert auch nichts die in jüngster Zeit zunehmend zu beobachtende Praxis, Abendmahl und Taufe in den Sonntagsgottesdienst einzubeziehen und nicht mehr gesondert, nach dem Gottesdienst, d.h. nach dem Segen, zu feiern.

Biblische Texte werden seit der Reformation regelmäßig gepredigt. Luther weist in seiner Ordnung der Gottesdienste diesen verschiedene biblische Texte für die Predigt zu. Er knüpft an die damalige Praxis in Wittenberg an[391]. Bereits vorher trägt er zur Qualifizierung der Predigtarbeit bei, indem er eigene Predigten zu biblischen Texten vorlegt. Diese Predigten sind in sog. „Postillen“

---

388 Jacob und Wilhelm Grimm, Deutsches Wörterbuch, Bd. 12, bearbeitet von Moritz Heyne, München 1984, Sp. 2421ff.

389 A.a.O., Sp. 2421.

390 Friedrich Wintzer (Hrg.), Predigt. Texte zum Verständnis und zur Praxis der Predigt in der Neuzeit, München 1989, S. 17; Friedrich D. E., Schleiermacher, Vorrede zur 1. Sammlung seiner Predigten (1801), in: Predigten. Bd. 1, Neue Ausg., Berlin 1843, S. 3-8; ders., Die praktische Theologie, S. 248.

391 WA 19, 72-113; besonders 78-80; WA 12, 36, 35-38; WA 12, 205-220.

zusammengefasst und können direkt vorgelesen werden[392]. Luther will auf diese Weise verhindern, dass Prediger „über blaue Enten“[393] sprechen.

9.2.1 Am Beginn des 20. Jahrhunderts

Im 20. Jahrhundert beginnt die Predigtarbeit dort, wo sie im 19. aufgehört hat. Seit etwa 1880 bahnt sich eine Reform der Predigt an. Nun werden stärker allgemeine Fragen des Alltags generell, und speziell des christlichen, in die Predigt einbezogen.

Die Industrialisierung, durch den Investitionsschub der Gründerjahre kräftig gefördert, führt in der Bevölkerung zu Wanderbewegungen. Diese lassen große Arbeiterquartiere entstehen und lösen Menschen aus ihren traditionellen Bindungen. Die menschlich-sozialen Folgen sind gewaltig. Einzelne und auch die Kirche bemühen sich zu helfen. Einrichtungen wie die *Berliner Stadtmission* versuchen dies mit ihren beschränkten Mitteln auf mancherlei Art und Weise[394]. Die Bemühungen reichen von Antialkohol-Kampagnen über kirchlich-missionarische[395] und politische Aktionen bis zur Verteilung von Traktaten, einem damals weit verbreiteten Medium. Die Landeskirchen lassen neue, große Kirchen bauen[396]. *Emil Sulze* teilt die durch Zuzug viel zu groß gewordenen Gemeinden, (es gibt einige mit 40.000 Mitgliedern), in einzelne Bezirke auf, um wieder mehr Kontakte zu ermöglichen[397]. Akademiker und Bürger werden, soweit sie evangelisch sind, durch eine Zeitung geprägt, die von *Martin Rade* herausgegebene „Christliche Welt“[398]. Das alles kann nicht ohne Auswirkungen auf die Predigt bleiben. Zu den Theologen, die sich um eine Reform der Predigt

392 WA 19, 95, 4-6.

393 WA 19, 95, 13.

394 Vgl. Walter Dreßler, Art. „Berlin“, in: TRE 5, Berlin u.a. 1980, S. 631-638, bes. 633; vgl. Walter Frank, Hofprediger Adolf Stoecker und die christlich-soziale Bewegung, 2., durchges. Aufl., Hamburg 1935; vgl. Friedrich Brunstäd, Adolf Stoecker. Wille und Schicksal, Berlin 1935; vgl. ders., Adolf Stoecker als Theologe, in: ders., Gesammelte Aufsätze und kleinere Schriften, hrsg. v. Eugen Gerstenmaier ..., Berlin 1957, S. 287-302. Vgl. Heinrich Hermelink, Das Christentum in der Menschheitsgeschichte von der Französischen Revolution bis zur Gegenwart. Bd. 3: Nationalismus und Sozialismus. 1870-1914, Stuttgart 1955, S. 168, 295 und 304.

395 Thema des 5. Evangelisch-sozialen Kongresses im Jahr 1894: „Die soziale Frage und die Predigt“ (Friedrich Wintzer (Hrsg.), a.a.O., S. 25).

396 Vgl. Walter Dreßler, a.a.O., S. 633; vgl. in Chemnitz die Markuskirche auf dem Sonnenberg.

397 Vgl. Emil Sulze, Die Reform der evangelischen Landeskirchen nach den Grundsätzen des neuen Protestantismus, Berlin 1906, S. 238; vgl. auch Paul Grünberg, Art. „Gemeindearbeit und Gemeindeorganisation“, in: RE 23, 3. Aufl., Leipzig 1913, S. 502-528, bes. 507f.

398 Die christliche Welt. Evangelisch-lutherisches Gemeindeblatt für die Gebildeten, Leipzig 1888 ff.

bemühen, gehört u.a. *Otto Baumgarten*[399]. Er fördert die Entwicklung praktisch in der von ihm herausgegebenen „Monatszeitschrift für kirchliche Praxis", seit 1907 „Evangelische Freiheit" genannt, und gleichzeitig theoretisch durch die 1904 erschienene Abhandlung „Predigtprobleme"[400]. Die Titel der Zeitschrift und der Monographie sind Ausdruck der neuen Entwicklung. Daneben werden eine Verkürzung der Predigtdauer und eine sich an den Hörern orientierende Sprache gefordert.

9.2.2 Die Bibel im Mittelpunkt der homiletischen Diskussion

Die Bibel wird wenig später wieder betont. Karl Barth und Hans Joachim Iwand stellen sie in die Mitte der Predigtarbeit. Barth betont sie in seinen homiletischen Seminaren, wie die erst 1966 veröffentlichten Nachschriften der Seminare vom Wintersemester 1932/33 und Sommersemester 1933 in Bonn zeigen[401]. Er hat dabei – ähnlich wie Luther – die Verantwortung der Prediger im Blick. Die Bibel steht dabei im Zentrum allen theologischen Redens von Barth[402]. Wenn auch die Seminarnachschriften erst 1966 veröffentlicht werden, so wirkt Barth schon bis dahin nachhaltig als Lehrer, Autor und Prediger in seiner Betonung des biblischen Textes für die Predigt. Zumal nach 1945 setzt sich die zentrale Stellung der Bibel als Basis der Predigt durch.

Dieser Umstand geht ferner auf die Wirkung der *„Göttinger Predigtmeditationen"* und ihres Initiators Iwand zurück. Er beabsichtigt zunächst nur, Predigern zu helfen, die durch den 2. Weltkrieg ihre Bibliothek verloren haben[403]. Konzeption und Praxis dieser Hilfen für die Predigtvorbereitung gehen vom Inhalt des biblischen Textes aus; sie reflektieren ihn[404]. Iwand denkt und

---

399 Otto Baumgarten, Laienpredigt, in: Schw. 2, 1889, S. 418-421; der., Entstehungsgeschichte einer Predigt, in: MKP 1, 1901, S. 21-28; der., Predigt-Probleme. Hauptfragen der heutigen Evangeliumsverkündigung, Tübingen u.a. 1904; ders., Die persönlichen Erfordernisse des geistlichen Berufs, Tübingen 1910; ders., Protestantische Seelsorge, Tübingen 1931. Vgl. zu den Einzelheiten den Überblick bei Friedrich Wintzer, Predigt, S. 22-27 und die Auszüge aus den Texten ebd., S. 73-91.

400 Vgl. Wintzer, a.a.O., S. 23.

401 Karl Barth, Homiletik; vgl. dazu Walter Fürst, Karl Barths Predigtlehre, in: Antwort. Karl Barth zum 70. Geburtstag am 10. Mai 1956, Zürich 1956, S. 137-147; vgl. Axel Denecke, Gottes Wort als Menschenwort. Karl Barths Predigtpraxis – Quelle seiner Theologie, Hannover 1989.

402 Vgl. Karl Barth, Homiletik, a.a.O., S. 113.

403 Hans Joachim Iwand, Predigt-Mediationen [1], Göttingen 1963; 4. Aufl. 1984; vgl. ders., Predigt-Meditationen, Zweite Folge, Göttingen 1973.
Siehe auch unten 3.3.2. Predigthilfen.

404 Vgl. dazu Joachim Gandras, Predigt als Zeugendienst bei Hans Joachim Iwand; vgl. Niels Hasselmann, Predigthilfen und Predigtvorbereitung. Exemplar. Methodenprofile

schreibt von seiner Person her. Er ist als lutherischer Theologe von Hause aus Systematiker und wird durch seine Erfahrungen im Dritten Reich bestimmt. Er arbeitete im Predigerseminar seiner ostpreußischen Heimat, bis die Nationalsozialisten ihm dies verboten, ja, reichsweit ein Rede- und Schreibverbot über ihn verhängten. Diese Tatsache, wie auch seine Beziehung zu Karl Barth als Systematiker, spiegeln sich in seinen Predigthilfen als ein „Meditieren" über den Text.

Im Laufe der Zeit tritt später, besonders nach dem Ende Iwands Herausgeberschaft, eine Veränderung ein. Der biblische Text steht nach wie vor im Vordergrund, jedoch gewinnen zunehmend die Exegeten Einfluss auf die Predigthilfen aus Göttingen. Sie schreiben nun oft schon zu kleinen Monographien ausgewachsene Abhandlungen über den jeweiligen Predigttext und versehen ihre Ausführungen mit einer Vielzahl von Anmerkungen, die gestresste Prediger schon aus zeitlichen Gründen nicht lesen und wegen der ihnen naturgemäß fehlenden Breite ihrer Bibliothek nicht überprüfen können. Auf eine geschickt ironisch vorgetragene Intervention von Bizer[405] wird diese Arbeitsweise aufgegeben, aber die Betonung des Exegetischen bleibt, wobei diese Arbeit oft im Sinne einer historisch-kritischen Erklärung und weniger einer inhaltlichen Auslegung verstanden wird.

Die Betonung des Biblischen für die Predigt, von Luther, Barth und Iwand als Ausdruck der Verantwortung der Prediger verstanden, tritt in der *2. Hälfte der 60er* Jahre zurück. Die allgemeine Lage hat sich geändert, und zwar sowohl theologisch als auch kulturell, politisch und wirtschaftlich. Der Zusammenbruch des Dritten Reiches liegt 20 Jahre zurück. Der westliche Teil Deutschlands erlebt eine wirtschaftliche Blüte. Die Berliner Mauer steht seit Jahren, mit ihr ist die Teilung des Landes zementiert. Die Jugend, besonders die studentische, lehnt sich gegen die herrschenden Zustände auf. Die Menschen verstehen immer weniger, was Prediger ihnen sagen wollen. Ernst Lange erlebt dieses Nichtverstehen direkt in Berlin. An den Schulen begegnen die Lehrer eines als „evangelische Unterweisung" verstandenen Religionsunterrichts einem wachsenden Unverständnis, ja, einer Ablehnung ihres Unterrichts bis hin zu rasch steigenden Abmeldungszahlen. In dieser Situation bringt Hans-Bernhard Kaufmann das Problem auf den Punkt. Er formuliert im Hinblick auf die Schule, aber für die ganze Zeit zutreffend, als er einen Tagungsbeitrag mit den Worten überschreibt: „Muß die Bibel immer im Mittelpunkt stehen?"[406] Kaufmann wie auch

---

deutsch-sprachiger ev. Predigtvorbereitungshilfen seit 1934 und ein Modell ihrer hermeneutischen und kommunikativen Grundfaktoren samt der sich daraus ergebenden methodischen Kategorien, Gütersloh 1977, S. 68-71.

405 Christoph Bizer, Rezension zu Günter Klein, Predigten, Gütersloh 1971 u.a., in: ThPr 8, 1973, S. 300-305.

406 Hans-Bernhard Kaufmann, Muss die Bibel im Mittelpunkt des Religionsunterrichts stehen?, in: ders. (Hrsg.), Streit um den problemorientierten Unterricht in Schule und Kirche, Frankfurt am Main u.a. 1973, S. 23-27.

Lange[407] und andere wollen nicht die Bibel in ihrer Bedeutung für die christliche Kirche oder die Predigt relativieren. Es geht ihnen vielmehr um die Praxis. Die einseitige Betonung der Bibel in der Praxis lässt die Bibel uninteressant für die Menschen werden. Kaufmann wendet sich darum verstärkt den Schülern, Lange den Hörern allgemein zu. Sie handeln dabei letztlich – und das heißt: genau betrachtet – im Sinne Luthers, Barths und Iwands, die die Bibel um der Prediger willen herausstellen. Diese Prediger aber haben dann mit der Zeit daraus eine Anwendung für die Hörer gemacht. Nicht mehr die Reflexion des Inhalts des biblischen Textes steht im Vordergrund, sondern die Gemeinden bekommen den Inhalt einfach vorgetragen. An die Stelle der Auslegung des Textes tritt dessen Vorlage, und zwar im Sinne einer gesetzlichen Anwendung[408] und/oder einer sich daran anschließenden Diskussion. Barth legte in den 30er Jahren Texte aus, wie seine Predigten aus dieser Zeit zeigen. In der heißen Phase des Kirchenkampfes geht er auf einem „Gemeindetag unter dem Wort" in Wuppertal-Gemarke predigend am Text entlang und legt so Vers für Vers, in der Art einer Homilie, die Geschichte von der Stillung des Sturmes aus[409]. Damals, 1934, erlebt die hörende Gemeinde die Bedrohung durch den Sturm unmittelbar als ihre eigene durch den braunen Sturm. Auch ist die Konzentration auf den biblischen Text der größte nur denkbare Gegensatz zu den Handlungen der Nationalsozialisten und ihrer Propaganda. Die Gemeinde hört den Text und setzt ihn in ihre Welt um. Das ist 1965 und später so nicht mehr möglich. Die Kirche und mit ihr zahlreiche Prediger haben das nicht erkannt. Sie meinen, ein orthodoxes Festhalten am Hergebrachten wäre diesem angemessen.

Dennoch bahnt sich eine Wende an. Um dem Defizit zu begegnen, nimmt die homiletische Diskussion eine neue Richtung, indem sie nun den Problemen der Hörer und Prediger ihre Aufmerksamkeit schenkt. Die Wende geschieht auf verschiedene Art und Weise. Auch vollzieht sich diese Korrektur über einen längeren Zeitraum hin. Dabei treten zum Teil neue Probleme auf. Bei der konkreten Umsetzung des eingeschlagenen Weges wird in zum Teil sehr unterschiedliche Richtungen gedacht. Die Bemühungen, die Probleme zu lösen, laufen mehr oder weniger zeitlich parallel.

---

407 Siehe den folgenden Abschnitt 3.2.3.

408 Vgl. Manfred Josuttis, Gesetzlichkeit in der Predigt der Gegenwart.

409 Karl Barth, Predigt über Matth. 8,23-27, in: TEH 22, 1935, S. 23-35.

9.2.3 Nach der homiletischen Hinwendung zum Menschen, den Hörern und Predigern

Die Relevanz der Situation

Zeitlich gesehen, fällt die Wende hin zum Menschen ziemlich genau mit dem Beginn der studentischen Unruhen Ende der 60er Jahre zusammen. Schwieriger zu datieren sind die einzelnen Bemühungen. Sie laufen zunächst mehr oder weniger parallel. Ob eine Veröffentlichung etwas früher erscheint, kann gelegentlich allein von Äußerlichkeiten wie der Terminplanung eines Verlages abhängen.

Die in diesem Sinn zeitlich früheste Veröffentlichung ist die von Ernst Lange. Er ordnet in seinen Überlegungen der Bibel die Situation zu. Er meint, dass der Prediger

> nicht anders zu wachsender Klarheit über seine homiletische Situation kommt als so, daß er in ihr nach seinem Text fragt, und zu wachsender Klarheit über seinen Text so, daß er von ihm her nach seiner Situation fragt ... Text und Situation bilden einen Verstehenszirkel, der im Verlauf der Predigtvorbereitung mehrfach abgeschritten wird[410].

Die Situation ist gekennzeichnet durch die Ereignisse am Ort, an dem die Predigt stattfindet, und durch das Geschehen in der Welt. Die lokalen Ereignisse nennt Lange „die Lage vor Ort", das Weltgeschehen „die homiletische Großwetterlage"[411]. Letztere meint die Vielzahl der Ereignisse in der ganzen Welt einschließlich der Strukturen, der psychologischen Reaktionen auf das Geschehen und deren Bewältigung in den verschiedenen Bereichen des Lebens. Die Wirkung der Ereignisse interessiert den Prediger, wie Lange darlegt, besonders. Basis für die Kenntnisnahme der homiletischen Großwetterlage sind die Massenmedien. „Die Lage vor Ort" meint die Ereignisse auf kommunaler und kirchengemeindlicher Ebene. Diese sind nicht aus Zeitungen zu erfahren, „sondern nur durch eigene Ermittlung oder durch Austausch und gemeinsames Studium mit anderen kirchlichen Mitarbeitern"[412]. Sie können und sollen „durch die Predigt beeinflusst, geklärt, verändert werden"[413]. Die so gewonnenen Erkenntnisse und ihre Anwendung durch ein mehrmaliges Abschreiten des Zirkels von

---

410 Ernst Lange, Predigen als Beruf. Aufsätze, hrsg. v. Rüdiger Schloz, Stuttgart u.a. 1976, S. 32.
Die hermeneutischen Aspekte der „Situation" werden eingehend analysiert von Hans-Georg Gadamer (Hans-Georg Gadamer, Wahrheit und Methode. Grundzüge einer philosophischen Hermeneutik, 4. Aufl., (unveränd. Nachdr. d. 3., erw. Aufl.), Tübingen 1975, S. 285 – 290).

411 Ernst Lange, Predigen als Beruf, S. 37ff.

412 A.a.O., S. 39.

413 Ebd.

Text – Lange kann dazu auch „Tradition" sagen – und Situation führen zu dem oder auch zu mehreren „Predigteinfällen"[414]. Schließlich bleibt als theoretisch denkbare nur eine „einzige optimale Möglichkeit der Klärung der homiletischen Situation ..., die sowohl dem Text als auch den Hörern, als auch der Individualität des Predigers ganz gerecht wird, nur eine einzige Predigtmöglichkeit, die den Rang des notwendigen Wortes, des jetzt und hier der Klärung herbeiführenden Wortes hat"[415]. Faktisch gibt es immer mehrere dieser Möglichkeiten, aber letztlich wird sich in der Arbeit an der konkreten Predigt stets eine durchsetzen[416]. Die Zuordnung von Text und Situation im Sinne eines mehrfachen Abschreitens eines Zirkels, das dem Text, den Hörern und dem Prediger gerecht wird, lässt Lange auf der von Schleiermacher vorgezeichneten Konzeption der drei Faktoren für die Predigt – Text, Gemeinde als Hörer, Prediger – weiterarbeiten[417]. Lange aktualisiert diese Konzeption in seiner Situation, und zwar nicht abstrakt, sondern im Hinblick auf die konkrete Predigtarbeit. Dazu wiederum soll eine neuartige Reihe von Predigthilfen dienen, die zunächst auch von Lange selbst herausgegebenen „Predigtstudien"[418]. Die eben dargestellten homiletischen Reflexionen gelten ihrer Vorbereitung und Konzeption.

Die Relevanz der Rhetorik

Zeitgleich mit Lange konzipiert, aber als Habilitationsschrift erst 1972 veröffentlicht, setzt eine andere Überlegung zur Überwindung der Predigtnot bei Luther und dessen Gebrauch der Rhetorik an[419]. Der Ausgangspunkt der Überlegungen ist, dass Luther nicht nur theoretisch der Predigt einen bedeutenden Platz innerhalb des evangelischen Gottesdienstes zuweist, sondern ihr zugleich durch seine eigene Predigtarbeit ein nachhaltiges Echo verschafft. Kann und soll dieses nicht heute genutzt werden? Dafür muss aber zunächst geklärt werden, was Luthers Predigten auszeichnet. Das kann anhand seiner theoretischen Schriften zum Thema und insbesondere durch eine Analyse seiner eigenen

414 Vgl. a.a.O., S. 34.

415 Ebd. Zu Langes Arbeiten erschienen zahlreiche kritische Artikel und Rezensionen. Hier soll nur neben den in der folgenden Anm. genannten verwiesen werden auf: Fritz Krotz, Im Licht der Verheißung. Die homiletische Theorie Ernst Langes, in: WPKG 69, 1980, S. 14-25.

416 Vgl. Rudolf Bohren, Die Differenz zwischen Meinen und Sagen. Anmerkungen zu Ernst Lange, Predigen als Beruf, in: PTh. 70, 1981, S. 416-430, und die Erwiderung darauf von Peter Krusche, Die Schwierigkeit, Ernst Lange zu verstehen. Anmerkungen zu dem Versuch von Rudolf Bohren, in: PTh. 70, 1981, S. 430-441.

417 Es ist nur eine Zuspitzung in der Formulierung, keine Änderung der Meinung, wenn Lange an anderer Stelle von dem Zirkel aus Tradition und Situation spricht, der mehrfach abzuschreiten sei (Ernst Lange, Predigen als Beruf, S. 34).

418 Nach seinem Tode hrsg. von Roman Roessler u.a. Siehe auch unten 3.3.2. Predigthilfen.

419 Ulrich Nembach, Predigt des Evangeliums. Luther als Prediger, Pädagoge und Rhetor, Neukirchen-Vluyn 1972

Predigten geschehen. Arbeiten in diese beiden Richtungen ergeben, dass Luther sich der antiken Rhetorik, und hier wiederum vornehmlich Quintilians bedient[420]. Gerade der letzte Nachweis ist bedeutungsvoll. Durch ihn ist der bis dato einseitig systematisch orientierten und nur so als allein adäquat geltenden Interpretation von Luthers Predigten die notwendige Korrektur zuteil geworden[421]. Dies wiederum hat zur Folge, dass die Rhetorik fortan als Instrumentarium für die Predigtarbeit gilt, genauer gesagt, wieder gilt, nachdem sie etwa im Barock geradezu Triumphe in der Predigtarbeit gefeiert hatte[422]. Später ist im Zuge der Barthschen Reform ein allein systematisch-theologisch orientiertes Wortverständnis für die Homiletik bestimmend geworden. Dass Luther sich auf Quintilian, nicht auf Aristoteles stützt, ist einmal durch die theologische Situation am Anfang der Reformation bedingt; es hat zum anderen zur Konsequenz, dass dergestalt die Fülle der Erkenntnisse und Erfahrungen antiker Rhetorik für die Predigt in kompetenter Weise zur Verfügung steht. Quintilian ist selbst ein geschätzter Rhetor und zugleich ein nicht minder angesehener Lehrer der Rhetorik. Sein Hauptwerk, ein Lehrbuch, ist fundiert und gibt die Fülle des Wissens pädagogisch dargestellt weiter.

In der Folgezeit erscheinen zahlreiche Arbeiten, die das Thema Predigt und Rhetorik in seiner Vielfalt oder je und je in einzelnen Aspekten untersuchen. Hier kann nur eine kleine Auswahl genannt werden, nämlich: Grünberg[423], Otto[424], Grözinger[425] und Rothermundt[426].

Grünberg geht mehr grundsätzlich der Frage des Verhältnisses von Predigt und Rhetorik nach.

Otto behandelt in mehreren, kleineren Beiträgen verschiedene Aspekte. Er definiert Predigt als Rede nicht im Anschluss an Luther, sondern er folgt Habermas und dessen Konsenstheorie der Wahrheit. Danach ist die Mitteilung der

---

420 Marcus Fabius Quintilianus, Institutio oratoria libri XII = Ausbildung des Redners, Zwölf Bücher, hrg. und übers. von Helmut Rahn, 2 Bde., Darmstadt 1972 u. 1975; 3. Aufl. 1995; vgl. dazu Nembach, a.a.O., S. 117-174.

421 Vgl. Gerhard Heintze, Luthers Predigt von Gesetz und Evangelium, München 1958.

422 Vgl. dazu zum Beispiel Werner Schütz, Geschichte der christlichen Predigt, Berlin u.a. 1972, S. 117ff.

423 Wolfgang Grünberg, Homiletik und Rhetorik. Zur Frage einer sachgemäßen Verhältnisbestimmung, Gütersloh 1973.

424 Gert Otto, Predigt als Rede. Über die Wechselwirkung von Homiletik und Rhetorik, Stuttgart u.a. 1976; ders., Von geistlicher Rede. Sieben theoretische Profile, Gütersloh 1979; ders., Rhetorisch predigen. Wahrheit als Mitteilung: Beispiele zur Predigtpraxis. Mit einem Beitrag von Ottmar Fuchs, Gütersloh 1981.

425 Albrecht Grözinger, Das Verständnis von Rhetorik in der Homiletik, in: ThPr. 14, 1979, S. 265-274; ders., Praktische Theologie und Ästhetik. Ein Beitrag zur Grundlegung der praktischen Theologie, 2. Aufl., München 1991.

426 Jörg Rothermundt, Der Heilige Geist und die Rhetorik. Theologische Grundlinien einer empirischen Homiletik, Gütersloh 1984.

Wahrheit für letztere mitentscheidend. Deshalb fordert Habermas den herrschaftsfreien Dialog[427]. Die Predigt als Rede eröffnet diesen Dialog nach Otto. Nun ist es richtig, dass die christliche Gemeinde als eine des allgemeinen Priestertums keine Herrschaft einzelner ihrer Mitglieder über andere kennt, aber nicht minder steht fest, dass sie einen Herrn hat. Von ihm handelt die Predigt, so dass ein herrschaftsfreier Dialog zur Wahrheitsfindung im Sinne von Habermas, was die Predigt betrifft, zu kurz gedacht ist, nicht die ganze Wahrheit umschreibt.

Grözinger untersucht von der Ästhetik her die Predigt und wendet sich auch Einzelfragen zu.

Rothermundt interessiert im Wesentlichen einzig die Frage, mit der er auch seine Arbeit thematisch überschreibt, die Frage nach dem Verhältnis des Heiligen Geistes zur Rhetorik als menschlichem Instrument der Predigtarbeit[428].

Neben diesen und weiteren Arbeiten, die die Rhetorik für die Predigt aufnehmen und deren Rezeption kritisch diskutieren, finden sich nicht wenige, die die Rhetorik allenfalls partiell oder aus sekundären Veröffentlichungen zur Kenntnis nehmen, um sie mit der Predigt zu korrelieren. Das Engagement für die Sache reicht für eine wirkliche Auseinandersetzung mit der Rhetorik nicht aus.

So greift Daiber 1991 auf, was Heue 1974 geschrieben hat[429]. Alle drei meinen wohl letztlich, wenn sie sich auch etwas unterschiedlich äußern, die drei

---

427 Jürgen Habermas, Theorie des kommunikativen Handelns, 2 Bde., Frankfurt am Main 1988.

428 Diese Auswahl gibt wie jede andere nur einen Teil des Ganzen wieder, vermittelt aber einen Eindruck von der Breite der Diskussion, sowohl hinsichtlich ihres Umfangs als auch ihrer Themenvielfalt. Als Ausgangspunkt für die Darstellung des Verlaufs der Diskussion ist der Beginn der breiteren Diskussion gewählt. Vorläufer gibt es auch hier. So weist Hans-Rudolf Müller-Schwefe auf die verschiedenen Genera der Rede hin (Hans-Rudolf Müller-Schwefe, Zurzeit oder zur Unzeit. Eine Anthologie moderner Predigten, Stuttgart 1958, S. 247ff.), Manfred Josuttis veröffentlicht 1968 einen Beitrag zum Thema „Homiletik und Rhetorik", in: PTh. 57, 1968, S. 511ff.; bereits 1964 erschien „Über den Predigtanfang", in: PTh. 53, 1963, S. 474ff. 1985 fasst er verschiedene Arbeiten in dem Sammelband „Rhetorik und Theologie in der Predigtarbeit. Homiletische Studien", München 1985, zusammen. Damit vollzieht sich im Rahmen der Diskussion über Predigt und Rhetorik Ähnliches wie in der über die Frage der Situation der Predigt. Auch diese Frage ist schon angeschnitten, bevor sie durch Langes Arbeit ihren Durchbruch in der allgemeinen Debatte erlebt. Vgl. zum Beispiel Joachim Konrad, Zum Thema Verkündigung und Situation, in: Festschrift für Günther Dehn zum 75. Geburtstag am 18. April 1957, Hrg.: Wilhelm Schneemelcher, Neukirchen 1957, S. 205-225; Manfred Josuttis, Zum Problem der politischen Predigt, in: EvTh. 29, 1969, S. 509-523; vgl. dazu Axel Denecke, Persönlich predigen. Anleitungen und Modelle für die Praxis, Gütersloh 1979, besonders S. 61ff. Dort ist auch weitere Literatur angegeben.

429 Karl-Fritz Daiber, Predigt als religiöse Rede. Homiletische Überlegungen im Anschluss an eine empirische Untersuchung, Predigen und Hören 3, München 1991, S. 268; Rolf Heue;

antiken genera dicendi [Arten der Rede], das genus laudativum, deliberativum und iudiciale, aufnehmen und auch Aristoteles folgen zu können, wenn sie sie in drei Typen des Redens, des Hörens und der Predigt wiederfinden und in ein Schema bringen:

genus laudativum	>	Gefühl	tröstende Predigt
genus iudiciale	>	Verstand	informierende Predigt
genus deliberativum	>	Wille	auffordende Predigt

Wie stark hier die genera dicendi und mit ihnen letztlich auch die Predigt vereinfacht werden, zeigt ein Zitat von Quintilian, dessen Werk, wie gesagt, für die Predigt von Luther[430] und später von den Jesuiten[431] geschätzt wurde. Bei Quintilian heißt es (in der Übersetzung von Helmut Rahn):

> Alle Arten werden in diese drei Gattungen fallen: denn es wird sich keine bei ihnen finden lassen, in der wir nicht loben oder tadeln, raten oder abraten, etwas anstreben oder abwehren müßten. Gemeinsam haben sie auch, daß sie gewinnen, erzählen, lehren, steigern, abschwächen und durch Erregung oder Besänftigung der Leidenschaften die Gemütsverfassung der Hörer bestimmen. Ich möchte mich auch denen nicht anschließen, die meinen, der Stoff der Lobrede werde durch die Frage nach dem Guten, der der Beratungsrede durch die nach dem Nützlichen, der der Gerichtsrede durch die nach dem Gerechten bestimmt – eine mehr fix und fertige als wahrheitsgemäße Aufteilung.[432]

Die Relevanz der Sprache

Sprachanalytische Fragestellungen, so intensiv diese auch im 20. Jahrhundert generell von Austin[433], Wittgenstein[434] und anderen diskutiert wurden, sind nur partiell in die Theologie eingegangen[435]. Die Sprache hat zwar im Laufe der Geschichte der Theologie und insbesondere der Geschichte der Predigt seit den Tagen der Reformation Beachtung gefunden. Das führte aber nicht dazu, dass

---

Reinhold Lindner, Der Prediger und sein Hörer, = Arbeitsgemeinschaft Missionarische Dienste (Hrg.), Studienbriefe Predigt, P 1, Stuttgart 1974.

430 Vgl. Ulrich Nembach, Predigt des Evangeliums, a.a.O., S. 130ff.

431 Barbara Bauer, Jesuitische „ars rhetorica" im Zeitalter der Glaubenskämpfe, Frankfurt am Main u.a. 1986, S. 166 u.ö.

432 Marcus Fabius Quintilianus, a.a.O. III 4,15.

433 Vgl. John L. Austin, Zur Theorie der Sprechakte (How to do things with words). Dt. Bearb. von Eike von Savigny, Stuttgart 1972. Siehe auch Dieter Wunderlich, Studien zur Sprechakttheorie, 2. Aufl., Frankfurt am Main 1976; 3. Aufl. 1983

434 Ludwig Wittgenstein, Werkausgabe, 8 Bde., Frankfurt am Main 1984ff.

435 Vgl. etwa Arbeiten wie die von Wim A. de Pater, Theologische Sprachlogik, München 1971. Manfred Kaempfert (Hrg.), Probleme der religiösen Sprache, Darmstadt 1983. Albrecht Grözinger, Die Sprache des Menschen. Grundwissen für Theologen, München 1991.

die neueren sprachanalytischen Erkenntnisse einen breiten Eingang generell in die Theologie und speziell die Homiletik fanden.
Im einzelnen ist festzustellen, dass die jüngere Vergangenheit sich der Sprache teils allgemein, und folglich nur mittelbar der Predigt, und teils direkt zuwandte. Ihre größte Bedeutung erlangten sprachanalytische Fragen im Rahmen der Exegese, wo linguistische Analyseverfahren rezipiert wurden und werden[436]. Dagegen war das Echo in der Praktischen Theologie zurückhaltender. Hier waren es besonders zwei Gesichtspunkte, die das Interesse leiteten, nämlich:

1. die Frage nach der schichtenspezifischen Sprache,
2. die sprachanalytischen Verfahren generell[437].

Horst Albrecht analysierte die Sprache von Arbeitern, vornehmlich unter Berücksichtigung der Bedeutung des Symbols[438].

Ebenfalls unter sprachlichen Aspekten wurde der Alltag von Familien mit heranwachsenden Kindern untersucht. Hierbei wurde für den ersten Analyseschritt die Sprechakttheorie verwandt, und zwar zur Markierung des Verwendungssinnes, den ein Sprecher seinen Worten gibt. Die beiden weiteren Analyseschritte galten dann dem Inhalt und der Lebenssituation[439].

Die Sprechakttheorie begegnet in systematisch- und praktisch-theologischen Arbeiten[440] im Wesentlichen in der Form, die ihr Habermas im Rahmen seines universalpragmatisch orientierten Ansatzes gegeben hat. Dagegen wird sie als Theorie zur Konzeption von Predigten weniger beachtet. Das liegt zu einem erheblichen Teil in der Theorie selbst, in ihrem Ansatz begründet. Sie will

---

436 Vgl. die Arbeiten von Guttmanns u.a., die etwa zur Herausgabe der inzwischen seit 25 Jahren erscheinenden Zeitschrift „Linguistik Bibic. Interdisziplinäre Zeitschrift für Theologie und Linguistik" (seit Nov. 1970) geführt haben. Hier werden homiletische Fragen zum Teil direkt angesprochen.

437 Andere Aspekte der Sprache fanden naturgemäß ebenfalls Beachtung, wenn auch weniger in Bezug auf die Predigt. Zu den Einzelheiten vgl. die einschlägigen Bibliographien: Markus Fauser; Wilhelm Hilgendorff, Predigt und Homiletik in der deutschen Forschungsliteratur 1975 bis 1985. Eine Bibliographie, in: Rhetorik und Theologie (= Rhetorik, Bd. 5), Tübingen 1986, S. 149-187; Friedrich Wintzer (Hrg.), Predigt, S. 283-288. Letztere zeigt mehr das Defizit an Publikationen zu diesem Thema, als dass sie entsprechende nennt, d.h. nennen kann.

438 Horst Albrecht, Arbeiter und Symbol. Soziale Homiletik im Zeitalter des Fernsehens, München u.a. 1982. Das Symbol unter homiletischen Aspekten betrachtete auch Yorick Spiegel, Glaube, wie er leibt und lebt. Bd. 1: Die Macht der Bilder, München 1984; ders., Antworten und nichts sagen können, in: Predigt – Vor der Arbeitswelt sprachlos?, hrg. v. Gert Otto, TPT 17, 1982, S. 137-145.

439 Ulrich Nembach, Alltag in Familien. Eine Untersuchung zur Sprache und Situation von Familien mit heranwachsenden Kindern, Frankfurt am Main u.a. 1988.

440 Zu denen, die die Sprechakttheorie im Rahmen der Exegese benutzen, gehört etwa Ingolf Dalferth (Hrg.), Sprachlogik des Glaubens. Texte analytischer Religionsphilosophie und Theologie zur religiösen Sprache, München 1974; ders., Ingolf Dalferth, Religiöse Sprechakte als Kriterien der Religiosität? Kritik einer Konfusion, in: LingBibl 44, 1979, S. 101-118.

beschreiben, erklären und analysieren, während die Predigt erarbeitet und gesprochen werden muss. Der deshalb naheliegende Gedanke, die Sprechakttheorie im Rahmen der Predigtanalyse zu verwenden, ist in jüngerer Zeit von verschiedenen Autoren aufgegriffen worden[441].

Daiber[442] hat die Theorie unter Berufung auf Barth und Gogarten benutzt. Letztere sehen in dem im gemeindlichen Dienst gesprochenen Wort eine Handlung[443] bzw. im biblischen Wort ein Versprechen Gottes und damit eine (Sprach-) Handlung[444]. Austins Analyse des Sprechens hat herausgearbeitet, dass etwas durch die Sprache geschieht[445], und sich dabei unter anderem ins besondere auf den Akt des Versprechens (= ich verspreche dir, morgen zu kommen) berufen[446].

Daibers Predigtbefragung unter Gottesdienstteilnehmern stützt sich auf ein eigenes Verfahren der Datenerhebung[447]. Der Perzeptionsvorgang wurde in diesem Zusammenhang anhand der Unterscheidung, die die Sprechakttheorie zwischen dem Beziehungsaspekt (= „illokutionäre Rolle"), dem Inhaltsaspekt (= „propositioneller Gehalt") und der Akzeptanz (= „perlokutionärer Aspekt") trifft, analysiert. Es wurde vorausgesetzt, dass Predigten aus mehreren, unterschiedlichen Redeteilen zusammengesetzt sind. Je mehr eine Predigt einem bestimmten Redetyp, etwa im Sinne der drei antiken Rede-Genera, zuneigt,

---

441 Vgl. Horst Hirschler, Konkret predigen. Anleitungen und Beispiele für die Praxis, Gütersloh 1977, S. 31ff.; Peter Bukowski, Predigt wahrnehmen. Homiletische Perspektiven, 2. Aufl., Neukirchen-Vluyn 1993; 3. Aufl. 1995, S. 38-45.

442 Karl-Fritz Daiber, Predigt als religiöse Rede, Predigen und Hören, München 1991, S. 245f. Vgl. auch etwa Hans Werner Dannowski (der auch zu den Mitautoren Daibers gehört), Sprachbefähigung in der Ausbildung und Elementarisierung theologischer Begriffe in Sprechakten, in: Didaktik der Predigt. Materialien zur homiletischen Ausbildung und Fortbildung, hrg. von Peter Düsterfeld, Münster 1975, S. 163 – 175.; ferner: Hans Werner Dannowski, Kompendium der Predigtlehre, Gütersloh 1985; 2. Aufl. 1990, S. 119-127.

443 Karl Barth, Die kirchliche Dogmatik, Bd. IV/3, Zürich 1959, S. 991ff.

444 Dass Daibers Eintreten für die Sprechakttheorie zur Beschreibung der Predigt bislang zu keinem durchgreifenden Erfolg geführt hat, liegt nicht nur an der Kürze der inzwischen erst verstrichenen Zeit, sondern wohl auch an den Einschränkungen, auf die Daiber und seine Mitautoren explizit verweisen. Daiber hegt (a.a.O.) mit Recht Bedenken gegen eine Generalisierung bzw. Ausweitung des Performativen, wie es Pannenberg und Hornig beschrieben haben (Gottfried Hornig, Analyse und Problematik der religiösen Performative, in: Nash. 24, 1982, S. 53-70; Wolfhart Pannenberg, Anthropologie in theologischer Perspektive, Göttingen 1983, S. 350ff.). Methodisch-praktisch stellte sich die Sprechakttheorie für einen Gebrauch im Rahmen eines standardisierten Analyseverfahrens wie der Gottesdienstbefragung als schwierig dar und darum der Weiterentwicklung für den intendierten Zweck bedürftig (Karl-Fritz Daiber u.a., Predigen und Hören, Bd. 2, München 1983, S. 78-91).

445 John L. Austin, a.a.O., zum Verhältnis von Sprache und Handlung, besonders S. 120-122, 125-133, 138.

446 Vgl. Austin, a.a.O., S. 14.

447 Daiber, a.a.O., S. 79.

müsste sich letztlich ein dominanter Sprechakt feststellen lassen. In der weiteren Differenzierung folgt Daiber Habermas. Dessen Fragen nach den Bedingungen des Diskurses sucht nach Möglichkeiten der Verständigung, der Vermittlung von nicht als selbstverständlich akzeptierten Aussagen des Sprechenden und findet sie im kompetent vollzogenen Sprechakt. Dieser wiederum ereignet sich, wenn er von allen „pragmatischen Universalien" getragen ist, bestehend in kommunikativen, konstatierten, repräsentativen und regulativen Sprechhandlungen. Auf sie gründet auch Daiber seine Analyse[448].

Weiter geht Henning Luther, der, ebenfalls die Predigt als Handlung begreifend, die Sprechakttheorie für die Predigtvorbereitung benutzt, weil sie helfe, die Freiheit der Predigthörer zu respektieren, und damit die „Verständigung mit dem Hörer" fördere[449]. Um die Freiheit der Hörer ging es auch Martin Luther. Er griff deshalb auf die Rhetorik zurück, weil sie nicht nur das Datum des Schutzes der Freiheit gewährt, sondern auch konkret anleitet, es – etwa in Wortwahl, Aufbau, Argumentation, Emotion, etc. – zu bewahren und zu realisieren[450].

Nicol und Deeg legen ein „Praxisbuch" vor, und zwar zur „Dramaturgischen Homiletik". Sie beschreiben das Gemeinte und geben Hilfen, dies zu erreichen. Das Ziel ist, die Hörer in die Predigt einzubeziehen. Nicol und Deeg verdeutlichen das Gemeinte u.a. an einem Film, wo der Regisseur durch Bilder, Sprache, Ton usw. den Zuschauer in das Geschehen auf der Leinwand einbezieht.[451] Drama und Dramaturgie in ihrer langen Geschichte und kritischen Analyse des Geschehens auf der Bühne werden nicht in die Arbeit einbezogen. Darum werden Namen wie Aristotes oder Lessing nicht genannt. Auch wird nicht die Möglichkeit erwähnt, ein Drama oder Teile davon in eine Predigt einzubeziehen. Die hier liegenden Chancen bleiben unerwähnt[452].

---

448 Daiber, a.a.O., S. 78 – 97, S.112 – 359.
Dass die Sprechakttheorie in der Homiletik keine weitere Verbreitung gefunden hat, hat einen weiteren, vielleicht sogar den entscheidenden Grund darin, dass diese Theorie zur Analyse von Predigten vergleichsweise kompliziert ist. Im Alltag, wo leichter handhabbare Verfahren notwendig sind, empfehlen sich deshalb solche wie das von Hans-Christoph Piper vorgeschlagene, das zudem im Rahmen des Predigtnachgesprächs leicht eingesetzt werden kann (vgl. Näheres dazu unten Hilfsmittel).

449 Henning Luther, Predigt als Handlung, in: ZThK. 80, 1983, S. 234 (223-243); wieder abgedruckt in: Homiletisches Lesebuch. Texte zur heutigen Predigtlehre, hrg. v. Albrecht Beutel ..., Tübingen 1986, S. 222-239. Dazu Albrecht Grözinger, Die Predigt soll nicht Antworten geben, sondern Antworten finden helfen, in: ThPr. 27, 1992, S. 214f. (209-218).

450 Dass Henning Luther die Freiheit der Hörer betont und nicht auf Martin Luther und/oder die Rhetorik zurückgreift, zeigt einmal mehr, wie rudimentär Martin Luther und auch die Rhetorik aufgearbeitet wurden.

451 Siehe S. 46f. Ausführlich behandeln Charlotte Magin und Helmut Schwier das Thema (Charlotte Magin, Helmut Schwier, Kanzel, Kreuz und Kamera, Impulse für Gottesdienst und Predigt, Evaangelische Verlagsanstalt Leipzig, 2005).

452 Welche Chancen hier liegen, zeigen die unten wiedergegebenen Presseberichte zu zwei entsprechenden Predigten in Göttingen (s. 15. Anhang).

Neu hinzu kommt die *Sprache in der globalisierten Welt.* Die hier liegenden sprachlichen Chancen wie Risiken werden weitgehend noch nicht erkannt. Die globalisierte Welt verlangt eine Sprache innerhalb jeder Landessprache, die auch Hörer verstehen, für die die Sprache, die sie hören, nicht ihre Muttersprache ist. Damit im Zusammenhang steht die Multikultur beim Sprechen und Hören. Sprecher und Hörer kommen oft nicht aus derselben Kultur. Sie haben verschiedene Hintergründe, wenn sie sprechen und Hören.

Diese beiden Fakten greifen die Internetpredigten auf. Hier liegt ihr Erfolg.[453]

Inzwischen sind diese Fakten auch Teil des der sonntäglichen Gemeindepredigt. Menschen mit unterschiedlich Sprachkenntnissen nehmen an Gottesdiensten teil infolge der Globalisierung. Die Zahl der Gottesdienstteilnehmer mit einer anderen Muttersprache als der am Ort des Gottesdienst gesprochenen schwankt. Politische, verwandtschaftliche, wirtschaftliche u.a. Gründe sind kausal dafür. Leider wird dieser Tatsache viel zu wenig Beachtung geschenkt. Die Gründe hierfür liegen bereits im Studium und dem Predigerseminar. Die Ausbildung zu einer solchen Sprache fehlt.

Ebenso unterbleibt die Ausbildung der Digitalisierung für die Homiletik. Es können beispielsweise Predigten, ja der ganze Gottesdienst in alle Gemeindekirchen übertragen werden, die heute oft eine Pastorin oder ein Pastor zu betreuen hat. Wenn etwa 6 Gemeinden von einem Pastor betreut werden müssen, können in allen 6 Kirchen der Gemeinden Gottesdienste stattfinden. Es kann Schaltungen geben, die die Predigt aus einer Kirche in die anderen übertragen und aus einer der anderen Kirchen die Gebete, die Abkündigungen usw. kommen. Viele Jugendliche, die entsprechende Schaltungen in ihrem privaten Bereich betreiben, sind in der Lage und oft willens den Gemeinden zu helfen. So kann beendet werden, dass nur ein Gottesdienst in den 6 Gemeinden am Sonntag stattfindet.

Die Relevanz der Psyche der Prediger

Die Psyche der Prediger wird immer wieder studiert, analysiert und im Hinblick auf die Predigt reflektiert. Dabei gelingt es der Psychoanalyse, manche interessante, weil das Geschehen von seinem Hintergrund her aufhellende Aspekte in die Diskussion einzubringen[454]. Aber die so gewonnenen Erkenntnisse erlangen keine breitere Bedeutung in der homiletischen Diskussion zur Predigtreform,

---

453 Vgl. Ulrich Nembach, Hrsg, Internetpredigten. Zur Sprache der Predigt in der globalisierten Welt, Frankfurt am Main, 2013.

454 Vgl. dazu Axel Denecke, Persönlich predigen, besonders S. 61ff. Dort ist auch weitere Literatur angegeben.

etwa vergleichbar derjenigen der Betrachtung der Situation und der Anwendung der Rhetorik für die Gestaltung der Predigten[455]. Häufiger dagegen machen sich Prediger die psychoanalytischen Erkenntnisse unmittelbar zu eigen und nutzen sie für ihre Arbeit.

Ein breites Echo finden die Ergebnisse zur psychologischen Analyse der Prediger bei diesen selber. Sie fühlen sich erkannt, was zu Ängsten führen kann und wohl auch führt, ohne dass diese selbst thematisiert werden. Die auf der Basis der Neurosenlehre entwickelten vier Predigertypen, nämlich der des Gesetzes, der Freiheit, der Erkenntnis und der Liebe, können durchaus erschreckend wirken, denn aus psychoanalytischer Warte resultiert die Predigt des Gesetzes aus dem Zwang zur Ordnung, die der Freiheit aus Hysterie, die der Erkenntnis aus schizoidem und die der Liebe aus depressivem Verhalten[456]. Dabei meint ein zwanghaftes Handeln eine Überbetonung der Dauer, ein hysterisches ein Streben nach Veränderung, ein schizoides ein solches nach Distanz und ein depressives eines nach Nähe[457].

In – vielleicht – noch stärkerem Maße können die Analysen von Hans-Christoph Piper Ängste hervorrufen, weil dieser seine Erkenntnis anhand von gehaltenen Predigten gewann[458].

Gegen derartige Konsequenzen wendet sich bereits Denecke. Er erinnert u.a. daran, dass die genannten vier Grundbestrebungen wertfrei sind, dass jeder Mensch einmalig ist[459]. Darüber hinaus ist darauf hinzuweisen, dass jeder Mensch mit seiner Kleidung, seiner Vorliebe oder Abneigung gegen diese oder jene Musik, diesen oder jenen Autor sich in seiner Person zeigt, artikuliert. Es wäre schrecklich langweilig, wenn es sich anders verhielte, wenn alle dasselbe gut, schön, spannend fänden. Wenn alle eine bestimmte Predigt favorisierten, hätten alle anderen Prediger kein Echo, ja, würde letztlich eventuell gar die Breite der biblischen Überlieferung erheblich reduziert werden. Schließlich – und nicht zuletzt – bietet auch die Analyse von Predigten die Chance, Einseitigkeiten zu erkennen und zu korrigieren.

---

455 Immer wieder begegnende Bemühungen einzelner Autoren wie z.B. Josuttis, psychologische Erkenntnisse und Praktiken für die Predigt neben der Rhetorik nutzbar zu machen, ändern nichts daran. Anders verläuft die Diskussion in der Poimenik, wo besonders die Psychoanalyse neben dem „Clinical Pastoral Training (= CPT)" dominiert.

456 Die Analyse geht zurück auf Fritz Riemann, Die Persönlichkeit des Predigers aus tiefenpsychologischer Sicht, in: Richard Riess (Hrg.), Perspektiven der Pastoralpsychologie, Göttingen 1974, S. 152-166. Grundlegend ist im Anschluss an Sigmund Freud: Fritz Riemann, Grundformen der Angst und die Antinomien des Lebens, München 1961; 14. Aufl. 1994.

457 Vgl. zu den Einzelheiten Denecke, a.a.O., S. 58ff.

458 Hans-Christoph Piper, Predigtanalysen. Kommunikation und Kommunikationsstörungen in der Predigt, Göttingen 1976.

459 Denecke, a.a.O., S. 60f., ferner der gesamte Teil II bei Denecke.

Die Relevanz des Gemeindeaufbaus

Die verschiedenen Modelle zum Gemeindeaufbau analysieren Strukturen, Interaktionen und dgl. mehr in den Gemeinden, um deren Situation zu verbessern. Die Predigt haben sie dabei kaum oder gar nicht im Auge. Dasselbe gilt auch für die Homiletik, die sich andererseits ebenfalls kaum der Gemeindeaufbau-Konzeptionen annimmt. Da alle diese Bemühungen die Predigt in evangelischen Gemeinden wegen derer besonderen Stellung im Gottesdienst und im Gemeindeleben zwangsläufig implizit mitbetreffen, sollen sie im Folgenden wenigstens kurz dargestellt werden. Die Modelle folgen oft bereits unterschiedlichen Ansätzen.

Sehr verbreitet, und zwar mehr in der Praxis als in der Literatur, ist das Modell, das in konzentrischen Kreisen denkt. Es stellt den Gottesdienst (in der Skizze aus Platzgründen kurz „Kirche“ genannt) in die Mitte, lagert die (Kirchen-) Gemeinde um sie herum und um diese die Bürgergemeinde.

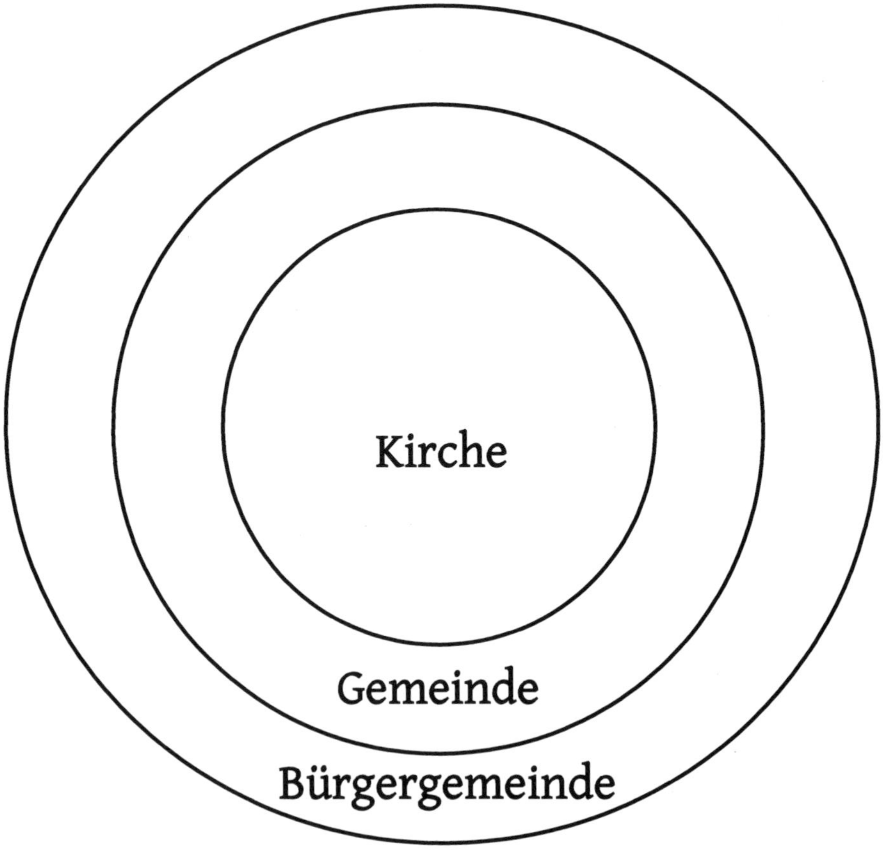

Axel Denecke[460] geht von „integrierten Gemeindemodellen“ aus und stellt konkret vier vor, nämlich:

1. das kerygmatisch-lehrende,
2. das meditativ-seelsorgerliche,
3. das kreativ-spielerische,
4. das kultisch-priesterliche.

Alle vier unterscheiden sich ihrerseits, Denecke zufolge, in fünf Richtungen:

1. der der „Grundelemente“,
2. der der „Gemeindekonzeption“,
3. der der „Kommunikationsformen“,
4. der der „Rolle des Pastors“,
5. der des „Gottesdienstes“ und der „Predigt“.

Die Unterschiede wiederum werden von Denecke schematisch bezeichnet. Danach besteht das 1. Modell aus konzentrischen Kreisen, die auf Christus in der Mitte hin orientiert sind, das 2. aus konzentrischen Kreisen, die von außen her auf das Leid in der Welt zugehen, das 3. wird durch einen großen Kreis wiedergegeben, der symbolisiert, dass „Gott die ganze Welt in seiner Hand“ hält, so dass innerhalb des Kreises sich viele Gruppen tummeln, die durch den Pastor als Verbindungsglied zusammengehalten werden, das 4. ist durch ein Oben und Unten mit vielen Zwischenstufen geprägt. Ganz oben steht Gott, ganz unten befinden sich alle Menschen.

Eine Studie der EKD[461] beschreibt ebenfalls mehrere Modelle und stellt diese jeweils von ihrem unterschiedlichen Aufbau der Gemeinden her dar. Prinzipiell existieren zwei Grundmodelle; eines geht von der Lebenswelt, das andere von Kirchenbildern aus. Beide umfassen mehrere, verschiedene Konkretionen:

1. Von der *Lebenswelt* bestimmte Ansätze
    a) „natur-ständische“ Ansätze,
    b) berufs-ständische Ansätze,
    c) angebots-orientierte Ansätze,
    d) problem-orientierte Ansätze,

2. Vom *Kirchenbild* bestimmte Ansätze
    a) bekehrungs-orientierte Ansätze,
    b) gemeinschafts-orientierte Ansätze,
    c) anknüpfungs-orientierte Ansätze.

---

460 Axel Denecke, Treffpunkt Gottesdienst. Predigt und Gottesdienst im Kontakt mit der Gemeinde; Anleitungen, Modelle, Materialien, Gütersloh 1983, S. 74f.

461 Christsein gestalten. Eine Studie zum Weg der Kirche, hrg. v. Kirchenamt im Auftrag des Rates der Evangelischen Kirche in Deutschland, 4. Aufl., Gütersloh 1987, S. 52-72.

9.2.4 Kritik an der Predigt

Die Predigt wird aus unterschiedlichen Gründen und mit unterschiedlichen Zielen kritisiert. Ausgangspunkt der Kritik ist stets der Mensch und seine Welt. Solche Überlegungen teilen mit dem oben dargestellten Ansatz von Lange allein ihre Basis, und auch diese nur zum Teil. Lange geht vom Menschen und seiner konkreten Umwelt aus. Die Predigtkritiker sehen dagegen den Menschen unter ganz bestimmten Aspekten in seiner Umwelt. Ihre Gesichtspunkte werden im wesentlichen durch drei Aspekte des Menschen bestimmt, einen theologisch-gemeindlichen, einen philosophischen und einen kommunikationstheoretisch-sozialpsychologischen.

Predigtkritik aus gemeindetheologischem Grund

Diese Kritik begegnet bereits im 16. Jahrhundert in reformatorischen Kreisen und ebenso in der Gegenwart. Sie wendet sich zunächst nicht gegen die Predigt als solche, sondern gegen deren Praxis. Sie richtet sich konkret gegen die Beschränkung der Berechtigung zum Predigen auf nur ein oder allenfalls einige Glieder der Gemeinde. Diese Kritik ist genaugenommen ein Plädoyer für die Freigabe der Predigt und damit auch für die Predigt selbst. Diese wird so hoch eingeschätzt, dass jeder das Recht haben soll zu predigen. Dieses Recht seinerseits wird mit theologischen Argumenten begründet, deren Basis wiederum in der reformatorischen Erkenntnis des Priestertums aller Gläubigen verankert ist.

Luther hat schon 1520 in der ersten und dritten seiner reformatorischen Hauptschriften darauf hingewiesen, dass der Papst nicht der alleinige Ausleger der Schrift[462] und dass ein Christenmensch frei sei[463]. Aus dieser Erkenntnis leitet mancher die Berechtigung oder gar die Verpflichtung ab, selbst predigen zu können bzw. zu müssen. Wo Kirchen sich solchen Predigern nicht öffnen, predigen sie überall, wo die Gelegenheit sich ihnen bietet, wo ihnen Menschen zuhören. Diese Freiheit als Freiheit aller zu predigen, hat Luther nicht gemeint, sondern die Freiheit der Gemeinde. Luther unterstreicht die Rechte der Gemeinde bereits 1523 in einer Schrift, der er den Titel gibt:

> „Das eyn Christliche versamlung odder gemeyne recht und macht habe, alle lere tzu urteylen und lerer tzu beruffen, eyn und abtzusetzen, Grund und ursach aus der schrifft“[464]

An dieser Position hält er fest und gibt sie auch dann nicht auf, als er 1532 unter dem Eindruck des Fortgangs der Ereignisse eine Schrift veröffentlicht, in der er

---

[462] Vgl. WA 6, 411,8-417,22.

[463] Vgl. WA 7, 20,1-38,15.

[464] WA 11, 408,1-416,10.

das Predigtamt betont[465]. Luther diskutiert hier u.a. mit den „Winkel"predigern und deren Hinweis auf das Wort von 1. Kor. 14,30, das sie in dem Sinne deuten, dass ein Redender schweigen solle, wenn ein Hörer eine Offenbarung hat. Paulus dagegen tritt, wie der folgende V. 31 zeigt, an dieser Stelle für eine Rednerliste ein. Er argumentiert so, dass alle im Blick bleiben, „damit alle lernen und ermahnt werden". Luther verkürzt diese allgemeine Begründung, indem er V. 31 dahingehend deutet, dass der „Pöbel" schweige und die Propheten im Sinne des Paulus die Lehrer seien. Eine derartige Gewichtung ihrer Position geht nicht nur über das paulinische Wort hinaus, sondern auch über das, was Luther bislang geschrieben hatte. Allerdings bleibt Luther auch jetzt auf dem einmal eingeschlagenen Weg, wenn er die Lehrer näher beschreibt und fortfährt: „... sind lerer, so das predigtampt jnn der Kirchen haben"[466].

Wenige Jahre zuvor, 1530, ist in der Augsburgischen Konfession das Predigtamt als ein Amt definiert worden, in das niemand „ohn ordentlichen Beruf", „nisi rite vocatus", gelangen solle[467]. Diese Unterscheidung zwischen Amt, Aufgabe und Person ist für die Prediger ebenso wie für die Predigt selbst von nicht unerheblicher Bedeutung. Durch sie ist die Predigt in ihrer konkreten Erscheinung betroffen. Wenn die Berechtigung zur Predigt beschränkt, nämlich an die Bedingung einer qualifizierten theologischen Ausbildung geknüpft ist, dann sind damit inhaltliche und formale Standards gesetzt. Sie prägen die Predigt.

Im Laufe der Geschichte begegnen der Wunsch nach einer freien Predigt und die eben dargestellte Argumentation für sie – oft leicht variiert – immer wieder. Freikirchen in Deutschland und anderswo gehören zu ihren Verfechtern. In jüngster Zeit sind die nämlichen Überlegungen und deren Praktizierung in Pfingstgemeinden anzutreffen, was vor dem Hintergrund der Debatte des 16. Jahrhunderts unter Hinweis auf 1. Kor. 14,30 nicht überrascht. In Deutschland sind die Prediger in Pfingstgemeinden oft ehemalige Theologiestudenten.

Gegen die Predigt selbst richtet sich die Kritik, die die eben genannten Argumente auf die Gestaltung des Gottesdienstes bezieht und sich außerdem auf eine Erfahrung stützt, die Ernsto Cardenal in Nicaragua machte[468]. Der Weg zu einem Gottesdienst ohne Predigt führt über Predigtnachgespräche und Vorgespräche.

---

465 Ein Brief D. M. Luthers von den Schleichern und Winkelpredigern, 1532, WA 30, III, 518,1-527,20. Vgl. zu diesem Thema des weiteren Luthers Schrift „Von der Winkelmesse und Pfaffenweihe", in der er sich 1533 zwar gegen Papst und Bischöfe wendet, aber auch einiges zu den Predigern schreibt, WA 38, 195,15-256,13. Vgl. ferner „Ein Brief D. M. Luthers von seinem Buch der Winkelmessen", 1534, WA 38, 262,1-272,12.

466 WA 30, III, 522, 10-18.

467 CA V und CA XIV.

468 Okko Herlyn, Theologie der Gottesdienstgestaltung, 2. Aufl., Neukirchen-Vluyn 1992, S. 79-88; Ernesto Cardenal, Das Evangelium der Bauern von Solentiname. Gespräche über das Leben Jesu in Lateinamerika, 3. Aufl., Wuppertal 1977, S. 10.

Der nächste Schritt ist dann „das auslegende Gespräch durch das gottesdienstliche Plenum“[469]. Die Prediger werden entbehrlich, nicht aber ihre theologische Kompetenz, die nun zur Beratung in das auslegende Gespräch eingebracht wird. Der Verzicht auf die Predigt, auch wenn die theologische Kompetenz der bisherigen Prediger beibehalten wird, hat wesentlich weiterreichende Auswirkungen, greift tiefer in die Beziehung von Hörern und Predigern ein, als Herlyns Überlegungen zur Gestaltung des Gottesdienstes gehen. Anders ausgedrückt: Herlyn verkennt mit dem Wesen der Gemeinde auch das der Predigt.

Predigtkritik aus philosophischem Grund

Diese Kritik wurde schon wiederholt gestreift. Kritik an der Predigt aus philosophischem Grund geht über die aus theologischem hinaus, sie wird generalisiert und als Argument säkularisiert. Aus der Gleichheit aller in der Gemeinde wird die Gleichheit aller Menschen in der Gesellschaft. Als weiteres Argument mit ebenfalls theologischen Implikationen kommt hinzu, dass niemand im Besitz der Wahrheit ist, so dass die Wahrheit hergestellt werden muss, und zwar durch die Menschen. Der dafür notwendige Prozess darf nicht durch Macht beeinträchtigt werden. „Der Diskurs muß herrschaftsfrei sein“, fordert Habermas[470]. Diese Forderung ist gesellschaftlich berechtigt, aber letztlich in der Gesellschaft nie ganz zu verwirklichen, wie die Praxis, auch wenn sie sich von Habermas anstoßen lässt, zeigt.

Im Rahmen des herrschaftsfreien Diskurses ist, konsequent gefolgert, für die Predigt kein Platz. Zwar wird die Predigt von einigen Homileten als ein Dialog verstanden, ein Dialog zwischen Text und Hörern. Ähnlich urteilt Ernst Lange, der sich deshalb für die Erkenntnis der Situation der Hörer durch die Prediger einsetzt, damit diese mit jenen über den Text reden. Predigten, so verstanden, sind frei, aber keine herrschaftsfreien Diskurse[471].

Die Gemeinde weiß auf Grund von Gesetz und Evangelium um die Grenzen des Menschen. Das Wort der Schrift ist die Vorgabe, es tritt der Gemeinde gegenüber. Um seinetwillen ist die Rede vom Wort frei, aber nicht beliebig; sie bedarf des „Predigtamtes“ und dieses der theologischen Bildung. Sie findet ihrerseits

469 Herlyn, a.a.O., S. 85.

470 Jürgen Habermas, Theorie des kommunikativen Handelns, 2 Bde., Frankfurt am Main 1988.

471 Dieser Unterschied wird oft übersehen. Die Freiheit der Gemeinde und die Freiheit der Christen, zu der sie durch Christus befreit sind, ist nicht identisch mit der des herrschaftsfreien Diskurses. Christliche Freiheit ist nicht begrenzt durch die Forderung nach Freiheit in Bezug auf den Diskurs und die an ihm Beteiligten. Vgl. auch unten III. 3.3.4

die Bestätigung durch die Gemeinde, im „rite vocatus“ von CA XIV[472]. Die Berufung ist keine lebenslange oder gar ein „character indelebilis“, eine lebenslange, unverlierbare Größe, vergleichbar der Priesterweihe nach katholischem Verständnis. Da kein Mensch die Wahrheit besitzt, können Prediger ihre Berechtigung zum Predigen verlieren. Sie kann ihnen aberkannt werden. Das dafür in den verschiedenen Landeskirchen vorgesehene Verfahren, das der „Lehrzucht“, ist kompliziert und dauert lange, weil eben in der Tat niemand im Besitz der Wahrheit ist, auch nicht die Juroren des Lehrzuchtverfahrens[473]. Im Laufe der Geschichte finden entsprechende Verfahren nicht oft, aber immer wieder einmal statt, auch bereits vor Habermas' These. Habermas säkularisiert eine christliche Erkenntnis und Praxis, wobei er diese notgedrungen verallgemeinert. Daraus resultiert dann – zwangsläufig – eine radikale Predigtkritik, sobald die säkularisierte christliche Erkenntnis und Praxis auf diese wieder zurückübertragen wird. Christliche Erkenntnis, ihrer christlichen Inhalte entkleidet, ist nicht mehr christlich und führt zu fehlerhaften Aussagen über die Gemeinde, was geschieht, wenn säkularisierte Aussagen auf die christliche Gemeinde übertragen werden.

Predigtkritik aus kommunikationstheoretisch-sozialpsychologischem Grund – Predigt als Monolog

Das dieser Kritik zugrunde liegende Predigtverständnis ist das eines zielgerichteten Vorgangs, der vom Prediger ausgeht, um die Hörer in ihrem Tiefsten zu erreichen. Dahm beschreibt das Geschehen als Stationen des Hörens, ausgehend von der Eingangsstation und dann über weitere Stationen.[474] Dementsprechend wird die Predigt als „Einbahn-Kommunikation“ bezeichnet. Die Kritik trifft sich darin mit einer anderen, die ebenfalls strukturelle Aspekte der Predigt in den Blick nimmt, nämlich der Form der Rede. Diese Kritik spricht von der Predigt als einem „Monolog“.

Welche Probleme bei der als zielgerichtete Kommunikation verstandenen Predigt auftreten können, die das Erreichen des Zieles beeinträchtigen oder gar verhindern, wird untersucht, indem kommunikationstheoretische und psychologische Erkenntnisse angewandt werden. Das Ergebnis der Bemühungen besteht in einer Kritik, die die Grenzen der Predigt, vornehmlich deren heutiger

---

472 CA XIV: *De ordine ecclesiastico docent, quod nemo debeat in ecclesia publice docere aut sacramenta administrare nisi rite vocatus* (Vom Kirchenregiment wird gelehrt, dass niemand in den Kirchen öffentlich lehren oder die Sakramente reichen soll ohne ordentliche Berufung).

473 Vgl. die Lehrordnung der VELKD vom 16.6.1956 (ABl. 1966 S. 33); Kirchengesetz über das Verfahren bei Lehrbeanstandungen vom 16.6.1956 (Abl. 1966 S. 83) in der Fassung vom 3.1.1983 (ABl. 1984 S.80) und Kirchengesetz zur Ergänzung des Kirchengesetzes über das Verfahren bei Lehrbeanstandungen in VELKD in der Neufassung vom 20.7.1983 (Abl.1983 S. 164).

474 Siehe oben: 1.4.3. Das reale Gemeindeleben – heute.

Praxis, aufzeigen und eventuell Möglichkeiten zu einer Verbesserung weisen will.

Die Idee der Zielgerichtetheit resultiert im Grunde daraus, dass der Inhalt von Predigt letztlich als Information begriffen wird. Dahm verdeutlicht die Zielgerichtetheit durch einen Pfeil, der vom Prediger ausgeht, auf das Innere des Hörers zu[475]. Analog zu diesem Bild spricht Dahm von der Predigt als einer „Einbahn-Kommunikation". Das damit kreierte Wort macht seitdem als Schlagwort seinen Weg. Hinterfragt oder gar kritisiert wird es nicht. Das Sprechen einer Person und das Zuhören der anderen gelten als Ausweis für die Plausibilität und die Richtigkeit der Meinung Dahms. Dass Reden und Hören indes ein Gesamtgeschehen und als solches ein höchst komplexes Ereignis ist, wird übersehen[476]. Dahm selbst stellte bereits in der Erstfassung seiner Überlegungen dem Hauptpfeil einige weitere, kleinere zur Seite, deren in der Zweitfassung noch mehr werden. Sie laufen entgegengesetzt zur Hauptrichtung. Die allgemeine Diskussion geht über diese Modifikation hinweg. Sie ignoriert sie, obwohl unklar bleibt und ist, ob die Korrekturen ausreichen, das Geschehen der Predigt präzise zu beschreiben.
Der Weg vom Prediger zum Inneren des Hörers besteht aus mehreren Etappen, zunächst der äußeren vom Mund zum Ohr. Ihr schließen sich insgesamt drei weitere an, die sich im Inneren des Hörers abspielen, abspielen können. Nur wenn alle Etappen durchlaufen worden sind, ist das Gesagte „angekommen". Die erste Wegstrecke setzt Dahm parallel zu der, die das Massenmedium, etwa das Radio, zurücklegt; hier wird ebenfalls gesprochene Sprache zum Hörer transportiert. Das Radio dient als Modell, weil die Kommunikationstheorie sich auf Beobachtungen des Radiohörens stützt. Erkenntnisse der Bell Laboratories in den USA während des Zweiten Weltkrieges bilden die Grundlage, auf der Shannon und Weaver ihre Theorie entwickeln[477]. Sie konstatieren: Sender, Übertragungskanal und Empfänger müssen störungsfrei zusammenarbeiten, wenn ein Signal vom Sender zum Empfänger gelangen soll. Dort angekommen, verarbeitet der Hörer das Gehörte in drei Etappen, in der Eingangs-, der Auswahl- und der Verarbeitungsstation. Letztere führt zu emotionalen und/oder kognitiven Konsequenzen, sofern alle Etappen erfolgreich durchlaufen wurden. Schon die

---

475 Vgl. Karl-Wilhelm Dahm, Hören und Verstehen. Kommunikationssoziologische Überlegungen zur gegenwärtigen Predigtnot, in: Predigtstudien für das Kirchenjahr 1969/70, Bd. IV/2, Stuttgart 1970, S. 9-20. Dahm nimmt die Kritik an seiner Meinung in seine überarbeitete und weiterführende Fassung von 1972 auf: Karl-Wilhelm Dahm, Beruf: Pfarrer. Empirische Aspekte zur Funktion von Kirche und Religion in unserer Gesellschaft, 2. Aufl., München 1972, S. 218-244 und 319-325.

476 Der Unterschied zwischen Singen vor Publikum und vor der Kamera ist gewaltig nach den Erfahrungen des Sängers Hermann Prey, weil das Publikum ihn anspornt, ihn zu Höchstleistungen bringt (Fernsehinterview, gesendet von NDR 3 am 28.7.1994, 22.30 Uhr).

477 Vgl. Claude E. Shannon; Warren Weaver, Mathematische Grundlagen der Informationstheorie. Dt. Übers.: Helmut Dressler, München u.a. 1976, besonders S. 16 und 44.

Eingangsstation kann allerdings den gesamten weiteren Prozess unterbrechen, wenn der Hörer während des Hörens z.B. der Predigt schläft, „sein Gerät abgeschaltet“ hat. Was sich in den drei Stationen des Hörprozesses im Einzelnen abspielt, hängt nicht zuletzt von der Person des Hörenden ab, ist psychisch bedingt.

Was von dem Gehörten alle drei Etappen erfolgreich passiert, ist für die Hörenden das Wichtige, das Entscheidende. Inhaltlich gesehen stellt es eine gelungene Korrelation des biblischen Textes mit aktuellen Fragen des Zeitgeschehens dar. Hier wirkt sich besonders aus, dass die Welt global geworden ist und aufrüttelnde Ereignisse in immer kürzerer Abfolge stattfinden. Die Globalisierung der Welt führte dazu, dass es immer mehr aufrüttelnde Fragen gibt, die homiletisch bedacht werden müssen. Irgendwo in der Welt ereignet sich immer etwas, das Menschen kognitiv, existentiell und / oder emotional trifft. Wenn Predigende öfter auf diese Weise Hörende erreichen, gewinnen die Predigenden bei den Hörenden an Reputation, werden Gottesdienste aufgesucht, wo solche Predigenden zu hören sind. Darum trifft diese Erkenntnis des 20. Jahrhunderts auch im 21. Jahrhundert zu, ja, gilt nun in gesteigertem Masse.

Dahm nimmt mit den Korrekturen, die seine Zweitfassung vornimmt, selbst einiges von seiner Kritik zurück. Er erkennt, dass das Geschehen komplexer ist, als seine These von der Zielgerichtetheit, der Einbahnstraße der Predigt, behauptet. Darin folgen seine Anhänger ihm bis heute nicht. Deshalb muss der Sachverhalt hier etwas breiter verdeutlicht werden. Gegen Dahms Vereinfachung spricht zunächst die Simplifizierung als solche, zweitens das Verkennen der Natur der Rede als Teilen, drittens die Gemeinschaft in Gemeinde und Gesellschaft.

Die Kommunikationstheorie ist längst nicht mehr die einzige Theorie zur Beschreibung des Geschehens zwischen Radiosender und -hörer. Gegenwärtig versuchen zahlreiche, bereits im Ansatz verschiedene Radiotheorien, der Komplexität des Vorgangs gerecht zu werden, das Geschehen zu erfassen. Möglich und notwendig wird diese Vielzahl von Theorien, weil das Geschehen als solches komplex ist[478].

Aus diesem Grund ist inzwischen bereits die Forderung nach einer Metatheorie der Medientheorien erhoben[479] und die Predigt ihrerseits zur Beschreibung der Massenkommunikation herangezogen worden[480]. Die Predigt ist auf Grund ihrer Ansätze und Erfahrungen nicht nur auf eine phänomenologische Beschreibung angewiesen, sondern vermag auch Defizite der Massenkommunikation aufzuzeigen, die im Alltag – oft aus wirtschaftlichen Gründen – entstehen und darum das Erscheinungsbild der Massenkommunikation verzerren.

---

478 Vgl. dazu die Übersicht bei Werner Faulstich, Medientheorien. Einführung und Überblick, Göttingen 1991, die allerdings auch nur eine Auswahl bietet.

479 Siehe Faulstich, a.a.O., S. 17.

480 Ulrich Nembach, Zur Metatheorie der Medien, in: Communications 17, 1992, S. 419ff.

Rede ist von alters her auf Weitergabe angelegt, sie besteht im Austausch von Informationen und/oder Meinungen. Das Ziel ist dabei oft, Wirkung zu erzielen. Darin unterscheidet sich die Rede von der Lehre. Sprachlich auf den Punkt gebracht wird dieser Unterschied in der Sentenz: *doctrina docet, rhetorica movet.*

Dass die damit angesprochene Intention nicht leer bleibt, belegen zahlreiche Beispiele aus der Geschichte, die zudem an ganz verschiedenen Orten stattfanden, also nicht das Ergebnis kultureller Prägung durch eine bestimmte rhetorische Tradition sind[481].

Die Einbindung der Predigt in den Gottesdienst als der zentralen gemeindlichen Veranstaltung bedingt eine Gemeinsamkeit zwischen Prediger und den Hörern. Außerdem sind alle Teil der Gesellschaft, in der sie leben. Von daher kann eine Predigt nur ein Teil des größeren Geschehens sein. Dieses seinerseits besteht aus einem dichten Netzwerk von Verflechtungen, das Prediger und Hörer zusammen-, ja einschließt. Die Predigt findet im Gottesdienst statt, am Sonntag; dieser ist Teil der Woche mit ihrer Fülle von Veranstaltungen und Begegnungen in und außerhalb der Gemeinde.

Kommunikationstheoretisch-psychosoziale Predigtkritik ist darum keine an der Predigt, sondern an der Kommunikation ihrer Vertreter und an deren psychosozialen Bezügen.

---

[481] Zwei Beispiele aus der Kirchengeschichte seien genannt: Johann Tetzel ist als Ablassprediger deshalb so erfolgreich, weil er die Rede als Kunst versteht, wie die sog. „Sermone" Tetzels zeigen. Er beginnt, indem er, den Regeln der Rhetorik entsprechend, seine Adressaten einzeln anredet, und zwar unter Beachtung der dafür sorgfältig differenzierenden Schemata, wodurch Abwechslung in die Rede kommt. Auch kann der einzelne für das Ganze stehen, ein geschickter Schachzug, um viele Ablasskäufer zu gewinnen. Tetzel beachtet die differenzierten Schemata (Vgl. Marcus Fabius Quintilianus, a.a.O., VIII, 6, 19-20; Marcus Tullius Cicero, De oratore = Über den Redner. Lat. und Dt., übers. und hrg. v. Harald Merklin, 2., durchges. und erg. Aufl., Stuttgart 1981, III, 42, 168): *„Tu sacerdos, tu nobilis, tu mercator, tu mulier, tu virgo, tu nupta, tu iuvenis, tu senex, intrare ecclesiam tuam, quae, ut dixi, est sancti Petri, et visitare crucem sanctissimam, quae pro te evelata est, quae continuo clamat et vocat te"*. (Du Priester, du Adliger, du Kaufmann, du Frau, du Mädchen, du Ehefrau, du junger Bursche, du Alter, tritt ein in deine Kirche! In deine Kirche, die, wie ich gesagt habe, die des heiligen Petrus ist, und schaue an das Kreuz, das nur für dich errichtet ist, das ständig schreit und dich ruft). Sermone Tetzels, in: Walter Köhler, Dokumente zum Ablaßstreit, Tübingen u.a. 1902, S. 125. Tetzel als Mitglied des Predigerordens versteht zu reden. Wenn theologische Lehrbücher ihn noch immer als simplen Bauernfänger vorstellen, verkennen sie Tetzel und seine Auftraggeber, Albrecht von Mainz und, hinter ihm stehend, den Fugger.

Das zweite Beispiel ist eines, das die Folgen der Nichtbeachtung des Redens zeigt. Der lange, sorgfältig vorbereitete und dann entsprechend durchgeführte Revisionsversuch der Lutherbibel von 1984 scheiterte zunächst total. Der Grund dafür war, weil die Revisoren übersehen, dass Luther schreibend redet. Er überträgt die Bibel nicht einfach in seine Zeit, sondern nimmt sie in das Leben mit, redet dort mit ihr zu den Menschen. Deshalb können Worte nicht einfach anhand des Urtextes ausgewechselt werden. Die so gewählten Worte reden nicht, sprechen die Menschen nicht an.

Aus denselben Gründen ist die Beschreibung der Predigt als Monolog unzureichend, weil das ganze Geschehen auf das Sprechen einer Person, des Predigers, reduziert wird. Ein kurzer Blick auf die Welt des Theaters, der Literatur, der Musik zeigt die Verkürzung. Die dort üblichen Monologe sind nicht nur Teile des jeweiligen Gesamtwerkes, sondern für dessen Verständnis geradezu von integraler Bedeutung. Nur der Monolog des Jago in Shakespeares Othello lässt die Zuschauer verstehen, wer die eigentlich handelnde Person ist und welches Motiv diese hat. Im Übrigen wäre jedes Theater aus der Sicht der Zuschauer ein Monolog, wenn die Betrachtung auf die Aktivität bzw. das Schweigen der Anwesenden reduziert wird. Abgesehen davon ist sachlich das Phänomen des „überspringenden Funkens" allseits bekannt. Der Funke springt von der Bühne auf das Publikum über und oft dann wieder auf die Bühne zurück, wo er seinerseits die Schauspieler stimuliert, zu einer Steigerung ihrer Leistungen reizt. Entsprechendes gilt für die Musik, Orchesterstücke, Opern, Rockkonzerte – letztere wären ohne ein begeistert mitgehendes Publikum gar nicht denkbar[482]. Wenn darum Kritik an der Predigt an deren Form, an der Struktur

---

482 Inwieweit die Beschreibung der Predigt als Monolog und die darauf aufbauende Predigtkritik aus der fehlenden Teilnahme der Theologen an Theater und Musik resultiert, kann hier ununtersucht bleiben.
Zur Parallelisierung von Gottesdienst, Theater und auch Fernsehen vgl. Hans-Eckehard Bahr, Gottesdienst als Öffentlichkeit, in: Peter Cornehl (Hrg.) u.a., Gottesdienst und Öffentlichkeit. Zur Theorie und Didaktik neuer Kommunikation, Hamburg 1970, S. 9-15, und ders., Kältestrom und Wärmestrom bei der Vermittlung des Christlichen, exemplifiziert am Fernsehen, in: Peter Cornehl (Hrg.) u.a., Gottesdienst und Öffentlichkeit. Zur Theorie und Didaktik neuer Kommunikation, Hamburg 1970, S. 197-216.
Bahr, der für ein möglichst breites, offenes, von allen Anwesenden – und möglichst auch mit Abwesenden, in der Praxis christlichen Lebens und Tuns Be- und Unbeteiligten – geführtes Gespräch plädiert, kritisiert deshalb auch das „Politische Nachtgebet". Sein Ideal ist, „die allzu reinliche Scheidung zwischen öffentlich und privat konkret aufzuheben, die Zone der Toleranz zu durchschreiten und dahin vorzudringen, wo am individuellen Schicksal strukturelle Konflikte erkennbar sind ..." (a.a.O., S. 194).
Die lange Zeitspanne seit dem Erscheinen der Vorschläge Bahrs bis heute brachte keine Veränderung im Sinne des von Bahr Vorgeschlagenen, trotz mancher zwischenzeitlich erschienener Publikationen (vgl. Rudolf Bohren, Predigtlehre, München 1971; 6. Auflage 1993, S. 353-373 und 541ff.; ders., Daß Gott schön werde. Praktische Theologie als theologische Ästhetik, München 1975). Die Erklärung dafür liefert Bahr selbst, wenn er die Wirkung der Theaterreform von Piscator im Berlin der 20er Jahre im Anschluss an Brecht dergestalt beschreibt, dass Piscators Bemühungen, die Schaubühne zu einer politischen Institution zu machen, revolutionär in Bezug auf das Theater, aber nicht in *Bezug* auf die Politik selbst waren, und dieses Ergebnis mit dem Luthers in dessen Bemühungen um eine Liturgiereform vergleicht (Bahr, a.a.O., S. 9). Luther bekennt, dass ihm für den eigentlichen, evangelischen Gottesdienst recht eigentlich die Leute fehlen (WA 19, 75,3-30). Bahr selbst verweist gleich zu Beginn seiner Ausführungen auf Piscator, Brecht und Luther, zieht dann aber nicht die Konsequenzen Luthers, der wegen der gegebenen Situation andere, auf diese Rücksicht nehmende Gottesdienstordnungen vorschlägt.

ansetzt, trifft sie das Geschehen nicht. Inhaltlich greift diese Kritik ebenso wenig, weil Predigt eine sich an die Hörer wendende Rede ist.

Ende von Predigtkritik und Predigt?

Eine Verschiebung in der Kritik an der Predigt ist zu beobachten, und zwar sowohl im Hinblick auf den Stellenwert der Kritik als auch, und damit letztlich zugleich, den der Predigt.

Indem weniger Menschen zum Gottesdienst kommen, dokumentieren sie implizit gleichermaßen ihre Ablehnung oder Geringschätzung der Predigt. Da die Predigt ein integraler Bestandteil des Gottesdienstes ist, zumal des evangelischen, ist die Ablehnung oder Geringschätzung der Predigt groß. Im Falle einer Ablehnung wäre auf Grund der allgemeinen Wertschätzung der Predigt zu vermuten, dass die Ablehnung begründet wird. Diese Vermutung ist um so naheliegender, als Kritik an der Predigt durchaus konkret geübt wird, und dies gleich aus verschiedenen Gründen. Darum ist aktuell mindestens die Frage zu stellen: Ist das Ende von Predigtkritik und Predigt gekommen?
Ein weiteres Indiz, in diese Richtung zu denken, signalisiert das Werk von Manfred Josuttis. Er begann mit einer Arbeit zur Predigt[483], in einer danach veröffentlichten zum Gottesdienst spielt die Predigt nur eine marginale Rolle. [484]

Einen Schritt weiter gehen Reimund Blühm und seine Mitautoren mit ihrem 1993 veröffentlichten Band „*Kirchliche Handlungsfelder*“[485]. Der mit diesem Titel geweckte Erwartungshorizont lässt an eine Auswahl einzelner Handlungsfelder oder an das Gesamtgebiet der Praktischen Theologie denken. Tatsächlich geboten werden Darstellungen von fünf Teildisziplinen, von denen manche trotz ihrer Relevanz im traditionellen Kanon praktisch-theologischen Redens noch keinen Ort haben. Dagegen fehlt die Predigt. Ihr Fehlen wird nicht begründet, wie auch die getroffene Auswahl nicht positiv erläutert wird. Das Fehlen der Predigt ist darum auffällig, nicht weniger aber auch darum, weil der Trauerfall – pastoralpsychologisch – behandelt wird und gleich zwei Teile sich mit dem Gottesdienst, nämlich mit der Liturgik und der Kirchenmusik, beschäftigen.

Unabhängig davon bleibt es das Verdienst Bahrs, auf Parallelen zwischen Gottesdienst und Theater hingewiesen zu haben und entgegen manchem zu starren Beharren auf Luthers Vorschlag, den dieser selbst nur als einen solchen und zudem zeitlich begrenzten verstanden haben will (WA 19, 72,3-73,30), erneut die Gemeinde ins Spiel gebracht zu haben.

483 Manfred Josuttis, Gesetzlichkeit in der Predigt der Gegenwart, München 1966; 2. Aufl. 1969.

484 Manfred Josuttis, Der Weg in das Leben, 2. Aufl., Gütersloh 1993.

485 Reimund Blühm u.a., Kirchliche Handlungsfelder. Gemeindepädagogik, Pastoralpsychologie, Liturgik, Kirchenmusik, Kirchenbau und kirchliche Kunst der Gegenwart, Stuttgart u.a. 1993.

Schließlich und endlich ist festzuhalten, dass die Reihe, in der die Arbeit von Blühm u.a. erscheint, sich „*Grundkurs der Theologie*" nennt.

Die Predigt ist also, so scheint es, heute zumindest für manche Autoren weder der Darstellung noch der Kritik bedürftig. Ist damit eventuell – mindestens nach Meinung der Autoren – auch das Ende der Predigt und der Kritik an ihr erreicht?

9.3 Zusammenstellung von Teillösungen

Probleme heutiger Predigten werden konstatiert, benannt, beschrieben, und Kritik wird laut. Daneben ist die heutige Diskussionslage auch bestimmt durch eine Vielzahl von Lösungsvorschlägen. Sie bieten zum einen ein breites, in seiner Vielfalt interessantes Spektrum von Anregungen für die Analyse der Gründe heutiger Predigtprobleme. Zum anderen bieten sie konkret zahlreiche Lösungsvorschläge zur Verbesserung der Predigt an. Sie fasziniert noch immer Menschen[486]. Das sich auf diese Weise darbietende Bild von Vorschlägen führt zu Verwirrungen[487].

9.3.1 Attributpredigten

In den letzten Jahrzehnten des 20. Jahrhunderts wurden zahlreiche Vorschläge gemacht, um der Misere der leerer werdenden Sonntagsgottesdienste zu begegnen.

Die meisten Homileten verzichten dabei auf globale Lösungen. Sie betrachten nur einen Aspekt der Probleme und machen auf dieser Basis ihre Vorschläge für eine Erneuerung der Predigt. Zur Charakterisierung ihrer Art zu predigen, fügen sie dem Wort „predigen" bzw. „Predigt" ein Attribut hinzu. Daran anknüpfend, werden ihre Überlegungen im Folgenden „Attributpredigten" genannt. Beispielhaft werden im Folgenden einige Vorschläge kurz dargestellt.

---

486 In der Sprache der Evolutionstheorie ausgedrückt, lässt sich die Faszination vielleicht am besten beschreiben, und zwar als Staunen angesichts der Artenfülle.

487 Darum erinnert manchmal das Bild der gegenwärtigen Homiletik an die Vielzahl von Ärzten, die sich über einen Patienten beugen, was oft nicht zu dessen Nutzen gereicht. Ein Sprichwort sagt gar, dass viele Köche den Brei verderben.

1. Biblisch predigen: Hirschler veröffentlicht 1988 unter diesem Titel eine längere Abhandlung zusammen mit einer beigefügten Sammlung von im Sinne dieser Konzeption verfassten Predigten[488]. Es geht ihm darum, den biblischen Bezug der Predigten herauszustellen.
2. „Biblische Texte“: In Bezug auf die Predigt biblischer Texte nennt Wintzer[489] drei Gründe, die für eine solche Praxis sprechen: 1) eröffnen diese Texte „einen Zugang zu dem komplexen Aussagegehalt der Bibel“; 2) kommt dadurch „eine demonstrative Bedeutung“ zum Ausdruck, dass nämlich die Predigt „auftragsgebundene, hinweisende Rede ist“; 3) kann „der biblische Text auch ein Beurteilungskriterium für die Predigt sein“. Die systematisch-theologische Besinnung verbindet sich damit als eine Aufgabe.
3. Dialogisch predigen: Diese Formulierung wählt Hollenweger 1969, um das dialogische Element der Predigt herauszustellen[490]. In dieselbe Richtung zielen wenig früher Müller und wenig später Wintzer mit ihren Beiträgen zur „Dialogischen Predigt“. Sie wollen in der Predigt „mit dem Hörer eine Wegstrecke gehen“[491], wobei Müller in diesem Zusammenhang ausdrücklich auf Luther verweist[492].
4. Erleuchtung durch die Predigt: Erleuchtung geschieht durch die Predigt, wie Josuttis im Anschluss an seine Darstellung des Gottesdienstes „auf verhaltenswissenschaftlicher Grundlage“ unter Hinweis auf Joh. 8,12 – „Ich bin das Licht der Welt“ – meint. Dabei bedeutet Erleuchtung im wesentlichen Befreiung von Zwängen, geschieht aber „in einer Kommunikationssituation, in der man zum

---

488 Horst Hirschler, Biblisch predigen, 2. Aufl., Hannover 1988; 3. Aufl. 1992. Vgl. dazu die Rezension von Eberhard Winkler, Rezension zu Horst Hirschler, Biblisch predigen, 2. Aufl., Hannover 1988, in: ThLZ. 113, 1988, S. 848-850.
Schon früher hatte Hirschler einen Band mit dem Titel „Konkret predigen“ veröffentlicht (Horst Hirschler, Konkret predigten, Mohn, Gütersloh 1977).
Bereits im 19. Jahrhundert hat Paul Drews die „konkrete und spezielle“ Predigt gefordert. Er zeigt, dass über kasuelle bzw. spezielle Themen im Anschluss an biblische Texte gepredigt werden könne und solle, wobei er seinerseits auf andere und zum Teil ältere Prediger verweist (Paul Drews, Die Predigt über spezielle und kasuelle Themen, in: Friedrich Wintzer (Hrg.), Predigt, München 1989, S. 84-87).

489 Friedrich Wintzer (Hrg.), Predigt, S. 15. Noch 1982 hat Wintzer einen stärkeren Akzent auf die Themapredigt gelegt, indem er die Darstellung der Homiletik in einem Sammelband zur Darstellung der Praktischen Theologie anhand der Frage „Text- und Themapredigt“ behandelt und dies in der Weise tut, dass er sie miteinander vergleicht (Friedrich Winzer, Textpredigt und Themapredigt, in: der. (Hrg.), Praktische Theologie, Neukirchen-Vluyn 1982, S. 81-90).

490 Walter Hollenweger, Dialogisch predigen, in: Predigtstudien, Bd. IV/1, Stuttgart 1969, S. 203-210.

491 Vgl. Friedrich Wintzer, Die Predigt als Ermutigung zum Dialog, in: Fides et communicatio. Festschrift für Martin Doerne zum 70. Geburtstag, hrg. v. Dietrich Rössler u.a., Göttingen 1970, S. 428-440.

492 Hans Martin Müller, Ein Blick in meine Predigtbibliothek, in: Predigtstudien, Bd. III/1, Stuttgart 1968, S. 221-228.

Sitzen und Schweigen verurteilt scheint". Die scheinbare Verurteilung relativiert Josuttis anschließend, ja, scheint sie aufzuheben, wenn er fortfährt: „Aber gerade in dieser Verhaltenskonstellation, die konzentriertes Hören ermöglichen soll, kann jenes Wort laut werden, auf das menschliche Ohren seit der Geburt voller Hunger ... warten: das Wort der Liebe ..."[493]. Gleichwohl macht Josuttis diese Konstellation nicht zur Basis des Verhaltens von Hörern und Predigern, sondern fährt fort mit der Beschreibung einzelner Aspekte des kommunikativen Vorgangs, in dem die Liebe laut wird.
5. Erzählende Predigten: Das Erzählen in der Predigt und/oder die Predigt als solche erzählend zu verstehen, wird ebenfalls von mehreren Autoren empfohlen[494]. Ansatzpunkte dafür werden in der narrativen Theologie[495], in den oft von Erzählungen bestimmten biblischen Texten, jedoch kaum in der modernen Erzähltheorie gefunden[496]. Letztere freilich kommt ihrerseits auch auf biblische Erzählungen zurück[497].
6. Ethische Predigt: Heute ist die Vokabel „Moralpredigt" zum Reizwort geworden, bei Hörern und Predigern. Die einen können und wollen Predigten dieser Art nicht hören, und die anderen plagen sich, fühlen sich überfordert. „Moralpredigt" ist im Deutschen zu einem Spott- und Schimpfwort geworden, zu einem Synonym für Bevormundung, Realitätsverlust und Mangel an Einfühlungsvermögen. Der in den letzten Jahren vielfach versuchte Rückzug der Prediger auf das reine Kerygma ist jedoch weder gesellschaftlich-politisch möglich (weil auch die Enthaltung eine Stellungnahme darstellt und politische Folgen hat) noch theologisch verantwortbar (weil dann große Teile des Alten und Neuen Testaments unterschlagen werden müssten, wenn die Ethik beiseitegelassen werden sollte). Der ethischen Predigt stellen sich bewusst Franz Kamphaus und Rolf Zerfaß mit einem von ihnen herausgegebenen Band[498].

Die Problematik von Gesetz und Evangelium durchzieht ständig die Kirche und damit die Predigt. Neu an diesem Problem ist die Herausforderung durch die Pluralität unserer Gesellschaft. In ihr geschieht Predigt, unter ihren Bedingungen müssen christliche Antworten mit anderen Antworten konkurrieren. Letztere erscheinen oft als nicht weniger plausibel. Zwar ist dies keine gänzlich neue Situation für die Kirche mit ihrer 2000jährigen Geschichte. Schon in ihren

493 Manfred Josuttis, Der Weg in das Leben, S. 244.
494 Horst Nitschke (Hrg.), Erzählende Predigten, Gütersloh 1976 und 1981, unter anderen Titeln fortgeführt bis 1983.
495 Harald Weinrich, Narrative Theologie, in: Concilium 9, 1973, S. 329-334; Bernd Wacker, Narrative Theologie?, München 1977.
496 Vgl. die Rezension von Klaus-Peter Hertzsch zu Horst Nitschke (Hrg.)., „Erzählende Predigten Bd. 1", in: ThLZ. 103, 1978, Sp. 300-302. Hertzsch beklagt u.a. das Fehlen einer brauchbaren homiletischen Theorie des Erzählens (Sp. 301).
497 Vgl. Wayne C. Booth, Die Rhetorik der Erzählkunst, Heidelberg 1974, Bd. 1, S. 11.
498 Ethische Predigt und Alltagsverhalten, hrg. v. Franz Kamphaus und Rolf Zerfaß, München 1977.

Anfängen findet die Kirche sich in einer mindestens teilweise pluralen Gesellschaft vor. Neu ist die Situation jedoch für die heutigen Prediger insofern, als die Situation für sie ungewohnt ist. Noch immer orientieren sie sich mehr oder weniger an der Idee eines geschlossenen Abendlandes.

Nicht aufgehoben hat diese neue wie die alte Situation ein weiteres Predigtproblem, auf das Manfred Josuttis bereits 1966 aufmerksam machte[499]. Er zeigt anhand der Analyse von zahlreichen Predigten dieser Zeit, dass sie inhaltlich und sprachlich vom Gedanken der „Gesetzlichkeit“ bestimmt werden. Diese Predigten verharmlosen das Gesetz, nehmen ihm die Schärfe seiner Radikalität, die nach des Menschen Tod verlangt, wenn er nicht durch die Gnade des Evangeliums gerettet wird. Die Antwort auf Seiten der Prediger war ein allgemeines Erschrecken. So dürfen und wollen sie nicht predigen, aber sie tun es faktisch. Heute ist das Erschrecken vergessen, die gesetzliche Predigt lebt weiter.

7. **Kreativität und Predigtarbeit** ist das Thema einer Arbeit von Heribert Arens, Franz Richardt und Josef Schulte, drei katholischen Autoren. Es geht ihnen darum, Erkenntnisse der Kreativitätsforschung auf die Predigtarbeit anzuwenden. Sie geben Anregungen und Hinweise, um das kreative, schöpferische Moment in der Predigtarbeit zu fördern, das oft über aller wissenschaftlichen Routine zu kurz kommt, manchmal gar nicht als Aufgabe gesehen wird. Die Arbeit erlebt in kurzer Folge drei Auflagen, gerät dann aber in Vergessenheit, obwohl eine steigende Kreativität bei den Predigern nicht zu beobachten ist[500].

8. **Leiden** als Thema der Predigt wird von Karl-Fritz Daiber besonders betont[501]. Er greift dieses Thema auf und untersucht die sich daraus speziell für die Predigt ergebenden Fragen.

9. **Literaturpredigten** möchten literarische Texte neben den biblischen Text so gestellt haben, „daß die beiden Texte in ihrem Aussagegehalt je für sich zur Sprache kommen“, was bei moderner Literatur oft dazu führt, „die Spannung zwischen Bibel-Wort und Menschen-Wort aufzuzeigen, auszuhalten ...“[502]. Ein solches Vorgehen stelle eine Herausforderung für die Predigt dar, begründe eine neue Predigtgattung und biete Hilfen für die Praxis, konstatieren Koerrenz und Vicon als Verfechter der Literaturpredigten in ihrem Aufsatz[503]. Die von ihnen als Beispiele angefügten Predigten, eine zum ersten Gebot, konfrontiert

[499] Manfred Josuttis, Gesetzlichkeit in der Predigt der Gegenwart, München 1966, 2. Aufl. 1969.

[500] Heribert Arens u.a., Kreativität und Predigtarbeit. Vielseitiger denken, einfallsreicher predigen, 4. Aufl. 1982. Zur Kreativität generell und den zahlreichen Veröffentlichungen zu diesem Thema vgl. die noch immer lesenswerte Arbeit von Erika Landau, Psychologie der Kreativität, 3. Aufl., München u.a. 1974.

[501] Karl-Fritz Daiber, Leiden als Thema der Predigt. Bericht über eine Predigtreihe, München 1978.

[502] Ralf Koerrenz u.a., Literaturpredigten, in: PTh. 83, 1994, S. 520 – 533, hier S. 521.

[503] A.a.O., S. 521 – 526.

mit einem Text von Lew Kopelew, und eine zum zweiten, konfrontiert mit einem Text von Max Frisch, lassen indes nur bedingt Unterschiede zum bislang üblichen Gebrauch von Literatur in der Predigt erkennen.

Moderater äußert sich Peter Stolt, der für Literatur im Gottesdienst plädiert und dabei die Frage nach dem Verhältnis von Kirche und Kultur unter Rückgriff auf das 19. Jahrhundert, einschließlich der fundamentalen Kritik Karl Barths, thematisiert[504].

10. Politisch predigen: Es ist sowohl der theologische Bezug zur Politik im Lauf der Geschichte allgemein als auch der Bezug der Predigt und der Homiletik zur Politik wiederholt betont und nicht weniger oft kritisiert worden. In der jüngeren Geschichte wurde besonders in den Jahren nach 1968 das Politische in der Predigt thematisiert. Das hängt mit der damals einsetzenden neuen Wertschätzung des Politischen und der daraus resultierenden Politisierung des ganzen Lebens zusammen. Alles gilt als politisch relevant; auch ein politisch Desinteressierter ist gerade wegen seines Desinteresses ein Politikum. Theologen wollen und können aufgrund ihres Gewissens nicht abseits stehen. Sie predigen politisch. Angermeyer veröffentlicht in diesem Sinne 1976 einen Beitrag[505]. Aber auch schon vor 1968 ist die politische Predigt ein Thema, wenn auch nicht in einer Breite wie nach 1968. Dieter Schellong äußert sich bereits 1959 dazu[506].

11. Predigt semiotisch: Wilfried Engemann reflektiert die Homiletik und einzelne Predigten in semiotischer Sicht[507]. Die Intention dabei ist, dass Hörer sich das in der Predigt Gehörte durch eine unvertraute Struktur der Predigt erschließen. Die Struktur ist neu, weil die Predigt als „offenes Werk" gestaltet wird. Dies wiederum setzt voraus, dass Prediger die Botschaft neu sagen, sich dabei einer bestimmten literarischen Gattung – Engemann nennt eine Geschichte, einen Brief und dgl. – bedienen und dafür die angemessene Syntax und entsprechende rhetorische Strategie verwenden. Engemanns Versuch läuft somit darauf hinaus, das Moment der Verfremdung für die Predigt durch eine semiotische Vorgehensweise zu nutzen.

---

504 Peter Stolt, Literatur im Gottesdienst, in: PTh. 83, 1994, S. 534 – 549.

505 Helmut Angermeyer, Politisch predigen – ein studentischer Versuch, in: WPKG 65, 1976, S. 451ff. Aus der Fülle von Arbeiten zu diesem Thema sei im Übrigen nur noch verwiesen auf den Beitrag von Gerhard Bauer u.a., In der Gemeinde politisch predigen, in: PTh. 63, 1974, S. 463-478.

506 Dieter Schellong, Zur politischen Predigt, München 1959.

507 Wilfried Engemann, Semiotischer Essay über die eine und andere Predigt, in: Predigtstudien, Bd. III/1, Stuttgart 1992, S. 9-24. Schon früher werden semiotische Aspekte der Predigt behandelt in: Linguistica Biblica, hrg. v. Erhardt Güttgemanns, Bonn 1970ff; vgl. z. B. Folker Siegert, Narrative Analyse als Hilfe zur Predigtvorbereitung, in: LingBibl. 32, 1974, S. 77-90. Grundsätzlich untersuchte Rainer Volp semiotische Fragen in Theologie und Gottesdienst (Rainer Volp, Zeichen: Semiotik in Theologie und Gottesdienst, München, Kaiser 1982).

12. „Sinnlich predigen“: Dafür setzt sich Christian Grethlein ein[508]. Er meint, dass die Predigt sich an alle fünf Sinne des Menschen wenden müsse und kritisiert von daher die bislang übliche Predigt. „Die so naheliegende Frage, ob Gott wohl die Menschen nicht deshalb mit den verschiedenen, untrennbar miteinander verbundenen Sinnen begabt habe, um so mit ihnen zu kommunizieren, unterblieb in einer Homiletik, die den Menschen weitgehend auf seine Hörfähigkeit reduzierte“[509]. Um sinnlich zu predigen, schlägt Grethlein konkret vor, „die Predigt stärker auf das sonstige Gottesdienstgeschehen zu beziehen“[510], wobei er an die Gestaltung des Raums, der Musik, besonderer Zeiten und dgl. mehr denkt. Auch könnten so mehr Nichttheologen an der Predigt beteiligt werden. Diese starke Betonung der Sinne führt Grethlein – konsequent zu Ende denkend – dazu, „daran zu erinnern, dass Gottesdienst als öffentliches Kommunikationsgeschehen zwischen Menschen und Gott nicht notwendigerweise eine Kanzelrede umfaßt“[511]. Dieses sich an den menschlichen Sinnen orientierende Gottesdienstverständnis hat Parallelen im katholischen und orthodoxen Gottesdienst, worauf Grethlein indes nicht eingeht[512]. Er übersieht ebenfalls den biblischen Befund und die sich aus ihm ergebende Betonung des Wortes, auf das sich die evangelischen Kirchen seit der Reformation mit ihrer Betonung der Predigt stützen und auf das sich auch die katholische Kirche nun schon seit einiger Zeit mit ihrem gewandelten Verständnis der Predigt beruft[513].

---

[508] Christian Grethlein, Sinnlich predigen. Erste Schritte zu einer leuchtenderen Predigt, in: DtPfrBl. 91, 1991, S. 459-462.

[509] A.a.O., S. 459.

[510] A.a.O., S. 461.

[511] A.a.O., S. 462.

[512] Die katholische Kirche schlägt im Zweiten Vatikanischen Konzil bewusst einen anderen Weg ein, vgl. Die Konstitution des Zweiten Vatikanischen Konzils über die Heilige Liturgie (Constitutio de sacra liturgia = Konstitution über die heilige Liturgie. In: Das Zweite Vatikanische Konzil. Konstitutionen, Dekrete und Erklärungen; Lat. und Dt.; Teil 1 (=LThK. Suppl.1), Freiburg u.a. 1966, S. 14-109). Dort heißt es in Art. 9 unter ausdrücklichem Hinweis auf Röm. 10,14f., dass das ganze Tun der Kirche sich nicht in der heiligen Liturgie erschöpft, denn Menschen müssen zuvor durch die Predigt zu Glauben und Bekehrung gerufen werden. Art. 52 der Konstitution über die Liturgie empfiehlt sehr die Homilie als Teil der Liturgie („ut pars ipsius liturgiae valde commendatur“).

[513] Als weitere unzutreffende Darstellungen und Folgerungen begegnen bei Grethlein etwa die Bemerkung, dass „es ... in der Reformationszeit wichtig“ war, „die Ungebildeten zu belehren“, während „viele Pfarrer heute in etlichen Lebenslagen selbst zu den Ungebildeten“ gehören (a.a.O., S. 460), weshalb Gretchen heutigen Predigern den gottesdienstlichen Raum, die Musik als „reiche Anregung der Sinne“ empfiehlt (a.a.O., S. 461).
Dagegen steht die Tatsache, dass Luther und andere Prediger der Reformationszeit zum Teil predigten, weil zu ihrer Zeit die Pfarrer ungebildet waren, aber sie predigten auch zum Teil vor Professoren. Ferner stehen Gretchens Annahme und Folgerung die heute üblichen Ansprüche der Predigthörer an die Erfüllung der Reize der Sinne gegenüber, die von jedem durchschnittlichen Fernsehfilm, der Disco oder dgl. ungleich besser als von Predigern erfüllt werden.

13. Zusammenfassen lassen sich die Attributpredigten nur in einem allgemeinen Sinn wegen der zum Teil erheblichen, zum Teil aber auch nur geringen Unterschiede der gemachten Vorschläge. Allen gemeinsam ist ihre Betonung nur eines Aspektes, der jeweils zum Nutzen der Predigt herausgestellt wird[514].

9.3.2 Predigthilfen

Predigthilfen wollen von ihrem Selbstverständnis her nicht homiletische Lösungen bieten, sondern Hilfestellung geben für die Arbeit an der einzelnen Predigt. Sie gewinnen darum nur mittelbar eine homiletische Relevanz, die aber unter wirkungsgeschichtlichen Gesichtspunkten – für die Predigt insgesamt wie auch für einzelne Reihen von Predigthilfen – über viele Detaillösungen im Sinne der Attributpredigten und auch manche Predigtdefinition erheblich hinausgeht.

Predigthilfen gibt es im heute üblichen Sinn erst seit dem Ende des 2. Weltkriegs, als die Vernichtung von Bibliotheken Hilfen für Prediger erforderlich werden ließ[515]. Aus diesem Grund sind sie als literarische Gattung im Wesentlichen auf Deutschland, und hier wiederum auf den evangelischen Raum beschränkt.

Sie bieten Lösungshilfen in der Regel für die Sonn- und Feiertage des Kirchenjahres. Um Predigthilfen in dieser Breite zur Verfügung stellen zu können, müssen auch grundsätzliche Reflexionen über die Predigt angestellt werden. Diese wiederum erstrecken sich auf die Predigt selbst sowie auf die Fragen nach Inhalt und Umfang der Hilfe. Darum können sich Predigthilfen nicht auf einzelne Aspekte der Predigt beschränken, wie das bei den Attributpredigten der Fall ist. Da grundsätzliche homiletische Fragen bei der konkreten Predigtarbeit nicht stets gestellt, aber immer mit im Spiel sind, gehen die Hilfen weitgehend implizit auf sie ein.

---

514 Auch gibt es Arbeiten, die nicht Attributpredigten im eigentlichen Sinn sind, sondern in einem weiteren. Dazu gehören u.a. die von Helmut Barié, der sich mit Predigthörern, besonders den Konfirmanden auseinandersetzt (Helmut Barié, Predigt braucht Konfirmanden. Wege zu einer einheitlichen Verkündigung an Jugendliche und Erwachsene, Stuttgart 1988; ders., Predigt und Arbeitswelt. Analyse und praktische Anregungen, Stuttgart 1989).

515 Vorläufer von Predigthilfen im Sinne von Meditationen gibt es schon früher. Sammlungen von Predigten, die veröffentlicht werden, um vorgelesen zu werden, sind seit langem bekannt. Luther schreibt aus diesem Grund seine Advents- und Weihnachtspostille. Das 19. Jahrhundert kennt Sammlungen von Musterpredigten. Später werden „Predigtdispositionen“ und exegetisch-homiletische Bearbeitungen von Predigttexten angeboten. Hieraus entwickeln sich jedoch nicht die heutigen Predigtmeditationen, wie Dietrich Rössler meint. Gründe für seine Behauptung gibt er nicht an (Dietrich Rössler, Grundriß der praktischen Theologie, Berlin u.a. 1986; 2., erw. Aufl. 1994, S. 356).

So begleitet das Miteinander von Grundsätzlichem und Detaillösung die auf Hans-Joachim Iwand zurückgehenden „Göttinger Predigtmeditationen“ von Anfang an. Sie verstehen sich „als ein Mittelding zwischen Exegese und Verkündigung“, wobei die Meditationen von verschiedenen Bearbeitern verfasst werden und jeder einzelne frei ist, die ihm gestellte Aufgabe zu lösen[516].
Seither erscheinen zahlreiche Reihen von Predigthilfen. Manche von ihnen haben inzwischen ihr Erscheinen eingestellt, immer wieder sind neue hinzugekommen. Die Predigthilfen unterscheiden sich voneinander etwa seit der Hinwendung zum Menschen in der Homiletik durch die Betonung der Situation für die Predigt[517] oder durch eine größere Nähe bzw. Distanz zur persönlichen Frömmigkeit der Hörer und Prediger[518].

Eine Darstellung aller Predigthilfen führte zu weit und bedeutete eine Wiederholung des schon an anderer Stelle Gesagten oder noch zu Sagenden[519]. Auch haben manche Hilfen sich im Laufe der Zeit naturgemäß verändert. Die heute wohl wichtigsten Predigthilfen sind: Deutsches Pfarrerblatt, Evangelische Predigtmeditationen, Göttinger Predigtmeditationen, Gottesdienstpraxis mit Sonderheften zu Exegese und Kasualien, Predigtstudien, Zeitschrift für Gottesdienst und Predigt.

Die Wirkung der Predigthilfen ist weitreichend, wie bereits eingangs gesagt. Da Prediger hier konkrete Hilfe für ihre Arbeit finden, greifen sie gern auf diese Unterstützung zurück. Auch wer sich vielleicht schon seit Studententagen auf seine eigenen Ideen verlässt, ist dankbar, hier Hilfen zu finden, wenn nämlich

---

516 „In der Arbeitsgemeinschaft, die unter uns herrscht, sollte keinem der einzelnen Mitarbeiter ein Schema auferlegt werden, das die eigene freie Gestaltung hindert. Der Weg sollte frei bleiben, von der Aufgabe her in mehr oder weniger gutem Gelingen *die* Form der Meditation wachsen zu lassen, die als Mittelding zwischen Exegese und Verkündigung die rechte und vollkommenste wäre“, schreibt Hans Joachim Iwand im Vorwort zum zweiten Heft der Reihe, die er angeregt und seit diesem Heft auch als Herausgeber betreut hat (wieder abgedruckt in: Hans Joachim Iwand, Predigt-Mediationen I, Göttingen 1963; 4. Aufl. 1984, S. 59). Die damit begonnene Selbstreflexion wird bis heute fortgesetzt; Vor- und auch Nachworte zu den einzelnen Heften der Meditationen sind die Orte, an denen grundsätzliche Fragen diskutiert werden, die einzelnen Meditationen der Platz, die konkreten Fragen im Hinblick auf den Text für die nächste Predigt zu bedenken.
Später übernahm Ernst Lange dieses Reflexionsschema für seine „Predigtstudien“, allerdings erst nach einer anfänglichen Diskussion mit Freunden (Ernst Lange, Zur Theorie und Praxis der Predigtarbeit. Vortrag, gehalten am 22.9.1967 in Esslingen, abgedruckt in: Predigtstudien, Beiheft 1, Stuttgart 1968, S. 11-46; wieder abgedruckt in: Ernst Lange, Predigen als Beruf, hrg. v. Rüdiger Schloz, Stuttgart u.a. 1976, S. 9-51).

517 So die auf Ernst Lange zurückgehenden „Predigtstudien“, die diese Wende mitbegründeten.

518 So die von Walter Jens herausgegebenen „Assoziationen“ (Walter Jens, Assoziationen. Gedanken zu biblischen Texten, 8 Bde., Stuttgart 1978).

519 Auch gibt es Arbeiten, die Ansatz und Gebrauch der Predigthilfen kritisch untersuchen. Vgl. Niels Hasselmann, Predigthilfen und Predigtvorbereitung, Gütersloh 1977; Hans-Georg Wiedemann, Die Praxis der Predigtvorbereitung, Stuttgart u.a. 1975.

die eigenen Vorstellungen zu Ende gehen[520]. Andere Prediger greifen schon früher auf Predigthilfen zurück, weil sie hier zum Beispiel ihre eigene Exegese überprüfen können, weil sie im Pfarramt nicht alle neuesten Kommentare zur Hand haben oder zeitgeschichtliche Entwicklungen im Hinblick auf ihre Predigt mit anderen diskutieren wollen.

Das Angebot an Predigthilfen ist breit, und zwar in jeder Hinsicht, so dass jeder Prediger für jede Gemeinde etwas findet. Problematisch wird der Gebrauch nur dann, wenn verschiedene Hilfen, d.h. von unterschiedlichen Ansätzen und Zielen geleitete, vorschnell miteinander verbunden werden.

9.3.3 Anleitungen zur Predigtvorbereitung

In enger Relation zu ihrem jeweiligen Verständnis der Predigt stehen gleichfalls die Anleitungen zur Vorbereitung einer Predigt. Auch sie werden mit dem Ziel geschrieben, Prediger in ihrer Arbeit zu unterstützen. Im Unterschied zu den Predigthilfen sind sie jedoch darauf aus, das Verfahren der Erarbeitung einer Predigt zu optimieren. Das geschieht in der Regel dadurch, dass zunächst die gesamte Arbeit in größere oder kleinere Schritte zerlegt wird, die es anschließend zu bearbeiten gilt, so dass die Predigt schrittweise, allmählich entsteht.

Manche Predigtanleitungen sind detailliert, manche kurz. Die Unterschiede sind hier anders als bei den „Attributpredigten" und bei den Definitionen der Predigt relativ deutlich sichtbar. Das liegt einmal an der vergleichsweise geringeren Zahl veröffentlichter Anleitungen, zum zweiten an den Spezifika dieser Gattung innerhalb der Literatur zur Predigt. Anleitungen müssen einerseits kurz, dürfen andererseits aber nicht zu knapp gehalten sein, um für die Alltagsarbeit tauglich zu werden. Sie können sich auch nicht wie die „Attributpredigten" auf einen Aspekt beschränken. Diese haben zwar auch Predigten als Ziel, können sich aber mit der Kritik eines Defizits und/oder einem Verbesserungsvorschlag begnügen, ohne das breite Spektrum der gesamten Predigtarbeit in den Blick nehmen zu müssen. Andererseits sind zwar Anleitungen wie Predigtdefinitionen umfassend konzipiert, können aber nicht auf einem hohen Abstraktionsniveau wie Definitionen stehenbleiben. Grob gesehen, weil nicht klar trennbar, begegnen drei verschiedene Anleitungstypen: theologisch-, anthropologisch- und Hilfsmittel-orientierte. Zu allen drei Typen werden Beispiele vorgestellt, die eine größere Bekanntheit erlangten.

520 Karl Barth spricht davon, dass Prediger nach einiger Zeit im Amt „leer" gepredigt sind (Karl Barth, Homiletik, S. 73).

Von theologischen Ansätzen ausgehende Anleitungen

Manche beginnen mit der Exegese und leiten darum den Predigenden auf einen Weg, der „vom Text zur Predigt" führt[521]. Die gesamte Arbeit an einer Predigt wird als ein gradliniger Arbeitsvorgang verstanden. Er beginnt bei der Exegese, reflektiert anschließend deren meistens im Skopus zusammengefasstes Ergebnis unter systematisch-theologischen Gesichtspunkten, dann dieses Ergebnis im Hinblick auf die Gemeinde und kommt schließlich zur Predigt.
Von der Dogmatik ausgehend, gibt Karl Barth eine Anleitung[522]. Die von seiner dogmatischen Position bestimmte Definition der Predigt[523] wird zur Basis, die die konkrete Arbeit an der am Text entlanggehenden Predigt durchdringt. Barth schlägt keinen konkreten Arbeitsgang vor, sondern nennt die bei der Arbeit zu beachtenden Kriterien[524].

Dabei verliert Barth die Prediger als Menschen nicht aus den Augen. Das zeigt sich darin, dass Barth sich ihnen zuwendet, ihnen helfen will, wenn ihnen nichts Neues mehr einfällt. Zugleich wird an dieser Stelle deutlich, dass Barth als Prediger selbst seine Erfahrungen in der Gemeinde gemacht und nicht vergessen hat. Andererseits kommt auch hier seine dogmatische Position zum Tragen, indem Barth den Prediger, nicht aber gleichermaßen die Gemeinde im Blick hat.

Beide Positionen, Bibel und Gemeinde, miteinander zu korrelieren, versucht Ernst Lange, wenn er Text und Situation betont. Eine Anleitung im direkten Sinn des Begriffes erstellt er nicht, vielmehr ein Schema zur Erarbeitung der Predigthilfen. Dieses kann jedoch weiterentwickelt werden, indem sich Arbeitsgemeinschaften von Predigern seiner bei der Predigtvorbereitung bedienen. Einzelne Prediger können sich ebenfalls an ihm orientieren, indem sie es den

---

521 Vgl. dazu die ausführliche Beschreibung bei Werner Schütz, Vom Text zur Predigt, Witten 1968.

522 Karl Barth, Homiletik, S. 73-112
I. Vorbemerkungen (zur Situation des jungen Predigers und der Frage der Textwahl),
II. die rezeptive (passive) Funktion,
III. die spontane Funktion .

523 Vgl. unten 3.4.: 5.

524 Es sind dies:
I. Offenbarungsgemäßheit,
II. Kirchlichkeit,
III. Bekenntnismäßigkeit,
IV. Amtsmäßigkeit,
V. Vorläufigkeit,
VI. Biblizität,
VII. Originalität,
VIII. Gemeindemäßigkeit,
IX. Geistlichkeit.
(Karl Barth, Homiletik, S. 32-72).

unterschiedlichen Arbeitsschritten für die Vorbereitung ihrer Predigt zugrunde legen.

Erleichtert wird die Übernahme dadurch, dass das Arbeitsschema vorn in den Predigtstudien abgedruckt ist. Eine weitere Erleichterung – oder aber Erschwerung, je nachdem – liegt darin, dass es in den Jahren des Erscheinens der Predigtstudien öfter variiert wird, also Möglichkeiten zur Auswahl eröffnet.

Bibel und Prediger gilt primär das Augenmerk in Horst Hirschlers Empfehlungen für die Predigtarbeit, wobei diese wiederholt den Anregungscharakter der Vorschläge betonen. Hirschler vergegenwärtigt zum einen sich und seine Einfälle zum Text, seine jüngsten Erlebnisse, zum anderen arbeitet er am Text und reflektiert ihn. So geht er sich Schritt für Schritt voran, bis er zum Aufschreiben der Predigt kommt. Insgesamt zählt Hirschler 10 Schritte zur „Predigtherstellung“, wie er sagen kann[525].

Von anthropologischen Ansätzen ausgehende Anleitungen

Sie haben den Menschen als Adressaten im Blick und wollen deshalb helfen, ihn ansprechende Predigten zu erarbeiten. Diesem Ziel sind auch die von theologischen Ansätzen ausgehenden Anleitungen verpflichtet, aber die Ausgangspunkte sind jeweils verschieden. Ernst Lange markiert eine Zwischenposition, indem er den Blick auf Bibel und Hörer richtet. Da er beide immerhin in dieser Reihenfolge nennt und inhaltlich Barth nahesteht, wurde er oben genannt.
Kommunikationstheoretisch orientierte Verfahren

Karl-Wilhelm Dahm kommt im Rahmen seiner Darstellung von Predigtproblemen auch auf die Auswahl zu sprechen, die Predigthörer beim Anhören einer Predigt treffen. Nicht alles, was gesagt wird, wird gehört im vollen Wortsinn. Das Problem besteht darum darin, die Kriterien des Auswählens zu erkennen und dem entsprechend zu predigen. Die Beschreibung des Problems beschreibt faktisch zugleich die Arbeit an einer Predigt. Zwar gibt sie nur eine partielle

525 Horst Hirschler, Biblisch predigen, S. 566f.:
I. Erste Einfälle zum Text;
II. Gegenwärtige Erlebnisse;
III. Die ordentliche Exegese;
IV. Die Predigthilfen;
V. Die Kreativreise;
VI. Das Brüten;
VII. Exegese der Wirklichkeit;
VIII. Systematisch-theologische und ethische Überprüfung;
IX. Thema und Aufbau;
X. Aufschreiben der Predigt.

Darstellung des genannten Predigtgeschehens und damit auch implizit der Predigtarbeit, aber immerhin müssen nacheinander Eingangs-, Auswahl- und Verarbeitungsstation[526] erkannt, betrachtet und reflektiert werden.

Wolfgang Trillhaas geht in seiner Einführung[527] auf kommunikationstheoretische Fragen ein, pointiert unter Berücksichtigung der Probleme der Predigt. Da er weiterhin auf der Ebene des Allgemeinen verbleibt, wird eine konkrete Anleitung zur Anfertigung einer Predigt von ihm nicht gegeben.

Poetische und rhetorische Verfahren

Rudolf Bohren[528], Albrecht Grözinger[529] und Henning Luther[530] haben Praktische Theologie und Predigt unter poetischen Aspekten gesehen und analysiert. Es geht dabei nicht zuletzt um die Frage, „warum die Theologie im Haus der Wissenschaften siedle und nicht im Haus der Kunst“[531]. So stellt sich die Frage nach den Künsten auch, vielleicht sogar gerade für die kirchliche Praxis[532] und damit ebenfalls für die Predigt. Diese Frage führt bislang freilich noch nicht zu konkreten, anleitenden Arbeitshilfen.

Seit Melanchthon gibt es zahlreiche Anleitungen auf rhetorischer Basis. Besonders während des Barocks begegnen sie533. In der jüngeren Vergangenheit. Später bemühte sich u.a. Gert Otto um die rhetorischen Aspekte der Predigt, die er aufzeigt, untersucht und im Hinblick auf das Entstehen einer Predigt beschreibt534. Auf eine breitere generelle Diskussion verzichtet er, ebenso auf die Erörterung von Einzelfragen.

Hilfsmittel-orientierte Verfahren

Hilfen werden von diesen Verfahren gegeben, indem sie an bekannte, etwa die Rhetorik, anknüpfen, aber darüber hinausgehen und eigene Vorschläge erarbeiten. Diese wollen wie andere auch Hilfen zur Erarbeitung sein, stellen jedoch ihr Verfahren unter den Aspekt der Hilfe im Sinne eines Instruments.

---

526 Karl-Wilhelm Dahm, Beruf: Pfarrer. Empirische Aspekte zur Funktion von Kirche und Religion in unserer Gesellschaft, 2. Aufl., München, S. 229.

527 Wolfgang Trillhaas, Einführung in die Predigtlehre, Darmstadt 1974; 5. Aufl. 1991.

528 Rudolf Bohren, Daß Gott schön werde. Praktische Theologie als theologische Ästhetik., München 1975.

529 Albrecht Grözinger, Praktische Theologie und Ästhetik. Ein Beitrag zur Grundlegung der Praktischen Theologie, 2. Aufl. München 1991.

530 Henning Luther, Frech achtet die Liebe das Kleine. Biblische Texte in Szene setzen; Spätmoderne Predigten, Stuttgart 1991; des., Religion und Alltag. Bausteine zu einer praktischen Theologie des Subjekts, Stuttgart 1992.

531 Rudolf Bohren, Daß Gott schön werde, S. 224.

532 Bohren, ebd.

533 Vgl. Werner Schütz, Geschichte der christlichen Predigt, Berlin u.a. 1972, S. 117 – 121.

534 Vgl. Gert Otto, Predigt als Rede, Stuttgart u.a. 1976; ders., Wie entsteht eine Predigt. Ein Kapitel praktischer Rhetorik, München 1982; ders., Predigt als rhetorische Aufgabe. Homiletische Perspektiven, Neukirchen-Vluyn 1987.

Predigtarbeit ein –, das zweite zur Beurteilung einer Predigt[535]. Stollberg greift dabei mehr oder weniger auf rhetorische Erkenntnisse zurück und wendet diese detailliert auf die Predigt an, will praktische Hilfen zur konkreten Arbeit geben. 21 Schritte sind zurückzulegen von der ersten Hinwendung zur Arbeit an einer Predigt bis zu deren Abschluss. Dabei folgt ein Schritt dem anderen. Die 21 Arbeitsschritte werden von Stollberg nicht gegliedert. De facto orientieren sie sich an den fünf Arbeitsstadien der Rhetorik: inventio, dispositio, elocutio, memoria, pronuntiatio, [Das Finden von Gedanken zum Thema, das Ordnen dieser Gedanken, die sprachliche Bearbeitung der Gedanken, das Einprägen der Rede, das Vortragen der Rede] wobei diese in Korrelation gesetzt werden zu den Aufgaben und der Stellung der Predigt im Gottesdienst[536]. Die Kriterien zur Beurteilung einer Predigt folgen im Text bei Stollberg unmittelbar. Sie können insofern auch bei der Anfertigung einer Predigt herangezogen werden, als sie als Prüfsteine für das Erarbeitete dienen können. Inhaltlich schließen sie sich nicht an die Schritte zur Erarbeitung einer Predigt an, sondern fragen nach der „Sachgemäßheit einer Predigt" und benennen Fragen für ein Predigtnachgespräch. Die Sachgemäßheit wird anhand von sechs Kriterien geprüft, die zum Teil, wenn auch nur zum Teil, an die Kriterien der Predigtarbeit erinnern, die Karl Barth in seiner Homiletik anführt[537]. In ihrem Ansatz erinnern sie partiell an die Fragen zum Predigtnachgespräch, die Hans-Christoph Piper zusammenstellte[538]. Stollberg geht über das dort Gesagte hinaus. Er entwickelt für das Nachgespräch einen Leitfaden in Frageform mit Kriterien und Anregungen, der über zwei Druckseiten hinwegreicht. Auf der inhaltlichen Ebene verknüpft Stollberg über Piper hinaus den Eindruck der Hörer mit dem der Botschaft des Predigens in vierfacher Hinsicht:

1. generell,
2. unter dem Aspekt der Predigt als Rede,
3. der Sache der Predigt und ihrer Vergegenwärtigung,
4. der Theologie des Predigers.

Einen anderen Weg schlägt Manfred Seitz vor. Er geht den Weg vom Text zur Predigt und könnte darum auch unter diesem Stichwort behandelt werden, wenn er nicht die einzelnen Schritte detaillierter als andere Befürworter dieser

---

535 Dietrich Stollberg, Predigt praktisch. Homiletik – kurz gefasst, mit zehn Predigtentwürfen, Göttingen 1979.

536 Vgl. Stollberg, a.a.O., S. 31f.

537 Karl Barth, Homiletik, S. 32-72.

538 Hans-Christoph Piper, Predigtanalyse. Kommunikation und Kommunikations-störungen in der Predigt, Göttingen 1976, S. 16.

Arbeitsmethode beschriebe und stärker differenzierte. Er kennt mehrere, von ihm „Arbeitskreise“ genannte Schritte, die er dann oft weiter untergliedert[539]:

1. Persönliche Betrachtung[540]: der Prediger als Zeuge = „Meditation“:
   a) „Was geht hier (= im Text) vor?“
   b) „Was tut Gott (Christus, der Heilige Geist) zum Heil der Menschen?“
   c) „Was geht mich unbedingt an?“

2. Exegetische Arbeit[541]: „historische Erklärung und theologische Zusammenfassung“ des Textes:
   a) „Intention: Was will der Text bei den damaligen Hörern erreichen?“
   b) „Kerygma: Wie lauten die theologischen Aussagen des Textes in logischer Verknüpfung?“
   c) „Idion: Worin besteht nach Inhalt und Form die Eigenart des Textes?“

3. Homiletische Besinnung[542]: die Gemeinde als Adressat
   1. Gemeindesituation
      a) Textverständnis der Gemeinde
      b) Situationsbericht
      c) Exemplarisches Textverständnis

   2. Systematisch-theologische Reflexion
      a) Vom Hörer zum Text
      b) Vom Text zum Hörer

   3. Predigtsituation
      a) Predigtziel
      b) Predigtstoff
      c) Predigteigenart“

4. Verkündigende Darlegung: Niederschrift der Predigt

   Der Vorteil dieses Verfahrens liegt nach Seitz darin, dass die Arbeit von dem herkömmlich gebräuchlichen, und so auch belasteten Begriff der Meditation entlastet ist und die Gemeinde ihren Ort in der Predigtvorbereitung erhält. Als Problem freilich ist nicht zu übersehen, dass Seitz in seinen

---

539 Manfred Seitz, Zum Problem der sogenannten Predigtmeditation, in: ders., Praxis des Glaubens. Gottesdienst, Seelsorge und Spiritualität, Göttingen 1978, S. 21-41.

540 Seitz, a.a.O., S. 24ff.

541 Seitz, a.a.O., S. 26ff.

542 Seitz, a.a.O., S. 28ff.

Überlegungen davon ausgeht, „daß es zur Predigtvorbereitung als geistlicher Übung kommen kann“[543]. Das setzt einige Predigterfahrung voraus, weshalb dieses Verfahren für Anfänger weniger und für ältere Prediger besser geeignet erscheint. Stollberg dagegen denkt auch und gerade an die Anfänger und offeriert deshalb ein eigens auf den Aufbau einer Seminar- oder Examensarbeit abgestimmtes Arbeitsschema.

9.4 Zusammenstellung umfassender Lösungen – wichtige Predigt-Definitionen

Vorbemerkung

Eine Reihe von Autoren wendet sich nicht nur Einzelaspekten zu, sondern sucht die Predigt als Ganzes zu erfassen. Sie formulieren deshalb Definitionen der Predigt. Ein Autor, Rudolf Bohren, der ebenfalls die Predigt als Ganzes im Blick hat, verweigert sich jedoch ausdrücklich einer Definition. Die Predigt als Wort von Gott und seinen Wundern ist grenzenlos; eine Definition ist aber „per definitionem“ eine Begrenzung[544].

Manche der gegebenen Definitionen sind knapp gehalten, andere ausführlich. Die folgende Zusammenstellung erfasst wichtige Definitionen aus Vergangenheit und Gegenwart. Das Schwergewicht liegt auf letzterer, um zugleich einen Überblick über die gegenwärtige Diskussion zu geben. Als Ausgangspunkt dient das Erscheinungsjahr der Definitionen. Die neueren beziehen sich mehr oder weniger auf die älteren, indem sie diese ergänzen oder sich von ihnen abgrenzen. Im Vergleich zu den Attributpredigten ist die Anzahl der veröffentlichten Definitionen geringer. Selten werden mehrere Definitionen in einem einzigen Jahr publiziert. So kann das jeweilige Erscheinungsjahr zur Gliederung verwandt werden.

Predigtdefinitionen sind das Ergebnis von Reflexion, weshalb sie sich systematisch-theologischem Denken verdanken können. Sie können aber auch das Ergebnis praktisch-theologischer Reflexion sein. Oft ist eine klare Trennung zwischen den Disziplinen nicht möglich. Bis zu Schleiermacher fand eine Trennung zwischen der Praktischen Theologie und den anderen theologischen Disziplinen ohnehin nicht statt. Oft sind Definitionen kurz[545]. Auch beginnen sie nicht immer mit der Formel: „Predigt ist ...“[546]. Die Gründe dafür liegen in der

543 Seitz, a.a.O., S. 24.
544 Vgl. Bohren, 6. Aufl., Gütersloh 1993., S. 51.
545 Vgl. unten Ziff. 1.
546 Vgl. unten Ziff. 1, 2, 4 u.ö.

geschichtlichen Entwicklung. Dazu gehört, dass nicht immer die aristotelische Philosophie mit ihren Einteilungsschemata die Leitnorm christlichen Denkens und Handelns war und ist.

Übersicht von Predigt-Definitionen

1. „So kommt der Glaube aus der Predigt, das Predigen aber durch das Wort Christi." (Röm. 10,17)

2. „*S. Paulus teylet das predigeramt ynn tzwey stuck Ro.12 Doctrinam et exhortationem, lare und vormanen. Lare ist, ßo man predigt, das unbekandt ist und die leutt wissend odder vorstendig werden. Vormanen ist, ßo man reytzt und anhellt an dem yderman schon woll weyß.*" (Martin Luther, WA 10,I,2,1,19-2,3)[547]

---

[547] St. Paulus teilt das Predigeramt in zwei Stücke, Röm. 12, Lehre und Ermahnung. Lehre ist, wenn man predigt, was unbekannt ist, und die Leute wissend und verständig werden. Vermahnen ist, wenn man reizt und (Menschen) an dem festhalten lässt, was jedermann schon sehr wohl weiß.
Vgl. auch WA TR 2, 359,18-25, Nr. 2199 A; und auch TR 1, 55, 26-56, 3, wo Luther laut Nachschriften ohne biblischen Beleg redet: „*Dialectica docet, rhetorica movet. Illa ad intellectum pertinet, haec ad voluntatem. ... Et haec duo conficiunt modum praedicandi, ... Accedit autem et tertium, illustrans praedicationem, quod et ipsum est rhetorum; fit autem hoc locis scripturae, exemplis, similibus et id genus aliis floribus orationis, quibus trahi possunt auditores ad credendum et oboediendum verbo tuo, quod praedicas*". (=Dialektik lehrt, Rhetorik bewegt. Jene wendet sich an den Verstand, diese an den Willen. Und diese beiden ergeben die Art zu predigen. Es kommt aber noch ein Drittes hinzu, das der Predigt Glanz verleiht, was nämlich Sache der Redner selbst ist; dieses wird bewirkt durch Bibelstellen, Beispiele, Gleichnisse und wird zu diesem Genuss durch sonstige Stärken der Rede, durch welche Hörer dazu geführt werden können, dem Wort zu glauben und zu gehorchen, das du predigst.)
Da Luther im Unterschied zu anderen Predigern und Homileten keine eigene Homiletik vorlegte, somit auch keine eigene, sorgfältig formulierte Predigtdefinition hinterließ, sondern zahlreiche Predigten und häufige Bemerkungen zum Predigen bzw. über die Predigt, kam es jüngst zu einer Diskussion. Dietrich Rössler und, ihm folgend, Hans-Martin Müller wollen Beispiele und Gleichnisse, die in der antiken Rhetorik als Hilfsmittel für den Beweis innerhalb einer Argumentation benutzt und, wie die zitierte Tischrede zeigt, auch von Luther in diesem Sinn verstanden wurden, anders begreifen, nämlich als drittes inhaltliches und zugleich auch als drittes formales Element für den Aufbau einer Predigt. Angesichts des Textbefundes ist eine solche Behauptung nur schwer zu belegen. Daher muss Rössler auf zum Teil weniger gut überlieferte Texte zurückgreifen und zum Teil gegen gut überlieferte Texte argumentieren, etwa wenn er einen von Luther selbst als „geistliche Auslegung" bezeichneten Predigtteil als dritten Predigtteil in dem von ihm geschilderten Sinn interpretiert. Verständlich wird Rösslers und Müllers Position insofern, als sie sich bewusst ihrem Lehrer Emanuel Hirsch anschließen, der Luthers Predigten von dessen Person her verstehen will ausgehend von dessen Zweifeln und Gewissen. Die Aufgabe und die Verantwortung, vor die sich Luther gestellt sah, und damit sein Bemühen, diesen gerecht zu werden, bleiben ebenso unberücksichtigt wie die von Luther gefundenen Lösungen und deren Niederschlag in der Überlieferung. Vgl. dazu: Dietrich Rössler, Beispiel und Erfahrung. Zu Luthers Homiletik, in: Reformation und

3. „Solchen Glauben zu erlangen, hat Gott das Predigtamt eingesetzt, Evangelium und Sakrament geben, dadurch er als durch Mittel den heiligen Geist gibt, welcher den Glauben, wo und wann er will, in denen, so das Evangelium hören, wirket, welches da lehret, daß wir durch Christi Verdienst, nicht durch unser Verdienst, ein gnädigen Gott haben, so wir solchs glauben. Und werden verdammt die Wiedertaufer und andere, so lehren, daß wir ohn das leiblich Wort des Evangelii den heiligen Geist durch eigene Bereitung, Gedanken und Werk erlangen.

> Ut hanc fidem consequamur, institutum est ministerium docendi evangelii et porrigendi sacramenta. Nam per verbum et sacramenta tamquam per instrumenta donatur spiritus sanctus, qui fidem efficit, ubi et quando visum est Deo, in his, qui audiunt evangelium, scilicet quod Deus non propter nostra merita, sed propter Christum iustificet hos, qui credunt se propter Christum in gratiam recipi. Gala. 3: Ut promissionem spiritus accipiamus per fidem. Damnant Anabaptistas et alios, qui sentiunt spiritum sanctum contingere hominibus sine verbo externo per ipsorum praeparationes et opera.

(aus: CA V, BSLK, 11. Aufl., Göttingen 1992, S. 58)
4. „Den Tod des Menschen und alles Menschlichen zu verkündigen, ist die Aufgabe der Predigt. Wo diese Predigt wirklich erschallt, da antwortet Gott mit dem Worte, das Auferstehung heißt und ist, und dieses Auferstehungswort ist dann das Wort im Worte." (Eduard Thurneysen, Die Aufgabe der Predigt, 1921, wieder abgedruckt in: ders., Das Wort Gottes und die Kirche, München 1971, S. 97)

5. „Die Predigt ist Gottes Wort, gesprochen von ihm selbst unter Inanspruchnahme des Dienstes der in freier Rede stattfindenden, Menschen der Gegenwart angehenden Erklärung eines biblischen Textes durch einen in der ihrem Auftrag gehorsamen Kirche dazu Berufenen.

Die Predigt ist der der Kirche befohlene Versuch, dem Worte Gottes selbst durch einen dazu Berufenen so zu dienen, daß ein biblischer Text Menschen der Gegenwart als gerade sie angehend in freier Rede erklärt wird als Ankündigung dessen, was sie von Gott selbst zu hören haben." (Karl Barth, Homiletik, 1. Aufl., Zürich 1966, S. 30)

6. „Zum Begriff der Predigt gehört, daß sie Verkündigung im Auftrag der Kirche ist, daß sie in der Form der Auslegung eines biblischen Textes geschieht, daß sie sein Anliegen für Menschen unserer Zeit in ihrer Sprache und Begrifflichkeit in

---

Praktische Theologie. Festschrift für Werner Jetter zum 70. Geburtstag, hrg. v. Hans Martin Müller u.a., Göttingen 1983, S. 202-215; Hans Martin Müller, Art. „Homiletik", in: TRE 15, Berlin u.a. 1986, S. 532f.; Emanuel Hirsch, Luthers Predigtweise, in: Luther 25, 1954, S. 1-23; ders. Homiletik. Eine evangelische Predigtlehre, Berlin u.a. 1996, wo Müller sich ganz an Hirsch orientiert und die spätere Homiletik zurücktreten lässt; Ulrich Nembach, Predigt des Evangeliums, S. 25-59; Birgit Stolt, Docere, delectare und movere bei Luther, in: DVfLG. 44, 1970, S. 433-474.

den Formen einer freien Rede hörbar und verständlich machen will; aber das alles geschieht in der Erwartung und unter der Verheißung, daß Gott durch solches Tun sein eigenes Wort sprechen will, wann und wo es ihm gefällt." (Werner Schütz, Vom Text zur Predigt, Witten 1968, S. 10)

7. „Auf eine eigene Definition möchte ich verzichten[548], meinend, eine Definition der Predigt sei heute aus verschiedenen Gründen unmöglich. Der Hauptgrund liegt darin, daß das Wort nicht nur ewig, sondern in seinem Wesen auch unendlich ist, so daß es unabzählbare Weisen des Sagens gibt. Eine Definition birgt die Gefahr einer unerlaubten Abstraktion und Verengung in sich – vor allem in dem Moment, in dem ich mich nicht mit einer Kurzformel begnüge, was mir durch die Implikationen der reformatorischen Definition verwehrt ist. – Ein Wunder darf nicht durch eine Definition zum vornherein kanalisiert werden." (Rudolf Bohren, Predigtlehre, 1. Aufl., München 1971, S. 51)

8. „Der Vorgang des Predigens lässt sich ... auf das Grundmuster von 'Massenkommunikation' zurückführen. Dieses Muster ist in seiner einfachsten Form durch drei Abteilungen gekennzeichnet:
A: 'Kommunikator' = Sender = Prediger
B: Mitteilung (einschließlich Medium) = Predigt
C: 'Rezipient' = Empfängerschaft = Predigthörer."
(Karl-Wilhelm Dahm, Beruf: Pfarrer, 2. Aufl., München 1972, S. 224)

9. „Homiletik ist ... nur möglich als Sprachlehre ... nicht nur als Sprachlehre des Glaubens, sondern zugleich als Sprachkritik des Unglaubens. Denn es geht darin um das konkrete Zueinander der Sprache befreiter Identität im kommunikativen Geschehen und der Herrschaftssprache als personalem und gesellschaftlich vermitteltem Prozeßgeschehen."(Wolfgang Grünberg, Homiletik und Rhetorik, Gütersloh 1973, S. 148)

10. „Die Predigt ist die ganz und gar gegenwartsgebundene Rede, in welcher der christliche Glaube, das 'alte' Evangelium im Horizont des heutigen Bewußtseins für die christliche Gemeinde ebenso wie für die Gesellschaft zur Aussage kommen soll."(Wolfgang Trillhaas, Einführung in die Predigtlehre, 1. Aufl., Darmstadt 1974, S. IX)

11. „Predigt gleicht ... einem Lichtbogen zwischen zwei Polen: Tradition und Situation, Geschichte und Gegenwart, Botschaft und Bezeugung sind Korrelate

---

548 Der Verzicht auf eine Definition kann, muss in einem Definitionen Katalog eigentlich fehlen. Wenn der Verzicht aber detailliert begründet ist, werden faktisch durch die Begründung Teile einer Definition genannt, möglicherweise diese selbst. Darum ist Bohrens „Verzicht" und seine Begründung in den Katalog aufzunehmen.

und gehören untrennbar zusammen. Der Prediger steht vor der Aufgabe, eine verständliche Aussage darüber zu machen, wie 'Christus jetzt und hier für den jeweiligen Hörer Herr der Situation' ist." (Ernst Lange, Predigen als Beruf, Stuttgart u.a. 1976, S. 49, vgl. auch S. 30)

12. 1.Die Predigt ist eine Rede.
2. Tendenziell will die Predigt einen Dialog eröffnen.
3. Die Sprache bietet viele Möglichkeiten.
4. Gottesdienst (Ritual) nötigt zur Predigt.
5. Der Prediger spricht zu Menschen in Situationen.
6. Die Predigt ist eine unter anderen Mitteilungsformen.
7. Viele Wege führen zur Predigt (nicht nur die Exegese).
(Gert Otto, Predigt als Rede, Stuttgart u.a. 1976, S. 21-28)

13. Eine Predigt „dient der Verkündigung des Evangeliums von Gottes freilassender und bedingungslos annehmender Barmherzigkeit. Sie geschieht im Medium lebendiger Rede von Mensch zu Mensch, speziell des Monologs eines von der Gemeinde dafür ausgebildeten und beauftragten Predigers, der zum einen den Anliegen der Gemeinde aktuellen sprachlichen Ausdruck verschafft, damit aber zugleich das Wort Gottes gegenüber dieser Gemeinde zur Sprache bringt, dessentwegen sich die Gemeinde versammelt." (Dietrich Stollberg, Predigt praktisch, Göttingen 1979, S. 33)
14. Henning Luther beschreibt „Predigt als Handlung". Er stützt sich dabei auf die Sprechakttheorie, die den Bezug des Redens vom Prediger zum Hörer hin, und zwar um der Verständigung mit ihm willen betont. (Henning Luther, Predigt als Handlung, in: ZThK 80, 1983, S. 223-243; wieder abgedruckt in: Albrecht Beutel u.a. (Hg.), Homiletisches Lesebuch, Tübingen 1986, S. 222-239)

15. „Nicht geschriebenes Wort ist das Evangelium, sondern lebendige Stimme. Das besagt jedenfalls auch, daß dieses Evangelium erst dort Evangelium im eigentlichen Sinn ist, wo es beim Hörer angekommen ist. Man kann deshalb im Grunde gar nicht sagen: das oder das ist das Evangelium, diese bestimmten Inhalte. Sicher brauchen wir solche Formeln, wie die von CA IV, ... Aber das gehört hier ja dazu, daß das Evangelium beim Hörer angekommen ist ... Denken wir über den Vollzug der Predigt nach, dann so, daß dieses Ankommen mit bedacht wird." (Friedrich Mildenberger, Kleine Predigtlehre, Stuttgart u.a. 1984, S. 153)

16. „Sie sind ein ungleiches Paar, die Rhetorik und der Heilige Geist, mindestens auf den ersten Blick und nach den gängigen Vorstellungen ... Auf dem Feld der Predigt müßten sich die beiden eigentlich verbinden. Denn niemand bestreitet, daß das Predigen sowohl etwas mit Rhetorik als auch etwas mit dem Heiligen Geist zu tun hat." (Jörg Rothermundt, Der Heilige Geist und die Rhetorik, Gütersloh 1984, S. 13)

17. „Jesus Christus, von göttlicher Gestalt und menschlicher Knechtsgestalt, die Verlaufsgestalt seines Weges – Menschwerdung, Kreuz, Auferstehung – dies zugleich als Lebensgestalt des Christseins: Hier entspringt die Predigt, hier gewinnt sie ihre Gestalt. Der Prediger ist Zeuge dieses Geschehens! ...
Gestalt ist Schöpfung und Neuschöpfung Gottes, von wo der Geist des Menschen schöpferisch ('kreativ') Gestalten hervorbringt, hat er Anteil an Gottes schöpferischem Geist ... Gestalt entsteht aus einem Strömen, ... Gestalten entstehen wie Strudel, ... An alledem hat die Predigt Anteil: Sie wird gesprochen von Menschen und zu Menschen, die nur zeitlich begrenzte Gestalten in Gottes Schöpfung sind." (Klaus Meyer zu Uptrup, Gestalthomiletik, Stuttgart 1986, S. 12f.)

18. Schott schlägt vor, „es doch noch einmal mit dem reformatorischen Ansatz zu versuchen und die Predigt aus dem Heilswillen und -handeln Gottes heraus zu begründen und so wieder als ein Medium zu begreifen, durch das Gott sein Werk heute fortsetzt, indem er es verkündigen lässt." (Christian-Erdmann Schott, Predigtgeschichte als Zugang zur Predigt, Stuttgart 1986, S. 135)

19. „Eine die *Subjektivität des Predigers* als ihr *Organisationszentrum* begreifende, deren Positivierung aber zugleich verhindernde Homiletik muß den systematisch kohärenten Verweisungszusammenhang zwischen der *Normativität*, der *Reflexivität* und der *Faktizität* der Predigt in der Ausarbeitung eines handlungsorientierenden *Selbstkonzeptes* ihres aktualen Vollzuges herzustellen versuchen. Am Leitfaden der subjektivitätstheoretisch rekonstruierten *Rechtfertigungslehre*, die die Aufstellung dieses systematischen Verweisungszusammenhangs erlaubt, muß sich zugleich das Verfahren strukturieren, an dem sich der Prediger im Prozeß seiner Predigtvorbereitung und im Akt des Predigens orientiert findet." (Wilhelm Gräb, Predigt als Mitteilung des Glaubens, Gütersloh 1988, S. 261)

20. Ein „Stufenmodell der Predigtvorbereitung" schlägt Eberhard Hauschild vor. Er unterscheidet zwischen 3 Stufen, der des „Wahrnehmens", der eines „hermeneutischen" Verfahrens und der eines „rhetorischen Verfahrens. Hauschildt verweist bei manchen Schritten auf Luther und Engemann. Die 3 Stufen bestehen aus mehreren Arbeitsschritten. Am Ende liegt als 4. die Predigt vor. Bei dem Ganzen hat Hauschildt die Examenspredigt im Blick. Kritisch anzumerken ist, dass Martin Luther die gesamte Predigtvorbereitung und dazu das Halten einer Predigt im Blick hat. Er folgt dabei der langen wohl reflektierten antiken Tradition der Rhetorik. Von daher gesehen ist Hauschildts Bezeichnung eines Arbeitsschrittes als „rhetorisch" eine Verkürzung. Luthers Erfolge seiner Predigten und der seiner Mitarbeiter einschließlich seiner Schüler basiert auf der antiken Rhetorik. (Eberhard Hauschildt, Herausforderung „Examenspredigt", in: Pastoraltheologie 106. Jg., Heft 2017/3, S. 100 – 120)

Zusammenfassung der Predigt-Definitionen

Eine Zusammenfassung der verschiedenen, hier wiedergegebenen Predigt-Definitionen ist wegen deren Vielzahl ebenso notwendig wie anderseits wegen der großen Unterschiede fast unmöglich. Bereits die Ausgangspunkte der Definitionen sind verschieden. Manche gehen vom Glauben, so die Nummern 1 und 2, und/oder vom Wort, so die Nummern 1, 4 und 5, oder von der Predigt als Rede, so u.a. die Nummer 16, bzw. als Medium aus, so die Nummern 9, 18, usw.

Problematisch ist der Versuch einer Zusammenfassung in sachlicher Hinsicht. Er wäre der Versuch einer neuen Definition, die dann eine Metadefinition darstellen würde. Als solche müsste sie sehr allgemein gehalten sein und wäre gezwungen, den konkreten Bezug zur Gegenwart, den die Predigt als Teil ihrer selbst einschließt, aufzugeben[549] bzw. die Lebendigkeit des Bezuges zur Gegenwart preiszugeben zugunsten eines zum Zwang werdenden Systems. Dies bedeutet die Aufgabe der Freiheit des Evangeliums. Es ist der dogmatische Irrtum der katholischen Kirche, wenn sie etwa Thomas von Aquin und seine Dogmatik über die Jahrhunderte hinweg starr festzuschreiben versucht.

Dennoch lassen sich zwei grundsätzliche Tendenzen innerhalb der Predigt-Definitionen – wie auch bei den Attributpredigten, Predigthilfen und -anleitungen – beobachten. Einmal steht mehr das Wort des Evangeliums, einmal mehr der Mensch im Vordergrund. Die Unterschiede liegen in der konkreten Durchführung und der Korrelation der beiden Aspekte innerhalb der Reflexionen zur Predigt und der Arbeit an ihr. In den letzten 200 Jahren vollzog sich die Reflexion im wesentlichen im Anschluss an Schleiermacher. Luther-Renaissance und Wort-Gottes-Theologie im Sinne Karl Barths gewannen – man muss wohl sagen: zwischenzeitlich – zum Teil erheblichen Einfluss, drängten Schleiermacher fast ganz zurück, aber er kam wieder.

So versteht Birgit Weyel die Predigt als „eine überzeugungsinteressierte Verständigungsbemühung über die Lebensbedeutsamkeit des Christentums in einer pluralen Gesellschaft". Manuel Stetter gibt seiner Dissertation den Tittel „Die Predigt als Praxis der Veränderung" und versteht das Ganze als „Beitrag zur Grundlegung der Homiletik" [550]

[549] Zur Problematik einer Metadefinition vgl. auch Ulrich Nembach, Zur Metatheorie der Medien, in: Communications 17, 1992, S. 419ff.

[550] Birgit Weyel, Sich über Religion verständigen, in: Lars Charbonnier, Homiletik, Göttingen 2012, S. 231-246.
Manuel Stetter, Die Predigt als Praxis der Veränderung: ein Beitrag zur Praxis der Veränderung, Göttingen 2018

9.5 Kritischer Rückblick

Seit dem Ende des vorigen Jahrhunderts sind wir gefordert, Bilanz zu ziehen. Dasselbe verlangt die gegenwärtige „homiletische Situation vor Ort und die homiletische Großwetterlage". Die Kirchen werden leerer. Auch geht mit diesem Jahrhundert die Zeit der Predigt in landeskirchlichem, einheitlichem Rahmen vermutlich zugunsten einer mehr europäisch, multikulturell geprägten Predigt zu Ende.

Die vorgestellten verschiedenen und zahlreichen Predigtkonzepte/-konzeptionen zeigen ein großes und farbiges Feld der Homiletik. Immer neue Vorschläge bringen Bewegung in die Predigtpraxis und die homiletische Diskussion. Ein die Predigt erheblich bewegender Vorschlag ist die Schaffung der Predigthilfen für die Prediger nach 1945. Nachdem der Wiederaufbau mit seinem Wirtschaftswunder im vollen Gang ist und die Menschen nicht mehr durch die bislang übliche Art des Predigens erreicht werden, führt die Hinwendung zum Menschen zu einer weiteren, beachtlichen Leistung in Theorie und Praxis. Schließlich bringt die immer weiter fortschreitende Differenzierung der Predigt mit Hilfe der verschiedenen Humanwissenschaften einen weiteren großen Schritt nach vorn. Trotzdem reichen alle Bemühungen seit der Wende zum Menschen nicht aus, um die leerer werdenden Kirchen wieder zu füllen, die Tendenz auch nur zu stoppen.

Das Leererwerden wurde und wird zum Teil noch immer auf die Säkularisierung zurückgeführt. Eine Bewegung weg vom Christlichen, hin zum Weltlichen hat zweifellos stattgefunden, aber ebenso unbestreitbar ist die Tatsache, dass eine Bewegung zum Religiösen durch Deutschland, Europa, die Welt geht. Die Zahl der angebotenen Publikationen und Veranstaltungen weist die Bewegung sogar als weitreichend aus. Diese ist nicht immer christlich, aber sie enthält oft auch eine christliche Tendenz. Das gilt insbesondere für die zahlreichen und zudem großen Pfingstgemeinden[551]. Deren Mitglieder lassen sich

---

[551] Die in verschiedenen Verbänden organisierten Pfingstgemeinschaften in Deutschland zählen 1990 38.000 Mitglieder, einschließlich der sich ihnen zugehörig fühlenden Nichtmitglieder (Horst Reller (Hrg.), Handbuch Religiöse Gemeinschaften. Freikirchen, Sondergemeinschaften, Sekten, Weltanschauungen, missionierende Religionen des Ostens, Neureligionen, Psycho-Organisationen, 4., völlig überarb. und erw. Aufl., Gütersloh 1993). Das Leben in den Pfingstgemeinschaften geben besser als Globalzahlen die Zahlen einzelner Gemeinden und einzelner Regionen wieder, weshalb beispielhaft jeweils die einer Gemeinde und die einer mit ihr nicht zusammenhängenden Region genannt seien: An Gottesdiensten einer Pfingstgemeinde in Berlin nehmen nach deren eigenen Angaben im Laufe des Jahres 1993 durchschnittlich mehr als 200 Personen teil, bei einer Mitgliederzahl von ca. 660, an Familiengottesdiensten 800 und mehr (Kirche am Südstern, CZB-Report 2-94, Christliches Zentrum Berlin e.V., Herwarthstr. 5, 12207 Berlin).

ihren christlichen Glauben auch finanziell einiges kosten, da sie für alle Ausgaben selbst aufkommen müssen[552].

Den Grund oder die Gründe für die geringen Zahlen von Predigthörern bei der Homiletik allein zu suchen, wäre ebenfalls nicht zutreffend. Zwar kommen – noch immer – die Menschen in großer Zahl zu den Kirchentagen[553], viele lassen sich kirchlich beerdigen[554], aber die absolute Zahl der Teilnehmer an kirchlichen Gruppen ist klein[555], wenn auch 1,5-fach so hoch wie die derjenigen, die am sonntäglichen Gottesdienst, der zentralen Veranstaltung der Gemeinde, teilnehmen. Viele arbeiten in kirchlichen Gruppen mit auf Grund anderer Gründe als der, die im kirchlichen Gottesdienst heute zur Sprache kommen[556].

---

25 religiöse Gruppen, Gemeinden, Kirchen usw., besonders im Raum Hannover, sind der Beauftragten für Meditation und geistliches Leben im Amt für Gemeindedienst der Ev.-luth. Landeskirche Hannovers namentlich bekannt.

[552] Aus diesem Grund besteht keine Verbindung zwischen der kleinen Zahl von sonntäglichen Predigthörern und einer finanziellen Belastung wie der von den Kirchen erhobenen Steuern. Wer finanzielle Gründe für seinen Austritt angibt, hat sich wahrscheinlich längst aus anderen Gründen von der Kirche getrennt und vollzieht mit dem amtlichen Austritt nur den innerlich längst vollzogenen. Zum Vorgang des Austretens vgl. Jørgen Straarup, Emigrants from church. Turning away from church interpreted as migration, in: Informationes Theologiae Europae 1, 1992, S. 143-156.

[553] 125.012 Dauerteilnehmer, 1995, Kirchentag Hamburg,
124.000 Dauerteilnehmer, 1993, Kirchentag München,
151.522 Dauerteilnehmer, 1991, Kirchentag im Ruhrgebiet.
Alle Angaben nach Konrad von Bonin (Hg)., Deutscher Evangelischer Kirchentag 1995 Hamburg, Gütersloh 1995; ders. Deutscher Evangelischer Kirchentag München 1993, Gütersloh 1993; Deutscher Evangelischer Kirchentag Ruhrgebiet, Gütersloh 1991.
Vgl. auch: Rüdiger Runge (Hrg.), Kirchentag '89. Berichte und Materialien aus Berlin, München 1989, S. 11; Jugend auf dem Kirchentag. Eine empirische Analyse, Tilman Schmieder; Klaus Schumacher (Hrg.). Von Andreas Feige ..., Stuttgart 1984.
Zu den Einzelheiten vgl. den Überblick über die Deutschen Evangelischen Kirchentag und Personen seit 1949 www.de.wikipedia.org/wiki/Liste_der-Deutschen_Evangelischen_Kirchentage_und_beteiligter_Personen – 25.5.2018).

[554] 354.341 Menschen wurden 1994 in Deutschland, West und Ost, evangelisch beerdigt (so die neueste, noch unveröffentlichte Zahlenangabe des Kirchenamtes der Evangelischen Kirche in Deutschland vom 2. 8. 1996). 28.197 Millionen Mitglieder hatte die Evangelische Kirche in Deutschland am 31. 12. 1994 (unveröffentlichte Angabe, ebenfalls vom 2. 8. 1996).
Vgl. für die Jahre 1988 und 1989: Evangelische Kirche in Deutschland, Statistik über das kirchliche Leben in den Gliedkirchen der EKD in den Jahren 1988 und 1989, Hannover 1992, S. 13; S. 29 (1988); S. 45 (1989); vgl. auch Zahlen und Fakten zum kirchlichen Leben, Kirchliches Jahrbuch 115 (1988), Gütersloh 1991, S. 348.

[555] Vgl. für die Jahre 1988 und 1989: Evangelische Kirche in Deutschland, a.a.O., S. 17f.; S. 34f. (1988); S. 50f. (1989); vgl. für die Jahre 1976, 1980 und 1987: Zahlen und Fakten zum kirchlichen Leben, a.a.O., S. 356f.

[556] Untersuchungen belegen diese Vermutung (vgl. Ulrich Nembach, Gruppe: Chance der Gemeinde. Zur Theologie und Empirie lebendiger Gruppenarbeit, Frankfurt am Main u.a. 1989).

Die heutige Krise der Predigt ist demnach eine Krise der Kirche. Können in einer solchen Situation Vorschläge zur Verbesserung der Predigt überhaupt weiterhelfen? – Sie können, wie die Reformation im 16. Jahrhundert zeigt. Diese wurde durch die Predigt und durch die damaligen Printmedien getragen, verbreitet und durchgesetzt.

Mit dieser Feststellung ist die Konsequenz verbunden, dass die Reform der Predigt zugleich die Kirche und mit dieser die Theologie als Ort kirchlicher Reflexion erfassen muss. Die Weite des damit betretenen Feldes ist kaum zu überschätzen. Ein Beispiel mag genügen, um die damit eröffnete Dimension aufzuzeigen.

Die Diskussion um die „Apparatemedizin" infolge neuerer technischer und chemischer Möglichkeiten wird innerhalb der Medizin selbst und in der breiten Öffentlichkeit geführt. Die Erweiterung der Erkenntnisse auf exegetischem Gebiet durch historisch-kritische Methoden führt noch immer zu einem innerexegetischen Gespräch. Rudolf Bohren analysiert 1985 resp. 1979 Bibel-Kommentare mit dem Fazit:

> Wenn ich Vorworte und Kommentare betrachte, drängt sich mir die Frage auf, was denn die behauptete Prävalenz des Historischen bedeute. Die Geschichte sollte die Kenntnis der Welt erweitern, vertiefen. Die Frage stellt sich einerseits, ob die Kunst historisch-kritischer Exegese den Exegeten die Welt, in der wir leben, vergessen lässt. Die Kunst birgt einen eigentümlichen Eros in sich. Sie ist ein weltlich Spiel, ob dem der Spieler Himmel und Erde vergessen mag[557].

Bohren kommt zu diesem Ergebnis durch eine Analyse der exegetischen Wissenschaftspraxis anhand der von den Exegeten gebrauchten Sprache[558]. Die Exegeten selbst sehen ebenfalls Probleme, durchaus erhebliche, innerhalb ihrer Disziplin, so etwa Ulrich Luz:

> Der Kommentar ist wohl die Literaturgattung, in der der Exeget seine eigene Arbeit am deutlichsten dem Text unterordnen kann. Anwalt des Textes im Ganzen der Theologie und für die Verkündigung zu sein, ist die eigentliche Aufgabe der Exegese[559].

Wiewohl Luz die Probleme als „erheblich"[560] erkennt, übersieht er, dass „Anwalt für die Verkündigung zu sein", bedeutet, Predigern zuzuarbeiten, die nämlich

---

557 Rudolf Bohren, Kummer mit Kommentaren – schon in Vorworten. Vortrag, gehalten auf der 12. Tagung des Herausgeber- und Mitarbeiterkreises „Evangelisch-Katholischer Kommentar zum Neuen Testament" am 25.3.1979 in Zürich, abgedruckt in: BThZ 2, 1985, S. (3-17) 16.

558 Rudolf Bohren analysiert konkret: Ulrich Wilckens, Der Brief an die Römer, EKK 6, 3 Bde., Zürich u.a. 1978-1982.

559 Ulrich Luz, Wirkungsgeschichtliche Exegese. Ein programmatischer Arbeitsbericht mit Beispielen aus der Bergpredigt; Gastvortrag in München, Leipzig und Lückendorf, abgedruckt in: BThZ 2, 1985, S. (18-32) 18; vgl. dazu: Ulrich Luz, Das Evangelium nach Matthäus, EKK 1, Bd. 1: Mt. 1-7; 3. durchges. Aufl., Zürich u.a. 1992.

560 A.a.O.

Anwalt des Textes *und* der Hörer sind. Luz hat nicht zur Kenntnis genommen, dass schon 1967 Ernst Lange die Aufgabe des Predigens folgendermaßen beschrieb:

> Der Prediger hat mehr zu tun, als biblische Texte möglichst wortgetreu in möglichst heutiger Sprache nachzusprechen. Er hat als Anwalt seiner Hörer zu verstehen und verständlich zu machen, worin die Relevanz des in biblischen Texten bezeugten Verheißungsgeschehens für ihr gegenwärtiges Leben liegt. Seine Rede ist in diesem Sinn 'neues Wort', nicht 'neues Wort Gottes', wohl aber ein neues Wort in der Kirche, das sie so noch nie gesprochen hat und das doch übereinstimmen soll mit dem, was sie bisher gesagt hat[561].

Der Unterschied zwischen dem, was Bohren, und dem, was Luz sagt, ist beachtlich. Es ist ein Unterschied, vergleichbar dem zwischen dem Medizintechniker, der neue Apparate für die medizinische Praxis entwirft, und der Frage nach den Grenzen eben dieser Medizintechnik. Der Techniker ist nicht aus dieser Frage entlassen, sondern als deren Urheber mindestens auch, wenn nicht gar primär mit ihr konfrontiert. Inzwischen hat die Medizin Ethikkommissionen geschaffen, die die Forschungsarbeit der Medizin zulassen müssen. Die Theologie aber hat noch immer nicht ihr Problem erkannt. Bohren und Lange sind einzelne Rufer geblieben.

Erinnert sei in diesem Zusammenhang ausdrücklich an Luther, der als Professor Biblicus der Wittenberger Universität predigt und die Bibel übersetzt, indem er sich der Devise unterstellt, wie Menschen im Alltag zu sprechen.[562]

Die zwischenzeitliche Ausdehnung der Disziplinen lässt eine so gewaltige Arbeitslast für einen einzelnen nicht mehr zu, aber Luthers Arbeitshinweis zeigt den Weg, der bei einer Arbeitsteilung einzuschlagen ist.

Zwei homiletische Fragen und die darauf gegebenen Antworten beschäftigten zunächst das 20. Jahrhundert. Sie lauten: „Wie lerne ich zu predigen?" und, so fragte Karl Barth: „Wie kann ich – als Mensch – von Gott predigen?" Beide Fragen zusammenfassend und entsprechend Luther weiterführend, ist heute zu fragen: *„Wie kann ich als Prediger den Menschen heute Gott predigen?*

---

561 Ernst Lange, Zur Theorie und Praxis der Predigtarbeit. Vortrag, gehalten am 22.9.1967 in Esslingen, abgedruckt in: Predigtstudien, Beiheft 1, Stuttgart 1968, S. (11-46) 33; wieder abgedruckt in: Ernst Lange, Predigen als Beruf, hrg. v. Rüdiger Schloz, Stuttgart u.a. 1976, S. (9-51) 36.

562 „die mutter jhm hause, die kinder auff der gassen, den gemeinen man auff dem marckt drumb fragen, und den selbigen auff das maul sehen, wie sie reden und darnach dolmetzschen, so verstehen sie es ..." (Martin Luther, Sendbrief vom Dolmetschen, 1530, WA 30 II. 637, 19-22

III. Geschichte der Predigt

10 Ein kurzer Überblick über die Predigtgeschichte

10.1 Die Predigt von deren Anfängen bis zum Mittelalter

Das Neue Testament schildert immer wieder Prediger, Predigten und Predigthörer. Jesus predigt. Später predigten die Apostel und bisweilen die Schreiber von Briefen. Nicht selten sind das Kompositionen der Evangelisten und Briefschreiber.[563]

Prediger traten auf. Nicht zuletzt sie waren es, die das Christentum in immer neue Gebiete brachten.[564] Das gewaltige römische Reich wurde erschlossen, auch Länder südlich und östlich davon. Die meisten Prediger sind unbekannt. Einzelne wie Augustin (354 – 430) erlangten Ruhm über die Zeiten hinweg. Er, ein Rhetor, kannte die große Breite der Erkenntnisse der antiken Redekunst und lehrte sie. Als er sich darum dem Christentum anschloss und sein Wissen in dessen Dienst stellte, gewann dies erheblich. Er tat das gleich auf verschiedenen Wegen. Er predigte selbst. Er verfasste ein Lehrbuch, *de doctrina christiana,* und theologische Werke. Letztere wie zahlreiche Arbeiten bereits vor Augustin zu theologischen Fragestellungen einschließlich der nicht selten daraus resultierenden theologischen Streitigkeiten sorgten mit den Predigten für eine Festigung des frühen Christentums, der sog. *Alten Kirche.* Sie war weit verbreitet und stand in der Diskussion mit der jüdischen und griechischen Überlieferung, war deren Partner, oft deren führender Partner geworden. Auch berühmte Theologen predigten und hören Predigten. Deren Ort waren die Gottesdienste der Gemeinden.

Später im Mittelalter gründeten sich Orden, die ihre Aufgabe auch oder gar primär in der Predigt sahen. Dazu gehörte der von Franz von Assisi (1182 – 1226) gegründete Bettelorden, der *Ordo* fratrum *minores* (OFM), der sich primär der Predigt und Seelsorge widmete. Es ging Franz und seinen Mitbrüdern um die Menschen. Sie suchten ihre Gemeinschaft, den Dienst die Predigt. Der von Dominkus (1170 – 1221) gegründete Orden, *Ordo fratrum praedicatorum* (OP), hat neben der Predigt die Theologie und die Inquisition als Arbeitsfelder. Auch ihnen ging es um die Gemeinschaft. Diese musste auf dem Boden ihrer

---

563 Vgl. Mt. 3, 1 – 12 parr.; 4,17; 5 – 7 par.; Act. 2,14 -36; Röm. 14, 1ff; u.ö.

564 Die Predigt war und ist so bedeutende, dass Stefan Böntert sie als Basis für Forschungen, in seinem Fall für die Liturgiegeschichte macht (Stefan Böntert, Predigten als Quelle der Liturgiegeschichte, Beobachtungen zum Potential eines Forschungsfeldes, in: Georg Essen und Christian Frevel, Hg., Theologie der Geshcichte – Geschichte der Theologie, Freiburg im Breisgau 2018, S. 304 – 328).

theologischen Überzeugungen basieren. Dem diente die Predigt und dort, wo sie das gesteckte Ziel nicht erreicht, die Inquisition.

Die Gründungen der Orden erwiesen sich als sehr nachhaltig. Sie existieren noch heute. Leben und Arbeit der Orden variierten im Laufe der Zeit. Es wurden Predigtstühle gebaut, um in den Gassen der Städte als Prediger besser gesehen und gehört zu werden. Dann wurden Kirchen in Form von Hallen errichtet, um hier geschützt vor Wetter und Unbilden predigen zu können. Die großen Dome teilten die versammelte Gemeinde in Kleriker und Laien. Die Kleriker saßen vorn und waren durch eine Mauer von den übrigen Gläubigen getrennt. Letzteren wurde von einer höheren Warte, gepredigt.

Die Frömmigkeit wie auch der Predigteifer unterlagen Schwankungen. Manche Reform wurde nicht zuletzt von innen heraus von den Orden selbst getragen. Daran waren nicht immer alle Brüder der Orden beteiligt. Eine Reformbewegung aus den Franziskanern führte zur Gründung der *Kapuziner* (OFMCap). Das erste Kapuzinerkloster nördlich der Alpen entstand 1581 in der Schweiz, in Altdorf, Kanton Uri. Zahlreiche Angehörige dieses Ordens engagieren sich in der Predigtarbeit bis heute.[565]

Eine durchgreifende Reform der Predigt erfolgte mit der Reformation.

10.2 Die Predigt im Zeitalter der Reformation

Der Reformation ging es um das Verhältnis zwischen Gott und den Menschen. Dieses ist zerrüttet. Es wird durch den rechten Glauben wieder hergestellt. *„Es (= Das Evangelium) ist eine Kraft Gottes, die selig macht alle, die daran glauben,“* [566] und wenig später: *„ So halten wir dafür, dass der Mensch gerecht wird ohne des Gesetzes Werke, allein durch den Glauben“*[567] schreibt Paulus an die Römer, und Luther sieht hier den Schlüssel für die Wiederherstellung des guten Verhältnisses zwischen Gott und Mensch. Der Papst dagegen lässt Ablassbriefe durch angeheuerten Dominikaner, Tetzel, verkaufen, um so das Himmelreich zu erreichen. Das so eingenommene Geld wird für aufwendige Bauten im Vatikan gebraucht. Ein Erzbischof beteiligte sich daran, weil er geliehenes Geld zurückzahlen musste.

Der Weg, die Kommunikationsform, auf der die Theologie verbreitet wurde, war über weite Strecken besonders in den Gemeinden die Predigt. Deshalb soll die Reformationspredigt im Folgenden näher dargestellt werden.

---

[565] Friedrich Schiller setzte ihnen ein literarisches Denkmal in seinem dramatischen Gedicht, wo er einen Kapuziner Soldaten eine herbe Bußpredigt hält (Friedrich Schiller, Wallensteins Lager, 8. Auftritt, in: Die Templer-Klassiker, Bd. I, Wiesbaden o.J., S. 574 – 578)

[566] Röm. 1,16.

[567] Röm. 3, 28.

Unter den zahlreichen bekannten und weniger bekannten evangelischen Predigern des 16. Jahrhunderts sind an erster Stelle zu nennen: Luther, Zwingli, Calvin. Sie waren Praktiker. Zu ihnen kommen die hinzu, die sich um die Theorie der Predigt bemühten, wie Melanchthon, Hyperius und andere.

10.2.1 Luther als Prediger

Luther hinterließ zahlreiche Predigten, aber keine Predigttheorie. Nur wenige der überlieferten Predigten liegen in der Fassung vor, die ihnen Luther selbst gab. Sie sind in Sammlungen enthalten, den sogenannten „Postillen“, die Luther schrieb, damit weniger geschickte Prediger sie vorlasen. Luther schrieb während seiner Zeit auf der Wartburg, 1522, Weihnachts- und Adventspredigten[568], die sogenannte „Wartburg-Postille“, nachdem er schon vorher lateinische Adventspredigten verfasst hatte. 1525 folgte die Fastenpostille[569]. Die meisten der ca. 2000 überlieferten Predigten wurden jedoch von Zeitgenossen publiziert, die die Predigten zuvor überarbeitet hatten. Manche Predigten sind nur in Kurzfassungen erhalten, besonders die, die Georg Rörer von 1522 bis 1546 mitgeschrieben hat; dabei verwandte er oft lateinische Wörter für das bewusst in Deutsch Gesagte. Der Inhalt der Predigten Luthers sind die wesentlichen Themen seiner Reformation : Gesetz und Evangelium[570], Glaube und Werke, Rechtfertigung und Gehorsam, Christus pro nobis [für uns] und in nobis [in uns] usw., kurz zusammengefasst in den Worten: „Nihil nisi Christus praedicandus“[571] [Nichts anderes als Christus ist zu predigen] bzw.: „Tolle Christum e scripturis, quid amplius in illis invenies?“[572] [Nimm Christus aus der Schrift, was wirst du in ihr dann noch finden?].

Die Basis des Inhalts bildet die Schrift, sola scriptura. Luther predigt über Texte des Alten und Neuen Testaments, wie er auch über Bücher aus beiden Teilen der Bibel Vorlesungen hält. Eine Ordnung, über welche Texte wann gepredigt wird, gibt es aufgrund der Tradition und der Praxis, die sich in Wittenberg herausgebildet hat, wie Luther in der „Deutschen Messe“ von 1526 schreibt[573]. Die Auslegung der Schrift ist das entscheidend Neue an der

---

568 WA 101 1 und 2,1-208.

569 WA 17 II, 1-247.

570 WA 16, 366, 3 u.ö.

571 Vgl. Luthers Predigten über Exodus, WA 16.

572 Nimm Christus aus der Schrift heraus, was wirst du dann noch darinnen finden? (WA 18, 606, 29).

573 Sonntags finden mehrere Gottesdienste statt. Gepredigt werden die Epistel, am nächsten Sonntag das Evangelium und am Nachmittag das Alte Testament. In der Woche finden montags und dienstags Katechismuspredigten mittwochs Predigten über das Matthäus-

lutherischen Predigt neben deren Form. Luther, der Professor Biblicus der Universität, legt die Bibel nicht mehr gemäß der bisherigen Interpretation des vierfachen Schriftsinnes und der überlieferten dogmatischen Tradition aus. Die Auslegung hatte bis dato die Bibel befragt

1. auf ihren wörtlichen, den „Literalsinn",
2. auf den für den Glauben bedeutsamen, den „allegorischen",
3. auf den moralischen, den „tropologischen" und schließlich
4. auf den eschatologischen, den „anagogischen" Sinn.

Luther gibt diese Auslegungsmethode in den Jahren 1524/25 und 1529 auf. Gelegentliche spätere allegorische Auslegungen in Predigten sind nicht grundlegend gemeint. Dogmatische Festlegungen der Kirche normierten das Verständnis der Bibel. Dem gegenüber hat Luther einen neuen Schlüssel zur Auslegung in Christus gefunden und angewandt. Christus ist für ihn die Mitte der Schrift und darum zu predigen. Die neue Auslegung schafft Freiheit. Luther vermag deshalb mit der Tradition der Auslegung im vierfachen Sinn frei umzugehen, sie abzuschaffen, gleichwohl gelegentlich die Allegorese zu verwenden, wenn nun auch spielerisch illustrativ. Gebunden ist Luther in seiner Auslegung an den Text.

Die Aufgabe der Predigt ist, zu lehren und zu ermahnen[574]. Deshalb ist sie des Christen Aufgabe an andere. Diese Aufgabe verlangt viel vom Prediger, aber sie ist nicht grenzenlos. Es gilt, der Freiheit Gottes wie der des Hörers Rechnung zu tragen. Die in der Predigt auszulegende Schrift, in der Christus ist (WA 18, 685, 3f.; 9), besitzt eine zweifache Klarheit, eine äußere und eine innere. Die erste betrifft die Predigt und ist Aufgabe der Prediger, die zweite gilt dem Herzen und geschieht durch Gottes Geist. „Duplex ... claritas scripturae, ... , Una externa in verbi ministerio posita, al tera in cordis cognitione sita"[575]. Die Grenze zwischen beiden markiert Luther verbal und praktiziert sie zugleich selbst an einer entscheidenden Stelle seines Lebens und der ganzen Reformation. Als diese in Wittenberg in schrankenlosen Radikalismus überzugehen droht, predigt Luther und sagt dabei u.a. in der 1. Invokavitpredigt: „In die Ohren können wir wohl schreien, aber jeder muss bereit sein zur Zeit des Todes"[576]. Lehre und Ermahnung respektieren die Grenzen der menschlichen Freiheit. Zu lehren beschreibt Luther im Anschluss an Paulus als: Unwissenden zu predigen, Wissende zu ermahnen, sie zu reizen und zu dem anzuhalten, was sie schon wissen[577]. Beides,

Evangelium, Donnerstag und freitags über die Briefe und die Offenbarung, sonnabends über das Johannis-Evangelium statt. WA 19, 78f.

574 WA 101 1,54, lff. u.ö.

575 WA 18, 609, 4f.

576 WA 10 III 1, 10.

577 WA 101 1, 21, 19-25.

also auch das Ermahnen, lasse dem Hörer Raum zum Handeln, und ist ein Geschehen mit biblischen Worten[578]. Die Predigthörer besaßen über die individuelle Freiheit hinaus als Gemeinde das Recht, die Prediger zu beurteilen, ein- und abzusetzen[579]. Die Hörer sind werdende, aber noch nicht wahre Christen. Deshalb sind sie zu belehren. Das geschieht in Liebe, denn die Hörer sind die Nächsten der Prediger, und jeder Christ lebt in Christus und seinem Nächsten [580]. Die Form, die Luther für seine Predigten wählt, ist nicht die bis dato übliche. Er sucht eine neue und findet sie in der der antiken Rede, besonders in der Gestalt, die Quintilian für die Volksberatungsrede (genus deliberativum) zur Verfügung stellte. Aristoteles lehnt Luther ohnehin ab. Der Aufbau der Predigten beginnt in der Regel mit einer kurzen Einführung in den Text, geht dann diesen entlang (Homilie) und schließt mit einigen in den Alltag überleitenden Hinweisen.

Die Sprache ist, generell gesehen, Deutsch, klar anschaulich, häufiger herb und derb. Die Beispiele stammen aus dem Alltag der Hörer. Letztere sind oft die der Bürger Wittenbergs, Studenten, Kollegen, denn zahlreiche Predigten hält er dort, nicht wenige als Vertreter des Stadtpfarrers, Johannes Bugenhagen. Dieser ist wiederholt abwesend, um die Reformation in weiten Teilen Deutschlands und darüber hinaus zu organisieren und anschließend in rechtlich geordneten Bahnen evangelischer Predigt und Lehre laut werden zu lassen. Daneben predigt Luther auf Reisen und bei besonderen Anlässen, beispielsweise bei der Einweihung der Schlosskirche in Torgau.[581]

Zu seiner Sprache gibt es eine eigene Schrift Luthers insoweit, als er die Prinzipien seiner Sprache bei der Übersetzung der Bibel darlegt.[582] Das dort Gesagte begegnet konkret auch in seinen Predigten. Die Wirkung der Predigten geht oft über die hörende Gemeinde hinaus. Predigten werden gedruckt und zur Basis für Schriften, so zum Beispiel für die Katechismen.

10.2.2 Zwingli als Prediger

Von ihm ist keine seiner zahlreichen Predigten – allein über 1000 im Großmünster von Zürich – in ihrer ursprünglichen Form überliefert. Die oft viel später angefertigten Nachschriften gleichen mehr Traktaten als Predigten. Zwingli predigt über biblische Texte, und zwar zunächst über die Perikopen, seit 1519, nun als „Leutprediger" in Zürich, über die biblischen Bücher in fortlaufender Reihenfolge.

578 Vgl. WA 101 1, 13, 2-18.
579 WA 11,408-416.487.
580 WA 7, 38, 6ff; vgl. auch WA 19, 72, 20-23.
581 WA 49,588-615.
582 WA 30II,632-646.

Von 1518-1526 predigt er fortlaufend über das Neue Testament, mit Ausnahme der Apokalypse, und beginnt dann mit dem Alten Testament. Die Predigten werden durch Zwinglis Reisen oder aus aktuellen Anlässen unterbrochen. Auf seinen Reisen predigt Zwingli allerdings ebenfalls. Inhaltlich gesehen bieten die biblischen Texte – wie auch die besonderen Anlässe – Gelegenheit, auf aktuelle Fragen einzugehen. Politische Probleme werden zunehmend behandelt. Kritik am Adel und seiner laxen Lebensweise wird geübt. Neben die Schriftauslegung tritt die humanistische Bildung. Gebunden fühlt sich Zwingli als Prediger aber letztlich an das Wort Gottes. Hier findet er auch die Basis für seine weitreichenden Forderungen an den Prediger. Dieser hat ohne Rücksicht auf Familie, Geld, Fürsten etc. zu predigen. Zwingli veröffentlicht zu diesem Thema eine besondere Schrift mit dem bezeichnenden Titel „Der Hirt". Im Anschluss an l.Kor. 14,22 richtet Zwingli eine „Prophezey" genannte Zusammenkunft aller Theologen an fünf Tagen der Woche ein. Hier wird fortlaufend ein Abschnitt aus der Schrift im Urtext oder der Vulgata gelesen, erklärt und anschließend das Ergebnis der Gemeinde mitgeteilt. Die Prophezey tritt an die Stelle des Chorgebets, ist der Anfang der theologischen Fakultät in Zürich, wirkt später nach im Pietismus (collegia pietatis) und in der evangelischen Bibelarbeit.

10.2.3 Calvin als Prediger

Von ihm sind Predigten in Nachschriften und Drucken erhalten, allerdings werden diese von ihm nicht korrigiert. Ab 1549 werden alle Predigten von einem hauptamtlich dafür angestellten Stenographen mitgeschrieben, ins Reine übertragen und gesammelt[583]. Bis 1563 gibt es 21 Drucke von Predigten.

Calvin ist ein eifriger Prediger, der an den Wochentagen einmal und in der Regel sonntags zweimal predigt. Er meditiert den Text und legt diesen, frei redend mit der Bibel in der Hand, aus. Das Ziel der Predigt, die Auslegung der Schrift, wird so erreicht. Diese wird fortlaufend durchgepredigt – und zwar sonntags das Neue Testament und die Psalmen, in der Woche das Alte Testament.

Die Hörer werden in der Auslegung persönlich angeredet. Durch die Rede stiftet Gott Gemeinschaft mit den Menschen. Christus redet durch die Verkündigung des Predigers. 1566, zwei Jahre nach Calvins Tod, heißt es in der von Bullinger verfassten „Confessio helvetica posterior": „Praedicatio verbi Dei est verbum Dei"[584].

---

583 Auf diese Weise kamen 40 Bände Predigten zustande, die 1805/6 von der Genfer Bibliothek kiloweise verkauft wurden. Von 1826 bis 1876 konnten 14 Bände zurückgekauft werden, die heute noch vorhanden sind.

584 Bekenntnisschriften und Kirchenordnungen der nach Gottes Wort reformierten Kirche, hrg. v. Wilhelm Niesei, Zürich 1985, S. 223.

Die Sprache Calvins ist verständlich, dozierend, zum Teil ermüdend breit, aber trostvoll und aufrichtend. Darin kommt sie Calvins Predigtziel, der Erbauung des Einzelnen und der Gemeinde, entgegen.

10.2.4 Weitere evangelische Prediger

Luthers evangelisch-lutherische Zeitgenossen predigen in seinem Sinne und Stile. Oft werden Predigten aus Luthers eignen Postillen bzw. den aus seinen Predigten entstandenen verlesen. Daneben erscheinen neue und als eine eigene literarische Gattung „Summarien", homiletische Anweisungen und Arbeitsmaterial für die Prediger. Summarien mit großen Auflagen werden u.a. veröffentlicht von *Johannes Bugenhagen* (l558) und *Veit Dietrich* (1549). Postillen publizieren *Johann Spangenberg* (1550), *Antonius Corvinus* (1553), *Johannes Brenz* (1570) und *Sebastian Fröschel* (1570). Diese Sammlungen bieten sehr unterschiedliche Predigten, wenn sie sich auch alle mehr oder weniger eng Luther anschließen. Johann Spangenberg, ein Theologe, Pfarrer, Schulrektor und -inspektor, verfasst eine Postille für junge Christen in Fragestücken[585]. Die Frage ist als Methode im Unterricht im 16. Jahrhundert beliebt. Luther verweist darauf in seiner „Deutschen Messe" von 1526[586] und praktiziert das Verfahren selbst in seinem Kleinen Katechismus[587]. Spangenberg preist Luther u.a. als „Mose, David, Elias, Gottes erwähltes Werkzeug" und legt so Grundlagen zu dem Bilde Luthers, das bis ins 19. Jahrhundert andauern soll. Johannes Brenz verkündet in seinen Predigten über biblische Bücher Bibelkenntnisse und Humanismus. Seine Predigten erleben Auflagen bis ins 20. Jahrhundert.

Corvinus bietet in seiner 1536 erschienenen Postille Perikopenauslegungen als praktische Anwendungen für Prediger, Gemeinde und Hausväter. Fröschel, zu dessen Predigthörern öfters Luther gehört, veröffentlicht „Kinderpredigten", Predigten über den Kleinen Katechismus. Er ist stark von Melanchthon beeinflusst, worauf er selbst in der Vorrede zu seinen Matthäuspredigten hinweist.

Bedeutende reformierte Prediger waren u.a. Johann Ökolampad (1531), Prediger und Reformator in Basel, Ambrosius Blarer (1564), Theodor Beza (1605), der eine Weihnachtspredigt auf freiem Feld bei Paris hielt, obwohl er dabei bedroht wurde und sich deshalb an Stephanus (Act. 7,1 ff.) erinnert fühlte,

---

585 Postille ...für die jungen Christen, Knaben und Meidlein, jnn Fragestücke verfasst, 1543. Luther schrieb für diese Postille ein Vorwort (WA 53, 216-218). Ferner bearbeitete Spangenberg dieselben Perikopentexte für die Prediger mit einer genauen Gliederung und Disposition der Predigten. Diese Arbeit gab Spangenbergs Sohn heraus und fugte eine eigene Behandlung des Katechismus hinzu, indem er dem Ganzen den Titel gab: *Explicationes evangeliorum et epistolarum, quae dominicis diebus more usitato proponi in ecclesia populo solent, ... Basileae* 1564.

586 WA 19, 76, 1-78.

587 WA 30,1, 234-425.

Martin Bucer (1551). Von Heinrich Bullinger (1575), dem Nachfolger Zwinglis, sind Predigtreihen erschienen, ferner insbesondere sein weit verbreitetes, aus dem Lateinischen ins Englische und andere Sprachen übersetztes „Hausbuch". Es ist teils eine Postille, teils eine Sammlung von Predigtmaterial für Pfarrer.

10.3 Evangelische Predigttheorien im 16. Jahrhundert

Luther legt keine explizite Predigttheorie vor. Einzelne Ausführungen, manchmal nur Bemerkungen zur Predigt und ihren verschiedenen Problemen finden sich in seinen zahlreichen Schriften. Seine Konzeption als ganze begegnet in seinen Predigten, besonders in den Teilen der Postille, die von ihm selbst stammen. Seine Predigttheorie dürfte nicht zuletzt bei der Arbeit an den Predigten selbst entstanden sein, ebenso wie die neuhochdeutsche Schriftsprache im Laufe des Übersetzens der Bibel entsteht[588].

Zwingli und Calvin legen ebenfalls keine Predigttheorien vor, besitzen aber wie Luther klare Vorstellungen von der Predigt, wie die von ihnen überlieferten Predigten zeigen.

Philipp Melanchthon (1560) veröffentlicht theoretische Arbeiten, und zwar 1531 „Elementa rhetorices", 1533 „De officio concionatoris" und 1537/39 „De modo arte et concionandi". Hat er noch 1519 in seiner Rhetorik die „Sophia"-Lehre des Erasmus für Triviumschüler empfohlen, tilgt er 1542, in der letzten Ausgabe der „Elementa rhetorices", weitgehend jeden Hinweis darauf. Melanchthon, in der Tradition Luthers stehend, sieht die Aufgabe der Predigt im „docere" und bewegt sich insoweit auch auf einer mittelalterlichen Linie; bereits Alanus ab Insulis, ein Zisterzienser (1202), hat von der Predigt geschrieben:"Praedicatio est manifesta et publica instructio morum et fidei"[589]. Melanchthon schafft deshalb für die Predigt ein besonderes „genus didascalicum". Luthers Bestimmung der Aufgabe der Predigt als „docere et exhortari" wird verkürzt. Melanchthon, der Lehrer und darin „Praeceptor Germaniae", denkt aber auf seiner Linie. Aufgegriffen wird Melanchthons homiletische Arbeit von Georg Major (1574), der 1562 Melanchthons Rhetorik in Fragen und Antworten veröffentlicht („Quaestiones rhetoricae"). Ebenso stützt sich David Chytraeus (1600) in seinen „Praecepta rhetorica" von 1558 auf Melanchthon. Ägidius Hunnius (1603) greift in seiner 1596 erschienenen „Methodus concionandi" zusätzlich auf die „Loci communes" neben der Schrift im Rahmen der inventio zurück.

---

588 Zur Entstehung, Überlieferung und Erforschung von Luthers Predigtlehre vgl. Ulrich Nembach, Predigt des Evangeliums, Neukirchen-Vluyn 1972, S. 11-59

589 Alanus de Insulis, Summa de arte praedicatoria, cap. I. In: ders., Opera omnia, PL, 210, Sp. 111 -114.

Wirkungsgeschichtlich nicht minder bedeutsam ist die Postille Melanchthons, eine Sammlung von ausgearbeiteten Auslegungen der Sonntagsevangelien, 1549 in deutscher Sprache von Pollicarius und 1594 ausführlicher von Christoph Pezel (1604) in lateinischer herausgegeben. Melanchthon bekennt von sich selbst: „Ego concionari non possum“[590]. Die erste Homiletik im eigentlichen Sinn wird evangelischerseits von Andreas Hyperius (1564) 1553 – und mit doppeltem Umfang 1562 – vorgelegt: „De formandis concionibus sacris seu de interpretationes. Scripturae populari“. Die fünf Arbeitsschritte einer Rede gemäß der antiken Rhetorik (inventio, dispositio, elocutio, pronuntiatio, memoria) werden beibehalten. Die inventio orientiert sich dabei an der Bibel und deren Exegese. Aus den drei antiken Redegattungen, dem genus iudiciale, deliberativum und demonstrativum, werden bei Hyperius unter Bezug auf 2.Tim. 3,16 und Rom. 15,4 fünf Predigtarten: doctrina, redargutio, institutio, correctio und consolatio. Die ganze Bibel wie auch die einzelnen Texte sollen nach diesen Prinzipien gesichtet und das Ergebnis unter den drei Gesichtspunkten utilis, facilis, necessarius (= praktisch, verständlich, gemeindegemäß) ausgewählt werden. Dieses Schema wird von der lutherischen Orthodoxie übernommen und zugespitzt.

Neben den genannten erscheinen noch zahlreiche weitere Homiletiken, die sich mehr oder weniger alle im einmal gesteckten Rahmen bewegen und damit auch homiletisch den Weg zur Orthodoxie weisen. Auf reformierter Seite wird eine Homiletik im Anschluss an Hyperius und zum Teil an Melanchthon von Wilhelm Zepper 1598 vorgelegt: „Ars habendi et audiendi conciones sacras“. Zepper unterscheidet zwischen einem Prediger und einem scholastischen Redner, eine Unterscheidung, die später, bis ins 20. Jahrhundert hinein, immer wieder und gerade oft von predigenden Universitätslehrern übersehen wird.

10.4 Die Predigt der Skandinavischen Länder.

Die Länder schließen sich in Fragen der Predigt zusammen mit Bekenntnis und Theologie weitgehend der lutherischen Position an.

10.5 Anglikanische Predigt.

England, das einen eigenen Weg der Reformation geht, bewegt sich, homiletisch gesehen, auf überkommenen Bahnen. Nach dem Bruch Heinrichs VIII. mit Rom dominiert die Rhetorik weiterhin, teilweise im neuen Gewand.

---

590 CR 3, 170.

10.6 Katholische Predigt im 16. Jahrhundert

Die katholische Predigt bleibt in Deutschland und den anderen Ländern Europas der Rhetorik verbunden. Ihre Leistungen sind bereits am Anfang des Jahrhunderts beachtlich. Nicht zuletzt sind es die Predigten von Johann Tetzel (1519), einem Mitglied des Predigerordens, die als wirkungsvolle Werbung für den Verkauf der Ablassbriefe zum äußeren Anlass für Luthers Reformation werden. Später, durch die Reformation herausgefordert, widmen sich hauptsächlich die Orden der Predigt in Gestalt der Rede, namentlich der neu gegründete Orden der Societas Jesu. Wegweisende Bedeutung für die Rhetorik gewinnt in ihm die Rede von Johannes Petrus Perpingä, die er 1555 zur Eröffnung des Gymnasiums der Jesuiten in Coimbra hält. Auf diese Rede greift er wenig später, 1562, in seiner Schrift „De perfecta doctoris christiani forma“ zurück. Perpingä knüpft an Cicero und Augustin an. Beide ergänzen sich seiner Meinung nach. Diese Verbindung des ethischen, politischen Rednerideals Ciceros – wie auch das Quintilians – mit dem Augustins kann sich auf das Tridentinische Konzil stützen. Dort wird in der 5. Sitzung am 7. Mai 1546 das „Decretum de lectoribus et praedicatoribus Sacrae Scripturae“ verabschiedet. Es stellt sich in die Tradition der Humanisten, die sich im 15. Jahrhundert von den mittelalterlichen Lehrern lösen, um auf die Sprache und das Rednerideal der Antike, auf Cicero und Quintilian, zurückzugreifen. Perpingä will dem Dekret des Tridentinums und dessen Predigtvorstellung mit seiner Konzeption vom Reden nachkommen. Er wünscht, durch die Rede und guten, heiligen Lebenswandel die Gläubigen zur Nachahmung zu bewegen. Augustin hat bereits die Trias der antiken Rhetorik – docere, delectare, movere – um das Beispiel des eigenen Lebens ergänzt (vgl. „De doctrina christiana“, IV, XXVIII, 61). Eine Kompilation aus Aristoteles, Cicero und Quintilian ist die „Ratio studiorum“ des Cyprian Soarez von 1586, die auf dessen Lehrerfahrungen in Coimbra beruhen. Sie soll für 200 Jahre die Grundlage des jesuitischen Rhetorikunterrichts an den Gymnasien werden. Bereits 1560 hat Soarez in Coimbra ein Lehrbuch veröffentlicht: „De arte rhetorica libri tres: ex Aristotele, Cicerone & Quintiliano praecipue deprompti“. Die damit gegebene Nähe der katholischen Predigt zu der im Luthertum ist katholischerseits kein Hinderungsgrund, auf Cicero und Quintilian zurückzugreifen. Im Schulbereich, der bald eine Domäne der Jesuiten werden soll, liegen ohnehin die allgemeinen Ausbildungsziele nicht weit auseinander, weil etwa in Deutschland die Landesherren ähnliche Anforderungen an die Absolventen ihrer Schulen stellen wie die Jesuiten. In die Ausbildungspläne gehen auch Vorstellungen mit ein, die aus Luthers Schulplänen resultieren. Kanzel und Schule sind seit jeher mehrfach miteinander verbunden, sowohl auf evangelischer als auch auf katholischer Seite. Luther sieht in der Predigt den Ort, um zu lehren und zu ermahnen. Schülergottesdienste finden auch während der Woche statt.

Auf bischöflicher Seite bemüht man sich ebenfalls um die Predigt, nachdem das Konzil von Trient sie allen Bischöfen und Priestern zur Pflicht gemacht hatte.

Die europäische Landkarte der Predigt ist am Ende des 16. Jahrhunderts geteilt entsprechend den Konfessionen, aber in Bezug auf die Gestalt der Predigt weniger tief gespalten als in dogmatischer Hinsicht. Schrift und/oder Katechismus bestimmen den Inhalt. Dogmatische Streitigkeiten zwischen den verschiedenen Konfessionen gewinnen im Zeitalter der heraufziehenden Orthodoxie zunehmend an Bedeutung. Sie nehmen Einfluss auf die Predigt, sowohl inhaltlich als auch formal.

In *Italien* macht sich der Mailänder Erzbischof Karl Borromaeus (1587) theoretisch und praktisch um die Predigt verdient. Er versammelt einen Kreis von Homileten um sich. Sie lehren die ciceronianische Rede wegen deren Neigung zu sprachlicher Eleganz. Sie wenden sich mit einfachen Worten an das Herz der Gläubigen. Borromaeus gründet eigens eine Akademie zur Ausbildung von Predigern.

In *Deutschland* ragt Mainz mit seiner Kanzel im Dom als Predigtstätte heraus. Hier predigen u.a. Friedrich Nausea (1552), der spätere Bischof von Wien, Johann Ferus (1554), Michael Heiding (1561). Die Bibel wird in Predigten ausgelegt. Ein Humanismus, geprägt durch Erasmus, kommt etwa bei Heiding hinzu. Einzelne katholische Prediger stellen eigene Postillen den evangelischen entgegen. Johannes Eck (1543) legt mit seinem „Homiliarius contra sectas“ eine mehrbändige christliche Auslegung der Sonntagsevangelien sowie fünf Bände deutscher Predigten vor. Martin Eisengrein (1578) publiziert eine „Postilla catholica“ und zahlreiche weitere Predigten unter kontrovers-theologischen Gesichtspunkten. Zur Blüte kommen alle diese katholischen Bemühungen erst später, etwa im Frankreich des 17. Jahrhunderts. Predigtpraxis und -theorie sind für diese Zeit katholischerseits unvergleichlich besser erforscht als die Predigt des 16. Jahrhunderts.

10.7 Am Ende des 16. Jahrhunderts

Die Predigtarbeit geht nahtlos vom 16. ins 17. Jahrhundert über. Die Reform der Predigt ist evangelischer- und katholischerseits als Aufgabe gestellt und bleibt in dem ihr vorgegebenen Rahmen. Inhalt und Form bleiben, wie sie im 16. Jahrhundert entwickelt wurden.

10.8 Schleiermachers Homiletik anhand seiner „Reden" als „Mitteilung des zum Gedanken gewordenen Selbstbewusstseins"

Schleiermachers „Reden" und Predigten hatten für die Homiletik des 19. Jahrhundert in Deutschland und zum Teil darüber hinaus grundlegenden Charakter. In jüngerer Zeit gewannen sie erneut Bedeutung.[591]

10.8.1 Das Anliegen Schleiermachers

> Es mag ein unerwartetes Unternehmen sein, und Ihr mögt Euch billig darüber wundern, dass jemand gerade von denen, welche sich über das Gemeine erhoben haben, und von der Weisheit des Jahrhunderts durchdrungen sind, Gehör verlangen kann für einen, von ihnen so ganz vernachlässigten Gegenstand[592].

Mit diesem Satz beginnt Friedrich Schleiermacher sein gerade noch vor Ende des 18. Jahrhunderts, nämlich 1799, veröffentlichtes Buch „Über die Religion – Reden an die Gebildeten unter ihren Verächtern". Es erregte bei seinem Erscheinen höchstes Aufsehen und ist wohl nach wie vor einzigartig. Als es erscheint, geht das Jahrhundert zu Ende, das die geistige Welt durch die Aufklärung und diese durch die beginnende Romantik erschüttert, das die politische Welt durch die amerikanische und französische Revolution in ihren Grundlagen erbeben und durch Napoleon in Europa neugestalten lässt. An allen diesen Erschütterungen war die Religion, die christliche, beteiligt und selbst oft Ziel von Kritik.
Wenn Schleiermacher selbst sein Vorhaben „ein unerwartetes Unternehmen" nennt, spielt er dieses in seiner Absicht mehr herunter, als dass er es treffend beschreibt[593]. Er wendet sich an die Kritiker der Religion, gerade an sie, um für die Religion zu werben, Gehör „für einen von ihnen so ganz vernachlässigten Gegenstand" zu verlangen.

Der zitierten Eröffnung des Buches gehen kein die Absicht des Autors darlegendes Vorwort und keine Einleitung voraus, die unter einer so titulierten

---

591 Vgl. Hans-Walter Schütte, in: Ulrich Barth, Gott im Selbstbewußtsein der Moderne, Hans-Walter Schütte zum 1. November 1992, Gütersloh 1993
Wilhelm Gräb, Predigt als Mitteilung des Glaubens. Studien zu einer prinzipiellen Homiletik in Praktischer Absicht. Gütersloh 1988.
Falk Wagner, Schleiermachers Dialektik. Eine kritische Interpretation. Gütersloh 1974

592 Friedrich Daniel Ernst Schleiermacher, Über die Religion. Reden an die Gebildeten unter ihren Verächtern, Berlin 1799, S. 1.

593 Nur ein Jahr später, 1800, lässt er seinem Buch ein weiteres folgen, das wiederum einen ungewöhnlichen, aber in der Tradition des ersten stehenden Titel trägt, „Monologen": Friedrich Daniel Ernst Schleiermacher, Monologen. Eine Neujahrsgabe, Berlin 1800.

Überschrift stehen. Die erste Rede kann zwar von ihrem Ziel her als Einleitung gelten, und der erste Satz bestätigt diese Annahme. Dafür spricht auch ihre Länge. Die folgende Rede ist fast dreimal so lang wie die erste. Doch die dritte ist nur unwesentlich länger, im Gegensatz zur vierten und fünften. Über die Länge der „Reden" ist darum nur bedingt etwas über das Ziel der ganzen Unternehmung Schleiermachers auszumachen.

Dem Inhalt der Eingangsrede gibt der Autor die Überschrift „Apologie". Er charakterisiert damit seine Absicht. Dazu hat er Grund, wenn er dem Leser gleich im ersten Satz zugesteht, dass er sich „billig", d.h. mit Recht, über das Vorhaben „wundern" mag. Ein derartiges Verfahren, das ein festes Ziel verfolgt und zugleich konzediert, dass es ungewöhnlich ist, sich dieses Ziel zu setzen, mag in der Tat als Verteidigung, als „Apologie" gelten. Wegen derselben Intention und eines vergleichbaren Vorgehens erhielten frühchristliche Autoren wie Justin[594] und andere den Beinamen „Apologeten".

Ob Schleiermacher allerdings unter Bezug auf sie seine erste Rede so nennt und damit seinem ganzen Vorhaben diese Absicht zugrunde legt, ist nicht eindeutig festzulegen, aber unwahrscheinlich. Seine Sprache nämlich will und soll ihn nicht verraten, wie er, wenn auch in einem anderen Zusammenhang, selbst bemerkt. Inhaltlich macht er wiederholt bei antiken Autoren Anleihen und spielt auf ihre Arbeiten an. Ähnlich gingen die Apologeten vor. Trotzdem sind Schleiermacher und sie auch inhaltlich voneinander getrennt.

Eher könnte der Gebrauch des Terminus „Apologie" auf die griechische Verwendung des Wortes hindeuten. Es meint den juristischen Vorgang der Verteidigung. Dieser seinerseits ist geprägt durch ein Bekräftigen. So bekräftigt ein Verkäufer den Kauf, um den Käufer vor Ansprüchen Dritter zu schützen. Der Bekräftigung dient der Eid[595]. Apologie und Bekräftigung können, nebeneinandertretend, in einem Atemzug genannt werden. Auch das Neue Testament gibt dafür ein Beispiel. Paulus schreibt an die Philipper, dass er in seiner Gefangenschaft das Evangelium bekräftige und verteidige[596].

Ein solches Verfahren ist nicht verwunderlich, weil es der Logik der Sache entspricht. Ein Angeklagter, der sich verteidigt, bekräftigt die Wahrheit durch seine Aussage. Da diese gegen jene der Anklage steht, geschieht die Bekräftigung der Wahrheit unmittelbar durch seine Aussagen. Ebenso geht Schleiermacher vor, und er tut es mit Konsequenz. Er spricht hier, durch alle fünf Reden hindurch, in der 1. Person singularis. Er verweist auf sich, tritt mit seiner Person für das Gesagte ein und steht zu ihm. Dem korrespondierend redet er seine Leser direkt in der 2. Person pluralis an. „Ihr" schreibt er durchgehend. D.h. nicht anonyme Leser sind gemeint. Der gewählte Rahmen der Verteidigung wird somit quasi unter der Hand gesprengt, die Schrift selbst wird zu einer Verteidigung.

594 Um 163/67 in Rom enthauptet.

595 Vgl. Hebr. 6,16.

596 Phil. 1,7; vgl. dazu Heinrich Schlier, Art. „βέβαιος„, in: ThWNT. 1, S. 603, 9ff.

Diese Verteidigung geht weiter, als dass sie z.B. auf eine bloße Entschuldigung des Autors hinausliefe. Wenn Schleiermacher dies beabsichtigte, könnte er ohnehin schweigen, er brauchte sich möglicher Kritik nicht zu stellen. Sein weiter gehendes Ziel zeigt die Wahl des Wortes „Rede" als Gliederungspunkt der fünf Teile wie als Untertitel des ganzen Buches. Rede zielt auf Bewegung, Veränderung. Anders als Dialektik und Dogmatik will die Rede nicht beschreiben, festhalten, sondern verändern. An die Verächter der Religion kann sich Schleiermacher um der Religion willen nur dann wenden, wenn er einen Meinungswechsel erzielen will. Diesem Ziel dient die antike Rhetorik, besonders die Rede in der Gestalt der Verteidigungsrede. Sie ist sogar das Muster, an dem die Antike die Redekunst, die Rhetorik, weitgehend entwickelt und in den entsprechenden Lehrbüchern darstellt, wobei sie bezeichnenderweise vom „genus judicale", der Gerichtsrede, spricht und die Verteidigungsrede meint. Der Verteidigungsrede entsprechend scheut sich Schleiermacher nicht, auch seinerseits zum Angriff überzugehen. Er benutzt dazu die Form der rhetorischen Frage, die anklagt, ohne einen Angeklagten zu bezeichnen. Er spricht über die Kirche und das Priestertum. Dabei fragt er u.a.: „*Wo ist die verschrieene wilde Bekehrungssucht zu einzelnen bestimmten Formen der Religion, und wo der schreckliche Wahlspruch: kein Heil außer uns?*"[597] Diese Rede schließt Schleiermacher, indem er die Verteidigung zur Offensive steigert: „*Habt Ihr etwas Erhabeneres gefunden in einem andern Gebiet des menschlichen Lebens oder in einer andern Schule der Weisheit, so theilt es mir mit: das Meinige habe ich Euch gegeben*"[598]. Der letzte Satz der Reden überhaupt lautet: „*... weigert Uns nicht, den Gott anzubeten, der in Euch sein wird*"[599]. Spricht sich in diesem Satz naturgemäß Schleiermachers Theologie aus, so ist er zugleich auch Rede, zum höchsten Effekt gesteigerte Rede. Der Redner nimmt sich selbst zurück. Er spricht nur noch von Weigerung, die unterbleiben möge. Diese Weigerung ihrerseits ist aber eine unmögliche Möglichkeit. Der Gott wird in denen sein, die sich nicht weigern sollen.
So ist das Ziel Schleiermachers kein geringeres, als den Verächtern der Religion vor Augen zu führen, dass ihre Verachtung, konsequent zu Ende gedacht, gar nicht realistisch ist. Er fordert sie darum auf, ihre Haltung aufzugeben. Er verwendet dafür direkt den Imperativ „Weigert uns nicht!" und lässt zugleich den Lesern eine Freiheit. „Weigert uns nicht", und nicht „Weigert euch nicht".

Diese Art zu reden und dieser Inhalt der Reden sind in Form und Gehalt eine Einladung. Als solche wird sie von seinen Zeitgenossen verstanden, wie das nachhaltig positive Echo zeigt. Eine andere Form und ein anderer Gehalt ist am Ende des Jahrhunderts der Aufklärung von aufgeklärten Religionsverächtern wohl auch nicht zu verstehen. Schleiermacher benutzt zugleich ihre Rede- und ihre Denkform, so dass sie direkt angesprochen sind und darum sogleich

---

[597] Schleiermacher, Reden, S. 187f.
[598] Ders., a.a.O., S. 234.
[599] Ders., a.a.O., S. 312.

begreifen, dass ihre Sache buchstäblich zur Sprache kommt. Das Ziel ist mit Bedacht gewählt.

10.8.2 Einladung als Aufforderung zur Teilnahme

Schleiermacher fordert in seinen Reden und in seinen Predigten zur Teilnahme auf bzw. will diese in seinen Predigten vor Christen, den „Gemeindepredigten", bekräftigen.

Er lädt in seinen Reden und Predigten ein. Weniger oder mehr will er nicht. Der Grund dafür ist sein Verständnis des Redens und Schreibens über den Glauben an Christus. Später, in der „Glaubenslehre", begründet er seine Auffassung. Glaube entsteht aus der „Verkündigung". Schleiermacher verweist auf die Schrift, wo „selbst öfter Beweisführungen erwähnt werden, deren sich die Zeugen des Evangeliums bedient haben, und doch wird nie behauptet, dass der Glaube aus der Beweisführung entstanden sei, sondern aus der Verkündigung"[600]. Das „Wesen aller unmittelbaren christlichen Verkündigung" selbst hat darin bestanden, dass sie „sich immer nur als Zeugnis gestalten kann; Zeugnis von der eigenen Erfahrung, welches die Lust in anderen erregen sollte, dieselbe Erfahrung auch zu machen"[601].

Damit sind klar die Grenzen zu den verschiedenen Formen christlichen Denkens, Sprechens und Schreibens gezogen. Am weitesten reichen die der Verkündigung, aber auch sie ist begrenzt, nämlich durch den anderen. Er wird letztlich nur eingeladen, die „Erfahrung" des Redenden „auch zu machen". Dies setzt ein Zugehen auf den anderen voraus, das seinerseits ein Bemühen um den anderen, sein Denken, Fühlen, Sprechen und Schreiben zur Voraussetzung hat. Weiter geht die Einladung nicht. Sie läuft allenfalls auf eine Teilnahme hinaus, aber diese schließt eine Teilnahme auch an der vorhandenen Freude der Hörer nicht ein. Die Mitteilung des Predigers im Sinne Schleiermachers enthält nur dessen Einladung an die Hörer zu den „Bewusstseinszuständen" des christlichen Glaubens. Diesen Vorgang beschreibt Schleiermacher in seinen Darlegungen über den Gottesdienst. Ihnen zufolge werden „die Bewusstseinszustände des christlichen Lebens durch die Predigt der Gemeinde vorgestellt und vermittelt"[602].

---

600 Friedrich Schleiermacher, Der christliche Glaube nach den Grundsätzen der evangelischen Kirche im Zusammenhange dargestellt, 7. Aufl., auf Grund der zweiten Aufl. und krit. Prüfung des Textes hrg. und mit einer Einleitung, Erläuterungen und Register versehen von Martin Redeker, 2 Bde., Berlin 1960, hier: Bd. 1, § 14, S. 97.

601 Friedrich Schleiermacher , Der christliche Glaube, a.a.O., S. 96.

602 Friedrich Wintzer, a.a.O., S. 18.

Mitteilung in diesem Sinn meint also die Weitergabe durch ein Zugehen auf die Hörer[603], mehr aber nicht. Auf andere zuzugehen, ist noch kein Teilen mit ihnen. Teilnahme ist zwar an einer Gemeinschaft möglich, aber dort dann mit den anderen zu teilen, ist ein weiterer Schritt. Die Gemeinschaft, um die es in Gottesdienst und Predigt geht, ist, paulinisch gesprochen, eine, die aus „vielen" besteht, die „ein Leib in Christo, ... untereinander einer des anderen Glied sind" (Röm. 12,5). Entsprechend schreibt Paulus: „Wir sind durch einen Geist alle zu einem Leib getauft" (1.Kor. 12,13)[604].

10.8.3 Zusammenfassung der Homiletik Schleiermachers und deren Kritik

Der Anlass für Schleiermachers Überlegungen sind Aufklärung und Säkularisierung sowie die aus ihr resultierende Religionskritik. Seine homiletische Antwort sind Reden, die ihrerseits Mitteilungen sein wollen – "Mitteilung des zum Gedanken gewordenen frommen Selbstbewußtseins", wie Schleiermacher später die Predigt definiert. In den "Reden" spricht er von der Religion, deren "Wesen" für ihn "weder Denken noch Handeln, sondern Anschauung und Gefühl" ist. Dieses präzisiert er als "*Anschauen des Universums*" [605] und unterstreicht die Bedeutung, die er der Anschauung beimisst: "*Anschauen des Universums, ich bitte befreundet Euch mit diesem Begriff, er ist der Angel meiner ganzen Rede*"[606]. Wie ist diese Lösung heute zu bewerten? Ist ihr zu zustimmen, ist sie überholt?

Die homiletische Antwort auf die Probleme des ausgehenden 18. Jahrhunderts wird im 20. Und 21.noch diskutiert und zum Teil als Lösung für heutige Probleme empfohlen. Sie ist in der Tat faszinierend. Schleiermacher sucht nach einer Antwort, findet sie und setzt sie mit Engagement, Mut und Eleganz um. Darum kann sie noch immer begeistern, ganz besonders in einer Situation, in

---

603 Vgl. auch die weiteren Ausführungen Schleiermachers zum Gottesdienst, wo es u.a. heißt: „Der Zweck des Cultus ist die darstellende Mitteilung des stärker erregten religiösen Bewusstseins. Was hat nun der Geistliche hier zu tun? Im Wesentlichen hat er es mit der Sprache zu tun ..." Wenig später zieht Schleiermacher eine Verbindung zur Kunst. Sie „ist mitteilende Darstellung und darstellende Mitteilung" (Friedrich Schleiermacher, Die praktische Theologie, S. 75).

604 Vgl. auch These 3 der theologischen Erklärung von Barmen:
3. 'Lasset uns aber rechtschaffen sein in der Liebe und wachsen in allen Stücken an dem, der das Haupt ist, Christus, von welchem aus der ganze Leib zusammengefügt ist' (Eph. 4,15f.). Die christliche Kirche ist die Gemeinde von Brüdern, in welcher Jesus Christus in Wort und Sakrament durch den Heiligen Geist als der Herr gegenwärtig handelt.
(Die Barmer theologische Erklärung: Einführung und Dokumentation, hrg. v. Alfred Burgsmüller und Rudolf Weth, 5., bearb. und erg. Aufl., Neukirchen-Vluyn 1993).

605 Reden, S. 55.

606 Ebd.

der die Kirchen wiederum kritisiert werden, Menschen sich von der Kirche abwenden.

Ebenso kann Schleiermacher Homileten begeistern, weil er der Hermeneutik entscheidende Impulse gibt, und damit der Exegese. Diese will die biblischen Texte im Sinne der Hermeneutik historisch-kritisch bearbeiten, um sie zu verstehen. Deshalb wenden Prediger oft das, was sie in der Exegese gelernt haben, später in ihrer Predigtarbeit an. Bei Schleiermacher und dessen Hermeneutik finden sie die historische und kritische Arbeitsweise in einer noch immer beeindruckenden Art und Weise praktiziert. Allerdings lässt die Wirkung nach, nicht weniger auch die Plausibilität der historisch-kritischen Bibelauslegung[607].

Wie mitreißend Schleiermacher in seiner Hermeneutik sein kann, wird an Peter Szondi deutlich. Er ist Literaturwissenschaftler und beginnt seine Ausführungen zu Schleiermacher mit der Feststellung, dass Hermeneutik die Vermittlung von zwei Sprachstufen sei, die wegen des Alterns von Texten notwendig werde. Der Hermeneutiker setze dank seiner Sprachkenntnisse an die Stelle eines Wortes, das nicht mehr verstanden werde, ein neues. Hierbei gehe es schon seit den Tagen der Griechen, die Homer nicht mehr verstanden, zugleich um mehr als bloßes Verstehen. Es gehe um

> „die Intention, einen kanonischen Text, ..., aus seiner klassischen Entrücktheit hereinzuholen in die Gegenwart, um ihn als unvermindert gültigen, eben als kanonischen, auszuweisen“[608].

Szondi zeigt, darauf aufbauend, anhand der Arbeiten Schleiermachers, wie dieser die Hermeneutik, bislang üblicherweise auf die Geschichtlichkeit von Texten bezogen, auch auf das Individuum ausgeweitet habe. Er kommt zu dem Schluss:

> „Schleiermacher hat Verstehen als die Umkehrung des Redens aufgefaßt ... In der Umkehrung wird ... sowohl nach den Voraussetzungen und Bedingtheiten als auch

---

607 1992 werden in einem „Votum des Theologischen Ausschusses der Arnoldshainer Konferenz“ unter dem Titel „Das Buch Gottes“ verschiedene Zugänge zur Bibel aufgezeigt, insgesamt elf. Die historisch-kritische Methode ist nur eine von ihnen. (Arnoldshainer Konferenz/Theologischer Ausschuss, Das Buch Gottes. Elf Zugänge zur Bibel; ein Votum des Theologischen Ausschusses der Arnoldshainer Konferenz, Neukirchen-Vluyn 1992; 2. Aufl. 1993).
1994 startet eine von Erhard Domay herausgegebene Reihe von Predigthilfen einen „Versuch“. Die Veröffentlichung der bis dahin jährlich in einem Extraband erschienenen historisch-kritischen Exegesen wird eingestellt, statt dessen wird nun eine „Exegese von unten“ geboten, „Annäherungen an den Predigttext, die von Gemeindegliedern oder Gemeindegruppen erarbeitet und von Kolleginnen oder Kollegen zusammengefasst werden“ (Erhard Domay (Hrg.), Gottesdienstpraxis, Serie A, Gütersloh 1994, S. 7). Die folgenden Bände behalten die neue Methode bei. Eine Erklärung wird nicht gegeben; sie erscheint offensichtlich als nicht notwendig, weil die Methode und die so gewonnenen Ergebnisse überzeugen.

608 Peter Szondi, Schleiermachers Hermeneutik, heute, in: ders., Schriften, (Hrg.: Jean Bollack), Bd. 2: Essays, Frankfurt am Main 1978, S. 106.

> nach der Interdependenz der Fakten, nach ihrer Dialektik, gefragt. ... Hermeneutik, so verstanden, ist ein Instrument der Kritik"[609].

Diese Szondis Begeisterung für Schleiermachers Hermeneutik zeigende Darstellung legt deren Grenzen offen. Nicht nur Vergangenheit und Gegenwart oder Reden schaffen Probleme des Verstehens, denen eine historisch bzw. kritisch arbeitende Hermeneutik begegnen kann. Beispiele aus dem Alltag – und ihm begegnet die Predigt – illustrieren das. Gemeinschaften zerbrechen, weil Menschen sich nicht mehr verstehen. Früher haben sie sich vielleicht sogar gut verstanden und verstehen heute noch, dass sie sich einst verstanden haben, aber heute tun sie das nicht mehr. Abhilfe schaffen weder rückwärtsgewandte Überlegungen noch kritische Fragen zur Gegenwart, sondern ein Teilnehmen am Leid hier und Teilgeben am Evangelium. Ein solches Sich-nicht-mehr-Verstehen einschließlich eventuellem Verstehen des Nicht-Verstehens begegnet in Familien, Freundschaften, Kirchen, Parteien und anderswo[610].

Auch der biblische Befund zeigt, dass viele Texte mehr wollen, als verstanden zu werden. Dem klassischen Text zum Problem und zur Notwendigkeit des Verstehens, Act. 8,30f., stehen andere gegenüber, die Handeln fordern. Das Problem von Verstehen und Handeln wird thematisiert in der Perikope vom barmherzigen Samariter, die die Frage, wer mein Nächster sei, beantwortet, aber mit dem Imperativ zum Helfen schließt[611]. Der biblische Befund generell belegt, dass weniger Fragen des Verstehens das Alte und Neue Testament bewegen, es vielmehr oft um Handlungen, um Befreiung, Hilfe und Trost geht. Kurz gesagt, der Mensch mit seinem Leid und Freud ist das Thema. Paulus konzentriert seine Ausführungen in den Worten: „*Nun aber bleibt Glaube, Hoffnung, Liebe, diese drei; aber die Liebe ist die größte unter ihnen*"[612]. Die Liebe zu Gott und zu den Menschen fasst nach der jüdischen Tradition und der Aussage Jesu das alttestamentliche Gesetz zusammen[613]. Nur eine Mitteilung über die Liebe als zu verstehende verkürzt die Tragweite des biblischen Textes und ist darum zu wenig.

Welche Konsequenzen ergeben sich daraus für die Predigt von heute? Zunächst ist zur Situation zu sagen, dass die Schleiermachers am Ende des 18. Jahrhunderts eine ganz andere als die heutige ist. Die von Schleiermacher

---

609 Peter Szondi, a.a.O., S. 130.

610 Partnerschaften, Ehen können zerbrechen um einer anderen Frau bzw. eines anderen Mannes willen. Das Zerbrechen kann daran liegen, dass man sich auseinander gelebt hat oder dass sich andere Faktoren geändert haben, die die Basis der Partnerschaft, der Ehe bilden. Ein Grund, nur einer, kann das Wegfallen des früheren Verstehens sein. Die Bewältigung der daraus resultierenden Probleme für die Beteiligten selbst und andere kann nicht darin gesucht werden, das nunmehrige Nicht-Verstehen verstehen zu wollen. Das kann allenfalls ein Aspekt unter anderen sein. Darum hilft es Kindern in ihrem Schmerz über die Trennung von einem Elternteil wenig, wenn andere ihren Schmerz verstehen, aber mehr, wenn diese Kinder ihren Schmerz mit anderen teilen können.

611 Lk. 10,25-37.

612 1. Kor. 13,13.

613 Dt. 6,5; Lev. 19,18; Lk. 10,27.

gefundene Lösung für die Homiletik und die ganze praktische Theologie hat sich bereits zu seinen Lebzeiten überlebt. Er selbst erkennt diese Tatsache mindestens partiell. Spätestens die bald nach Napoleons Sturz einsetzende Restauration in Preußen und anderen europäischen Ländern bringt Religion und Kirche wieder nach oben. Kritik an Bibel und Theologie, sofern sie weiterhin geübt werden, lassen sich durch Schleiermachers Antwort nicht beeindrucken. Er selbst spricht 1811, zur Zeit Napoleons, von der „Praktischen Theologie" als „Technik" und charakterisiert sie weiter als „Krone des theologischen Studiums". Prädikation wird 1830 zugunsten der Bestimmung als Technik aufgegeben[614]. Die Wortwahl ist signifikant. Der technische Aufschwung, der schon zu Schleiermachers Lebzeiten beginnt, sich dann rasant entwickelt und die heutige Welt gestaltet, mag denkenden Menschen – und nicht nur ihnen – unheimlich erscheinen, aber er existiert und erfasst immer weitere Bereiche. Zahlreiche Menschen, junge und alte, verdanken heute der medizinischen Technik ihr Leben. Technik abschätzig zu bewerten, heißt nicht nur, sie zu verkennen, sondern meint auch den Verzicht, die durch sie bedingten Seiten des Lebens zu betrachten[615] und den Menschen in den so geschaffenen Situationen zu helfen[616]. Schließlich – und nicht zuletzt – schließt dieser Verzicht auch den auf gedankliche Durchdringung dieser Bereiche menschlichen Lebens und Handelns ein.

---

614 Kurze Darstellung des theologischen Studiums zum Beruf einleitender Vorlesungen, 1. Aufl. 1811; 2. Aufl. 1830; krit. Ausg. mit Einleitung und Register von Heinrich Scholz, Leipzig 1910, (Reprogr. Nachdr., Darmstadt 1993), S. 10.

615 Die Reichweite moderner Technik kommt nicht zuletzt im Alltag zum Tragen, der von A wie Auto bis Z wie Zahntechnik bestimmt ist.

616 Die Wirkungen des Verzichts lassen sich auch an der Postmoderne zeigen. Hans Ulrich Gumbrecht verweist auf das Erleben der Welt als einer, die sich am Ende des 20. Jahrhunderts ohne offene Zukunft darstellt. Überbevölkerung, Ende der Ressourcen etc. weisen auf ein Versagen menschlicher Handlungsmöglichkeiten hin (Hans Ulrich Gumbrecht, Die Postmoderne ist (eher) keine Epoche, in: Postmoderne – globale Differenz, hrg. v. Robert Weimann ..., Frankfurt am Main 1991, S. 367). Die daraus resultierende Situation beschreibt Gumbrecht an anderer Stelle mit einem Bild. „Es ist eben nicht bloß eine Text-Arabeske, dass Dante seinen kosmologischen Weg mit einem Führer gehen müsste – und nicht, wie ein Naturforscher, eigenen Berechnungen vertrauend" (Hans Ulrich Gumbrecht, Tod des Subjekts als Ekstase der Subjektivität, in: Postmoderne – globale Differenz, a.a.O., S. 307). Könnte, ja müsste nicht hier der Prediger führen?
Zur Postmoderne vgl. auch: Jacques Derrida, L´écriture et la différance, Paris 1967. Englisch: Writing and difference, Chicago 1978. Deutsch: Die Schrift und die Differenz, Frankfurt am Main 1972; 4. Aufl. 1989; ders., Marges de la philosophie, Paris 1972. Englisch: Margins of philosophy, Chicago 1986. Deutsch: Randgänge der Philosophie, Wien 1988. Ferner: Jonathan Culler, On Deconstruction. Theory and criticism after structuralism, London u.a. 1983; Manfred Frank, Was ist Neostrukturalismus?, Frankfurt am Main 1984. Albrecht Wellmer, Zur Dialektik von Moderne und Postmoderne. Vernunftkritik nach Adorno, Frankfurt am Main 1985; Barbara Vinken (Hrg.), Dekonstruktiver Feminismus. Literaturwissenschaft in Amerika, Frankfurt am Main 1992.

Aus der Perspektive des ausgehenden 21. Jahrhunderts ist darum kritisch zu fragen, ob eine Antwort auf ein über 200 Jahre altes Problem noch aktuell ist bzw. sein kann. Können Gefühl, Anschauung des Universums, Hermeneutik allein im Mittelpunkt stehen?

Vieles hat sich in der Zwischenzeit verändert. Allein in den letzten 40 Jahren sind Forschungsansätze, -methoden und dgl. andere geworden. Lehrbücher, nach denen die heute führende Forschergeneration lernte, sind überholt. Auch die Fragen sind neu. Sie zielen nicht auf Verstehen. Die Naturwissenschaften als die gegenwärtig das geistige und weitgehend das öffentliche Leben beherrschenden Wissenschaften erheben nicht den Anspruch, verstehen zu wollen. Sie möchten nur beschreiben. Heutige Probleme der Massengesellschaft sind im vorindustriellen Deutschland des 18. Jahrhunderts unbekannt.

Die heutige Exegese und mit ihr die Homiletik entziehen sich der Forderung der Gegenwart, indem sie ihr Vorgehen im Sinne einer verstehenden Hermeneutik begreifen und darin Schleiermacher folgen.

Im Hinblick auf die Predigt ist ferner auf Luther zu verweisen. Er, der Predigt als ein Lehren der Nicht-Wissenden und ein Ermahnen der Wissenden beschreibt[617], sagt in seiner sorgfältig auf der Wartburg erarbeiteten Weihnachtspredigt zu Lk. 2,1ff.:

> Das Weihnachtsevangelium ist so klar, daß es nicht vielen Auslegens bedarf, sondern es will wohl bedacht, angesehen und tief zu Herzen genommen sein[618].

Darum bietet Schleiermacher eine faszinierende Lösung für ein vergangenes Problem. Ihre Bedeutung für die Gegenwart liegt in ihrem Beispielcharakter. Sie ist ein Beispiel für ein engagiertes Suchen und erfolgreiches Finden einer Antwort auf ein damals aktuelles Problem[619]. Mit ihr geht Schleiermacher in seinem Handeln über seine eigene Reflexion hinaus. Die Predigt muss noch weitergehen und das Evangelium, Glaube, Hoffnung, Liebe zur Geltung bringen, daran den Menschen teilgeben und teilnehmen an deren Leid und Freud.

---

617 Vgl. Ulrich Nembach, Predigt des Evangeliums, a.a.O., S. 59.

618 WA 10, I,1, 62, 5f.

619 Inwieweit die Hermeneutik für die anderen theologischen Teilgebiete zur Beschreibung des ganzen Menschen, zur Adressierung an ihn und zur Darstellung seiner Position coram Deo zureichend ist, kann hier dahingestellt bleiben.

11 Ein kurzer Überblick über die Kanzelgeschichte

11.1 Chance: Kanzel

Die Kanzel ist Ausdruck der Gemeinschaft von Hörenden und Predigenden. Wenn heute gegenteilige Meinungen wie etwa die zu hören sind, dass die Kanzel dem Prediger eine Position verschafft, „von oben herab" auf die Gemeinde einzuwirken[620], so zeigt sich darin eine zur Zeit weit verbreitete Unkenntnis von der Funktion der Kanzel, dem Miteinander in einer Gemeinde und mit den Predigenden, vom Wesen der Predigt und einer Gemeinde, einschließlich deren finanziellen Möglichkeiten. Hörende und Sprechende brauchen Hör- und Blickkontakt. Das wissen bereits die Griechen und bauen ihre Theater mit ansteigenden Sitzreihen, in der Form des Amphitheaters. Moderne Theater behalten diese Form bei, entwickeln sie weiter[621]. Solch teure Bauformen können und/oder wollen sich kirchliche Gemeinschaften nicht leisten. Sie gehen den anderen, finanziell leichter zu realisierenden Weg, den der Kanzel.

Der Vorgang und die dabei verfolgten Intentionen zeigen sich in der Baugeschichte der Kirche, der geschichtlichen Entwicklung der Kanzel und den lebhaften Diskussionen unter Predigthörern um die Sichtbarkeit des Predigers während des Predigens. Sichtbaren Ausdruck finden diese Diskussionen, wie auch die um die Funktion der Kanzel als Ort der Verkündigung, in Darstellungen an den Kanzeln. Oft werden die Evangelisten gezeigt oder Bibelverse sorgfältig gemalt. Die Kunstgeschichte hat sich darum diese Arbeiten nicht entgehen lassen[622].

11.1.1 Die literarische Situation

Monographien zur homiletischen oder theologischen Darstellung von Kanzeln finden sich vergleichsweise selten, und wenn, dann umfassen sie meistens einen

---

620 „Die Bankreihen für die hörende Gemeinde orientieren sich auf die Kanzel, insbesondere die Kanzelwand hin. Der Abstand zwischen Gemeinde und Prediger wird anschaulich zum Ausdruck gebracht: als Prediger steht der Pfarrer weit über der Gemeinde" (Karl-Fritz Daiber, Predigt als religiöse Rede, S. 50). Hierauf ist im Zusammenhang der Pultkanzel noch einmal zurückzukommen.

621 Vgl. die Philharmonie in Berlin.

622 Sie werden oft in Kunst-, nicht nur in Stadtführern erwähnt.

Ausschnitt aus der 2000jährigen Geschichte der christlichen Predigt. Lexika wie RGG und TRE bieten zwar Gesamtdarstellungen, aber diese in Kurzform, und sie sind knapper gehalten als etwa die Darstellungen zum Kirchenbau oder zur Predigt. Die monographischen Ausführungen beschränken sich im Wesentlichen auf jeweils eine Frage, so die Arbeiten von Hartmut Mai oder von Peter Poscharsky. Der eine widmet sich dem evangelischen Kanzelaltar[623], der andere primär der protestantischen Kanzel bis zum Ende des Barocks[624].

11.1.2 Von den Anfängen der späteren Kanzel

Die ältesten Quellen, die des Neuen Testaments, berichten nur über die Verkündigung des Wortes. Die Darstellungen verschiedener Predigten in der Apostelgeschichte als Paradigmen christlichen Redens enthalten keinen Hinweis auf die Kanzel oder ähnliche Predigtstätten.

Jedoch kennen schon das 3. und 4. Jahrhundert den Ambo, der als erhöhter Platz in den Kirchen zur Verlesung der Schrift und bisweilen der Predigt dient. Der Ambo ist über Stufen zu erreichen. Er steht im Kirchenschiff oder an den Schranken des Altars. Im Laufe der Zeit wird der Ambo immer mehr ausgebaut und verziert, zum Teil kostbar geschmückt.

11.1.3 Kanzeln im Mittelalter

Im Mittelalter, gegen Ende des 12. Jahrhunderts, kommt eine neue Bauform innerhalb der Kirchen auf, der Lettner. Er ersetzt oft den Ambo und steht in Kathedral- und Ordenskirchen zwischen dem den Kapitel- bzw. Ordensangehörigen vorbehaltenen Chorraum und dem allen zugänglichen Teil einer Kirche. Verschiedene Bauformen sind überliefert. Gleich zwei unterschiedliche finden sich nebeneinander in einer Kirche, der Ost- und der Westlettner im Naumburger Dom. Der Lettner dient u.a. den Lesungen, zum Teil auch der Predigt. Er wird bisweilen auch Kanzel genannt.

Daneben setzt mit dem Aufkommen der Bettelorden eine neue Bewegung ein, in deren Verlauf nach einigen Vorstufen Kanzeln im heutigen Sinn errichtet werden. Da die Bettelorden zunächst keine eigenen Kirchen haben, predigen sie unter freiem Himmel. Ihre Kanzeln sind, wie es Bettelorden entspricht, einfach und, da ihre Ordensbrüder Wanderprediger sind, auch mobil. Die Kanzeln werden aus Holz hergestellt und haben die Form von Kästen, den sog. Predigtstühlen. Doch schon wenig später beginnen auch die Bettelorden eigene Kirchen

[623] Hartmut Mai, Der evangelische Kanzelaltar. Geschichte und Bedeutung, Halle/Saale 1969.

[624] Peter Poscharsky, Die Kanzel. Erscheinungsform im Protestantismus bis zum Ende des Barocks, Gütersloh 1963.

zu errichten. Sie bleiben dabei ihrem Auftrag zu predigen treu und bauen deshalb Kirchen, die in ihrer Konstruktion von denen der Kathedralen abweichen, nämlich Saalkirchen. In diese neuen Kirchen bauen sie die Kanzeln gleich ein, denn mit dem Verzicht auf die Wanderschaft ist auch die Notwendigkeit zur Mobilität von Kanzeln entfallen. Der Ort der Kanzel innerhalb der neuen Kirchen ist in der Regel an der südlichen Längsseite. Der Altar bleibt in der Mitte der schmalen Seiten, was dem Brauch in älteren Kirchen entspricht, wo er in deren Apsis steht[625].

11.1.4 Von der neuen Bedeutung der Kanzel im 16. Jahrhundert

Nach ersten Anfängen im 15. Jahrhundert nimmt im 16. der Kanzelbau zu. Zahlreiche Kirchen werden gebaut. In ältere Kirchen werden nachträglich Kanzeln eingebaut. Sie finden ihren Platz dort, wo sie in der Regel noch heute stehen, an Seiten oder Pfeilern. Die Kanzel ist jetzt über Stufen zu erreichen und somit gut sichtbar. Die sich bislang vereinzelt findenden Schalldeckel werden nun allgemein üblich[626].

Noch vor der Reformation beginnt in Sachsen ein Wandel im Kirchenbau, der sich auch auf den der Kanzeln auswirkt. Jetzt werden *Hallenkirchen* errichtet, damit wird ein neuer Typ von Kirchenbauten geschaffen. Hallenkirchen stellen, von ihrer Konstruktion her gesehen, bereits eine Konzentration auf das von ihren Erbauern für wesentlich Gehaltene dar. Dies ist nicht selten die Kanzel, die nun auch räumlich im Blickfeld hervorgehoben wird. Er ist gelegentlich als ebenbürtige deutsche Lösung gegenüber dem italienischen Renaissance-Kirchenbau verstanden worden.

Luther tritt für eine große Freiheit der Gemeinde bei ihrer Gestaltung des Gottesdienstes ein, zum Beispiel in seiner Reformschrift, der „Deutschen Messe" von 1526[627], und auch für eine des Gottesdienstraumes, so in seiner Predigt zur Einweihung der Schlosskirche in Torgau 1544[628]. Dennoch braucht der Gottesdienst einen festen Ort und eine feste Zeit[629], so dass die Nutzung, der Gottesdienst, im Vordergrund des Bauwerkes steht, weshalb großer Schmuck nicht unbedingt dazu gehören muss. Die tatsächliche Bau- und Nutzungspraxis

---

625 Vgl. dazu Peter Poscharsky, a.a.O., S. 16ff.

626 Siehe 1.7

627 WA 19, 72, 3-7.

628 WA 49, 588-614.

629 WA 593, 13ff.

bestätigt diese Auffassung, wie u.a. Hipp mit breitem Bezug auf Luther für zahlreiche Kirchenbauten nachgewiesen hat[630].

In reformierten Kirchen wird die Kanzel zum faktischen Mittelpunkt. Der Prediger geht bereits vor Beginn des Gottesdienstes auf die Kanzel und bleibt während dessen ganzer Dauer dort.

Die Aufstellung von Sitzbänken für die Laien wird generell entsprechend der Stellung der Kanzel gewählt, nämlich so, dass diese im Blickfeld der Hörer liegt. In reformierten Gemeinden kann die Konzentration auf die Kanzel so weit gehen, dass in einer schon bestehenden Kirche die Sitzreihen um die Kanzel herum aufgestellt werden, manchmal sogar ansteigen wie in einem Auditorium.

Später werden neue Kirchen von vornherein so gebaut, dass die Bänke um die Kanzel herum gruppiert sind[631].

11.1.5 Der Kanzelaltar, eine neue Form

Luthers Nachfolger schaffen zur Zeit der lutherischen Orthoxie eine neue Form für die Kanzel, den „Kanzelaltar“. Der Begriff ist eine weitgehende Abstraktion, die auf eine Darstellung der Konkretionen in einzelnen Kanzeln verzichtet[632]. Diese sind dadurch gekennzeichnet, dass Kanzel und Altar in einer Achse angeordnet sind, wobei die Kanzel über, hinter oder vor dem Altar stehen kann[633]. Es fällt auf, dass der Kanzelaltar der lutherischen Orthodoxie auch in reformierten Kirchen bis in die Gegenwart hinein eingebaut wird. Kritik an der Bauweise des Kanzelaltars wird sehr massiv geübt vom „Eisenacher Regulativ für den evangelischen Kichenbau“ von 1861[634].

---

630 Hermann Hipp, Studien zur 'Nachgotik' des 16. und 17. Jahrhunderts in Deutschland, Böhmen, Österreich und der Schweiz, 3 Bde., Tübingen 1979, vgl. besonders Bd. 1, S. 434ff.

631 Vgl. Die Kirche der *Evangelisch-reformierten Kirche* in Göttingen. (https://de.wikipedia.org/wiki/Datei:G%C3%B6ttingen_Evangelisch-reformierte_Kirche_003.JPG 27.5.2018)

632 Der Begriff wird erst spät geprägt, gegen Ende des 19. Jahrhunderts, und setzt sich erst allmählich im 20. durch (Mai, a.a.O., S. 10).

633 Die Vielfalt der dabei möglichen Varianten ist wesentlich größer als erste Vermutungen ahnen lassen. Mai (a.a.O.) versucht deshalb, sie zu ordnen, indem er einmal systematisierend von zwei „Typengruppen“ spricht und anschließend Kanzelaltäre landschaftlich, später noch einmal zeitlich geordnet vorstellt. Dieses komplizierte Verfahren zeigt die Schwierigkeiten, die aus der Vielfalt resultieren, bietet aber anderseits den Vorteil, die variantenreiche Verbreitung des Kanzelaltars deutlich werden zu lassen. Typ I im Sinne Mais sind Kanzelaltäre, die aus Altären hervorgegangen sind, die keinen Aufbau besaßen. Bei Typ II geht das Ensemble Altar und Kanzel auf die Verbindung der Kanzel mit dem Altaraufsatz oder dessen Rückwand zurück.

634 Abgedruckt bei Wolfgang Herbst (Hrg.), Evangelischer Gottesdienst. Quellen zu seiner Geschichte, 2., völlig neubearb. Aufl., Göttingen 1992, S. 209-212.

11.1.6 Neue Aspekte, Kanzeln in der jüngeren Vergangenheit und der Gegenwart

Die jüngere Vergangenheit und die Gegenwart stellen die Frage, wo und wie Kanzeln zu errichten sind, noch einmal neu. Das Problem stellt sich in Deutschland nach 1945, und hier gleich doppelt, als nämlich erstens die Frage des Wiederaufbaus von Kirchen zu beantworten ist und zweitens die nach dem Neubau für die zahlreichen Flüchtlinge und Vertriebenen. Die Kanzel erhält nun immer häufiger die Gestalt eines Pultes. Altar und Kanzel stehen gemeinsam auf einem durch eine oder mehrere Stufen erhöhten Podest, sind aber getrennt. Der Altar befindet sich in der Mitte der Kurzseite und die Kanzel meistens seitlich neben diesem, etwas nach vorn zur Gemeinde hingerückt. Ebenfalls neben dem Altar, aber auf dessen anderer Seite, steht ein auch nach vorn zur Gemeinde gerücktes Pult[635]. Es wird für Lesungen und Abkündigungen benutzt. Das Aufstellen zweier Pulte neben dem Altar führt gegebenenfalls zu einer Einmann-Show an drei Mikrofonen.

[635] Das Kanzelpult unterscheidet sich von dem für die Lesungen vorgesehenen in der Regel dadurch, dass es größer ist und eventuell einen Schmuck trägt. Schalldeckel entfallen, weil Lautsprecheranlagen die gesprochenen Worte überall in der Kirche gut verstehen lassen.

11.1.7 Aufstellungsorte von Kanzeln

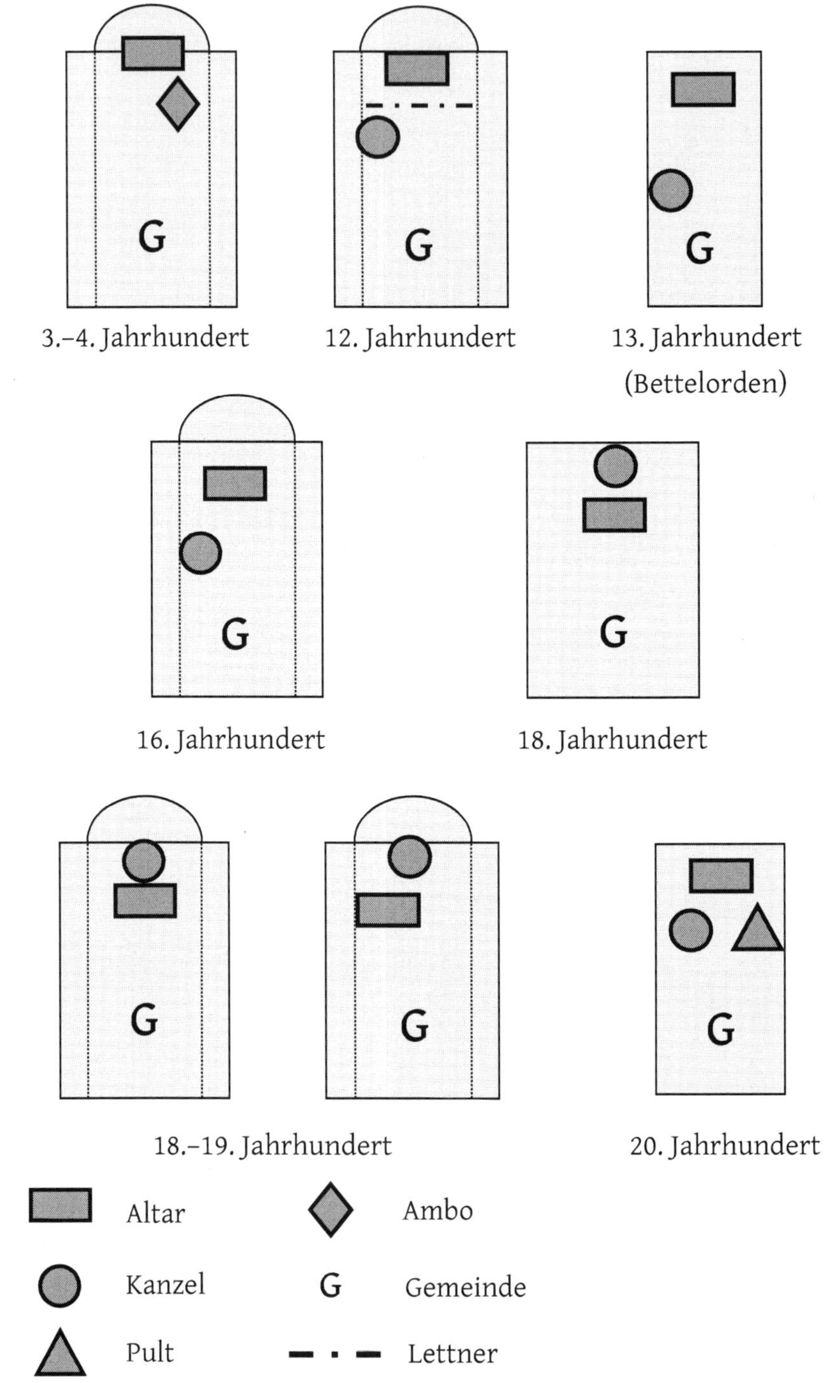

11.2 Unterschiedliche Interpretationen der Kanzelgeschichte

Im Überblick über die Geschichte der Kanzel sind zwei Dinge auffällig, nämlich: 1. das Fehlen einer Betonung der Predigt und 2., statt ihrer, die Forderung nach „Sichtbarkeit" der Kanzel.

11.2.1 Von der Relation zwischen der Stellung der Kanzel und der Bedeutung der Predigt

Poscharsky vertritt die Meinung, dass die Stellung der Kanzel im Kirchenraum der Stellung und Bedeutung der Predigt im Gottesdienst entspreche[636]. Nun zeigt sich aber, dass die Kanzel im Laufe der Geschichte verschiedene Positionen innerhalb des Kirchenraums einnahm. Das müsste als logische Konsequenz der Meinung Poscharskys zur Folge haben, dass auch der Predigt im Laufe der Geschichte verschiedene Bedeutungen zukommen. Das ist sicherlich insoweit richtig, als die Predigt im Laufe der Zeit verschiedene Formen annimmt, unterschiedlich lange dauert, sich nicht immer gleich hoher Wertschätzung erfreut, aber die Frage ist, ob die unterschiedliche Stellung der Kanzel mit den differierenden Bedeutungen der Predigt parallel einhergeht und, wenn ja, inwiefern. Poscharsky sagt dazu nichts. Er sieht nicht einmal das Problem.

11.2.2 Die Forderung nach der Sichtbarkeit der Kanzel

In reformatorischen Gottesdiensten mit ihrer Betonung des Wortes dürfte eigentlich die Sichtbarkeit der Kanzel kein, höchstens ein zweitrangiges Thema sein. Geschichtlich gesehen, ist aber das Gegenteil der Fall. Selbst theologische Voten zum Kirchenbau betonen die Notwendigkeit der Sichtbarkeit der Kanzel und verstärken diesen Aspekt gewissermaßen unfreiwillig, wenn nämlich bewusst gegensätzliche Voten gemeinsam die gute Sichtbarkeit der Kanzel unterstreichen, wie es in zwei Voten aus den Jahren 1861 und 1891 der Fall ist.

Das Eisenacher Regulativ von 1861 lehnt den Kanzelaltar kategorisch ab, fordert aber den freien Blick auf den Prediger, wehrt sich gegen den Bau von Emporen, die die Sicht verbauen[637], und verlangt, für die Gemeinde solche Kirchenstühle zu installieren, „daß von ihnen aus Altar und Kanzel zugleich

---

636 Peter Poscharsky, Die Kanzel, S. 9 und S. 295.

637 Art. 10 des Regulativs.

während des ganzen Gottesdienstes gesehen werden können“[638]. Das sich gegen das Regulativ wendende, sprachlich kurz gefasste Wiesbadener Programm[639] von 1891 ist sich in Bezug auf die Kanzelsichtbarkeit mit dem Regulativ einig, lediglich in Bezug auf die Zuordnung von Altar und Kanzel nicht, insofern als das Wiesbadener Programm sich für den vom Regulativ abgelehnten Kanzelaltar einsetzt. Die wieder ausführlich formulierten Rummelsberger Richtlinien[640] halten u.a. zur Kanzel für die lutherischen Kirchen fest: „Zur Wortverkündigung ist eine Kanzel erforderlich, die sich klar aus dem Raum herausheben muss ... Auf gute Hörsamkeit und Sichtbarkeit ist besonders zu achten.“ Für die Reformierten schreiben sie, noch weitergehend, vor: „Die Kanzel muß von allen Plätzen der Kirche aus gut zu sehen zu sein.“

Da Richtlinien für den Kirchenbau die *Sichtbarkeit* der Kanzel herausstellen, ist nach den Gründen dafür zu fragen.

11.2.3 Die Sichtbarkeit der Kanzel und die theologische Deutung des Kanzelaltars durch Hartmut Mai

Mai gibt eine theologische Erklärung des Kanzelaltars, vielleicht auch eine – sei es direkt, sei es indirekt – theologische für die Forderung nach guter Sichtbarkeit der Kanzel. Mai geht von der lutherischen Orthodoxie aus, stützt sich auf die CA und Luthers Schriften. Er zitiert wörtlich den Abschnitt der von Luther verfassten Schmalkaldischen Artikel zum Evangelium[641], in dem es u.a. heißt: „Wir wollen nu wieder zum Evangelio kommen, ... ; denn Gott ist reich in seiner Gnade: erstlich durchs mundlich Wort, ..., zum andern durch die Taufe, zum dritten durchs heilig Sakrament des Altars, zum vierden durch die Kraft der Schlussel und auch per mutuum colloquium et consolationem fratrum, ...“. Diese Worte interpretiert Mai augustinisch; das Sakrament wird verstanden als „verbum visibile“ und die Predigt als „viva vox evangelii“, „in der Gott selbst zu den Menschen redet“[642]. Diese Zweiteilung vertieft Mai anschließend mit Hilfe von CA XIII und deren Sakramentsverständnis. So kommt er zu einer „Polarität des Gottesdienstes“ und stellt schließlich fest: „Grundsätzlich lag im theologischen Ansatz der lutherischen Reformation die Frage nach dem Sinn von Kanzel und Altar und ihrem gegenseitigen Verhältnis beschlossen.“ Dieses grundsätzliche Problem ist so tiefgreifend, dass Mai in seinen Ausführungen fortfährt: „So ist es kein Wunder, dass dieses Problem, nachdem es in seiner Tragweite einmal voll bewusst geworden war, bis zum heutigen Tage nicht zur Ruhe gekommen

---

638 Art. 14 des Regulativs.
639 Abgedruckt bei Herbst, a.a.O. S. 213.
640 Abgedruckt bei Herbst, a.a.O., S. 253 und 256.
641 Bekenntnisschriften der evangelisch-lutherischen Kirche, S. 499.
642 Mai, a.a.O., S. 149.

ist"[643]. Mai schließt deshalb seine Ausführungen mit einer knappen Zusammenfassung, die drei Bewertungen enthält:

> Die alte praktische Forderung nach der guten Sicht- und Hörbarkeit des Geistlichen am Altar und auf der Kanzel, der der Kanzelaltar meistens so ausgezeichnet entsprochen hat, wird in jedem Falle erfüllt werden müssen. Der Kanzelaltar ist die eigenschöpferische Erfindung innerhalb des evangelischen Kirchenbaus und so der bedeutendste Beitrag des Protestantismus zur Kunstgeschichte. Seine Gestalt ist ein Bekenntnis zur immerwährenden Geltung des Evangelims.[644]

Diese Argumentation erscheint gut reformatorisch, in sich schlüssig und durch die Geschichte belegt, also überzeugend zu sein, dennoch bleiben Zweifel.

Da ist zum einen die Tatsache, dass die Gegner des Kanzelaltars, etwa die Verfasser des Eisenacher Regulativs, sich ebenfalls als Protestanten und Bekenner des Evangeliums verstehen. Zum anderen ist darauf hinzuweisen, dass schon vor der Reformation Augustin das verbum als visibile und invisibile bezeichnete und, dass im Mittelalter Kanzeln üblich waren, die wegen ihrer Höhe den Prediger für die Umstehenden sichtbar machten. Eine Darstellung der „Legenda maior" der heiligen Hedwig aus dem Jahre 1353 zeigt Papst Clemens VI., auf einem Predigtstuhl stehend, und um ihn herum Geistliche und andere Würdenträger. Der Papst überragt sie alle dank des Predigtstuhles, so dass auch die ihn sehen können, die nicht in der ersten Reihe stehen[645].

Mais Ausführungen können somit nur insoweit Geltung beanspruchen, wenn der Kanzelaltar als „*ein* Bekenntnis", d.h. eines unter anderen, „zur immerwährenden Geltung des Evangeliums"[646] verstanden wird. Damit relativieren sich zugleich die Ausführungen Mais als theologische Erklärung der Frage nach den Gründen für die durch die Geschichte sich konstant hindurchziehende Forderung nach guter Sichtbarkeit der Kanzel und – könnte hinzugefügt werden – der Tatsache des Kanzelschmuckes, der so artifiziell und umfangreich ist, dass er der Kunstgeschichte ein weites Betätigungsfeld bietet.

Die Relativierung der Erklärung Mais ist von nicht zu unterschätzender Tragweite. Sie ist wegen ihrer Verankerung in augustinischen, lutherischen und bekenntnisschriftlichen Ausführungen theologisch wohlbegründet. Wenn sie folglich zur Erklärung des Faktums, dass Sichtbarkeit gewünscht wird, nicht ausreicht, muss der Grund außerhalb des bisherigen Erklärungspotentials gesucht werden. Dieses besteht nach Poscharsky in der Predigt und nach Mai im besonderen Verständnis von Predigt und Sakrament und deren protestantischer Zuordnung zueinander. Allein das Hören auf die Predigt reicht zur Erklärung nicht aus, weil hören und sehen verschieden sind und das Hören neben dem Sehen etwa mit der Forderung nach einem Schalldeckel ebenfalls thematisiert

643 Mai, a.a.O., S. 150f.
644 Mai, a.a.O., S. 202.
645 Peter Poscharsky, Art. „Kanzel", in: TRE 17, Berlin u.a. 1988, S. 599-604, Taf. 1, Abb. 1.
646 Mai, a.a.O., S. 202.

wird. Aus dieser Bilanz bisheriger Deutungsversuche ergibt sich, dass die Erklärung für die Forderung nach der Sichtbarkeit der Kanzel woanders als dort zu finden sein dürfte, wo sie bisher gesucht worden ist.

11.2.4 Die Forderung nach der Sichtbarkeit der Kanzel in unterschiedlichen Richtlinien zum Kirchenbau

Als Möglichkeit, nach neuen Erklärungmöglichkeiten zu suchen, bieten sich die Richtlinien für den Kirchenbau an. Sie auf eine Erklärung hin zu befragen, entspricht guter evangelischer Tradition, nämlich von einem Text auszugehen.

„Die Kanzel muß von allen Plätzen der Kirche aus gut zu sehen sein ...", verlangen die Rummelsberger Richtlinien für den Kirchenbau von 1951 als besonderes Anliegen für den Bau reformierter Kirchen[647], ähnliches für den lutherischer[648]. Diese Forderung nach Sichtbarkeit der Kanzel schließt zugleich weitere Bestimmungen ein: die Blickrichtung, den Standard der Sehqualität in dieser Richtung und die Mindesthöhe, die allerdings auch nicht nach oben überschritten werden soll.

Theoretisch denkbar wäre, die Forderung nach Sichtbarkeit aus der umgekehrten Richtung heraus zu stellen: der Prediger müsse alle in der Kirche Anwesenden gut sehen können. Das wird aber nicht gesagt. Ebenso ist die gewählte Formulierung nicht das Ergebnis eines Zufalls, denn wenig später heißt es in den Rummelsberger Richtlinien: Die Kanzel „soll nicht höher angebracht werden, als es nötig ist, um den Prediger der ganzen Gemeinde sichtbar zu machen". Ähnlich, zum Teil sogar mit denselben Worten, hat das Eisenacher Regulativ 1861 die Sichtbarkeit gefordert und deren Richtung beschrieben[649], allerdings dieselben Forderungen zusätzlich für die Sichtbarkeit des Altars erhoben. Es ist also die Perspektive der Hörer in Bezug auf die Kanzel, die in den Forderungen der Richtlinien zum Ausdruck kommt.

Somit ist ein anthropologisches Argument bedeutsam für die Stellung der Kanzel. Die bisherige Beschreibung der Kanzel und deren Stellung hat dieses Faktum übersehen[650].

---

647 Abgedruckt bei Herbst, a.a.O., S. 256.

648 Abgedruckt bei Herbst, a.a.O., S. 253.

649 Art. 14 des Regulativs.

650 Die Anthropologie hat innerhalb der Theologie generell und speziell innerhalb der Praktischen Theologie in der letzten Zeit erheblich an Bedeutung gewonnen. Es legt sich deshalb nahe, auch unter diesem Gesichtspunkt – neben dem gerade entdeckten – die anthropologische Seite zu analysieren. Dabei werden sicherlich sozialpsychologische Phänomene eine Rolle spielen. Sie begegnen auch in anderen Bereichen, und dort ebenfalls mit erheblichem Gewicht. So legen Besucher von Konzerten Wert darauf, den Dirigenten und die Musiker zu sehen, obwohl das Hören eigentlich genügen müsste, wie der Erfolg der Medien Radio, Schallplatte usw. mehr als hinreichend belegt. Ja, angesichts dieser Medien

Die Hörer wollen die Kanzel sehen. Zu sehen bedeutet für den Menschen die Möglichkeit, etwas zu erfassen, hier: dem Prediger zu begegnen. Wie sehr das Sehen als Sinn für den Menschen Relevanz besitzt, lässt sich an dessen Erfahrungen und seinen Reaktionen darauf ablesen. Eine Erfahrung ist die des Verkehrs. Das visuelle Erfassen einer Information bringt diese dem Menschen nahe. Sprachlich drückt sich dieser Vorgang traditionell in den Worten aus: etwas in Augenschein zu *nehmen*. Das Gesehene ist dem Sehenden so nahe, dass er es „nehmen“ kann; es ist in seiner Reichweite. Die Forderung nach Sichtbarkeit der Kanzel ist also Ausdruck des Wunsches der Hörer nach Nähe zu der Kanzel, zum Prediger.

Damit ist aber die Rolle der Forderung nach guter Sichtbarkeit der Kanzel noch nicht erschöpft. Ein weiterer Aspekt kommt hinzu. Die Hörer haben sich mit ihrer Forderung durchgesetzt, und zwar durch die Jahrhunderte hindurch und über konfessionelle Grenzen hinweg. Wie ist dies möglich gewesen?

Ein denkbarer Grund ist eventuell bei den Redenden selbst zu suchen. Sie wollen selbst, so könnte ebenfalls sozialpsychologisch argumentiert werden, dass sie sichtbar sind, weil sie damit auch visuell im Mittelpunkt stehen. Das mag für manche Prediger wie auch für weltliche Redner zutreffen, aber andererseits lassen sich auch hierfür anhand der Geschichte zahlreiche Gegenbeispiele zitieren. So ließen und lassen sich immer wieder mächtige Herrscher in der Öffentlichkeit kaum, manchmal gar nicht sehen. Beispiele sind in der jüngeren Vergangenheit, aber auch etwa im 16. Jahrhundert zu finden. Karl V. und Philipp II., in deren Reich die Sonne nicht unterging, hielten sich von der Öffentlichkeit sogar sehr zurück. Wer sah in den großen Reichen der Antike Augustus oder Alexander? Die Realisierung des Wunsches nach Sichtbarkeit der Kanzel muss darum noch andere Gründe haben.

Plausibel ist ein ganz elementarer Grund. Beim Bau von Kirchen sind stets auch Laien beteiligt. Sie sind unentbehrlich, und dies gleich in mehrfacher Hinsicht, nämlich als Baumeister bereits für die Planung, als Handwerker für die Durchführung und als Künstler für die Ausgestaltung. Zwar ist der Text des Eisenacher Regulativs von dem Württemberger Oberkonsistorialrat und Oberhofprediger Karl von Grüneisen verfasst worden und auch das Wiesbadener Programm geht auf einen Theologen, den Pfarrer E. Veesenmeyer, zurück, aber auch sie können aus den genannten praktischen Gründen nicht auf Laien verzichten. Die Rummelsberger Richtlinien nennen die gemeinsame Arbeit direkt beim Namen, wenn sie gleich in der Einleitung festhalten: „Der Evangelische Kirchenbautag, in dem Theologen und Baufachleute gemeinsam um die Lösung der Fragen bemüht sind, die sich aus der heutigen Bauaufgabe der Kirche ergeben“[651].

---

und ihres erheblichen Umsatzes ist es erstaunlich, dass noch heute Live-Konzerte gefragt sind.

651 Abgedruckt bei Herbst, a.a.O., S. 251.

Es ist darum davon auszugehen, dass Laien als Predigthörer sich mit ihrem Wunsch nach Nähe durchgesetzt haben. Indem ihnen das gelingt, setzen sie letztlich ein Gemeindeverständnis durch, das entscheidend durch die Gemeinde bestimmt ist. Mag und muss die Unterscheidung zwischen Hörer- und Predigerschaft weiterbestehen und im Stehen der Predigenden auf der Kanzel sichtbaren Ausdruck finden, so sind es doch gerade die Hörer, die die Sichtbarkeit durchgesetzt haben. Diese Feststellung als Folgerung aus dem Dargelegten schließt ferner die Frage nach der Nähe von Hörern und Prediger, damit die nach dem Gemeindeverständnis, d.h. dem Verständnis von Gemeinschaft aller Beteiligten, ein.

11.2.5 Die Pultkanzel als Ausdruck der Nähe des Predigers zur Gemeinde

Die Pultkanzel wird literarisch nicht begründet und nur anmerkungsweise von den Rummelsberger Richtlinien gefordert. Der dort gebrauchte Ausdruck „amboartig" schließt die Pultkanzel zumindest mit ein.

Die in Frage stehende Anmerkung gibt zunächst weitere detaillierte Hinweise zur Kanzel und fügt dann den hier interessierenden Satz hinzu: „Es sollte in jedem Fall geprüft werden, ob die Kanzel nicht im Interesse einer engeren Verbindung des Predigers mit der hörenden Gemeinde amboartig gestaltet werden kann"[652]. Dieser Satz, der schon auf Grund seiner Stellung im Text und seiner Beziehungslosigkeit zur Gedankenführung von Exegeten vermutlich als sekundär ausgeschieden werden würde, gibt keine Begründung. Er ist in seiner Forderung zurückhaltend und sprachlich nicht überzeugend. „Es sollte" meint im Umgangsdeutsch eine dezente Aufforderung, deren dezenter Charakter jedoch zurückgenommen wird, wenn es im Text anschließend heißt: „... in jedem Fall geprüft werden". Andererseits bleibt die sprachliche Zurückhaltung des „Essollte" bestehen. Dieses Hin und Her kann, wenn es einen Sinn haben soll, nur bedeuten, dass die Verfasser der Richtlinien sich in dem Punkt der amboartigen Gestaltung der Kanzel mehr als unsicher waren.

Diese Unsicherheit ist inzwischen einer festen Überzeugung gewichen. Daiber verleiht ihr Ausdruck in Gestalt einer Kritik an der Geschichte der Bauweise hoher Kanzeln. Er schreibt, wie schon zitiert: „Die Bankreihen für die hörende Gemeinde orientieren sich auf die Kanzel, insbesondere die Kanzelwand hin. Der Abstand zwischen Gemeinde und Prediger wird anschaulich zum Ausdruck gebracht: als Prediger steht der Pfarrer weit über der Gemeinde."[653]

---

652 Abgedruckt bei Herbst, a.a.O., S. 253, Anm. 3.

653 Karl-Fritz Daiber, Predigt als religiöse Rede, S. 50.

Diese spitze Bemerkung ohne Bezug zur Geschichte des Kanzelbaus konterkariert die hinter ihr stehende Idee, nämlich die von der richtigen Relation zwischen Gemeinde und Prediger, wie sich gleich zeigen wird.

Die Befürworter einer niedrigen Kanzel – sei es konkret einer Pultkanzel, sei es einer „amboartigen" – übersehen, dass die von ihnen gewünschte Nähe des Predigers zu den Hörern längst durch die gut sichtbare Kanzel realisiert ist und höchstens verlorengehen kann, wenn die Kanzel zu niedrig ist, weil sie dann schon von Hörern in der zweiten Reihe nicht mehr ohne weiteres gesehen werden kann.

Das bedeutet für die Gemeinde: sie hat Gemeinschaft, das Priestertum aller Gläubigen ist verwirklicht, lange bevor die Theologen daran denken, sich um die Gemeinschaft zu kümmern. Ja, die Theologen haben gerade die Kanzel, die für die Gemeinde Ausdruck der Gemeinschaft ist, zu ihrer Höhe gemacht. Das notwendige Herabsteigen der Prediger muss, da die Sichtbarkeit zu wahren ist, ein inneres sein. Was das bedeutet, wird im Folgenden deutlich werden.

11.3 Das Erleben der Kanzel in einer signifikanten Grenzsituation

Das Erleben soll hier unmittelbar aus der Grenzsituation heraus, also konkret, beschrieben werden, was zwangsläufig eine gewisse Beschränkung der Argumentationsbasis bedeutet, aber andererseits das Erleben nachvollziehen lässt. Dafür werden Erlebnisse Göttinger Theologiestudenten herangezogen, die diese in einer Situation haben, in der sie, an der Schwelle zwischen Prediger und Laien stehend, diese Schwelle überschreiten.

In Göttingen ist das homiletische Seminar in ein Pro- und ein Hauptseminar eingeteilt. Letzteres schließt eine oder mehrere konkrete Gemeindepredigten von Seminarteilnehmern ein. Um im Proseminar bereits darauf vorzubereiten, kam ich auf die Idee, das Proseminar mit der Analyse von aktuellen Predigten zu beginnen. Diese werden ihrerseits, weil es sich um Predigten handelt, zunächst vorgelesen. Der Prediger, der die Predigt hielt, ist in der Regel ebenfalls anwesend.

Für die Lesungen suchte ich mir eine Kirche aus, die eine herkömmliche Kanzel besitzt. Um Nähe zur Praxis zu haben, vermeide ich, diese Sitzung des Seminars in einer Kirche mit einer Pultkanzel stattfinden zu lassen. Zu leicht kann dadurch das Pult der Kirche mit dem des Hörsaals verwechselt werden.
Wenn also nun Seminarteilnehmer auf die Kanzel steigen und eine konkrete Predigt verlesen, erleben sie sich oft zum ersten Mal als Prediger. Sie begreifen schlagartig, dass sie studieren, um einer Gemeinde zu predigen. Dieses neue Erlebnis ist eindrücklich und deshalb nachhaltig in seiner Wirkung. Immer

wieder bestätigen mir dies einstige Seminarteilnehmer, und zwar zum Teil noch Jahre später. Dort oben auf der Kanzel stehend, erkennen sie die Gemeinde und sich selbst als Teil der Gemeinschaft, aus der sie heraus und für die sie reden. Haben sie bisher ihr Studium oft als ein Bemühen verstanden, in die Welt der Theologie einzudringen, sich diese wenigstens partiell zu erobern, begreifen sie nun das Studium als ein Lernen und Forschen um der Gemeinde willen.

Dieses Erlebnis haben auch Seminarteilnehmer, die schon zuvor in einem Gottesdienst gepredigt haben, in ihrer Heimatgemeinde oder in einem Lager ihrer Jugendgruppe. Dort sind sie noch Teil ihrer bisherigen Lebenswelt. Freunde, Bekannte und, wenn der Gottesdienst in der Heimatgemeinde stattfindet, kommen Eltern und Verwandte, um ihn oder sie zu sehen, wenn sie nun predigen. Das geschieht im Erlebnishorizont von Eltern-Kind, Freund-Freund usw. Nun ist der Erlebnishorizont der von Prediger-Gemeinde.

Damit wird Gemeinde als Gemeinde erlebt und nicht mehr Gemeinde als heimatliche Umgebung mit Freunden.

Der Übergang ist irreversibel. Es ist der Moment, wo Laie und Prediger in einer Person zusammentreffen, und nicht, wie sonst üblich, im Gespräch, im Gegenüber, im Miteinander-Reden. Dabei zeigt sich, dass die Gemeinde aus verschiedenen Teilen besteht und diese einander brauchen. Der Laie sieht den Prediger vor sich, und dieser, nun selbst Prediger, sieht die Gemeinde. Beide sind sich im Sehen nahe, erleben Nähe.

Damit erledigt sich zugleich ein Problem, auf das Trillhaas mit Recht hinweist. Leicht kann ein Prediger, wie Trillhaas formuliert, „von oben herab" predigen. Gemeint ist damit nicht nur die Höhe einer Kanzel, sondern auch und gerade die Art des Redens[654]. Trillhaas verdeutlicht das von ihm Gemeinte dort, wo er die Frage diskutiert, ob Prediger die Gemeinde mit „Du" oder „Ihr" bzw. „Sie" anreden sollen. Trillhaas meint, dass das eine falsche Alternative sei. „Denn im einen wie im anderen Falle redet der Prediger seine Zuhörer von oben herab an, als einer, der weiß, was die anderen nicht oder noch nicht wissen. Wenn sein Kontakt zu den Hörern nicht gestört wäre, würde er per 'Wir' predigen; denn was die anderen angeht, geht ihn auch an"[655].

Was Trillhaas hier kritisch anmerkt, bedarf als Korrektiv keiner Pultkanzel, zumal diese gegen das intellektuelle Von-Oben, vor dem Trillhaas warnt, kein Schutz ist. Diese Warnung lässt sich zugleich positiv mit dem homiletischen Erleben der Kanzel ausdrücken.

---

654 Wolfgang Trillhaas, Einführung in die Predigtlehre, S. 53.

655 Trillhaas, a.a.O., S. 54 und in anderem Zusammenhang schon S. 17.

11.4 Zusammenfassung und Ergebnis

1.Die Geschichte der Kanzel bietet verschiedene Formen der Konstruktion und hält unterschiedliche Positionen im Kirchenraum für sie bereit.

2.Auf eine gute Sichtbarkeit der Kanzel wird besonderer Wert gelegt.

3.Der Grund für diesen Wunsch und damit für die Stellung der Kanzel im Kirchenraum ist der sich durch die ganze Geschichte hindurchziehende Wunsch der Laien. Sie wollen die Kanzel als Platz des Predigers sehen. Diese ist somit ein Zeugnis für die Gemeinschaft der Gemeinde, so unterschiedlich sie auch im Laufe der Geschichte war.
Unabhängig von der Sichtbarkeit besteht die Forderung, gut hören zu können, weshalb Schalldeckel bzw. Lautsprecheranlagen installiert werden.

Der Kanzelaltar als Möglichkeit der Nähe von Kanzel und Altar erfreut sich immer wieder großer Beliebtheit.

Die Pultkanzel als Gelegenheit, die Nähe des Predigers zur Gemeinde herauszustellen, entbehrt der Notwendigkeit, ja kann wegen der geringen Höhe der Pultkanzel zu deren Nichtsichtbarkeit und damit zu Distanz zwischen Gemeinde und Prediger führen, während die Befürworter der Pultkanzel Nähe gerade herstellen wollen, meinen erst herstellen zu müssen.

4. Die Kanzel ist also von einer kaum zu überschätzenden homiletischen Bedeutung. Sie ermöglicht den Laien Nähe zum Prediger. Damit ist die Kanzel ein hölzerner bzw. steinerner Zeuge für die Gemeinschaft der Gemeinde[656].

5. Diese durch die Kanzel gewährte Gemeinschaft wird durch die leeren Kirchenbänke relativiert. Deshalb ist nach neuen, zusätzlichen Wegen für die Gemeinschaft zu suchen.

---

[656] Wenn darum in der katholischen Kirche versucht wird, im Zuge der liturgischen Reform den in alten Kirchen vorhandenen Kanzeln nur noch „eine dekorative Funktion" zuzuweisen, um die Predigt wieder näher an die Gemeinde heranzubringen, verkennt man die Bedeutung der Kanzel in ihrem Kern. Die zusätzliche, mit geschichtlichen Fehlentwicklungen operierende Begründung für dieses Vorgehen erkennt die Fehler nicht als solche. Vgl. dazu: Albert Damblon, Zwischen Kathedra und Ambo. Zum Predigtverständnis des II. Vatikanums – aufgezeigt an den liturgischen Predigtorten, Düsseldorf 1988, S. 28.

12 Leitfaden zur Predigtarbeit in Gemeinde und Seminaren

Die vorgelegte Anleitung ist als ein Vorschlag zur Hilfe gedacht.

Sie entstand bei der Arbeit an Predigten in Gemeinden, homiletischen Seminaren und Examina. Sie wurde im Laufe der Zeit immer wieder überarbeitet, berücksichtigte die Entwicklungen in Praxis und Theorie. Diese Offenheit für neuere Entwicklungen resultiert aus den langen Erfahrungen der Rhetorik und der theologischen Sicht von Hörern und Predigern[657].

Die auf die Praxis zielende Methode der Vorbereitung einer Predigt umfasst die 5 ersten Schritte der Redearbeit, wie sie die Rhetorik kennt, und konkretisiert 6. und 7. die Predigtarbeit weiter, nämlich in Bezug auf das Halten der Predigt und deren Nacharbeit[658]. Die vorgeschlagene Methode hilft darum Anfängern wie erfahrenen Predigern. Ersteren weist sie einen Weg für ihre Seminar- und Examensarbeit, letzteren gibt sie die Chance, die vorgeschlagene Methode durch ihre eigenen Erfahrungen zu ergänzen, zu korrigieren und dgl. mehr. Ferner ist sie eine Möglichkeit, eingefahrene Gleise zu überprüfen. Die Sicherheit der Bahn, der Reisenden hängt davon ab, dass die Schienen immer wieder auf ihre Güte überprüft und eventuell repariert, gar ausgewechselt werden müssen[659].

Die Anleitung bietet Hilfen:

a) für die Vorbereitung einer Predigt,
b) für das Halten einer Predigt
c) und für die Nacharbeit.

Noch immer konzentrieren sich die meisten Hilfen und Methoden auf die Arbeiten zur Predigtvorbereitung. Die nicht minder wichtigen weiteren Arbeiten bleiben außer acht.

---

[657] Die Sicht der Hörer als Teilende, Gebende und Nehmende, geht damit über die Sprechakttheorie hinaus, die Sprechende und die Adressaten des Sprechens betont, aber beide nicht als die Nächsten der Sprechenden und Hörenden sieht.

[658] Die antike Rhetorik wie auch die späterer Zeiten konnte auf die Punkte 6 und 7 bei der Arbeit an einer konkreten Predigt verzichten, weil damals im Unterschied zu heute das Üben des Redens ein integraler Bestandteil der Arbeit jedes Redners bereits seit den Tagen seiner Ausbildung war.

[659] Für Korrektur-, Ergänzungs- und sonstige Vorschläge, die mir zugehen, danke ich schon jetzt.

zu a die Vorbereitung einer Predigt,:

1. **Sammeln von Ideen zum Text/Thema** (=„inventio“)
   - Erste, spontane Eindrücke schriftlich festhalten (Person des Predigers)
   - Gezielte Suche nach:
     - Aussagen zum Text/Thema (Exegese)
     - Aussagen zu Grundproblemen des Textes/Themas (systematisch-theologische Beiträge)
     - Aussagen zu den Hörern, ihrer Person, ihrer Situation
     - Lieder, Gebete (liturgische Beiträge)
   - Kritik: Kritische Zusammenfassung der Punkte 1-4 und Erarbeitung des Predigtzieles

2. **Erarbeitung einer Gliederung** (=„dispositio“), Entscheidungen über Inhalt und Aufbau einer kontextuellen Predigt
   - Erarbeitung einer detailierten Gliederung
   - Die Gliederung ist psychologisch zu gestalten[660]
   - Kritik:
     - Wurde nichts Wesentliches vergessen?
     - Wird die Predigt weder zu lang noch zu kurz?
     - Formulierung der Predigt (=„elocutio“), in der Regel schriftlich
     - Vorüberlegungen:
       - Welche Sprache sprechen die Hörer und welche erwarten sie?
       - Suche nach Beispielen
       - Überlegungen zur Plazierung der Beispiele im Text

3. **Ausarbeitung** mit den Hörern gerecht werdenden Formulierungen (Rede und keine Schreibe, auch wenn die Predigt schriftlich ausgearbeitet wurde).
   Kritik: Entspricht die Sprache der Sache und dem Hörer?

4. **Einüben des Vortrages** (=„actio“), Erarbeiten von Gestik und Mimik
5. **Sich die Predigt einprägen** (=„memoria“)

---

[660] Da Hörer nicht wie Leser innehalten oder gar zurückblättern können, muss die Gliederung übersichtlich sein. Auch sind regelmäßig Wiederholungen in Gestalt von Variationen nötig, damit zeitweiliges Nicht-Hören nicht zum Verlust des Gedankenganges führt. Dies wird nicht einfach durch eine Aneinanderreihung von Beispielen erreicht, weil in diesem Fall Hörer jedes Beispiel auf seine Aussage hin befragen müssen und so den Überblick, den roten Faden verlieren. Eine Predigt gleicht darum nicht einer Strecke als der kürzesten Verbindung von Predigtanfang und -ende. Auch entspricht sie nicht einem Hin- und Herlaufen. Eine Predigt sieht vielmehr aus wie eine Spirale, die in immer neuen Windungen dem Ziel, dem Ende zustrebt, weshalb sie auch als Feder dient, um Stöße abzufangen oder Spannungen zwischen ihren Enden auszuhalten.

- Lautes Lesen der geschriebenen Predigt mit Gesten etc.
- Wiedergabe der Gliederung aus dem Gedächtnis
- Kritik: Wenn die Wiedergabe der Gliederung Schwierigkeiten bereitet, diese korrigieren, bis die Gliederung leicht merkbar ist.

zu b das Halten einer Predigt:

6. Halten der Predigt

- Ich darf wissen, dass ich
    - als Prediger der Gemeinde etwas zu sagen habe,
    - mich gut vorbereitet habe.
- Ich spreche frei.
- Ich sehe die Leute an.
- Kritik:
    - Schauen die Leute weg, obwohl sie nicht müde sind, wie ich feststellte, als die Hörer die Kirche betraten, versuche ich sie zurückzuführen. Darum mache ich Tests: ich wiederhole 1. leicht variiert das Gesagte, weil ich vielleicht zu schnell war, oder lege 2. ein zügigeres Tempo vor, weil ich vielleicht zu langsam in meiner Gedankenführung bzw. meiner Sprechgeschwindigkeit war.
    - Ich frage mich und eventuell die Hörer in einem Predigtnachgespräch.

zu c die Nacharbeit:

7. Predigtnachgespräch/-nacharbeit

- Wie empfanden die Hörer die Predigt?
- Wie empfanden die Hörer mich als Person?
- Folgende Fragen können weiterhelfen – nach:
    - meinem Redestil
    - meinem Predigtaufbau
    - meiner Wortwahl, Bildern
    - meinen Aussagen zum Text/Thema

(Oft nehmen Predigtnachgespräche den unter 1-4 geschilderten Verlauf, weil die Hörer sich oft erst an die Sache herantasten müssen und den Prediger nicht verletzen wollen).

13 Ausblick

Jede Homiletik ist eine Zusammenfassung von Predigttheorie und -praxis. Zugleich stellt sie einen Ausblick dar. Sie beschreibt und erklärt heute die Predigt von morgen. Zusammenfassung und Ausblick meinen hier dies und noch mehr.

Die Frage nach der weiteren Entwicklung wird oft erfahrungswissenschaftlich gestellt. Auf Grund der heute bekannten empirischen Verfahren werden Trends durch Vergleich mehrerer, unterschiedlich lange zurückliegender Untersuchungen mit solchen der Gegenwart erhoben und dann als für die Zukunft mögliche Entwicklung, als Prognosen dargestellt. Das gilt für gesellschaftliche, kirchliche und naturwissenschaftliche Phänomene. Dieser Art des Denkens gilt es immer wieder dann einen Abschied zu geben, wenn die Fortschreibung des Bestehenden nicht mehr zukunftweisend ist[661]. Deshalb werden auch Utopien gesucht[662]. Wissenschaftlich-systematisch geht die Futurologie Fragen zukünftiger Entwicklung an. Manche beachtlichen Aussagen konnten so getroffen und Vorbereitungen eingeleitet werden. Am bekanntesten ist eine alte, schon lange zurückliegende Prognose, die des Josephs in Ägypten, der Kornspeicher bauen ließ, um die Überschüsse von sieben guten Jahren für die folgenden sieben mageren aufzubewahren (Gen. 41). Die Basis der Arbeit von Joseph ist ein Traum.

Träume haben auch später die Welt verändert, etwa der Martin Luther Kings oder der von Freiheit und Wohlstand im Osten. Gedacht werden alle Träume, bevor versucht wird, sie zu realisieren. Das macht das Wesen des Traumes aus und wird darum auch in Zukunft so bleiben. Damit wird die Futurologie zur Aufgabe der Gegenwart. Die Zukunft ist heute in Angriff zu nehmen, soweit sie überschaubar ist. Theologisch formuliert heißt das, futurische Eschatologie ist gegenwärtige. Entscheidungen fallen heute, sind der Gegenwart als Aufgaben gestellt. Alle drei Erzählungen in Mt. 25 laufen auf diesen Punkt hinaus.

Darum ist und kann ein Ausblick am Ende einer Homiletik nur ein Traum sein. Ob dabei die vorgelegte Beschreibung vom Teil-Nehmen und Teil-Geben im Sinne eines Teilen des Wortes und von Leid und Freud Wirklichkeit wird, hängt nicht zuletzt davon ab, ob das Teilen Bestand hat.

Leicht wird das Teilen nicht werden, denn zu teilen war nie leicht. Zugleich gibt es aber die Hoffnung, in der Gemeinschaft der Gemeinde die Vereinzelung zu überwinden, die schon gegenwärtige und die noch wachsende, wenn einzelne nicht nur in ihren geschlossenen Autos über Autobahnen fahren, sondern sich

---

661 Vgl. Paul Zulehner, der diese Feststellung an den Anfang seiner Überlegungen zu einer „pastoralen Futurologie" setzt (Paul M. Zulehner, Pastoraltheologie, 4 Bde., Düsseldorf 1989/90, S. 16).

662 Vgl. Zulehner, a.a.O., S. 17.

bald auch in ihren Räumen mit ihrem Computer über Daten-Autobahnen alles auf ihre Bildschirme holen werden, einschließlich der virtuellen Welten mit deren nicht-realen Menschen, als den so real gewordenen Schöpfungen des Menschen durch den Menschen, den neuen homunculi. Der allein gewordene Mensch mit seinem eigenen Gegenüber im Bildschirm findet andere, wenn er seine Räume verlässt, in die Gemeinschaft geht, an ihr teilnimmt und in ihr teilt.

Prediger teilen das Wort mit den Hörern und diese ihr Leid und Freud mit den Predigern[663]. Dass ein solches Geschehen möglich ist, zeigte sich bereits zu Beginn dieser Arbeit. Dort wird auf das Mitleid verwiesen, das Lessing dem Theater empfahl. Wenn schon die emotionale Beteiligung der Zuschauer ausreicht, um sie für ein in diesem Sinne geschriebenes Theaterstück zu gewinnen, wieviel mehr gilt das, wenn Prediger Hörer am biblischen Text selbst teilnehmen lassen und diese jene an ihrem Leid und Freud? Die Bereitschaft der Hörer, sich zu öffnen, ist nicht auf jene zu Beginn der Arbeit beschriebene junge Witwe oder Kasualien generell beschränkt, sondern über die kirchlich begleiteten Fälle des Lebens hinaus weit verbreitet. Ein Gespräch über den Lieblingsradiosender mit den daraus möglichen Rückschlüssen auf die Befindlichkeit der Predigthörer ist leicht zu führen. Nicht selten klagen sogar Hörer, dass der Pfarrer sich nicht Zeit für sie zu einem kurzen Gespräch auf der Straße, im Bus oder dergleichen Gelegenheiten nimmt, sie nicht besucht. Pfarrer verschanzen sich oft hinter Zeitmangel. Kommen wirklich deswegen Gespräche nicht zustande? Dasselbe gilt für das Teilen der biblischen Texte. Predigten werden oft spät, zu spät, vorbereitet. Da bleibt dann nicht mehr genügend Zeit, andere, die Hörer, daran zu beteiligen. So gesehen, fängt Teilen bei der Zeit an. Lessing brauchte auf sie nicht besonders zu verweisen, weil er sich Zeit nahm. Wenn dies für das Mitleid gilt, wieviel mehr für das Teilen? Zu teilen ist mehr, denn es umfasst die kognitive, emotionale und existentielle Seite der Menschen. Es ist eine Frage der inneren Einstellung. Sie zu gewinnen, sollte Predigern, die bewusst diesen Beruf gewählt haben, vielleicht nicht leicht fallen, aber auch nicht unmöglich sein, zumal Paulus die römische Gemeinde zur Freude mit den Fröhlichen und zum Weinen mit den Weinenden aufruft[664] und das Sprichwort sagt: „Geteiltes Leid ist nur halbes Leid, und geteilte Freude ist doppelte Freude."

---

663 So begegnen sich in der Predigt Seelsorge und Diakonie. Predigt ist darum von zentraler Bedeutung für das ganze gemeindliche Geschehen und nicht nur ein, wenn auch wichtiger, Punkt im liturgischen Geschehen am Sonntagmorgen.

664 Röm. 12,15.

IV. Nachtrag

14. Anhang

Die hier analysierten und konzipierten Gottesdienste sind die der Gemeinde. Einige Beispiele für besondere Gottesdienste und Predigten sowie deren Echo im Radio werden angefügt, um zu zeigen, dass und wie Gottesdienste erweitert werden können. Gottesdienste sind relativ leicht zugänglich665, aber nicht immer präsent. Auch wird an dem Beispiel deutlich, wie Radiogottesdienste im Laufe der Zeit verändert werden.

Marionetten-Gottesdienst

Radiomoderation:

In elf Minuten nach 11:30 Uhr am Montagvormittag. Der Kirche laufen die Mitglieder weg und auch die verbleibenden Kirchgänger werden immer weniger. Ganze 4% stehen heutzutage nur noch sonntags früh auf. Vieles liegt aber auch vielleicht an den Gottesdiensten – dachte sich auch der Professor der Göttinger Albanikirche und ließ die Göttinger Marionettenbühne „Die Klappe" während des Gottesdienstes spielen. #00:00:21-7#
(Marionettengeräusche) #00:00:24-7#

Radiomoderator:

Ein ungewöhnlicher Gottesdienstbeginn: Eine 40cm große Marionette brabbelt vorne auf einer großen, schwarzverkleideten Bühne dort wo eigentlich der Altarraum beginnt. Die kleine Puppe läuft hin und her, redet in der Mickey-Mouse-Sprache, erzählt und erzählt. Dann taucht eine neue Figur auf – ein Asthmatiker (laute Atemgeräusche) #00:00:49-1# Ihm folgt eine tanzende Puppe – völlig ausgeflippt. (Musik) #00:00:56-3# Immer wieder erscheinen neue Marionetten auf der Bühne. Mitten im Kyrie, nach dem Gebet, vor der Predigt. Es geht ums fressen oder gefressen werden, um die Befreiung der Seele und schlicht um das neurotische Verhalten der verschiedenen Menschentypen. Die kleinen Figuren aus Blech und Draht fordern die Gottesdienstbesucher auf,

---

[665] St. Albani, Kirche in Göttingen am 6.6.1993. – https://figurentheater-gfp.de/ausstellung-halt-die-klappe.php (23.7.2018)
Vgl. auch: Kleist, Heinrich von u.a., Marionetten und Übermarionetten, Berlin 2011.

nachzudenken, ihr eigenes Leben und Verhalten zu hinterfragen. Die kurze Predigt verstärkt die Aufforderung. Der Göttinger Theologieprofessor Ulrich Nembach hatte die Idee zu diesem außergewöhnlichen Aktivgottesdienst. Kirche muss für ihn in Bewegung bleiben. Eine starre Agende, also ein fester Gottesdienstablauf, verhindert das. #00:01:32-2#

Prof. U. Nembach:

Darum wird ja etwa gerungen um eine neue Agende. Darum erneuerte Agende und die Diskussion geht sogar weiter, ob die da vorgelegten Vorschläge ähhh reichen oder ob wir noch weitergehen. Und das seh ich als ein Beitrag auch dahin äh in dieser Hinsicht. #00:01:46-7#

Radiomoderator:

Nembach will mit solchen Gottesdiensten das kirchliche Leben bereichern, attraktiver machen. Puppenspieler Ben Vornholt, der mit seiner Frau Maria zum ersten Mal in einer Kirche auftrat, brachte dafür die richtige Voraussetzung mit. #00:01:58-9#

Ben Vornholt:

Wenn ich mich jetzt als äh Künstler artikuliere, dann ist ist für mich ne feststehende Tatsache, dass jeder ähhh authentische Künstler bei seiner Arbeit religiös ist. #00:02:14-0#

Radiomoderator:

Doch der Versuch die allsonntägliche Eintönigkeit zu verlassen, stieß bei den Besuchern gestern auf unterschiedliche Reaktionen. Das wurde beim Nachgespräch in der Kirche deutlich. #00:02:23-2#

Gottesdienstbesucher 1:

Also ich habe nichts von diesem Gottesdienst mitgenommen. Das war eine Aneinanderreihung von sehr schönen Szenen, aber ich hab was anderes erwartet. Wenn ich in die Kirche geh, erwart ich anderes. Nämlich, dass ich irgendwie aus den Bildern der ww der Woche raus – komme und jetzt auch mal zur Ruhe komme. #00:02:44-3#

Gottesdienstbesucher 2:

Was für mich also ganz phänomenal war, war, dass die an sich so unwirklichen Marionetten die Wirklichkeit so sehr in diesen Raum hereingebracht haben, dass all die Worte, die dann in der Predigt gesprochen wurden, einen ganz anderen Wirklichkeitsbezug für uns hatten und ich bin sehr dankbar darüber so was erlebt haben zu dürfen. #00:03:09-3#

Radiomoderator:

Dankbar waren auch die Kinder. #00:03:10-9#

Kind:

Ich finde, dass das ganz toll war und dass das auch ne schöne Idee war überhaupt diese Marionetten hierhin zu machen und mal ein Sonntag zu machen, wo dann die auch vorgespielt werden. #00:03:24-9#

Radiomoderator:

Der experimentierfreudige Professor sieht sich in seinem Vorhaben für den Juni bestätigt. Dann will er Schauspieler in die Kirche holen. #00:03:31-5#
(*Musik*)

Radiomoderatorin:

Die Kirche – ein Marionettentheater? Winfried Barabasch für ffn. #00:03:37-7#

Radiogottesdienst – Transkript

Lied

Die Epistel am Sonntag Quasimodogeniti steht im ersten Brief des Petrus im ersten Kapitel:

Gelobt sei Gott, der Vater unseres Herrn Jesus Christus, der uns nach seiner großen Barmherzigkeit wiedergeboren hat zu einer lebendigen Hoffnung durch die Auferstehung Jesu Christi von den Toten, zu einem unvergänglichen und unbefleckten und unverwelklichen Erbe, das aufbewahrt wird im Himmel für euch, die ihr aus Gottes Macht durch den Glauben bewahrt werdet zur Seligkeit, die bereit ist, dass sie offenbar werde zu der letzten Zeit.

Dann werdet ihr euch freuen, die ihr jetzt eine kleine Zeit, wenn es sein soll, traurig seid in mancherlei Anfechtungen, damit euer Glaube als echt und viel kostbarer befunden werde als das vergängliche Gold, das durchs Feuer geläutert wird, zu Lob, Preis und Ehre, wenn offenbart wird Jesus Christus. Ihn habt ihr nicht gesehen und habt ihn doch lieb; und nun glaubt ihr an ihn, obwohl ihr ihn nicht seht; ihr werdet euch aber freuen mit unaussprechlicher und herrlicher Freude, wenn ihr das Ziel eures Glaubens erlangt, nämlich der Seelen Seligkeit.

Gemeinde singt mit Orgelbegleitung: „Hallelujah"

Wir singen nun aus dem evangelischen Kirchengesangbuch Nummer 77, die Strophen 1-3.

Gemeinde singt mit Orgelbegleitung.

Das Evangelium, über das heute gepredigt wird, steht bei Johannes im 21. Kapitel.

Gemeinde singt mit Orgelbegleitung: „Ehr, sei dir Herre".

Jesus offenbarte sich abermals den Jüngern am See Tiberias. Er offenbarte sich aber so. Es waren beieinander Simon Petrus und Thomas, der Zwilling genannt wird, und Nathanael aus Kana in Galiläa und die Söhne des Zebedäus und zwei andere seiner Jünger. Spricht Simon Petrus zu ihnen: Ich will fischen gehen. Sie sprechen zu ihm: So wollen wir mit dir gehen. Sie gingen hinaus und stiegen in das Boot, und in dieser Nacht fingen sie nichts. Als es aber schon Morgen war, stand Jesus am Ufer, aber die Jünger wussten nicht, dass es Jesus war. Spricht Jesus zu ihnen: Kinder, habt ihr nichts zu essen? Sie antworteten ihm: Nein. Er aber sprach zu ihnen: Werft das Netz aus zur Rechten des Bootes, so werdet ihr finden. Da warfen sie es aus und konnten's nicht mehr ziehen wegen der Menge der Fische. Da spricht der Jünger, den Jesus lieb hatte, zu Petrus: Es ist der Herr! Als Simon Petrus hörte, dass es der Herr war, gürtete er sich das Obergewand um, denn er war nackt, und warf sich ins Wasser. Die andern Jünger aber kamen mit dem Boot, denn sie waren nicht fern vom Land, nur etwa zweihundert Ellen, und zogen das Netz mit den Fischen. Als sie nun ans Land stiegen, sahen sie ein Kohlenfeuer und Fische darauf und Brot. Spricht Jesus zu ihnen: Bringt von den Fischen, die ihr jetzt gefangen habt! Simon Petrus stieg hinein und zog das Netz an Land, voll großer Fische, hundertdreiundfünfzig. Und obwohl es so viele waren, zerriss doch das Netz nicht. Spricht Jesus zu ihnen: Kommt und haltet das Mahl! Niemand aber unter den Jüngern wagte, ihn zu fragen: Wer bist du? Denn sie wussten, dass es der Herr war. Da kommt Jesus und nimmt das Brot und gibt's ihnen, desgleichen auch die Fische. Das ist nun das dritte Mal, dass Jesus den Jüngern offenbart wurde, nachdem er von den Toten auferstanden war.

Gemeinde singt mit Orgelbegleitung: „Lob sei dir, o Christe?"

Wir bekennen unseren christlichen Glauben mit dem Lied Nummer 133.

Gemeinde singt mit Orgelbegleitung: Lied 133 – Wir glauben Gott im höchsten Thron

Predigt:

Gnade sei mit euch und Friede von dem, der da ist und der da war und der da kommt. Amen.

Liebe Gemeinde,

vor einigen Jahren berichteten Zeitungen in aller Welt über einen sensationellen Fund am Ufer des Tiberiassees in Israel. Der Wasserstand des Sees war nach langer Trockenheit ungewöhnlich weit gesunken. Auf dem nun freiliegenden Teil des Seebodens hatte man die gut erhaltenen Reste eines Fischerbootes gefunden. Sensationell war die Feststellung, dass dies Boot ungefähr 2000 Jahre alt sei, also etwa aus der Zeit des Neuen Testaments stamme. Von Booten am See Tiberias oder See Genezareth oder Galiläisches Meer, wie er auch genannt wurde, ist im Neuen Testament an zahlreichen Stellen die Rede. So auch in unserem heutigen Predigttext. Wie die Archäologen ihre Entdeckung und den von Jahrhunderte alten Ablagerungen bedeckten Fundort sorgfältig untersuchen, so haben die Ausleger der Bibel auch unsere Geschichte immer wieder neu unter die Lupe genommen. Sie ist eine besonders rätselvolle Erzählung. Es handelt sich um einen später hinzugefügten Anhang zum eigentlichen Evangelium. Man erachtete diese Erzählung in der in ihrem Komplex in der christlichen Kirche des 2. Jh. für so erhaltenswert, dass man sie hier als eine wichtige Ergänzung anfügte. Bei genauerem Hinsehen ist zu erkennen, dass es sich nicht um einen zusammenhängenden Bericht handelt, sondern um die Zusammenstellung von mehreren Erzählungen. Wir werden auf diese Weise mithineingenommen in die Glaubenserfahrungen der frühen Christenheit. Es sind Erzählungen, die Mut machen wollen. Sie enthalten Bilder, die Zukunft eröffnen und Erfahrungen, die Hoffnung wecken möchten. Hoffnung braucht Geschichten. Sie braucht Bilder vom Leben. Und darum geht es hier.

Der Kern des Ganzen ist die Ostererzählung von dem wunderbaren Fischfang und von der Begegnung des Simon Petrus und seiner Gefährten mit dem Herrn. Wie bei einem alten Gemälde, dass von späteren Generationen mit anderen künstlerischen Ausdrucksmitteln und Akzentsetzungen vielfach übermalt wurde, so wurde diese Geschichte im Laufe der Weitergabe von einer Generation zur anderen um mehrere Bildelemente ergänzt. Daher enthält unser Kapitel auch Fragmente einer Erzählung, in der es um den Ausgleich geht zwischen der Gemeinde des Petrus und der Anhängerschaft des Johannes des Lieblingsjünger Jesu. Warum sollte es nicht verschiedene Formen der christlichen Frömmigkeit geben, ohne, dass darüber die Einheit der Kirche zerbricht? Schließlich wurden in unsere Ostergeschichte auch noch alte Bestandteile einer Speisungsgeschichte eingeflochten. Christus, der aus wenigem viel machen kann, zum Beispiel aus zwei Gerstenbroten und fünf Fischen. Warum sollte er nicht selbst da, wo nichts ist, die Hungernden sättigen können?

Ich kann verstehen, liebe Gemeinde, wenn hier jemand sagt: „Das ist ja alles sehr verwirrend." Selbst der bekannte Theologe Rudolf Bultmann schrieb in seiner großen Auslegung des Johannesevangeliums, dass die Erzählung unseres Kapitels – ich zitiere – „ein so merkwürdiges Durcheinander von Motiven bietet, dass man kaum sagen kann, worin ihre eigentliche Pointe liegt." Ich meine es ist wohl gar nicht so wichtig die eigentliche oder ursprüngliche Pointe zu kennen. Das wir uns über die Erhaltung dieses wertvollen Stückes urchristlicher Tradition freuen können, ist das Verdienst der frühchristlichen Schriftsteller, die solche Erzählungen gesammelt haben. Dank ihrer Arbeit können wir nachvollziehen, wie in den ersten Generationen in christlichen Gemeinden die Erlebnisse und Erfahrungen der Jünger Jesu vor allem aber die Osterereignisse sich niedergeschlagen und fortgewirkt haben. In ihren Erzählungen können wir heute noch unsere eigene Wirklichkeit wiedererkennen wie in einem Spiegel. Auch in unserem Alltag – gerade auch in Kämpfen und Leiden – erweist sich der auferstandene Christus als der lebendige Herr. Seit Ostern gibt es eine radikal andere, neue Wirklichkeit. Wäre nach den Ereignissen des Karfreitags nichts geschehen, nichts weiter, dann gäbe auch diese Geschichten nicht. Auch unsere eigene Begegnung mit dieser neuen Wirklichkeit können wir im Umgang mit diesen Erzählungen wiedererkennen. Darin sind wir nicht schlechter und nicht besser dran als die Christen von damals.

Hören wir also auf ihre zusammengefasst Version dieser Glaubensgeschichte. Am Anfang hören wir von einer Gruppe von sieben Jüngern Jesu. Sie sind nach Galiläa in ihre Heimat, in ihren Alltag zurückgekehrt. Zurück an den See, der ihnen früher schon Beruf und Nahrung gegeben hatte. Ihre Hoffnungen sind mit der Katastrophe der Hinrichtung ihres Meisters und ihrer Flucht zerbrochen. Die dunkle Farbe tiefer Resignation und verzweifelter Sinnlosigkeit liegt über dem Beginn der Szene. Es ist schon Nacht. „Ich gehe fischen", sagt Petrus und die anderen sechs folgen ihm. „Wir gehen mit dir." Aber all die harte Arbeit, alles Rudern, Netze auswerfen, Netze wieder einziehen. Immer wieder. Vergeblich. In dieser Nacht fingen sie nichts. Musste man in diesem Misserfolg nicht ein Sinnbild ihrer Lebenssituation sehen? Die Erzähler der christlichen Gemeinde jedenfalls sahen sehr bald in dieser Schilderung die bedrückende Vergeblichkeit ihrer eigenen Missionsarbeit abgebildet.

Und ist nicht auch uns heute manchmal so zu Mute, wenn wir auf das sichtbare Ergebnis unserer vielfachen, mühevollen, kirchlichen und diakonischen Aktivitäten blicken. Ist es nicht auch die Geschichte unserer Schwestern, die ihr Leben lang im Zeichen der Diakonie geholfen, gepflegt und gedient haben und heute vergeblich auf Nachwuchs für ihre Gemeinschaft warten. Wie liest sich diese Geschichte für die verzweifelten Ostseefischer, die wir gerade vor Karfreitag protestieren und ihre Fische verschenken sahen, weil Billigimporte ihnen den Ertrag ihrer Arbeit und damit ihre Lebensgrundlage zu nehmen willen. Alles nichts wert. Das hättest du dir alles schenken können. Vergeblich. Welch ein furchtbares Wort. Wenn dies das Urteil über meine Arbeit, ja über mein Leben ist. Wie viele Menschen im Osten unseres Landes, die nicht nur ihre Arbeit verloren haben, stehen heute vor dieser Frage?

Aber dann ist es Morgen und am Ufer steht ein Unbekannter und spricht die Fischer an mit den Worten: „Kinder habt ihr nichts zu essen?" Aus dem Munde irgendeines Anderen könnte diese Frage in dieser Situation wie Hohn klingen. Aber so, wie dieser Unbekannte die Jünger fragt, trifft die Frage ins Schwarze. So fragt der, der zu dem Kranken sagte „Was willst du, dass ich dir tun soll?" So fragt Gott von Anfang an „Adam, wo bist du?" So fragt der Auferstandene und bis zum jüngsten Tage wird er seiner Kirche in dieser Frage begegnen. Was ist die Frucht all eurer Betriebsamkeit? Habt ihr Brot für die Hungernden? Gerechtigkeit für die Unrecht leidenden? Bleibe für die Unbehausten? Trost für die Traurigen? Der unbekannte Jesus spricht aus, was die resignierenden Jünger selbst bitter empfinden. Er kennt ihre Not. Seine Frage bringt ihre Klage zur Sprache. Gibt ihrer stummen Verzweiflung eine Stimme. Die Klage ist Ausdruck unserer Vergeblichkeit. Ein Ruf aus der Not unserer Resignation. Der Refrain eines neueren Kirchenliedes nimmt diese Form des Klageliedes auf mit den Worten „Ich werfe meine Fragen hinüber, wie ein Tau von einem Schiff ans Land. Vielleicht ist einer da und greift herüber. Vielleicht."

Vielleicht ist dies der eigentliche Kern unserer Glaubensgeschichte. Dass da einer steht und uns fragt. Unsere eigene Fragwürdigkeit aufgreift. Damit beginnt die Geschichte des Glaubens. Da erfährt der Mensch sich selbst als gerufener, geforderter, gefragter, zum Antworten herausgeforderter. „Kinder", sagt Jesus zu ihnen. Das ist nicht irgendeine Anrede. Das ist die liebevolle Vorwegnahme ihres Glaubens, ihres Kind-Seins, ihres Vertrauens. Wie viele ihn aber aufnahmen, denen gab er Macht Gottes Kinder zu werden, denen, die an seinen Namen glauben. So steht es im Johannesevangelium gleich am Anfang des ersten Kapitels. „Kinder habt ihr nichts zu essen?" Die Antwort der Jünger lautet: „Nein, wir haben nichts." Für viele, all zu viele Menschen ist die Geschichte damit schon zu Ende.

Aber dabei bleibt es ja nicht. Es folgt vielmehr die Wende. Ein neuer Auftrag, eine Indienstnahme, eine Herausforderung. Heraus aus dem Bannkreis der Resignation und des Todes. Werft das Netz aus zur Rechten des Bootes, so werdet ihr finden. Diese Aufforderung geht gegen alle berufliche Routine der erfahrenen Fischer. Seit alters her fischt man mit Erfolg nur nachts, indem man die Fische mit dem Licht von Fackeln anlockt und man zieht das Netz als Ruderer mit dem Rücken zum Bug sitzend mit weniger Kraftaufwand auf der linken Seite ins Boot. Aber die von Nachtarbeit übermüdeten Männer lassen sich auf das Wort des Unbekannten ein. Damit ist die entscheidende Wende auch in unserer Glaubensgeschichte erreicht. Die Wende von der Resignation zum Glauben erfolgt weder aufgrund eines ethischen Appells noch aufgrund einer drängenden Aufforderung zum Bekenntnis. Die Wende ist vielmehr ein Sich-Einlassen auf das Wort des Herrn. Das ist die Botschaft. Das ist die Botschaft dieser Geschichte. Christus ist längst da, bevor du ihn erkennst, längst bevor du irgendetwas tun kannst. In der Frühe des Tages steht er am Ufer und wartet auf dich. Er sagt nicht: „Ihr müsst eben an mich glauben." Er sagt: „Werft euer Netz aus und ihr werdet finden."

Das geschieht auch heute noch in unserem Alltag. Frauen und Männer lassen sich mit ihren beruflichen Erfahrungen für kirchliche und diakonische Aufgaben in Anspruch nehmen. Und in der Ausführung ihrer Aufgabe sei es zum Beispiel als Architekt bei Planung eines Behinderten- oder Altenheims, als „Grüne Dame" – so heißen die ehrenamtlichen Helferinnen in unserem Krankenhaus – oder sei es als Zivildienstleistender bei der Pflege eines schwerbehinderten Kindes. In der Wahrnehmung ihrer Aufgaben erfahren sie, dass sie vielleicht zum ersten Mal in ihrem Leben etwas wirklich sinnvolles, dem Leben dienendes getan haben. Im Namen dessen, der ihnen früher fremd und unbekannt war. Im Namen des Auferstandenen. Sie haben nichts weiter getan als sich auf sein Wort einzulassen. So wächst Glauben. „Ihr tut gut daran" – so beschreibt der 2. Petrusbrief diesen Weg des Glaubens – „ihr tut gut daran, dass ihr auf das Wort achtet als auf ein Licht, das da scheint an einem dunklen Ort bis der Tag anbreche und der Morgenstern aufgehe in euren Herzen." So geschieht es auch in unserer Geschichte. Johannes ist der Erste, der Jesus erkennt. „Es ist der Herr." Dies Erkennen hat Johannes dem Petrus voraus. Dafür ist es Petrus, der am schnellsten handelt. Sich bekleidet und durch das Wasser zum Ufer watet, um als Erster bei Jesus zu sein. Johannes und Petrus – zwei Weisen des Glaubens. Erkennen und Handeln. Beten und Arbeiten. Beide haben ihr Recht in der Gemeinde Jesu Christi. Jeder mit der Gabe, die er empfangen hat. Auf das

Erkennen und Handeln folgt das Einholen des prall gefüllten Netzes und schließlich die Einladung zur Gemeinschaft. „Kommt und haltet das Mahl. Kommt denn es ist alles bereit." Und Jesus nimmt das Brot und gibt's ihnen. Desgleichen auch den Fisch.

Liebe Gemeinde, was ist das nun für eine Geschichte? Eine Ostererzählung von der Erscheinung des Auferstandenen? Eine Apostelgeschichte? Oder eine Speisungsgeschichte? Es ist die Geschichte unseres Glaubens. Unseres Glaubens gegen die Resignation. Unserer Hoffnung gegen alle Vergeblichkeit. Was sie über unseren Weg zum Glauben sagt, hat keiner schöner und ergreifender beschrieben als Albert Schweitzer am Ende seines theologischen Hauptwerkes. Als ein Unbekannter und Namenloser kommt er zu uns wie er am Gestade des Sees an jene Meng Männer, die nicht wussten, wer er war, herantrat. Er sagt dasselbe Wort, schreibt Albert Schweitzer: „Du aber folge mir nach." Und stellt uns vor die Aufgaben, die er in unserer Zeit lösen muss, der gebietet. Und denjenigen, welche ihm gehorchen, Weisen und Unweisen wird er sich offenbaren in dem, was sie in seiner Gemeinschaft an Frieden, Wirken, Kämpfen und Leiden erleben dürfen. Und als ein unaussprechliches Geheimnis werden sie erfahren, wer er ist. Amen. Der Friede Gottes, welcher höher ist als alle Vernunft, bewahre eure Herzen und Sinne in Christus Jesus. Amen.

Wir singen nun das Osterlied Nummer 83 im Wechsel mit dem Chor. Die Gemeinde singt die Strophen 4 und 6. Nummer 83.

Chor singt und Gemeinde singt mit Orgelbegleitung.

Fürbittengebet:

Lasset uns beten.
Allmächtiger, ewiger Gott, du lässt uns durch Brot und Auferstehung deines Sohnes die frohe Botschaft verkündigen von dem neuen Leben, das in Jesus erschienen ist. Nun brauchen wir uns nicht mehr zu fürchten, da du unsere Schuld vergeben und den Tod überwunden hast. Wir rufen dich an.

Gemeinde antwortet singend.

Unser Gott und Vater, wir danken dir, dass du dem Tode die Macht genommen hast und das wir teilhaben sollen am Sieg des Lebens, wie uns dein Wort sagt. Du hast Frieden mit der Welt geschlossen und gibst uns Teil an deiner Versöhnung. Dafür rühmen wir dich und rufen dich an.
Gemeinde antwortet singend.

Wir rufen dich an mit der Bitte, dass dein Osterfriede in Jesus Christus auch zwischen uns Menschen wirksam werde. Hilf uns fröhlich bekennen, dass du unser Vater bist – wir also deine Kinder und untereinander Schwestern und Brüder. Gib uns allen deinen österlichen Geist, dass wir das Geheimnis des Evangeliums täglich neu erkennen. Wir rufen dich an.

Gemeinde antwortet singend.

Schenke uns tätige Bereitschaft einander zu helfen und das unsere beizutragen, wo immer wir können, in all den Nöten, für die wir dich bitten. Wir bitten dich für alle Menschen, die Wege des Friedens suchen, wo Streit und Krieg ist. In Bosnien, in Aserbaidschan, in Südafrika, wie in Palästina. Gib, dass die Verantwortlichen in ihren Bemühungen nicht nachlassen. Wir rufen dich an.

Gemeinde antwortet singend.

Wir bitten dich für alle, die in Unterricht und Erziehung, in Wissenschaft und Forschung, in Technik und Kunst tätig sind. Lass sie nicht vergessen, dass ihre Arbeit deiner Schöpfung und den Menschen dienen soll. Wir bitten dich für alle, die im Dienst an den Schwachen, Kranken und Alten tätig sind und Verantwortung tragen. Für die Ärzte, Schwestern und Pfleger, erhalte ihnen Liebe und Geduld. Wir rufen dich an.

Gemeinde antwortet singend.

Wir bitten dich für alle, die dich nicht oder nicht mehr kennen. Für alle Menschen, die am Rande des Lebens leben, am Rande des Wohlstands, am Rand der Freiheit und Sicherheit. Für alle, die Angst haben vor dem morgigen Tag. Für alle, die unter Krankheit und Tod schwer zu tragen haben. Für die Menschen, die einsam, unglücklich oder in einer anderen Not sind, denn für sie alle ist dein Christus gestorben und auferstanden. Wir bitten dich, Herr, für uns alle.

Gemeinde antwortet singend.

Vater unser im Himmel. Geheiligt werde dein Name. Dein Reich komme. Dein Wille geschehe, wie im Himmel, so auf Erden. Unser tägliches Brot gib uns heute. Und vergib uns unsere Schuld, wie auch wir vergeben unsern Schuldigern. Und führe uns nicht in Versuchung, sondern erlöse uns von dem Bösen. Denn dein ist das Reich und die Kraft und die Herrlichkeit in Ewigkeit. Amen.
Chor singt.

Segen:
Geht hin im Frieden des Herrn.

Gemeinde singt: Gott, sei ewiglich Dank.

Der Herr segne dich und behüte dich. Der Herr lasse sein Angesicht leuchten über dir und sei dir gnädig. Der Herr erhebe sein Angesicht auf dich und gebe dir Frieden.

Gemeinde singt: Amen, Amen, Amen.

Orgelnachspiel.

Norddeutscher Rundfunk und westdeutscher Rundfunk. Aus der Auferstehungskirche der evangelischen-lutherischen Diakonissenanstalt Alten-Eichen in Hamburg-Stellingen übertrugen wir einen Gottesdienst. Die Predigt hielt Pastor Rudolf Willborn. Wir verabschieden uns nun wieder von den Hörerinnen und Hörern des Senders Freies Berlin, des ostdeutschen Rundfunks Brandenburg und Radio Bremens.

Transkript Schauspieler-Gottesdienst[666]

Radiomoderatorin: #00:00:10-3#

Dort versuchen die Uni und zwar das Theologische Seminar, das Theater und die Albani-Kirchengemeinde eine Zusammenarbeit. #00:00:16-5#

Schauspieler:

Nach Augen, die aus Glas, und wie ein niederträchtiger Politiker tu als sähst du Dinge, die du doch nicht siehst. #00:00:25-8#

Radiomoderator:

Nicht unseren Volksvertretern auf der Bonner Bühne, dem Parlament, wird dieser Rat gegeben, sondern Gottesdienstbesuchern in der Göttinger Albanikirche. Und dieser Text stammt auch nicht von einem aufmüpfigen Pastor, sondern von William Shakespeare. Geschrieben vor zirka 300 Jahren. „König Lear“ heißt

---

[666] Gottesdienst am 20.6.1993 in St. Albani, Göttingen.
Norbert Baensch, Dramaturg
Herbert Dubrow, Schauspieler
Ulrich Barth, Orgel
Dieter Nehls, Liturgie
Ulrich Nembach, Predigt
Hans-Walter Schütte, Leiter des Nachgespräches

Stück. Die Geschichte eines dickköpfigen Herrschers und seiner ungeratenen Kinder. Zusammen mit seinem letzten Getreuen, Graf Gloucester auch er von seinen Söhnen malträtiert und schließlich geblendet, beklagt er den Zustand der Welt. Und der war damals wohl kaum anders als heute. Der wahnsinnig gewordene Lear rät dem blinden Gloucester. #00:01:01-4#

Schauspieler:

Schau mit dem Ohr. Sieh wie der Richter dort den einfältigen Dieb da fertig macht. Sahst du schon einen Hofhund einen Bettler anbellen? Der arme Wicht lief vor dem Köter weg. Da konntest du das ganze Bild der Macht erblicken. Dem Hund im Amt gehorcht man. #00:01:28-3#

Radiomoderator:

Auf die Idee das Theater beziehungsweise Schauspieler wie Herbert Dubrow in die Kirche, in den Gottesdienst zu holen, kam Professor Ulrich Nembach. Er bildet an der Uni die angehenden Pastoren aus. #00:01:39-4#

Prof. U. Nembach:

Das Theater zeigt Menschen. Es zeigt sie mit seinen Möglichkeiten, wie wir sie in unseren kirchlichen Räumen so eigentlich nicht zeigen können, denn wir können sie höchstens beschreiben mit unseren Worten, während hier ja n Stück Bewegung, Entwicklung ist, wie sie auch im Leben ist. #00:02:00-9#

Radiomoderator:

Diese Art Leben, das da in die zum Teil recht angestaubten Gottesdienstformen hinein gebracht wurde, kam jedenfalls an. #00:02:07-6#

Gottesdienstbesucher 1:

Ich find es sehr spannend. #00:02:08-9#

Gottesdienstbesucher 2:

Ja ich fand es sehr gut, also ich hatte auch jetzt gehört, dass das ähm mit dem Theater zusammen war und das war ein Grund für mich also hierher zu kommen. #00:02:14-9#

Radiomoderator:

Stellt sich die Frage: Reicht die Bibel mit ihren farbigen Schilderungen nicht mehr aus? Mit ihren Erzählungen vom Glück und Elend der Menschheit? #00:02:22-8#

Gottesdienstbesucherin:

Also ich würd sagen die Bibel hat ziemlich viel Sprengstoff selber, aber ähm das geht unter, wenn das in äh so langer Tradition in der Kirche immer ähhh so nett erzählt wird. Also man könnte auch aus der Bibel selber so was rausholen, würd ich mal behaupten. #00:02:37-7#

Radiomoderator:

Nur das – so die Kritik – machen die Pastoren zu selten. Und beabsichtigt oder nicht Theater in der Kirche verändert ihre Rollen. Lässt sie, die sonst die Hauptfiguren sind, schon fast zu Kleindarstellern schrumpfen. #00:02:50-5#

Gottesdienstbesucher 3:

Das war hat doch noch ein Leben auf eine ganz andere, neue Art hereingebracht, als es sonst da is, also is fast fand ich manchmal die Gefahr, dass dann die Pastoren in der Kirche nicht mehr so gut aussehen. #00:03:00-5#

(Musik)

Radiomoderatorin:

Kirche und Theater – ein Projekt in der Göttinger Albanikirche. Ein Beitrag von Martin Kunze. #00:03:07-6#

15. Literaturverzeichnis

15.1 Lehrbücher und Monographien

Alanus de Insulis, Summa de arte praedicatoria. Opera omnia, PL 210, Sp. 109 -198
Albrecht, Horst, Arbeiter und Symbol. Soziale Homiletik im Zeitalter des Fernsehens, München u.a. 1982
— Predigen. Anregungen zur geistlichen Praxis, Stuttgart u.a. 1985 Arens, Heribert, Die Predigt als Lernprozeß, München 1972
—u.a., Kreativität und Predigtarbeit. Vielseitiger denken, einfallsreicher predigen, München 1974; 4. Aufl. 1982
—u.a., Positiv predigen. Homiletische Hilfen und Beispiele, München 1977
Arnoldshainer Konferenz/Theologischer Ausschuß, Das Buch Gottes. Elf Zugänge zur Bibel; ein Votum des Theologischen Ausschusses der Arnoldshainer Konferenz, Neukirchen-Vluyn 1992; 2. Aufl. 1993
—Möglichkeiten und Grenzen eines politischen Zeugnisses der Kirche und ihrer Mitarbeiter. Ein Votum des Theologischen Ausschusses der Arnoldshainer Konferenz, Neukirchen-Vluyn 1982
Austin, John L., Zur Theorie der Sprechakte (How to do things with words). Dt. Bearb. von Eike von Savigny, Stuttgart 1972; 2. Aufl. 1979

Bahr, Hans-Eckehard, Verkündigung als Information. Zur öffentlichen Kommunikation in der demokratischen Gesellschaft, Hamburg 1968
Baldermann, Ingo, Die Bibel – Buch des Lernens. Grundzüge biblischer Didaktik, Göttingen 1980
Barié, Helmut, Predigt braucht Konfirmanden. Wege zu einer einheitlichen Verkündigung an Jugendliche und Erwachsene, Stuttgart 1988
—Predigt und Arbeitswelt. Analyse und praktische Anregungen, Stuttgart 1989
Die Barmer theologische Erklärung. Einführung und Dokumentation, hg. v. Alfred Burgsmüller und Rudolf Weth, 5., bearb. und erg. Aufl., Neukirchen-Vluyn 1993
Barth, Karl, Homiletik. Wesen und Vorbereitung der Predigt, (Nachschr. d. homilet. Seminars "Übungen in der Predigtvorbereitung" im Wintersemester 1932 und Sommersemester 1933 in Bonn. Die Bereinigung des Manuskriptes und Bereitstellung zum Druck besorgte Günter Seyfferth), Zürich 1966; 2. Aufl. 1985; 3. Aufl. 1986
—Die kirchliche Dogmatik, Bd. IV/3, Zürich 1959
Bastian, Hans-Dieter, Verfremdung und Verkündigung. Gibt es eine theologische Informationstheorie?, München 1965
Bauer, Barbara, Jesuitische "ars rhetorica" im Zeitalter der Glaubenskämpfe, Frankfurt am Main u.a. 1986
Bauer, Johannes, Schleiermacher als patriotischer Prediger. Ein Beitrag zur Geschichte der nationalen Erhebung vor hundert Jahren, Gießen 1908
Baumgarten, Otto, Die persönlichen Erfordernisse des geistlichen Berufs, Tübingen 1910
—Predigt-Probleme. Hauptfragen der heutigen Evangeliumsverkündigung, Tübingen u.a. 1904
—Protestantische Seelsorge, Tübingen 1931
Barth, Ulrich, Gott im Selbstbewußtsein der Moderne, Hans – Walter Schütte zum 1. November 1992, Gütersloh 1993

Bawden, Liz-Anne (Hg.), rororo-Filmlexikon, Bd. 2: Filme K-S, Reinbek bei Hamburg 1978
Beisser, Friedrich, Claritas scripturae bei Martin Luther, Göttingen 1966
Die Bekenntnisschriften der evangelisch-lutherischen Kirche, 11. Aufl., Göttingen 1992
Bekenntnisschriften und Kirchenordnungen der nach Gottes Wort reformierten Kirche, hg. v. Wilhelm Niesel, Zürich 1985
Berger, Klaus, Gottes einziger Ölbaum. Betrachtungen zum Römerbrief, Stuttgart 1990
—Exegese des Neuen Testaments. Neue Wege vom Text zur Auslegung, 3., erneut durchges. und erg. Aufl., Heidelberg 1991
—Einführung in die Formgeschichte, Tübingen 1987
Biehl, Peter, Symbole geben zu lernen. Bd. 1: Einführung in die Symboldidaktik anhand der Symbole Hand, Haus und Weg, 2., durchges. Aufl., Neukirchen-Vluyn 1991; Bd. 2: Zum Beispiel: Brot, Wasser und Kreuz. Beiträge zur Symbol- und Sakramentdidaktik, Neukirchen-Vluyn 1993
Bloch, Ernst, Das Prinzip Hoffnung. In fünf Teilen, 2 Bde., Frankfurt am Main 1959
Block, Johannes, die Rede von der Sünde in der Predigt der Gegenwart, Theologischer Verlag Zürich 2012
Blühm, Reimund u.a., Kirchliche Handlungsfelder. Gemeindepädagogik, Pastoralpsychologie, Liturgik, Kirchenmusik, Kirchenbau und kirchliche Kunst der Gegenwart, Stuttgart u.a. 1993
Blum, Erhard, Die Komposition der Vätergeschichte, Neukirchen-Vluyn 1984
Bohren, Rudolf, Daß Gott schön werde. Praktische Theologie als theologische Ästhetik, München 1975
—Predigtlehre, München 1971; 6. Aufl., Gütersloh 1993
Bonin, Konrad von (Hg.), Deutscher Evangelischer Kirchentag Ruhrgebiet 1991, München 1991
—(Hg.), Deutscher Evangelischer Kirchentag München 1993, Gütersloh 1993
—(Hg.), Deutscher Evangelischer Kirchentag Hamburg 1995, Gütersloh 1995
Booth, Wayne C., Die Rhetorik der Erzählkunst, 2 Bde., Heidelberg 1974
Brunner, Emil, Dogmatik. Bd. 3: Die christliche Lehre von der Kirche, vom Glauben und von der Vollendung, Zürich 1960
Brunstäd, Friedrich, Adolf Stoecker. Wille und Schicksal, Berlin 1935
Bukowski, Peter, Predigt wahrnehmen. Homiletische Perspektiven, 2. Aufl., Neukirchen-Vluyn 1993; 3. Aufl. 1995
Bultmann, Rudolf, Marburger Predigten, 2. Aufl., Tübingen 1968
—Neues Testament und Mythologie. Das Problem der Entmythologisierung der neutestamentlichen Verkündung, 3. Aufl., Nachdr. der 1941 erschienenen Fassung, hg. v. Eberhard Jüngel, München 1988
Burger, Hilde, De zandloper von Genesis, Zoetemeer: Boekencentrum, 2002

Cardenal, Ernesto, Das Evangelium der Bauern von Solentiname. Gespräche über das Leben Jesu in Lateinamerika, 3. Aufl., Wuppertal 1977
Christsein gestalten. Eine Studie zum Weg der Kirche, hg. v. Kirchenamt im Auftrag des Rates der Evangelischen Kirche in Deutschland, 4. Aufl., Gütersloh 1987
Cicero, Marcus Tullius, De oratore = Über den Redner. Lat. und Dt., übers. und hg. v. Harald Merklin, 2., durchges. und erg. Aufl., Stuttgart 1981
Cordeman, Claas u.a, Hrsgg, Kirche vor Ort neu denken, Evangelische Akademie Loccum Loccum 2014
Codex des kanonischen Rechtes. Lateinisch-deutsche Ausgabe, mit Sachverzeichnis, hg. im Auftrag der Deutschen und der Berliner Bischofskonferenz, 2., verb. und verm. Aufl., Kevelaer 1984; 4. Aufl. 1994
Conciliorum oecumenicorum decreta. Curantibus Josepho Alberigo ... Ed. 3, Bologna 1973

Constitutio de sacra liturgia = Konstitution über die heilige Liturgie. In: Das Zweite Vatikanische Konzil. Konstitutionen, Dekrete und Erklärungen; Lat. und Dt.; Kommentare, Teil 1 (= LThK, Suppl. 1) Freiburg u.a. 1966, S. 9 – 109

Conrad, Ruth, Kirchenbild und Predigtziel, eine problemgeschichtliche Studie zu ekklsiologischen Dimension der Homilletik, Mohr Siebeck Tübingen 2012, S.439.

Culler, Jonathan, On Deconstruction. Theory and criticism after structuralism, London u.a. 1983

Dahm, Karl-Wilhelm, Beruf: Pfarrer. Empirische Aspekte zur Funktion von Kirche und Religion in unserer Gesellschaft, 2. Aufl., München 1972

Daiber, Karl-Fritz, Leiden als Thema der Predigt. Bericht über eine Predigtreihe, München 1978

—u. a., Kommunikation zwischen Predigern und Hörern. Sozialwissenschaftliche Untersuchungen, Predigen und Hören, Bd. 2, München 1983

—Predigt als religiöse Rede. Homiletische Überlegungen im Anschluß an eine empirische Untersuchung, Predigen und Hören 3, München 1991

Dalferth, Ingolf (Hg.), Sprachlogik des Glaubens. Texte analytischer Religionsphilosophie und Theologie zur religiösen Sprache, München 1974

Damblon, Albert, Zwischen Kathedra und Ambo. Zum Predigtverständnis des II. Vatikanums – aufgezeigt an den liturgischen Predigtorten, Düsseldorf 1988

Dannowski, Hans Werner, Kompendium der Predigtlehre, Gütersloh 1985; 2. Aufl. 1990

Denecke, Axel, Gottes Wort als Menschenwort. Karl Barths Predigtpraxis – Quelle seiner Theologie, Hannover 1989

—Persönlich predigen. Anleitungen und Modelle für die Praxis, Gütersloh 1979

—Treffpunkt Gottesdienst. Predigt und Gottesdienst im Kontakt mit der Gemeinde; Anleitungen, Modelle, Materialien, Gütersloh 1983

Derrida, Jacques, L'écriture et la différance, Paris 1967. Englisch: Writing and difference, Chicago 1978. Deutsch: Die Schrift und die Differenz, Frankfurt am Main 1972; 4. Aufl. 1989

—Marges de la philosophie, Paris 1972. Englisch: Margins of philosophy, Chicago 1986. Deutsch: Randgänge der Philosophie, Wien 1988

Dilthey, Wilhelm, Leben Schleiermachers, Bd. 1, Berlin 1870

Dockhorn, Klaus, Macht und Wirkung der Rhetorik. Vier Aufsätze zur Ideengeschichte der Vormoderne, Bad Homburg v.d.H. u.a. 1968

Drehsen, Volker Neuzeitliche Konstitutionsbedingungen der Praktischen Theologie. Aspekte der theologischen Wende zur sozialkulturellen Lebenswelt christlicher Religion, Gütersloh 1988

—, Gräb Wilhelm; Weyel Birgit Hgg., Kompendium Religionstheorie, Göttingen 2005

Ebertz, Michael N.; Schmidt-Degenhard, Hg., Was glauben die Hessen?, Lit Verlag Münster 2015

Egli, Andreas, Erzählen in der Predigt. Untersuchungen zu Form und Leistungsfähigkeit erzählender Sprache in der Predigt, Zürich 1995

Enzner-Probst, Brigitte, Zwischen Berufung und Beruf. Zur seelsorgerlichen Begleitung von Theologiestudierenden, Frankfurt am Main u.a. 1988

Erscheid-Stams, Markus, Regina Laudage-Kleeberg, Thomas Rünker, Hgg., Kirchensaustritt – oder nicht?, Freiburg, Basel, Wien, 2018

Evangelische Kirche in Deutschland, Statistik über das kirchliche Leben in den Gliedkirchen der EKD in den Jahren 1988 und 1989, Hannover 1992

Daniel Faßhauer, Kirche, Jugend, Internet, Landeskirche von Kurhessen Waldeck im Netz – Erreichbarkeit und Einbindung der jungen Generation nach der Konfirmation mittels einer speziellen Homepage, Kassel 2015

Faulstich, Werner, Medientheorien. Einführung und Überblick, Göttingen 1991
Fechtner, Kristian, Jan Hermelink, Martina Kumlehn, Ulricke Wagner-Rau, Hgg., Praktische Theologie, Ein Lehrbuch, Stuttgart 2017
Frank, Manfred, Was ist Neostrukturalismus?, Frankfurt am Main 1984
Frank, Walter, Hofprediger Adolf Stoecker und die christlich-soziale Bewegung, 2., durchges. Aufl., Hamburg 1935
Frankenmölle, Hubert, Der Brief des Jakobus, ÖTBK 17, 2 Bde., Gütersloh u.a. 1994
Frankl, Viktor Emil, Logos und Existenz. Drei Vorträge, Wien 1951
—Theorie und Therapie der Neurosen. Einführung in Logotherapie und Existenzanalyse, Wien u.a. 1956; 4., erw. und erg. Aufl., München u.a. 1975; 7., aktualisierte Aufl. 1993
—Der unbewußte Gott. Psychotherapie und Religion, Wien 1949; München 1974; 8. Aufl. 1991
Fremde Heimat Kirche. Ansichten ihrer Mitglieder; erste Ergebnisse der dritten EKD-Umfrage über Kirchenmitgliedschaft, hg. v. der Studien- und Planungsgruppe der EKD, Hannover 1993
Fricke, Harald, Literatur und Literaturwissenschaft. Beiträge zu Grundfragen einer verunsicherten Disziplin, Paderborn u.a. 1991
Friedemann, Käte, Die Rolle des Erzählers in der Epik, (unveränd. reprograph. Nachdr. d. Ausg. Berlin 1910), Darmstadt 1965
Fuchs, Ottmar, Die lebendige Predigt, München 1978

Gadamer, Hans-Georg, Wahrheit und Methode. Grundzüge einer philosophischen Hermeneutik, 4. Aufl., (unveränd. Nachdr. d. 3., erw. Aufl.), Tübingen 1975
Gandras, Joachim, Predigt als Zeugendienst bei Hans Joachim Iwand. Aspekte und Perspektiven einer homiletischen Theorie und theologischen Kommunikation nach seinen Predigtmeditationen im Kontext seiner Theologie, Göttingen 1975
Geest, Hans van der, Du hast mich angesprochen. Die Wirkung von Gottesdienst und Predigt, 3. Aufl., Zürich 1990
—Unter vier Augen. Beispiele gelungener Seelsorge, 4. Aufl., Zürich 1990
Geier, Manfred, Methoden der Sprach- und Literaturwissenschaft. Darstellung und Kritik, München 1983
Gottesdienstpraxis, hg. von Domay, Erhard u.a., Gütersloh 1978ff.
Gräb, Wilhelm, Predigt als Mitteilung des Glaubens. Studien zu einer prinzipiellen Homiletik in praktischer Absicht, Gütersloh 1988
Greiffenhagen, Martin (Hg.), Das evangelische Pfarrhaus. Eine Kultur- und Sozialgeschichte, Stuttgart 1984; 2. Aufl.1991
Grözinger, Albrecht, Praktische Theologie und Ästhetik. Ein Beitrag zurGrundlegung der praktischen Theologie, 2. Aufl., München 1991
—Die Sprache des Menschen. Grundwissen für Theologen, München 1991
Grünberg, Wolfgang, Homiletik und Rhetorik. Zur Frage einer sachgemäßen Verhältnisbestimmung, Gütersloh 1973
Grundmann, Walter, Das Evangelium nach Matthäus, ThHK 1, 7. Aufl., Berlin 1990
Gutmann, David, u.a, Hrgb, Kirche – ja bitte, Innovative Modelle und strategische Perspektiven von gelungener Mitgliederorientierung, Neukirchen 2019.
Haberer, Johanna, Gottes Korrepondenten, Geistliche Rede in der Mediengesellschaft, Kohlhammer, Stuttgart 2004
—Digitale Theologie, Kösel, München 2015
Habermas, Jürgen, Theorie des kommunikativen Handelns, 2 Bde., Frankfurt am Main 1988
Haendler, Otto, Die Predigt. Tiefenpsychologische Grundlagen und Grundfragen, Berlin 1941; 3., durchgearb. und erw. Aufl. 1960

Hardmeier, Christof, Realitätssinn und Gottesbezug, geschichtstheologische und erkenntnis-anthropologische Studien zu Genesis 22 und Jeremia 2, – 6, Neukirchener Verlag, Neukirchen 2006
Hasselmann, Niels, Predigthilfen und Predigtvorbereitung. Exemplarische Methodenprofile deutsch-sprachiger ev. Predigtvorbereitungshilfen seit 1934 und ein Modell ihrer hermeneutischen und kommunikativen Grundfaktoren samt der sich daraus ergebenden methodischen Kategorien, Gütersloh 1977
Hauschildt, Eberhard, Rudolf Bultmanns Predigten. Existentiale Interpretation und lutherisches Erbe, Marburg 1989
Herausforderung „Examanspredigt", in: Pastoraltheologie 106. Jg., Heft 2017/3, S. 100 – 120
Haushofer, Heinz, Die deutsche Landwirtschaft im technischen Zeitalter, Stuttgart 1963
Heintze, Gerhard, Luthers Predigt von Gesetz und Evangelium, München 1958
Herbst, Wolfgang (Hg.), Evangelischer Gottesdienst. Quellen zu seiner Geschichte, 2., völlig neubearb. Aufl., Göttingen 1992
Herlyn, Okko, Theologie der Gottesdienstgestaltung, 2. Aufl., Neukirchen-Vluyn 1992
Hermelink, Heinrich, Das Christentum in der Menschheitsgeschichte von der Französischen Revolution bis zur Gegenwart. Bd. 3: Nationalismus und Sozialismus. 1870-1914, Stuttgart 1955
Hermelink, Jan, Die homiletische Situation. Zur jüngeren Geschichte eines Predigtproblems, Göttingen 1992
— Kirchliche Organisation und das Jenseits des Glaubens, Gütersloher Verlagshaus Gütersloh 2011
— Kirche leiten in Person, Evangelische Verlagsanstalt, Leipzig 2014
Herrmann, Wolfgang, Die Angst der Theologen vor der Kirche. Gegen den Praxisverlust der Theologie, Stuttgart u.a. 1973
Hertel, Friedrich, Das theologische Denken Schleiermachers. Untersucht an der ersten Auflage seiner Reden "Über die Religion", Zürich 1965
Heue, Rolf; Lindner, Reinhold, Der Prediger und sein Hörer, = Arbeitsgemeinschaft Missionarische Dienste (Hg.), Studienbriefe Predigt, P 1, Stuttgart 1974
Heyer, Walther (Bearb.), Evangelische Kirchenbautagung Rummelsberg 1951, hg. v. Arbeitsausschuß des evangelischen Kirchenbautags, Berlin 1951; wieder abgedruckt bei Wolfgang Herbst (Hg.), Evangelischer Gottesdienst, 2., völlig neubearb. Aufl., Göttingen 1992, S. 251-257
Hipp, Hermann, Studien zur 'Nachgotik' des 16. und 17. Jahrhunderts in Deutschland, Böhmen, Österreich und der Schweiz, 3 Bde., Tübingen 1979
Hirschler, Horst, Biblisch predigen, 2. Aufl., Hannover 1988; 3. Aufl. 1992
—Konkret predigen. Anleitungen und Beispiele für die Praxis, Gütersloh 1977
Hoffsümmer, Willi, Anschauliche Predigten für Kinder-, Jugend- und Familiengottesdienste, 5. Aufl., Mainz 1993
—133 Kinderpredigten. Mit Gegenständen aus dem Alltag, 7. Aufl., Mainz 1992
—144 Zeichenpredigten durch das Kirchenjahr. Mit Gegenständen aus dem Alltag, 5. Aufl., Mainz 1991
Hörnig, Patrik C., Jugendlichen begegnen, Arbeitsbuch Jugendarbeit, Stuttgart 2017
Huber, Wolfgang; Friedrich, Johannes Friedrich; Steinacker, Peter; Hgg., Die vierte EKD-Erhebung über Kirchenmitgliedschaft, Kirche in der Vielfalt der Lebensbezüge, Gütersloher Verlagshaus 2006

Iwand, Hans Joachim, Predigt-Mediationen [1], Göttingen 1963; 4. Aufl. 1984
—Predigt-Meditationen, Zweite Folge, Göttingen 1973

Jaspers, Karl, Einführung in die Philosophie. 12 Radiovorträge, München 1953
—Psychologie der Weltanschauungen, 5., unveränd. Aufl., Berlin u.a. 1960
Jede(r) ein Sonderfall? Religion in der Schweiz; Ergebnisse einer Repräsentativbefragung, die Autoren: Claude Bovay ... Alfred Duchbach und Roland J. Campiche (Hg.), 2. Aufl., Zürich u.a. 1993
Jens, Walter, Das A und das O. Die Offenbarung des Johannes, Stuttgart 1987
—Am Anfang das Wort. Das Johannes-Evangelium, Stuttgart 1993
—Am Anfang der Stall, am Ende der Galgen. Jesus von Nazareth, seine Geschichte nach Matthäus, Stuttgart 1977
—Assoziationen. Gedanken zu biblischen Texten, 8 Bde., Stuttgart 1978 – 1983
—Die Zeit ist erfüllt, die Stunde ist da. Das Markus-Evangelium, Stuttgart 1990
Josuttis, Manfred, Gesetzlichkeit in der Predigt der Gegenwart, München 1966; 2. Aufl. 1969
—Der Pfarrer ist anders. Aspekte einer zeitgenössischen Pastoraltheologie, 4. Aufl., München 1991
—Rhetorik und Theologie in der Predigtarbeit. Homiletische Studien, München 1985
—Der Weg in das Leben. Eine Einführung in den Gottesdienst auf verhaltenswissenschaftlicher Grundlage, 2. Aufl., Gütersloh 1993
Jugend auf dem Kirchentag. Eine empirische Analyse, Tilman Schmieder; Klaus Schumacher (Hg.). Von Feige, Andreas ..., Stuttgart 1984

Kaempfert, Manfred (Hg.), Probleme der religiösen Sprache, Darmstadt 1983
Kamphaus, Franz (Hg.) u.a., Ethische Predigt und Alltagsverhalten, München 1977
Kilian, Rudolf, Isaaks Opferung. Zur Überlieferungsgeschichte von Gen. 22, Stuttgart 1970
Kilpatrick, George D., The origins of the Gospel according to St. Matthew, Oxford 1950
Kirche in der Vielfalt der Lebensbezüge: die vierte EKD-Erhebung über Kirchenmitgliedschaft, Wolfgang Huber, Hg., Gütersloh 2006
Kirchmeier, Bernhard, Glaubensempfhelungen, Eine anthroplogische Sichtung zeitgenössischer Predigtkultur, Leipzig, 2017
Kleist, Heinrich von u.a., Marionetten und Übermarionetten, Berlin 2011
Klepper, Jochen, Der Vater. Roman des Soldatenkönigs, Stuttgart 1981
Klie, Thomas und Nord, Ilona, Hrsg.) Tod und Trauer im Netz, Mediale Kommunikationen in der Besattungskultur, Verlag W. Kohlhammer, Stuttgart 2016
Köhler, Walther, Dogmengeschichte als Geschichte des christlichen Selbstbewußtseins. Bd. 2: Das Zeitalter der Reformation, aus dem Nachlaß hg. v. Hans Barth, Zürich 1951
—(Hg.) Dokumente zum Ablaßstreit von 1517, 2. bearbeitete Aufl. Tübingen 1934
Kommerell, Max, Lessing und Aristoteles. Untersuchung über die Theorie der Tragödie, Frankfurt am Main 1940; 5. Aufl. 1984
Konrad, Joachim, Die evangelische Predigt. Grundsätze und Beispiele homiletischer Analysen; Vergleich und Kritiken, Bremen 1963
Kriegstein, Matthias von, Predigt als Gespräch. Pastoralpsychologische und didaktische Reflexion von Predigten und Gesprächsgottesdiensten, Stuttgart u.a. 1979
Kümmel, Werner Georg, Einleitung in das Neue Testament, 21., erneut erg. Aufl., Heidelberg 1983
Kunz, Ralf / Thomas Schlag, Hgg., Handbuch für Kirchen- und Gemeindeentwicklung, Neukirchen-Vluyn, 2014.

Laarmann, Heriburg, Mit Zeichen und Symbolen. Neue Familiengottesdienste, 8. Aufl., Freiburg u.a. 1994
Landau, Erika, Psychologie der Kreativität, 3. Aufl., München u.a. 1974

Lange, Ernst, Chancen des Alltags. Überlegungen zur Funktion des christlichen Gottesdienstes in der Gegenwart, München 1984
—Predigen als Beruf. Aufsätze, hg. v. Rüdiger Schloz, Stuttgart u.a. 1976
Lessing, Gotthold Ephraim, Hamburgische Dramaturgie. In: ders., Werke. In sechs Bänden, auf Grund der von Julius Petersen und Waldemar von Olshausen besorgten Ausg. neu bearb. von Fritz Fischer, Zürich u.a. 1965, Bd. 4
Linguistica Biblica, hg. von Güttgemanns, Bonn 1970ff
Lüdemann, Gerd, Texte und Träume. Ein Gang durch das Markusevangelium in Auseinandersetzung mit Eugen Drewermann, 2., durchges. Aufl., Göttingen 1993
Luther, Henning, Frech achtet die Liebe das Kleine. Biblische Texte in Szene setzen; Spätmoderne Predigten, Stuttgart 1991
—Religion, Subjekt, Erziehung. Grundbegriffe der Erwachsenenbildung am Beispiel der Praktischen Theologie Friedrich Niebergalls, München 1984
—Religion und Alltag. Bausteine zu einer praktischen Theologie des Subjekts, Stuttgart 1992
Luther, Martin, Daß der freie Wille nichts sei. Antwort Martin Luthers an Erasmus von Rotterdam, von Bruno Jordahn neu übers., 3. Aufl., München 1954; Neuausg. 1962. In: Martin Luther, Ausgewählte Werke, hg. v. H. H. Borcherdt und Georg Merz, Ergänzungsreihe, Bd. 1
—Werke. Kritische Gesamtausgabe, Weimar 1883ff.
Luz, Ulrich, Das Evangelium nach Matthäus, EKK, Bd.1: Mt. 1-7; 3., durchges. Aufl., Zürich u.a. 1992

Mai, Hartmut, Der evangelische Kanzelaltar. Geschichte und Bedeutung, Halle/Saale 1969
Magin, Charlotte, Schwier, Helmut, Kanzel, Kreuz und Kamera, Impulse für Gottesdienst und Predigt, Evangelische Verlagsanstalt Leipzig. 2005
Meier-Dörken, Christoph, Die Theologie der frühen Predigten Schleiermachers, Berlin u.a. 1988
Melanchthon, Philipp, Opera quae supersunt omnia, ed. Bretschneider, Carl Gottlieb, Vol. 16ff. Bindseil, Heinrich Ernst, Corpus Reformatorum, Bd. 1 – 28 u.a., 28 Bde., Halle 1834-1860, Nachdr. 1963/64; Supplementa Melanchtoniana, 5 Bde., 1910-29, Nachdr. 1967
Meyer zu Uptrup, Klaus, Gestalthomiletik. Wie wir heute predigen können, Stuttgart 1986
Mildenberger, Friedrich, Kleine Predigtlehre, Stuttgart u.a. 1984
Möller, Christian, Seelsorgerlich predigen. Die parakletische Dimension von Predigt, Seelsorge und Gemeinde, Göttingen 1983; 2. Aufl. 1990
Müller, Alfred Dedo, Grundriß der praktischen Theologie, Gütersloh 1950
Müller, Hans Martin, Homiletik. Eine evangelische Predigtlehre, Berlin u.a.1996
Müller, Peter, "Wer ist dieser?" Jesus im Markusevangelium; Markus als Erzähler, Verkündiger und Lehrer, Neukirchen-Vluyn 1995
Müller-Schwefe, Hans-Rudolf, Homiletik, 3 Bde., Hamburg 1961-1973
—Zur Zeit oder zur Unzeit. Eine Anthologie moderner Predigten, Stuttgart 1958
Nembach,Ulrich, Hrsg, Internetpredigten. Zur Sprache der Predigt in der globaliserten Welt, Frankfurt am Main, 2013.
—Gruppe: Chance der Gemeinde. Zur Theologie und Empirie lebendiger Gruppenarbeit, Frankfurt am Main u.a. 1989
—Radio neu gesehen, Hörfunk als modernes Brauchtum. Ein Beitrag zu einer Theorie des Hörens und Sendens und für eine zukünftige Rundfunkhomiletik, Frankfurt am Main u.a. 1989
— Alltag in Familien. Eine Untersuchung zur Sprache und Situation von Familien mit heranwachsenden Kindern, Frankfurt am Main u.a. 1988
—u.a., $10m^2$ – Student 1982. Arbeiten, wohnen, schlafen im Heim, Frankfurt am Main u.a. 1986

—Predigt des Evangeliums. Luther als Prediger, Pädagoge und Rhetor, Neukirchen-Vluyn 1972
Neuner, Josef; Roos, Heinrich, Der Glaube der Kirche in den Urkunden der Lehrverkündigung, neubearb. von Rahner, Karl, und Weger, Karl-Heinz, 13. Aufl., Regensburg 1992
Niebergall, Friedrich, Wie predigen wir dem modernen Menschen?, 3 Bde., Tübingen 1902-1921
Nitschke, Horst (Hg.), Erzählende Predigten, Gütersloh 1976
—(Hg.), Erzählende Predigten 2, Gütersloh 1981
Nord, Ilona und Luthe Swantje, Social Media, christliche Religiosität und Kirche, Garamond Verlag Jena 2014

Otto, Gert, Von geistlicher Rede. Sieben theoretische Profile, Gütersloh 1979
—Predigt als Rede. Über die Wechselwirkung von Homiletik und Rhetorik, Stuttgart u.a. 1976
—Predigt als rhetorische Aufgabe. Homiletische Perspektiven, Neukirchen-Vluyn 1987
—Wie entsteht eine Predigt. Ein Kapitel praktischer Rhetorik, München 1982
—Rhetorisch predigen. Wahrheit als Mitteilung: Beispiele zur Predigtpraxis. Mit einem Beitrag von Ottmar Fuchs, Gütersloh 1981

Pannenberg, Wolfhart, Anthropologie in theologischer Perspektive, Göttingen 1983
Pater, Wim A. de, Theologische Sprachlogik, München 1971
Pfister, Manfred, Das Drama. Theorie und Analyse, 5., durchges. und erg. Aufl., München 1988; 8. Aufl. 1994
Piper, Hans-Christoph, Kommunizieren lernen in Seelsorge und Predigt. Ein pastoraltheologisches Modell, Göttingen 1981
—Predigtanalysen. Kommunikation und Kommunikationsstörungen in der Predigt, Göttingen 1976
Poscharsky, Peter, Die Kanzel. Erscheinungsform im Protestantismus bis zum Ende des Barocks, Gütersloh 1963
Postmoderne – globale Differenz, hg. von Weimann, Robert, Frankfurt am Main 1991

Quintilianus, Marcus Fabius, Institutio oratoria libri XII = Ausbildung des Redners, Zwölf Bücher, hg. und übers. von Helmut Rahn, 2 Bde., Darmstadt 1972 u. 1975; 3. Aufl. 1995

Rad, Gerhard von, Das Opfer des Abraham. Mit Texten von Luther, Kierkegaard, Kolakowski und Bildern von Rembrandt, 2. Aufl., München 1976
Rebensdorf, Hilke; Ahrens, Petra-Angela, Wegner, Gerhard, Potenziale vor Ort, Evangelische Verlagsanstalt Leipzig 2015
Reich, Andreas, Friedrich Schleiermacher als Pfarrer an der Berliner Dreifaltigkeitskirche 1809-1834, Berlin u.a. 1992
Reller, Horst (Hg.), Handbuch Religiöse Gemeinschaften. Freikirchen, Sondergemeinschaften, Sekten, Weltanschauungen, missionierende Religionen des Ostens, Neureligionen, Psycho-Organisationen, 4., völlig überarb. und erw. Aufl., Gütersloh 1993
Reventlow, Henning Graf, Opfere deinen Sohn – eine Auslegung von Genesis 22, Neukirchen-Vluyn 1968
Riemann, Fritz, Grundformen der Angst und die Antinomien des Lebens, München 1961; 14. Aufl. 1994
Riess, Richard, Pfarrer werden? Zur Motivation von Theologiestudenten, Göttingen 1986
Ringleben, Joachim, Jesus, Tübingen 2008
Rinn, Angela, Die Kurze Form der Predigt, Vandenhoeck & Ruprecht, Göttingen 2016
Rössler, Dietrich, Grundriß der praktischen Theologie, Berlin u.a. 1986; 2., erw. Aufl. 1994
Rommel, Kurt (Hg.), Familiengottesdienste im Kirchenjahr, Bd. 5, Stuttgart 1983

Rothermundt, Jörg, Der Heilige Geist und die Rhetorik. Theologische Grundlinien einer empirischen Homiletik, Gütersloh 1984
Runge, Rüdiger (Hg.), Kirchentag '89. Berichte und Materialien aus Berlin, München 1989

Schlag Thomas, Aufmerksam predigen. Eine homiletische Grundperspektive, Theologischer Verlag Zürich 2014
Schellong, Dieter, Zur politischen Predigt, München 1959
Schleiermacher, Friedrich Daniel Ernst, Kritische Gesamtausgabe, hg. von Birkner, Hans-Joachim, ..., Berlin u.a. 1980ff.
—Der christliche Glaube nach den Grundsätzen der evangelischen Kirche im Zusammenhange dargestellt, 7. Aufl., auf Grund der zweiten Aufl. und krit. Prüfung des Textes hg. und mit einer Einleitung, Erläuterungen und Register versehen von Martin Redeker, 2 Bde., Berlin 1960
—Kurze Darstellung des theologischen Studiums zum Behuf einleitender Vorlesungen, 1. Aufl. 1811; 2. Aufl. 1830; krit. Ausg. mit Einleitung und Register von Heinrich Scholz, Leipzig 1910, (Reprogr. Nachdr., Darmstadt 1993)
—Die praktische Theologie nach den Grundsätzen der evangelischen Kirche im Zusammenhange dargestellt, hg. v. Jacob Frerichs, Friedrich Schleiermacher's sämmtliche Werke, Abth. 1, Bd. 13, Berlin 1850
—Predigten. Bd. 1, Neue Ausg., Berlin 1843
—Reden über die Religion. Kritische Ausgabe, mit Zugrundelegung des Textes der 1. Aufl. besorgt von G. Ch. Bernhard Pünjer, Braunschweig 1879
Schleiermachers Leben., Aus. In Briefen, 4 Bde., 2. Aufl., Berlin 1860-63, Nachdr. Berlin u.a. 1974
Schmieder, Tilman (Hg.) u.a., Jugend auf dem Kirchentag. Eine empirische Analyse von Andreas Feige u.a., Stuttgart 1984
Schott, Christian-Erdmann, Predigtgeschichte als Zugang zur Predigt, Stuttgart 1986
Schütz, Werner, Geschichte der christlichen Predigt, Berlin u.a. 1972
—Vom Text zur Predigt. Analysen und Modelle, Witten 1968
Schwebel, Horst, Das Christusbild in der bildenden Kunst der Gegenwart, Gießen 1980
Schweizer, Alexander, Schleiermachers Wirksamkeit als Prediger, Halle 1834
Shannon, Claude E., Weaver, Warren, Mathematische Grundlagen der Informationstheorie. Dt. Übers.: Helmut Dressler, München u.a. 1976
Sölle, Dorothee, Phantasie und Gehorsam. Überlegungen zu einer künftigen christlichen Ethik, 12. Aufl., Stuttgart u.a. 1988
Spiegel, Yorick, Glaube, wie er leibt und lebt. Bd. 1: Die Macht der Bilder, München 1984
Stanzel, Franz K., Theorie des Erzählens, 2., verb. Aufl., Göttingen 1982; 6. Aufl. 1995
Steiger, Johann Anselm, Heinen, Ulrich, Hgg. Isaaks Opferung (Gen 22) in den Konfessionen und Medien der Neuzeit, Walter de Gruyter Berlin und New York, 2006
Stendahl, Krister, The School of St. Matthew, and its use of the Old Testament, Uppsala 1954
Stetter, Manuel, Die Predigt als Praxis der Veränderung: ein Beitrag zur Praxis der Veränderung, Göttingen 2018
Stollberg, Dietrich, Predigt praktisch. Homiletik – kurz gefaßt, mit zehn Predigtentwürfen, Göttingen 1979
Strecker, Georg, Schnelle, Udo, Einführung in die neutestamentliche Exegese, 3., durchges. und erg. Aufl., Göttingen 1989
—Der Weg der Gerechtigkeit. Untersuchung zur Theologie des Matthäus, 2., um einen Nachtrag erw. Aufl., Göttingen 1966
Strobel, August, Der erste Brief an die Korinther, ZBK. NT 6,1, Zürich 1989
Sulze, Emil, Die Reform der evangelischen Landeskirchen nach den Grundsätzen des neuen Protestantismus, Berlin 1906

Thielicke, Helmut, Kleines Exerzitium für Theologen, Hamburg 1959; Neuausg. 1965
Tillich, Paul, Systematische Theologie, Bd. 1/2, 8. Aufl., Berlin u.a. 1984, unveränd. photomechan. Nachdr. 1987
Traupe, Gert, Studium der Theologie. Studienerfahrungen und Studienerwartungen, Stuttgart u.a. 1990
Trillhaas, Wolfgang, Einführung in die Predigtlehre, Darmstadt 1974; 5., unveränd. Aufl. 1991
—Evangelische Predigtlehre, München 1935; 5., durchges. Aufl. 1964
—Schleiermachers Predigt und das homiletische Problem, Leipzig 1933; 2., um ein Vorwort erg. Aufl., Berlin u.a. 1975
Tschuggnall, Peter, Das Abraham-Opfer als Glaubensparadox. Bibeltheologischer Befund – literarische Rezeption – Kierkegaards Deutung, Frankfurt am Main u.a. 1990

Uden, Roland, Kirche in der Medienwelt, Christlicher Publzistik Verlag Erlangen 2004
Ueding, Gert, Einführung in die Rhetorik. Geschichte, Technik, Methode, Stuttgart 1976; 2. Aufl. u.d.T.: Grundriß der Rhetorik, Stuttgart 1986; 3. überarb. und erw. Aufl., Stuttgart u.a. 1994

Vernetzte Vielfalt: Kirche angesichts von Individualisierung und Säkularisierung: die fünfte EKD-Erhebung über Kirchenmitgliedschaft, Heinrich Bedford-Strohm, Hg., Gütersloh 2015
Vielhauer, Philipp, Geschichte der urchristlichen Literatur. Einleitung in das Neue Testament, die Apokryphen und die Apostolischen Väter, Berlin u.a. 1975; 4. Dr. 1985
Vinken, Barbara (Hg.), Dekonstruktiver Feminismus. Literaturwissenschaft in Amerika, Frankfurt am Main 1992.

Wacker, Bernd, Narrative Theologie?, München 1977
Wahrnehmung, Die, des Pfarramtes durch Frauen, hg. von Ingrid Adam, (= Themaheft, Theologia Practica 25, 1990, Heft 1)
Was wird aus der Kirche? Ergebnisse der 2. EKD-Umfrage über Kirchenmitgliedschaft, hg. von Hanselmann, Johannes, Gütersloh 1984
Weiß, Hans-Friedrich, Der Brief an die Hebräer, übers. und erklärt, KEK 13, 15. Aufl.; 1. Aufl. dieser Auslegung, Göttingen 1991
Wagner, Falk, Schleiermachers Dialektik. Eine kritische Interpretation. Gütersloh 1974
Wellmer, Albrecht, Zur Dialektik von Moderne und Postmoderne. Vernunftkritik nach Adorno, Frankfurt am Main 1985
Wendland, Johannes, Die religiöse Entwicklung Schleiermachers, Tübingen 1915
Westermann, Claus, Genesis, BK 1, Bd. 2: Gen. 12-36, Neukirchen-Vluyn 1981
—Theologie des Alten Testaments in Grundzügen, Göttingen 1978; 2. Aufl. 1985
Wie stabil ist die Kirche? Bestand und Erneuerung; Ergebnisse einer Meinungsbefragung, Helmut Hild (Hg.), Gelnhausen u.a. 1974
Wiedemann, Hans-Georg, Die Praxis der Predigtvorbereitung, Stuttgart u.a. 1975
Wikenhauser, Alfred; Schmid, Josef, Einleitung in das Neue Testament, 6., völlig neu bearb. Aufl., Freiburg u.a. 1973
Wilckens, Ulrich, Der Brief an die Römer, EKK 6, 3 Bde., Zürich u.a. 1978-1982
Wintzer, Friedrich, Die Homiletik seit Schleiermacher bis in die Anfänge der "dialektischen Theologie" in Grundzügen, Göttingen 1969
—(Hg.), Praktische Theologie, Neukirchen-Vluyn 1982; 4. Aufl. 1993
—(Hg.), Predigt. Texte zum Verständnis und zur Praxis der Predigt in der Neuzeit, München 1989
Wittgenstein, Ludwig, Werkausgabe, 8 Bde., Frankfurt am Main 1984ff.

Wunderlich, Dieter, Studien zur Sprechakttheorie, Frankfurt am Main 1976; 3. Aufl. 1983

Zahlen und Fakten zum kirchlichen Leben, Kirchliches Jahrbuch 115 (1988), Gütersloh 1991
Zender, Hans, Happy New Ears. Das Abenteuer, Musik zu hören, Freiburg im Breisgau u.a. 1991
Zuidema, Willem (Hg.), Isaak wird wieder geopfert. Die "Bindung Isaaks" als Symbol des Leidens Israels; Versuche einer Deutung, Neukirchen-Vluyn 1987
Zulehner, Paul M., Pastoraltheologie, 4 Bde., Düsseldorf 1989/90

15.2 *Aufsätze*

Angermeyer, Helmut, Politisch predigen – ein studentischer Versuch, in: WPKG 65, 1976, S. 451-459
Auerbach, Erich, Die Narbe des Odysseus, in: ders., Mimesis. Dargestellte Wirklichkeit in der abendländischen Literatur, Bern 1946; 3. Aufl. 1964, S. 5-27; 9. Aufl., Tübingen u.a. 1994

Bahr, Hans-Eckehard, Gottesdienst als Öffentlichkeit, in: Gottesdienst und Öffentlichkeit. Zur Theorie und Didaktik neuer Kommunikation, hg. von Cornehl, Peter, und Bahr, Hans-Eckehard, Hamburg 1970, S. 9-15
—Kältestrom und Wärmestrom bei der Vermittlung des Christlichen, exemplifiziert am Fernsehen, in: Gottesdienst und Öffentlichkeit. Zur Theorie und Didaktik neuer Kommunikation, hg. von Cornehl, Peter, und Bahr, Hans-Eckehard, Hamburg 1970, S. 197-216
Barth, Karl, Predigt über Matth. 8, 23-27, in: TEH 22, 1935, S. 23-35
Bauer, Gerhard, u.a., In der Gemeinde politisch predigen, in: PTh 63, 1974, S. 463-478
Baumgarten, Otto, Entstehungsgeschichte einer Predigt, in: MKP 1, 1901, S. 21-28
—Laienpredigt, in: ChW 2, 1889, S. 418-421
Beutel, Albrecht, Unser Luther?, in: Luther, Zeitschrift der Luther-Gesellschaft. H. 1, 2017
Bizer, Christoph, Rezension zu Günter Klein, Predigten, Gütersloh 1971 u.a., in: ThPr 8, 1973, S. 300-305
Bohren, Rudolf, Die Differenz zwischen Meinen und Sagen. Anmerkungen zu Brakemeier, Gottfried, Die Sprache der Predigt in der lobalisierten Welt, in: Ulrich Nembach, Hrsg., Internetpredigten, Zur Sprache der Predigt in der globalisierten Welt, Frankfurt am Main 2013
Böntert, Stefan, Predigten als Quelle der Liturgiegeschichte, Beobachtungen zum Potential eines Forschungsfeldes, in: Georg Essen und Christian Frevel, Hg., Theologie der Geschichte - Geschichte der Theologie, Freiburg im Breisgau 2018, S. 304 - 328
Brezger, Gottfried, 17. Sonntag nach Trinitatis, in: Gottesdienstpraxis, Serie A, Bd. II/3, Gütersloh 1992, S. 106-113
Brunstäd, Friedrich, Adolf Stoecker als Theologe, in: ders., Gesammelte Aufsätze und kleinere Schriften, hg. v. Gerstenmaier, Eugen, und Schweitzer, Carl Gunther, Berlin 1957, S. 287-302
Bultmann, Rudolf, Das Problem der Hermeneutik, in: ZThK 47, 1950, S. 47-69; wieder abgedruckt in: G u V, Bd. 2, 5., erw. Aufl., Tübingen 1968, S. 211-235
Crüsemann, Frank, Judica: 1. Mose 22,1-13, in: Gottesdienstpraxis, Serie A, Bd. III/4, Gütersloh 1992, S. 75-77

Dahm, Karl-Wilhelm, Hören und Verstehen. Kommunikationssoziologische Überlegungen zur gegenwärtigen Predigtnot, in: Predigtstudien, Bd. IV/2, Stuttgart 1970, S. 9-20
Dalferth, Ingolf, Religiöse Sprechakte als Kriterien der Religiosität? Kritik einer Konfusion, in: LingBibl 44, 1979, S. 101-118
Dannowski, Hans Werner, Sprachbefähigung in der Ausbildung und Elementarisierung theologischer Begriffe in Sprechakten, in: Didaktik der Predigt. Materialien zur homiletischen Ausbildung und Fortbildung, hg. Düsterfeld von, Peter, und Kaufmann, Hans-Bernhard, Münster 1975, S. 163 – 175
Dreßler, Walter, Art. "Berlin", in: TRE 5, Berlin u.a. 1980, S. 631-638
Drewermann, Eugen, Abrahams Opfer, in: BiKi 41, 1986, S. 113-124
Drews, Paul, Die Predigt über spezielle und kasuelle Themen, in: Friedrich Wintzer (Hg.), Predigt, München 1989, S. 84-87
Dutzmann, Martin, 17. Sonntag nach Trinitatis, in: Predigtstudien, Bd. II/2, Stuttgart 1992, S. 228-231

Eisenacher, Regulativ von 1861, abgedruckt in: Evangelischer Gottesdienst, Quellen zu seiner Geschichte, hg. von Herbst, Wolfgang, 2., völlig neubearb. Aufl., Göttingen 1992, S. 209-212
Engemann, Wilfried, Semiotischer Essay über die eine und andere Predigt, in: Predigtstudien, Bd. III/1, Stuttgart 1992, S. 9-24

Fauser, Markus; Hilgendorff, Wilhelm, Predigt und Homiletik in der deutschen Forschungsliteratur 1975 bis 1985. Eine Bibliographie, in: Rhetorik und Theologie (= Rhetorik, Bd. 5), Tübingen 1986, S. 149 – 187
Faßhauer, Daniel, Let's talk about god". Wie Jugendliche im Kontext medialer und sprachlicher Veränderungen über Religion und Glauben sprechen. – in: Informationes Theologiae Europae, Internationales ökumenisches Jahrbuch für Theologie, Jahrgang 2017/18. SS. 43-81. Frankfurt 2019. Peter Lang WissenschaftsverlagFischer, Martin, Grundzüge einer evangelischen Predigtlehre, in: Wege zum Wort 6, 1951/52, S. 10-14, 70-74, 154-158, 225-231, 489-493, 558-563
—Predigt und Seelsorge, in: PTh 47, 1958, S. 468-483
Fechtner, Kristian, Christentum und moderne Gesellschaft, in: Kristian Flechtner u.a., Praktische Theologie, Stuttgart 2017, S. 42f
Fürst, Walter, Karl Barths Predigtlehre, in: Antwort. Karl Barth zum 70. Geburtstag am 10. Mai 1956, Zürich 1956, S. 137 – 147

Ganzhorn-Burkhardt, Renate, Dann lassen Sie ihr Raum, Monsieur!, in: PTh 79, 1990, S. 57-58
Gerhard, Renate, 17. Sonntag nach Trinitatis, in: Predigtstudien, Bd. II/2, Stuttgart 1992, S. 231-234
Gräb, Wilhelm, Wofür das Christentum steht. Überlegungen zum Stellenwert systematisch-theologischer Reflexion in der Predigtvorbereitung, in: Predigtstudien, Bd. II/1, Stuttgart 1991, S. 7-16
—Predigt als kommunikativer Akt. Einige Bemerkungen zu Schleiermachers Theorie religöser Mitteilung, in: Schleiermacher-Archiv 1, 2. Teilbd., Berlin u.a. 1985, S. 643-659
— Schleiermachers Konzeption der Theologie als empirisch-praktische Wissenschaft vom Christentum, in: Birgit Weyel, Wilhelm Gräb, Hans-Günter Heimbrock, (Hrsg.), Veröffentlichungen der Wissenschaftlichen Gesellschaft für Theologie; Bd. 39, Evangelische Verlagsanstalt Leipzig 2013, S.15 – 26
Grethlein, Christian, Sinnlich predigen. Erste Schritte zu einer leuchtenderen Predigt, in: DtPfrBl 91, 1991, S. 459-462

Grözinger, Albrecht, Die Predigt soll nicht Antworten geben, sondern Antworten finden helfen, in: ThPr 27, 1992, S. 209-218
—Das Verständnis von Rhetorik in der Homiletik, in: ThPr 14, 1979, S. 265-274
Grünberg, Paul, Art. "Gemeindearbeit und Gemeindeorganisation", in: RE 23, 3. Aufl., Leipzig 1913, S. 502-528
Gumbrecht, Hans Ulrich, Die Postmoderne ist (eher) keine Epoche, in: Postmoderne - globale Differenz, hg. von Weimann, Robert, ..., Frankfurt am Main 1991, S. 366 - 369
—Tod des Subjekts als Ekstase der Subjektivität, in: Postmoderne - globale Differenz, hg. von Weimann, Robert, ..., Frankfurt am Main 1991, S. 307 - 312

Habermas, Jürgen, Der Universalitätsanspruch der Hermeneutik, in: Hermeneutik und Ideologiekritik, Frankfurt am Main 1971, S. 120-159
Hartmann, Lars, Rezension zu Hans-Friedrich Weiß, Der Brief an die Hebräer, übers. und erklärt, KEK 13, 15. Aufl.; 1. Aufl. dieser Auslegung, Göttingen 1991, in: ThLZ 118, 1993, Sp. 3-35
Hertzsch, Klaus-Peter, Rezension zu Nitschke, Horst, Erzählende Predigten Bd. 1, Gütersloh 1976, in: ThLZ 103, 1978, Sp. 300-302
Hirsch, Emanuel, Luthers Predigtweise, in: Luther 25, 1954, S. 1-23
Hollenweger, Walter, Dialogisch predigen, in: Predigtstudien, Bd. IV/1, Stuttgart 1969, S. 203-210
Homrichhausen, Christian, Evangelischer Pfarrer in Deutschland, in: Bildungsbürgertum im 19. Jahrhundert, hg. von Conze, Werner, und Kocka, Jürgen, Teil 1, Stuttgart 1985, S. 248-278; 2. Aufl. 1992 Hornig, Gottfried, Analyse und Problematik der religiösen Performative, in: NZSTh 24, 1982, S. 53-70

Josuttis, Manfred, Die Bibel als Basis der Predigt, in: 'Wenn nicht jetzt, wann dann'? Aufsätze für Hans-Joachim Kraus zum 65. Geburtstag, hg. v. Hans Georg Geyer, Neukirchen-Vluyn 1983, S. 385-393
—Homiletik und Rhetorik, in: PTh 57, 1968, S. 511-527
—Über den Predigtanfang, in: PTh 53, 1964, S. 474-492
—Zum Problem der politischen Predigt, in: EvTh 29, 1969, S. 509-523
Jürgenbehring, Heinrich; Günter Ruddat, Judika, 1.Mose 22,1-13, in: Predigtstudien, Bd. III/1, Stuttgart 1992, S. 213-222
Kaufmann, Hans-Bernhard, Muß die Bibel im Mittelpunkt des Religionsunterrichts stehen?, in: ders. (Hg.), Streit um den problemorientierten Unterricht in Schule und Kirche, Frankfurt am Main ..., 1973, S. 23-27
Klessmann, Michael, Predigt als symbolischer Kommunikationsprozeß. Zur Bedeutung der Symboldidaktik für die Homiletik, in: Praktische Theologie 30, 1995, S. 291 - 305
Koerrenz, Ralf; Vicon, Herbert, Literaturpredigten, in: PTh 83, 1994, S. 520-533
Konrad, Joachim, Zum Thema Verkündigung und Situation, in: Festschrift für Günther Dehn zum 75. Geburtstag am 18. April 1957, Hg.: Wilhelm Schneemelcher, Neukirchen 1957, S. 205-225
Krotz, Fritz, Im Licht der Verheißung. Die homiletische Theorie Ernst Langes, in: WPKG 69, 1980, S. 14-25
Krusche, Peter, Die Schwierigkeit, Ernst Lange zu verstehen. Anmerkungen zu dem Versuch von Rudolf Bohren, in: PTh 70, 1981, S. 430-441

Lachmann, Rainer, Judica, 1. Mose 22,1-13, in: Predigtstudien, Bd. III/1, Stuttgart 1986, S. 194-199

Lange, Ernst, Zur Theorie und Praxis der Predigtarbeit. Vortrag, gehalten am 22.9.1967 in Esslingen, abgedruckt in: Predigtstudien, Beiheft 1, Stuttgart 1968, S. 11-46; wieder abgedruckt in: Ernst Lange, Predigen als Beruf, hg. v. Rüdiger Schloz, Stuttgart u.a. 1976, S. 9-51

— Predigen als Beruf, in: PTh 70, 1981, S. 416-430

—Kummer mit Kommentaren - schon in Vorworten. Vortrag, gehalten auf der 12. Tagung des Herausgeber- und Mitarbeiterkreises "Evangelisch-Katholischer Kommentar zum Neuen Testament" am 25.3.1979 in Zürich, abgedruckt in: BTThZ 2, 1985, S.3-17

Luther, Henning, Predigt als Handlung, in: ZThK 80, 1983, 223-243; wieder abgedruckt in: Homiletisches Lesebuch. Texte zur heutigen Predigt-lehre, hrsg. von Beutel, Albrecht ..., Tübingen 1986, S. 222-239

Luz, Ulrich, Wirkungsgeschichtliche Exegese. Ein programmatischer Arbeitsbericht mit Beispielen aus der Bergpredigt; Gastvortrag in München, Leipzig und Lückendorf, abgedruckt in: BThZ 2, 1985, S. 18-32

Merkel, Friedemann, 17. Sonntag nach Trinitatis - 21.9.1986, in: GPM 1985/86, S. 431-436 Art. "Mittheilen", in: DWb 6, Sp. 2421-2423

Meyer-Blanck; Michael „... und lasst uns fröhlich springen“, in: Andreas von Heyl, Konstanze Evangelia Kemnitzer, (Hrsg.) Modelhaftes Denken in der Praktischen Theologie, Festschrift für Klaus Raschzok, Evangelische Verlagsanstalt Leipzig, 2014, S. 129 - 135. Tod, Teufel, Sünd‘ und Hölle sieht - vom Schlusschoral der 6. Kantate von Bachs Weihnachtsoratorium, die mit der Melodie des Chorals „O Haupt voll Blut und Wunden“gespielt wird (Meyer-Blanck, a.a.O. S. 135

Melzl, Thomas, Den „Tisch des Wortes“ reich gedeckt, in: Deutsches Pfarrerblatt, 6/2018, S. 323 - 328

Müller, Hans Martin, Ein Blick in meine Predigtbibliothek, in: Predigtstudien, Bd. III/1, Stuttgart 1968, S. 221-228

—Art. "Homiletik", in: TRE 15, Berlin u.a. 1986, S. 532-565

Müller-Schwefe, Hans-Rudolf, "Rede, Herr, denn dein Knecht hört" Gottesdienst - Möglichkeit, mit und von Gott zu reden (Röm. 10,17), in: Was heißt, heute sich an der Bibel orientieren? in: Hamburger Universitäts-Predigten, ders., Kassel 1983, S. 179-187

Nembach, Ulrich, A new approach to enquiring into patterns of religious observance and other issues, in: Communications 16, 1991, S. 105-111

—Zur Metatheorie der Medien, in: Communications 17, 1992, S. 419-426

Nord, Ilona, Gemeinde in Netzwerken, in: Ralph Kunz, Thomas Schlag, Hrsgb., Handbuch für Kirchen- Und Gemeindeentwicklung, Neukirchener Verlagsgesellschaft, Neukirchen-Vluyn 2014, S. 414f

Noort, Edward, Iudica, 1. Mose 22,1-13, in: GPM 1987, S. 176-182

Otto, Eckart, Gen. 22,1-13, in: Gottesdienstpraxis, Bd. III/4, ErgBd. Exegesen, Gütersloh 1986, S. 62-64

Otto, Gert, Rhetorik und Philosophie, in: Praktische Theologie 30, 1995, S. 321 - 327

Poscharsky, Peter, Art. "Kanzel", in: TRE 17, Berlin u.a. 1988, S. 599-604

Art. "Predigen", in: DWb 7, Sp. 2079-2082

Raschzok, Klaus, Mit Bildern verkündigen. Methodische Grundlagen einer ikonischen Homiletik, in: Kirche und Kunst, hg. vom Verein für christliche Kunst in der Ev.-Luth. Kirche in Bayern, Heft 2/92, 1992, S. 42 - 51.

Riemann, Fritz, Die Persönlichkeit des Predigers aus tiefenpsychologischer Sicht, in: Richard Riess (Hg.), Perspektiven der Pastoralpsychologie, Göttingen 1974, S. 152-166
Rössler, Dietrich, Beispiel und Erfahrung. Zu Luthers Homiletik, in: Reformation und Praktische Theologie. Festschrift für Werner Jetter zum 70. Geburtstag, hg. v. Hans Martin Müller ..., Göttingen 1983, S. 202-215
Roessler, Roman, Für den Kreis der Herausgeber, in: Predigtstudien, Bd. II/2, Stuttgart 1980, S. 9-15
—Vorwort, in: Predigtstudien, Bd. I/1, Stuttgart 1990, S. 7
Roth, Gustav, Die Sprache ist kein Mann, Madame, in: PTh 79, 1990, S. 41-57

Schadewaldt, Wolfgang, Furcht und Mitleid? Zu Lessings Deutung des Aristotelischen Tragödiensatzes, in: Gotthold Ephraim Lessing, hg. von Bauer, Gerhard und Sibylle, Darmstadt 1968, S. 336-342; zuerst in: DVfLG 30, 1956, S. 137-140
Schlier, Heinrich, Art. "βεβαιοσ", in: ThWNT 1, S. 600-603
Scholz, Günter, 1. Mose 22,1-13, in: Gottesdienstpraxis, Bd. III/2, Gütersloh 1987, S. 26-32
— Das Evangelium predigen - Gedanken zu Theorie und Praxis einer textorientierten Predigt, in: Deutschen Pfarrerblatt, Heft 2/2017, S. 73 - 76
Schwantes, Milton, "Lege deine Hand nicht an das Kind." Überlegungen zu Genesis 21 und 22, in: Was ist der Mensch? Beiträge zur Anthropologie des Alten Testaments. Hans Walter Wolff zum 80. Geburtstag, München 1992, S. 164-178
Schwebel, Horst, Judika, 5. April 1987, Genesis 22,1-14, in: DtPfrBl 87, 1987, S. 109
Seitz, Manfred, Zum Problem der sogenannten Predigtmeditation, in: ders., Praxis des Glaubens. Gottesdienst, Seelsorge und Spiritualität, Göttingen 1978, S. 21-41
Siegert, Folker, Narrative Analyse als Hilfe zur Predigtvorbereitung, in: LingBibl 32, 1974, S. 77-90
Spiegel, Yorick, Antworten und nichts sagen können, in: Predigt - Vor der Arbeitswelt sprachlos?, hg. v. Gert Otto, TPT 17, 1982, S. 137-145
Straarup, Jørgen, Emigrants from church. Turning away from church interpreted as migration, in: Informationes Theologiae Europae 1, 1992, S. 143-156
Stolt, Birgit, Docere, delectare und movere bei Luther, in: DVfLG 44, 1970, S. 433- 474
Stolt, Peter, Literatur im Gottesdienst, in: PTh 83, 1994, S. 534-549
Szondi, Peter, Schleiermachers Hermeneutik, heute, in: ders., Schriften, (Hg.: Bollack, Jean, .Bd. 2: Essays, Frankfurt am Main 1978, S. 106-130

Thurneysen, Eduard, Die Aufgabe der Predigt, in: PBl 63, 1921, S. 209-219; wieder abgedruckt in: ders., Das Wort Gottes und die Kirche. Aufsätze und Vorträge, München 1927, S. 196 - 231, Neuausg. 1971, S. 95 - 106; ebenfalls in: Theologische Aufsätze, Karl Barth zum 50. Geburtstag, München 1936, S. 38-50 und in: Aufgabe der Predigt, hg. von Hummel, Gert, Darmstadt 1971, S. 105 -118

Veijola, Yimo, Das Opfer des Abraham - Paradigma des Glaubens aus dem nachexilischen Zeitalter, in: ZThK 85, 1988, S. 129-164

Wagner, Heinz, Die Predigt als Seelsorge, in: ThLZ 83, 1958, Sp. 81-88
Wagner, Ulrike -Rau, Pastorinnen auf der Suche nach Identität, in: PTh 79, 1990, S. 58-73
Weyel, Birgit, Sich über Religion verständigen, in: Lars Charbonnier, Homiletik, Göttingen 2012, S. 231-246.
Weinrich, Harald, Narrative Theologie, in: Concilium 9, 1973, S. 329-334
Wendorf von Blumröder, Susanne, Die Pastorin. Chancen und Schwierig-keiten von Frauen in einem traditionellen Männerberuf, in: ThPr 25, 1990, S. 79-89

Winkler, Eberhard, Rezension zu Horst Hirschler, Biblisch predigen, Hannover 1988, in: ThLZ 113, 1988, S. 848-850
Wintzer, Friedrich, Die Predigt als Ermutigung zum Dialog, in: Fides et communicatio. Festschrift für Martin Doerne zum 70. Geburtstag, hg. v. Dietrich Rössler u.a., Göttingen 1970, S. 428-440

16 *Abkürzungen*

Die Abkürzungen richten sich nach dem Abkürzungsverzeichnis der TRE, 2., überarbeitete und erweiterte Auflage, zusammengestellt von Siegfried M. Schwertner, Berlin u.a. 199